无以为名 诗词选

姚平 著　姚中禾 辑校

文汇出版社

图书在版编目(CIP)数据

无以为名诗词选 / 姚平著;姚中禾辑校. —上海:
文汇出版社,2023.6
　　ISBN 978-7-5496-4026-3

　　Ⅰ.①无… Ⅱ.①姚… ②姚… Ⅲ.①诗词-作品集-中国-当代 Ⅳ.①I227

中国国家版本馆 CIP 数据核字(2023)第 077183 号

无以为名诗词选

著　　者 / 姚　平
辑　　校 / 姚中禾
责任编辑 / 鲍广丽
审读编辑 / 姚明强
封面装帧 / 王　峥

出 版 人 / 周伯军

出版发行 / 文匯出版社
　　　　　　上海市威海路 755 号
　　　　　　(邮政编码 200041)
经　　销 / 全国新华书店
排　　版 / 南京展望文化发展有限公司
印刷装订 / 上海颛辉印刷厂有限公司
版　　次 / 2023 年 6 月第 1 版
印　　次 / 2023 年 6 月第 1 次印刷
开　　本 / 710×1000　1/16
字　　数 / 400 千字
印　　张 / 25.25
插　　页 / 1

ISBN 978-7-5496-4026-3
定　　价 / 98.00 元

自　序

经数月搜罗分厘，《无以为名诗词选》一书终于完稿，即将付梓出版。这是我的第一部个人作品集，浓缩了我近二十年的所见所感。

我与诗词结缘，既必然也偶然。说必然，是因幼承庭训，比较偏爱诗词，且于诗词之道略窥一二；说偶然，是因互联网兴起，提供了发表的机会和交流的平台。两者结合，我才能保持持久的兴趣，吟咏不辍。

诗词，属于很小众化的一个文学门类。爱好者多，真正懂行的很少。我的诗词之路，以2002年为界，分两阶段。2002年前我以新诗为主，偶涉古诗词，大多随写随丢，散佚殆尽。2002年后我开始转向古诗词，并有意识在"传统母本的形态更新""现代语汇的复古演绎"等方面积极探索。这个时期的作品，人称"无名体"，不仅受到圈内关注，而且引发不少热议。

我从不认为自己是一名诗人。对我而言，诗词仅是诸多个人爱好之一。其作用在于：一是缓解工作压力，让内心安静下来；二是涵养生活品质，让思想灵动起来。所以我写诗词，既不为"经世致用"和"风动教化"，也不为"名扬天下"或"传之后世"。我写诗，更多倾向"志于道，游于艺"。为此，2014年后，我在"天下精舍"公益课堂，义务从事诗词的教学和普及，受到广大诗词爱好者的欢迎。

2002年至2022年，跨度正好二十年。这二十年，是我工作最繁忙的阶段。如何兼顾工作、生活和爱好，这是一个难以回避的问题，其核心在于"时间管理"。我始终认为，个人爱好的满足必须以充分保证工作和生活为前提，决不能以牺牲两者为代价。因此我通常是用碎片化的时间来创作诗词，并为此自我设限——"退休前不写古风"，原因就在于古风更侧重一气呵成，不像近体，断续连缀也影响不大。

二十年吟咏，到底写过多少，委实难以准确统计。其原因无非两点：一是生性疏懒，不擅长存档保管；二是把写句子当成一种休息调剂，从不当回事。

至于出版个人作品集一事,更是老生常谈,一拖再拖,直到今天才终于"毕其功于一役"。

谈到诗稿的留存,我特别要感谢梅子。她是一个有心人,不忍心让我的拙作淹没,就悄悄代我保管,跨度十年有余。为支持我早日出书,她将诗稿打印成册,连同电子版一并留下。因此没有梅子,也就不会有今天这本书。

二十年吟咏,除了梅子提供的那部分外,还有不少散见在各选集、报刊、博客和公众号中。小儿姚中禾利用公暇,协助我一起选录诗三千一百六十首、词五百三十七阕、楹联二百四十副、联话三十四则。诗按大类分成十七卷,词以同调归类分成三卷,诗词合计二十卷,末附部分课堂教案、探索实例和联语。

本书选录以保存作品原始面貌为主,一般不做修改或润色。掌握的尺度,也非以质量为唯一标准,而是以保留个人的某些记忆或生活痕迹为主。特别需要说明的是,本书在编纂体例等方面,听取并采纳了作为年轻一代的小儿的建议,有很多突破的地方。表现在:(一)简化诗题。传统诗题,大多冗长繁杂。这已经不适合现代人简洁明了的阅读习惯,因此不再坚持按传统题法制题,代之以更一目了然的题面。(二)合并同类。舍弃传统的按创作时间先后的编排方式,采用按题材归类,方便检索、阅读和比较。(三)专题集成。这是本书编纂体例上最大的创新和亮点,既是一次大胆的探索,也是一种再创作。其主要做法,就是充分运用总结版、小说版、电视剧版、日记版、故事版、实录版、年谱版等模型,代入零散的诗作,通过集成之后,再度演绎全新的内涵,多元呈现诗的表现力和感染力。另外,本书在少量句子中保留了个别繁体字或特殊用字,有些出于准确解读的需要,有些出于运用修辞需要,还有一些是习用的词汇不宜替换。

诗词虽小技,然奥妙无穷。本书出版的目的,主要在于以诗会友,传承和发扬优秀的传统文化。当然因个人水平有限,差错难免,尚请读者不吝指教。最后,本书在编辑出版过程中,得到了周伯军社长、鲍广丽编辑和其他朋友的鼎力相助,在此一并表示衷心的感谢!

是书即成,裁句以记:"一峡三千剩,纷纭二十年。梦游香雪海,人老碧云天。往事资茶后,余踪续纸边。不因无所益,轻了与诗缘。"

癸卯春姚平序于沪上亢悔楼

目 录

卷一（五言诗二七七首）

人在天涯_{六首} ………………………………………… 003
旅次_{八首} ……………………………………………… 003
旅次_{四首} ……………………………………………… 004
海景_{二首} ……………………………………………… 004
江景_{二首} ……………………………………………… 004
湖景_{五首} ……………………………………………… 004
渡景_{三首} ……………………………………………… 005
渡景_{三首} ……………………………………………… 005
春江水 …………………………………………………… 005
峡景_{四首} ……………………………………………… 005
山景_{六首} ……………………………………………… 005
登山_{五首} ……………………………………………… 006
山行_{三首} ……………………………………………… 006
远城行_{四首} …………………………………………… 006
古镇行_{六首} …………………………………………… 007
农家_{三首} ……………………………………………… 007
郊居_{八首} ……………………………………………… 008
村行_{一四首} …………………………………………… 008
村之春_{六首} …………………………………………… 009
村之秋_{五首} …………………………………………… 010

村之冬	010
村晓七首	010
村暮二首	011
水乡六首	011
江南九首	011
南行记六首	012
北行记七首	013
西北行八首	013
西行记五首	014
草原四首	014
林海雪原二首	014
雪域青藏	015
云南苗寨	015
羁程四首	015
城市一五首	015
山岭岩峡七首	016
洞窟瀑三首	017
渡桥潮五首	017
河湖二首	018
成都浣花溪三首	018
易水四首	018
城塞关五首	018
楼台阁寺六首	019
口占二首	019
陵墓三首	020
园林三首	020
徽派民居二首	020
戊子五月末徽州行四首	021
昌溪八景	021
增广西湖十八景	022

钱塘八景	023
潇湘八景	024
画中神游一〇首	024

卷二（七言诗二一七首）

旅次一五首	029
海景四首	030
江边一〇首	030
渡景三首	031
峡景二首	031
江湖溪峡七首	031
芦荡月色二首	031
山行一六首	032
郊行三首	033
村行八首	033
水乡春三首	034
江南春一二首	034
即景一一首	035
即景·方位二首	035
即景·象形三首	036
即景·形势二首	036
即景·转抬二首	036
即景·正反一四首	036
即景·色彩六首	037
西行记四首	038
关外	038
草原三首	038
云南苗寨二首	038
城镇六首	039

西湖二首 ··· 039
瘦西湖五首 ··· 039
江山大美一○首 ·· 040
古迹景点一○首 ·· 041
寺庙四首 ··· 041
园林四首 ··· 042
旅途口占一○首 ·· 042
梦里水乡一一首 ·· 043
上海近郊九首 ··· 044
戊子银川行二首 ·· 045
乙未夏成都行三首 ··· 045
丙申三月末湘西行二首 ·· 045
己亥四月初顺德行四首 ·· 045

卷三（五言诗二○○首）

无以为名四首 ··· 049
六分半堂说一○首 ··· 049
自觉四首 ··· 050
生涯三首 ··· 050
浮生三首 ··· 050
半生四首 ··· 050
游幕三首 ··· 051
得失三首 ··· 051
劝友三首 ··· 051
行路难一二首 ··· 052
气性六首 ··· 052
书愤四首 ··· 053
蹉跎五首 ··· 053
性情三首 ··· 054

豪迈三首 054

自负八首 054

感觉一〇首 055

啸吟二首 056

老夫二首 056

老犹能饭三首 056

鬓皤三首 056

老去七首 056

江湖倦归四首 057

退隐四首 057

赋闲五首 058

无忧二首 058

乡居七首 058

结庐四首 059

避居一三首 059

逢客二首 060

人物脸谱一三首 060

乙未独白八首 061

庚子试笔五首 062

壬寅抒怀五首 062

前秋兴八首 063

后秋兴六首 063

秋思为题作四首 064

秋思五首 064

卷四（七言诗二九八首）

无以为名六首 067

志于道一〇首 067

据于德六首 068

游于艺一一首	068
退于老一〇首	069
安于闲一三首	070
乐于野一〇首	071
活于忍一〇首	072
嘲于己一一首	072
谋于食二首	073
纵于酒七首	073
训于庭一〇首	074
尘烟三首	075
当年四首	075
负才六首	075
卷土重来四首	076
未老二首	076
少年已老七首	076
老夫三首	077
鬓皤九首	077
老犹能饭八首	078
七尺男儿五首	078
快意六首	079
气粗三首	079
性情二首	080
作罢五首	080
髀肉初生三首	080
两者八首	080
兼半四首	081
游幕六首	081
辞归一九首	082
结庐二首	083
退居一一首	083

谋生六首	084
奔波六首	085
流年三首	085
诚慎二首	085
木雁三首	086
耻为二首	086
不屑二首	086
可厌四首	086
事不干我三首	087
世事无常二首	087
百感交加四首	087
天命三首	087
况味二首	088
示友一〇首	088
答友二首	089
江湖一四首	089
宦海四首	090

卷五（七言诗一八〇首）

癸巳无名独白七首	093
甲午无名独白七首	093
乙未无名独白七首	094
丙申无名独白七首	094
丁酉无名独白七首	095
癸巳小坏自白戏作七首	095
甲午小爷旁白戏作四首	096
壬辰新年试笔六首	096
壬寅新年试笔六首	097
戊戌述怀五首	097

庚子述怀一〇首	098
辛丑述怀一〇首	098
壬寅述怀一〇首	099
说交友	100
逐客	100
兄弟叠韵一二首	100
匹夫二首	101
英雄一一首	101
名士四首	102
才子三首	102
公子六首	103
浪子三首	103
甲午韵次易实甫感事书怀诗八首	103
甲午韵次樊增祥瓶斋即事一〇首	104
寄人五首	105
拟西昆体二一首	105

卷六（五七言诗二六五首）

冬新咏四首	109
春新咏四首	109
早春九首	109
早春四首	110
好春三月五首	110
春联句一〇首（一四句幽兰静雅／二三句无以为名）	111
续春联句一〇首（一四句无以为名／二三句幽兰静雅）	111
春绝句三首	111
前春兴八首	112
后春兴八首	112
续春兴八首	113

又春兴 八首	113
前秋兴 八首	114
后秋兴 八首	115
续秋兴 八首	115
又秋兴 八首	116
广秋兴 八首	116
补秋兴 六首	117
秋绝句 四首	118
月	118
超级月亮	118
霞景 三首	118
即景 五首	118
雨 五首	119
雨 三首	119
暴风雨 二首	119
雨 五首	119
雪 一四首	120
遇雪 一三首	120
壬寅年末申城下雪记	121
廿四节气诗 三二首	121
节令 八首	123
节俗 七首	124
节日 七首	124
中秋 一三首	125
反义咏中秋 四首	125
重阳十叠	126

卷七（五七言诗一六七首）

| 落叶 | 129 |

柳絮 八首	129
柳 三首	129
杨花 二首	129
桃花 三首	130
荷花 二首	130
菊花 二首	130
菊花 三首	130
竹 四首	130
竹 二首	130
沪上书画名家汤兆基先生嘱咏蝴蝶湾牡丹 一〇首	131
韵次张船山梅花诗 八首	131
咏梅	132
梅花 一一首	132
韵次梅如是梅语 三首	133
望梅	133
植物 一一首	133
植物 六首	133
反义咏植物 四首	134
动物 五首	134
动物 六首	135
动物 八首	135
动物之声 四首	136
读梅如是观鱼诗而代鱼言 四首	136
影照与木偶 三首	136
道路交通 二首	136
食物 一〇首	137
民以食为天 二首	138
庚子末弟子田鳁馈羊肉泡馍若干裁句以谢 二首	138
水饺 二首	138
筷子	138

咏物二〇首 · · · · · · 138
刀剑三首 · · · · · · 139
咏物七首 · · · · · · 139
戏咏三首 · · · · · · 140

卷八（五七言诗一八八首）

我的地盘我做主八首 · · · · · · 143
书斋天地五首 · · · · · · 143
《我的创作道路》附诗一〇首 · · · · · · 144
诗论一〇首 · · · · · · 144
有感新旧韵论争 · · · · · · 145
诗事一三首 · · · · · · 145
吟事六首 · · · · · · 146
购书二首 · · · · · · 147
读书五首 · · · · · · 147
读书 · · · · · · 147
反义咏书 · · · · · · 147
偶检旧日习字所用连史纸若干戏裁一律 · · · · · · 147
曾赏毗陵赵氏后裔赵霄洛大律师碑体手书艳羡不已今亦欲画瓢并呈四韵记之 · · · · · · 148
西泠画家张绶葆前辈惠赠画集裁律揖谢一一首 · · · · · · 148
题书画诗三首 · · · · · · 149
诗酒吟三首 · · · · · · 149
招饮二首 · · · · · · 149
酒醉三首 · · · · · · 149
酒事六首 · · · · · · 150
茶六首 · · · · · · 150
杯壶铭二首 · · · · · · 151
茶具图赞三首 · · · · · · 151

茶事二首	151
茶事六首	151
弈事二首	152
收藏乐四首	152
亢悔楼玩物五首	152
风雅四首	153
闲雅七首	153
日常生活八首	154
剃须	154
堵车记	154
起居六首	155
五业赋	155
习佛七首	155
修习三首	156
禅关五首	156
游仙诗十叠	157
悟九首	157

卷九(五七言诗一三二首)

史说二三首	161
读史二九首	162
李煜二首	164
曹操二首	164
历史人物三首	165
历史人物一三首	165
历史人物一六首	166
咏美图四首	167
王昭君三首	167
梁红玉三首	167

读宋史	168
读桃花扇	168
战役记三首	168
会战记一〇首	168
江湖侠女录一七首	169
强者无敌二首	171

卷一〇（五七言诗二五六首）

壬寅寄"小桥流水人家"诸诗友一六首	175
杂诗四首	176
壬寅三月寄商州田鳃三首	176
辛丑柬田鳃君以代酒聚一六首	176
贺黑龙江龙江诗社成立并呈李勇兄五首	178
三知苑听聊临屏二首	178
同题代拟选二首	178
同题代拟选三首	178
题照四首	179
丙申春为安宁狂生弟寿三首	179
生辰贺诗四首	179
壬寅韵次关中夜猫弟赠诗	180
甲午联句一五首（一二句梅如是/三四句无以为名）	180
甲午联句一五首（一二句无以为名/三四句梅如是）	180
韵次梅如是诗九首	181
壬午七叠韵柬八咏楼主	182
癸未秋十叠韵寄怀锦	182
乙酉戏与石磊眠云十叠三江韵	183
乙酉戏与安宁狂生十叠三江韵	184
丁亥秋末韵次熊东遨兄三首	184
宴聚七首	185

悼风柔女史二首 ········· 185

杂诗八首 ········· 186

杂诗五首 ········· 186

返乡二首 ········· 187

脱贫记一〇首 ········· 187

扶贫侧记八首 ········· 188

军演二首 ········· 189

甲午寄托一〇首 ········· 189

忧患九首 ········· 190

杂诗八首 ········· 190

杂诗一〇首 ········· 191

世相速写三首 ········· 192

闻田警官长途追逃不辱使命欣然命笔六首 ········· 192

口占五首 ········· 192

悼袁隆平 ········· 193

无题一〇首 ········· 193

某些现象四首 ········· 193

无知者无畏四首 ········· 193

卷一一（五言诗一二八首）

心为一人疼（总结版） ········· 197

 序言五首 ········· 197

  【此生不负谢相逢】三首 ········· 197

  【一言难尽只剩诗】二首 ········· 197

 第一部分一九首 ········· 197

  【往事不堪回首矣】二首 ········· 197

  【往事而今终不悔】五首 ········· 197

  【往事而今已无奈】二首 ········· 198

  【有些往事不能忘】二首 ········· 198

【有些往事要相忘】二首 ·········· 198

【有些回忆最亲切】三首 ·········· 198

【有些回忆最痛苦】三首 ·········· 198

第二部分 一七首 ·········· 199

【问情何物生死许】五首 ·········· 199

【有一份情最动人】二首 ·········· 199

【有一份情最伤人】五首 ·········· 199

【有一份情最伤心】二首 ·········· 200

【世间尚有多情种】三首 ·········· 200

第三部分 二二首 ·········· 200

【几个红颜是知己】四首 ·········· 200

【今生你是我唯一】三首 ·········· 200

【生命中曾经有你】四首 ·········· 201

【前生或许即相知】四首 ·········· 201

【人生若只如初见】三首 ·········· 201

【人生何必要相见】四首 ·········· 201

第四部分 二九首 ·········· 202

【欲语还休心事瞒】二首 ·········· 202

【似水柔情最唯美】四首 ·········· 202

【一霎梦回风雪夜】二首 ·········· 202

【坐倚层楼又为谁】四首 ·········· 202

【世间最怕别离多】五首 ·········· 203

【聚散天涯难细数】二首 ·········· 203

【在水一方剩伊人】三首 ·········· 203

【家在人在情就在】七首 ·········· 204

第五部分 三二首 ·········· 204

【有种相约更惘然】四首 ·········· 204

【有种倾诉最感动】 ·········· 204

【有种叮嘱最款款】 ·········· 205

【有种相誓属秘密】二首 ·········· 205

【有种心事可理解】二首 ··· 205
　【有种愿望很奢侈】三首 ··· 205
　【有种思念在梦里】二首 ··· 205
　【有种守候本执着】二首 ··· 205
　【有种等待或无望】二首 ··· 206
　【有种态度太矛盾】二首 ··· 206
　【有种误会不争辩】二首 ··· 206
　【有种选择乃两难】二首 ··· 206
　【有种决定非本意】二首 ··· 206
　【有种情绪最失落】三首 ··· 206
　【有种参悟怎解脱】二首 ··· 207
后记四首 ··· 207

卷一二(七言诗一七二首)

来我命中曾有你(小说版) ·· 211
　序言七首 ··· 211
　第一章二四首 ··· 211
　　【无题诗里是何人】一〇首 ·· 211
　　【无题诗外不忘谁】六首 ··· 212
　　【无题诗后已销魂】八首 ··· 212
　第二章二六首 ··· 213
　　【问世间情为何物】六首 ··· 213
　　【一身情债怎生还】五首 ··· 213
　　【几多心痛几曾经】二首 ··· 214
　　【最是情伤欲疗难】三首 ··· 214
　　【不堪情变起波澜】二首 ··· 214
　　【绝情何苦道无情】三首 ··· 214
　　【无端爱恨又无由】三首 ··· 215
　　【无端歌哭是煎熬】二首 ··· 215

第三章 二二首 ············ 215
　【那一场风花雪月】四首 ············ 215
　【八年如梦一场空】一二首 ············ 215
　【两地凝眸几度秋】二首 ············ 216
　【天意如斯话起因】二首 ············ 216
　【乍情乍雨皆天意】二首 ············ 217

第四章 一三首 ············ 217
　【夜雨初逢共一隅】五首 ············ 217
　【弱水三千独念奴】二首 ············ 217
　【为谁守候到天明】三首 ············ 217
　【如此情深终不负】三首 ············ 218

第五章 二八首 ············ 218
　【心事一壶供慢饮】二首 ············ 218
　【解琴唯我是知音】四首 ············ 218
　【小楼留我不留筝】四首 ············ 218
　【旧梦如诗集在心】四首 ············ 219
　【一束玫瑰细雨中】四首 ············ 219
　【悔因忙碌关怀少】三首 ············ 219
　【漂洋过海来看谁】二首 ············ 219
　【誓石湖边忘也难】五首 ············ 220

第六章 二〇首 ············ 220
　【漂泊不定每奔波】二首 ············ 220
　【聚散无常话几多】六首 ············ 220
　【相逢不易别犹难】六首 ············ 221
　【负我非他我负人】三首 ············ 221
　【一别再无人叮嘱】三首 ············ 221

第七章 二二首 ············ 222
　【别后匆匆已十年】六首 ············ 222
　【无边寂寞寄人难】七首 ············ 222
　【蓦然回首不堪多】三首 ············ 223

【大约江南又冬季】六首 ··· 223
　　后记一〇首 ··· 223

卷一三(七言诗一六〇首)

未曾深爱已无情(电视剧版) ··· 227
　　片头六首 ··· 227
　　第一集·远郊游春七首 ··· 227
　　第二集·渡桥初见九首 ··· 228
　　第三集·心事纠结一一首 ··· 228
　　第四集·两地等待七首 ··· 229
　　第五集·心病难医七首 ··· 230
　　第六集·北上重逢八首 ··· 230
　　第七集·倾诉不尽六首 ··· 231
　　第八集·历历在目一一首 ··· 231
　　第九集·佳人如茗八首 ··· 232
　　第一〇集·诗书生涯一九首 ··· 233
　　第一一集·岁月消磨四首 ··· 234
　　第一二集·五味杂陈四首 ··· 234
　　第一三集·聚散无常八首 ··· 235
　　第一四集·分手之际六首 ··· 235
　　第一五集·错非彼此一〇首 ··· 236
　　第一六集·不堪打击五首 ··· 236
　　第一七集·又一年冬一一首 ··· 237
　　第一八集·在水一方三首 ··· 238
　　剧终一〇首 ··· 238

卷一四(五七言诗六二首)

漂洋过海来看我(日记版) ··· 241

前序·偕行天下欲忘难七首 ………………………………… 241
壬午卷·人生若只如初见二〇首 ……………………………… 241
癸未卷·小事难忘最动人四首 ………………………………… 243
甲申卷·四处飘零不易居四首 ………………………………… 244
乙酉卷·一生唯负故人多一三首 ……………………………… 244
己丑卷·天涯一别竟无期六首 ………………………………… 245
后跋·来生再与卿同老五首 …………………………………… 246

卷一五（五七言诗一六八首）

一生知己是红颜（故事版） ………………………………… 249
前言六首 ………………………………………………………… 249
故事一·从江南水乡说起三三首 ……………………………… 249
故事二·从南北双城说起一一首 ……………………………… 252
故事三·从那场风雪说起五五首 ……………………………… 253
故事四·从那些鹧鸪说起三〇首 ……………………………… 257
故事五·从渐行渐远说起二八首 ……………………………… 259
后记五首 ………………………………………………………… 261

卷一六（七言诗四九首）

仍为母子共来生（实录版） ………………………………… 265
前言 ……………………………………………………………… 265
第一章·母亲和儿子四首 ……………………………………… 265
第二章·生命的最后五十天五首 ……………………………… 265
第三章·后事处理八首 ………………………………………… 266
第四章·铭记教诲三首 ………………………………………… 268
第五章·人间遗憾三首 ………………………………………… 268
第六章·儿时回忆五首 ………………………………………… 268
第七章·母亲二三事八首 ……………………………………… 269

第八章·无尽的思念一一首 ······ 270
尾声 ······ 272

卷一七（五七言诗一一三首）

自传(年谱版) ······ 275

卷一八（词一五三阕）

鹧鸪天·韵次幽兰静雅五〇阕 ······ 289
鹧鸪天一〇〇阕 ······ 295
鹧鸪天三阕 ······ 307

卷一九（词二四九阕）

忆江南·江南怀古一三阕 ······ 311
忆江南·江南寄兴七阕 ······ 311
忆江南·江南古镇八阕 ······ 311
忆江南·江南水乡九阕 ······ 312
忆江南·江南园林五阕 ······ 312
忆江南·江南传奇一一阕 ······ 312
忆江南·江南旅梦一一阕 ······ 313
忆江南·江南情话二一阕 ······ 313
忆江南·江南美食九阕 ······ 314
忆江南·江南文化六阕 ······ 314
忆江南一二阕 ······ 315
浣溪沙·七字位移格七阕 ······ 315
浣溪沙·寄妮子二五阕 ······ 316
浣溪沙七〇阕 ······ 317
浣溪沙·咏物一二阕 ······ 322

浣溪沙・韵次幽兰静雅九阕 323
浣溪沙・韵次梅花梦事一四阕 324

卷二〇(词一三〇阕)

临江仙・韵次孤梅馆五阕 329
临江仙四阕 329
蝶恋花四阕 330
一叶落一五阕 330
一剪梅八阕 331
八声甘州一一体 332
行香子一一阕 334
南乡子五体 335
夏日燕黉堂二体 335
如梦令・荷季六体 336
如梦令五阕 336
清平乐六阕 337
撼庭秋五阕 337
虞美人二阕 337
乌夜啼二阕 338
浪淘沙令四阕 338
剪春丝 338
卜算子 338
醉花阴 339
醉花间 339
醉公子 339
好事近 339
后庭花 339
河渎神 339
念奴娇 339

拍阑干 ······ 340
早梅芳近 ······ 340
菩萨蛮 ······ 340
声声慢 ······ 340
一落索 ······ 340
谒金门 ······ 340
忆余杭 ······ 341
个侬 ······ 341
金缕曲 二阕 ······ 341
水调歌头·广癸巳中秋词意 ······ 341
西江月 ······ 342
学小女生饶舌 一〇阕 ······ 342
他侬我你 四阕 ······ 343

附一（诗词一三三首）

拟五言诗用挟声句 三首 ······ 347
拟七言诗用挟声句 四首 ······ 347
诗格之问格 三首 ······ 347
诗格之对格 三首 ······ 348
诗格之句贯格 三首 ······ 348
诗格之字贯格 一〇首 ······ 348
诗格之其他 二首 ······ 349
诗用四平四仄格 二首 ······ 349
诗用独韵体 ······ 349
诗用櫜楛体 二首 ······ 349
诗用童谣体 ······ 350
诗用数目字 二首 ······ 350
诗用语气字 四首 ······ 350
诗用反切字 ······ 350

诗用离合字	350
诗用藏头	351
诗用叠字	351
诗用夺胎换骨	351
诗嵌人名五首	351
诗集词牌二首	351
诗用现代语汇六首	352
诗用现代语汇一四首	352
诗用网络流行语一〇首	353
旧词新衍一〇首	354
故事新衍一〇首	355
后格律·夜吟六首	355
后格律·春声秋梦二首	356
后格律·登楼二首	356
后格律·退隐三首	356
后格律·候客二首	356
后格律·心高	357
后格律·壬午寄妮子一〇首	357
后格律·浣溪沙	358
后格律·夜半乐	358
后格律·定风波	358
后格律·蝶恋花	358
后格律·虞美人	358

附二(楹联二四〇副 联话三四则)

亢悔楼诗钟选编一三〇联	361
山·水一至七唱三八联	361
临屏一至七唱二三联	362
合咏四联	363

分咏六联 ·· 363
　　分咏一七联 ·· 363
　　分咏一一联 ·· 364
　　分咏二三联 ·· 364
　开封游分咏八联 ······································· 365
天下精舍诗友网名联一八联 ·························· 366
六分半堂戏以"枕头岭"为题制联二四联 ········ 366
六分半堂临屏二二联 ··································· 367
六分半堂临屏二一联 ··································· 368
六分半堂临屏一九联 ··································· 369
友谢志彬求泉州谢家宗祠联六联 ··················· 370
亢悔楼联话三四则 ······································ 370

卷 一

(五言诗二七七首)

人在天涯 六首

几度沧桑改，河山大美仍。天寒往南减，地厚向西增。薄雪斜桥马，残阳古寺僧。路歧风物爱，人事任嘈腾。

负笈游山水，周遭浩气浑。地因人则显，名以史而存。漂母千金饭，英雄一诺恩。几多传说在，资酒为留髡。

忍不频回顾，轻车忽绝尘。途中南北辙，天下去来人。雁只云横卷，山重日渐沦。黯然歌楚些，声似涕零真。

到城收健步，心转忽回身。勒地纵横路，连天聚散尘。白杨经岁秃，黄叶受风皴。几许匆匆客，无从去认真。

坐歇行滕减，茶寮望出神。两峰遥合掌，一水窄收身。筏载滩声到，鸦衔日影沦。羁游千里外，同是未归人。

费力销金事，游山玩水人。八方迷路远，五两济风贫。所幸奇观获，还曾偶遇亲。一肩行李在，青眼总延伸。

旅次 八首

漫天风夹雪，人在客途中。市邸灯如旧，城街夜不同。榻宽和梦抱，衣湿待炉烘。寂寞疏烟散，平生一念空。

改辙寻蹊径，羁程近几何。人踪入山少，屋影到城多。足痛行滕负，肠鸣饱雀歌。踉跄斜照里，邂逅只头陀。

挂瓢飞锡去，九岭五湖还。石燕老经阁，木鱼巡夜关。不风窗影定，无雨树声闲。羁旅一场梦，梦仍羁旅间。

叹嗟漂泊久，谁与我同游。蹀躞黄龙洞，徘徊白鹭洲。鼓传花入寺，杯渡月过楼。不忍题襟角，延长满目秋。

七奔非附骥，偏爱独浮槎。雨脚春生细，尘头路隐斜。解龟抛鹤料，逃燕剪蚕芽。歆憾如椽笔，难哦一县花。

野游何处歇，当路下坡平。独占鳌头石，唯思鸭脚羹。竹西无楚驿，山外是吴城。落日岚烟起，风从两袖生。

夜阑虫断响，四顾怅然中。石虎松冈月，铜驼棘径风。眼空悲拾芥，身老叹飘蓬。逆旅边城远，秋凉一箧穷。

雅随人意赏,天趣一方求。落草虫为匪,凌波客是鸥。湖心出船放,山脉到城收。蹀躞枫林路,何来满腹愁。

旅次四首

路出孤城外,笳声起塞鸿。远山围不住,人在夕阳中。
野店灯如豆,山重冷径循。漫天风雪里,一个未归人。
老鸦啼路口,山合暮云深。敛足听回响,声声带楚音。
牧野风如马,阴山列阵长。破关都在夜,好让月回乡。

海景二首

日出天低湿,风腥破雾寒。波推藩国动,岛镇海疆安。逐舸鸥排阵,潜沙蟹守滩。苍茫遥一望,渔唱几悲欢。

倚楼非认赵,望海客称姚。艇越连天线,鲸吞退岸潮。落鸥沙没足,收网贝安礁。远唱虽咸口,风腥抵夜宵。

江景二首

极目秋荆楚,葭洲落照平。水天同一色,鸳橹合双声。客远风寻味,书稀驿问情。江干舟不系,屈指候归程。

空山收落日,野浦晚潮平。鸳歇芦风止,桥过蟹舍迎。烹鲜嗤越俎,煨芋让调羹。逆旅扶残醉,相逢莫问名。

湖景五首

曲岸栽疏柳,围湖四面山。波光美人静,塔影老僧闲。艇出桥遥候,云游燕久还。晴春无限好,最爱在其间。

片雨流云湿,湖亭午坐西。鱼刀分水快,蛙鼓架荷低。石垒桥窥孔,船过岸蹭泥。一声歌欸乃,心事忽沉迷。

一角湖山住,人家七八舟。絮飞烟网捕,鱼漏水牢囚。柳屋拦低岸,礁滩布警鸥。风波兴不起,客隐爱清幽。

夜宿城郊外,层楼傍太湖。波浮灯火弱,月下荻篷孤。候梦谁假榻,凭窗客在途。每因相别久,能暖一杯无。

尺波风慢漾,凫影试寒深。受雨丛芦偃,披衣独客临。舟轻横渡口,亭远立湖心。吐纳无人处,飘然欲放吟。

渡景三首

鹜共残阳下,舟偎古渡横。石拦过岸影,沙吸上滩声。伏蓼风徐让,推山水阔争。旅愁流不尽,何处是归程。

在水一方秋,晨烟野渡浮。石宽供钓鲤,芦浅睡闲鸥。浣女双螺髻,渔郎独木舟。咿哑声到处,红晕眼波流。

一瞬人垂老,苍凉咽楚声。月临桃叶渡,潮退石头城。折戟难销铁,留箫未篆名。逡巡泊舟夜,渔火半分明。

渡景三首

网拖秋上岸,船卸月沉湖。两桨生涯里,风波一路无。

峡裂江流急,云低古渡平。一船秋卸去,还剩雁归程。

暮烟堆岸浅,鸣橹恐惊鸥。水护漂萍去,船偎古渡头。

春江水

一路归心急,何堪昼夜流。替人愁载去,忘却自身愁。

峡景四首

峡勒江横肆,流沙怒尽淘。浪随风力陡,山就石形高。击楫因惭豹,投纶为钓鳌。一蓑烟雨外,谁敢诩英豪。

夺路江东去,山危裂峡沟。碰岩伤树脚,撞岸破潮头。豹隐云中栈,龟驮岛上楼。遥望无一啸,强把酒倾瓯。

风声到江大,山势压城偏。浪滚舟为饺,车衔路似鞭。湿衣疑欲雨,鼓櫂慨经年。碌碌人生里,飘摇一任先。

出峡东流去,烟津送客艭。浪伸头碰岸,石做岛浮江。密网防鱼漏,深芦备鹭降。闻腥风乍起,晚唱竟无腔。

山景六首

向上盘山路,晨钟几处家。雨倾坡面陡,风靠树身斜。药篓妨张伞,苔衣受落花。小停僧舍外，叨扰一杯茶。

汗喘身犹健，崎岖下翠微。密林留路细，野水活鱼肥。雀静逃秦谷，舟闲避汉矶。寺前刚歇脚，钟晚又催归。

野水山间走，云深到客稀。寺从坡借路，花替汗沾衣。避雀嫌频扰，逢僧揖久违。点头如点化，恨不解禅机。

远足空山寂，云烟湿翠微。龟驮碑不倒，亭展翼难飞。落草虫拦路，争花蝶蹭衣。汗如疏雨下，无力顾周围。

五湖游已倦，林密爱山深。戛玉亭中雨，摊秋地上金。书烦猴远借，酒拜石先寻。挂壁尘衣破，无妨赤子心。

月残荒岭静，窸窣夜风粗。石窟逃麑兔，茅亭伏野狐。径连孤冢近，桥断浊溪枯。败草凄凉处，依稀鬼火无。

登山五首

雾散山形陡，扶筇畏后催。人愁无力续，路送不平来。狭栈虚临壁，残阶暗滑苔。恨难生弱羽，遇险倒飞回。

腿颤涔涔汗，支腰歇半坡。攀崖留路窄，榨石出泉多。草没蛇逃穴，泥糊燕筑窠。藓阶残又陡，无不畏嵯峨。

瀑疑雷滚近，人颤险阶登。狭路潜无匪，群山坐似僧。壁抓松下坠，枝出雀斜承。野窟妨腰直，云何障眼能。

探幽深谷远，扶杖汗初收。树隔溪藏尾，泥封石露头。蹭衣贪壁藓，分食馈巢鸠。瀑响惊来雨，寻无避处愁。

履齿衔阶浅，云深路渐消。溪声强水脉，石骨硬山腰。雀畏林高坠，鱼惊瀑倒浇。扶筇移步颤，险栈朽还摇。

山行三首

未惯山行早，探幽独倚筇。路生苔自滑，何况又霜浓。

水拖江岸远，山近就人青。鸟径风徐疾，林幽半带腥。

落日天西角，林深半浅红。莫非僧起灶，烧错野山中。

远城行四首

路推山落后，城就我来先。响树消风力，烧霞起暮烟。店招尘略洗，楼送酒同眠。歇脚深秋里,心游致远天。

落脚河南岸,遥瞻坐北城。山高连倒影,路远断回声。鸦黑林潜伏,云红日出行。故人楼倚否,秋共一天晴。

驿馆城南赁,空庭弱柳撩。一拳移石瘦,五指合山遥。燕蹴风中絮,墙拦野外猫。徘徊才半晌,旅倦已全消。

驿馆临城北,春浓睡起迟。梦酥因病酒,愁涩乃医诗。闭户藤缠架,推门笋出篱。一盅街上粥,聊可解晨饥。

古镇行六首

地僻久闻名,驱车古镇行。雾撩山大度,秋养水深情。浣女分茶怯,樵翁献药诚。絮叨犹不厌,心意有谁明。

古镇多烟雨,长街老屋偏。燕泥糊往事,蛛网漏流年。伞合丁香意,桥分芍药缘。重来人面改,水不认门前。

隐于尘世外,小镇客来稀。石滑街分雨,春醒树换衣。菜畦连酒店,水榭透簾帏。独饮吴歌慢,陶然不夜归。

浙东寻古镇,依约浣纱歌。屋凸街收窄,堤凹水聚多。酽茶兼酒席,芳藻代渔蓑。悔不书裙漏,难猜客姓何。

倚桡乌镇上,秋瘦雨中人。巷窄天开缝,林稀雀露身。寺钟鸣古渡,亭水送欹尘。脉脉笺流处,何堪认半真。

野水春来涨,山屏古镇居。林高攀蜀鸟,石重转黔驴。冷径花难卖,空阶藓罢锄。悠然无所事,捉杖向天书。

农家三首

午访农庄远,循溪第六桥。袭人花淡袖,拦路石齐腰。匾集秦时篆,窗分宋式雕。雨前茶一盏,古雅又清寥。

径通农户静,林密隔喧溪。拾级无非石,糊墙尽是泥。雀闲窥井暗,椒辣挂檐低。枕手堂前卧,风轻日渐西。

每羡农家乐,抽身向翠微。山盘无间道,菜出有机肥。贮米缸重见,烧柴灶久违。清醴就陶碗,不倒不容归。(以刘克庄《仲晦昆仲求近稿戏答二首》"绮语预愁无间狱,纶言见笑当行家"一联为据,"间"字去声。)

郊居 八首

雨霁烟郊湿，春肥水土香。伐山鞭石倦，跋浪种鱼忙。稻堵田间路，蚕争陌上桑。豳风吹五两，客至酒沽黄。

远郊居不易，难得独销磨。雨响春来路，林收屋傍河。杜门狂客少，倾架杂书多。稗史摊随意，茶余懒订讹。

逐客耽清静，村郊我独居。山容出头日，屋曝等身书。镊白虽疑叟，题红尚托鱼。风吹花满地，人立半阶除。

嗜有春蔬好，郊居更爽然。草生过路快，溪绕到邻偏。进屋书为友，扶墙酒即仙。醉吟吴调涩，和雀共商全。

连径通郊墅，云低半没峰。薛黏名士石，鸦集大夫松。倚久书摊杂，推偏梦蹭浓。白衣人未约，红友渺无踪。

赁住东郊静，烟溪木屋新。茶谈捕蛇者，书养爱莲人。去日三条烛，浮生一窖尘。幡然期退老，事外独归真。

访客城郊北，平桥对屋斜。袖揩过路雨，鞋蹭带泥花。枲几青梅酒，篱门紫笋茶。茶先尝一盏，酒待夜来加。

落照平郊冷，河枯水断壕。板桥催犊快，石塔镇蛇高。路远村留客，林疏屋把醪。炊烟浓岁暮，旅梦抵吟毫。

村行 一四首

又一村寻访，河声擦岸斜。路留前代树，屋改后人家。滑足阶糊藓，窥篱日晒花。静无过雀问，唯见院停车。

暂隔嚣尘远，抽身到异乡。路低留草厚，岩漏出泉长。傲屋阶驯鸽，挑蔬篾补筐。人家三五户，闲不问名详。

百十人家住，孤村四五亭。山头蹭烟白，雨脚下田青。客少门罗雀，茶余石勒经。世中疑世外，差别两情形。

路僻人踪少，村深远到迟。疏林坡下塔，空谷屋前篱。蝉蜕堆枯叶，蜗涎蚀古碑。隔溪牛饱卧，晴晒赋闲时。

幽谷林烟合，无风鸟去低。蜗行尚争道，鱼贯为跟溪。足草柔于毯，肩花湿若泥。蜿蜒十余里，犹未到村西。

十里长徒步,崎岖更累人。河腰逢路折,山脚向村伸。树老禽依恋,篱疏犬出巡。推门无应答,错入乃东邻。
　　嫩草和烟湿,青更满目春。水形横夺路,山势侧凌人。屋退村头聚,船移日脚伸。客来虽不久,乐已忘歇尘。
　　性本耽山水,投村岂为醪。径收花影满,树出雀声高。傍寺捐吴锦,围篱逐楚骚。一廛烟雨里,健啖菜根豪。
　　去路江边尽,投村岭下偏。苔阶篆虫迹,石屋没林烟。让坐墙蹲雀,分茶井馈泉。索居三五日,所获是悠然。
　　何处休闲好,移车客一方。山偏交地熟,屋密解村荒。汲井蛙沽酒,春花雀贩粮。俚谣听隐约,疏雨响阶长。
　　负背行囊小,村桥阻下车。路凹妨脚快,屋错就溪斜。散鸽门传信,翻墙燕袭花。静无人到处,谁与一杯茶。
　　雾开村访错,山合路通无。穴毁容逃蚁,花闲替守株。蜗痕栈拖沓,石罅水回纡。纵有过来客,难询酒店沽。
　　解衣兜额汗,误入远山庄。劫道嘲螳斧,袭人逃竹枪。花骑牛背避,水合渡头防。指点逢茶女,寻归旅店旁。
　　野店披襟立,平畴一望间。苗肥应谢雨,石丑莫惩山。诧燕林争入,疑牛暮自还。薄烟生远树,村落傍溪湾。

村之春六首

　　岸草离离茁,青分眼几何。柳弓防雀勇,花海溺蜂多。橹快斜桥市,斋迟古刹坡。嫩晴村陌暖,轻踏竹枝歌。
　　断径斜桥接,啼鹃树出风。石黏分藓碧,花漾与溪红。拾佩春忘后,投书水恨东。逡巡唯此地,不忍就乌篷。
　　好春宜养性,园静客来稀。藓贴资墙厚,虫潜管地肥。移花盆景改,涨雨墨池围。瞑目长趺坐,神游采石矶。
　　快步风跟紧,人烦燕子斜。水拖山下野,村接路回家。采草掏空院,翻墙跌痛花。苦寻心上句,春在一壶茶。
　　屋仄唯嫌闷,开门放远望。老街争藓碧,零雨入梅黄。水涨船疑压,林潜鸟窃商。幽然一隅好,管净俗人肠。

雨霁春衣湿，云山一径盘。柳营溪抱永，王屋石屏安。雀踏回青瓦，翁投涨绿竿。去来随客意，风味本无端。（颔联嵌名"柳永"和"王安石"）

村之秋 五首

羁程又一村，独老歇吟魂。入树风消力，经秋叶见痕。布衣寒露薄，泥砚苦茶温。不话题红事，长随雀值门。

露不医蝉渴，西风断续吹。径闲花睡老，秋懒叶凋迟。野水分瓜渡，空山住药篱。客来三五日，多赚八行诗。

西风萧瑟处，夕照入平林。叶落秋难养，鸦飞路错寻。荒村依水远，野寺隐山深。借问僧何在，同来故地吟。

讶随山势走，疑入午桥庄。水暗宵鱼白，秋深老树黄。中茅潜极野，卝果产良乡。不亚桃源好，无关住短长。

野烧残阳里，秋红冷落中。水平难识慧，山老反称童。伐梦薪高卧，流诗叶暗充。一生行迹淡，何必管飞鸿。（不生草木之山曰"童山"。清陈康祺《郎潜纪闻》卷一："凡所过，童山沙碛，不生草木之区。"）

村之冬

山连山入夜，风雪一归人。寺塌难煨芋，村遥怎问津。冻僵鸦碍路，增厚石堆银。万里重楼上，谁还候到晨。

村晓 七首

晓行衣拂湿，风带早春腥。野水生烟白，空山得雨青。树稀高鸟出，寺隐远钟听。退老京尘外，陶然访石经。

晓起烟村静，行滕不碍肩。石亭瓜渡鹜，山寺板桥船。路避游僧揖，衣愁浣女牵。一方秋水阔，黄叶薄寒天。

晓起炊烟湿，村深客住安。经霜桥略滑，脱叶树微寒。鸭渡过门水，鱼忘卸饵竿。陶然古风里，气爽又心宽。

薄雾笼墟落，幽风遍绿塍。树深禽懒起，山陡日先登。远道桥来客，疏钟寺揖僧。一肩行李重，篱外歇瓜棚。

蹑级桥栏倚，深村四五家。潮平郊外渡，风剥雾中花。野鸭扶船稳，疏林出燕斜。晨春静如梦,醒起即生涯。

稳步前行早,风衣白露沾。堤平石坚定,鱼少水清廉。老木争鸣雀,嫩椒开挂檐。山围共同体,村在一方潜。

小村方破睡,薄雾半笼春。路出闻鸡剑,林过遛狗人。擦肩风跑疾,吊嗓管吹真。一角摊边聚,闲谈有近邻。

村暮二首

蛰居城市久,遥羡水云乡。丑石堆斜塔,枯藤上矮墙。没山鸦影疾,移岸橹声长。日落炊烟合,家家捣蒜姜。

薄暮江风细,村遥一路行。鸟投深树颤,船傍野堤平。蹭藓鞋疑滑,登门脚放轻。莫惊邻犬睡,唬我速通名。

水乡六首

水乡浮在夜,灯下画成真。雨巷青花伞,烟桥白璧人。茧抽丝补梦,荷展扇题春。赌罢旗亭酒,诗才倍有神。

最爱田园味,泥香满垄中。鸭头春水绿,牛背夕阳红。果熟筐堆岸,蔬鲜担采风。借船先礼问,能送一程同。

晒网枫桥上,风微水半腥。径斜逢岸断,山矮向人青。濯足鱼除垢,携书鸽系铃。坐看云聚散,三里五长亭。

雨烟三二缕,桥压水流弯。伞凑鱼潜去,舟停燕渡还。踏歌嫌岸窄,沽酒爱山闲。醉倒凭栏处,春红上笑颜。

臂挽篮轻巧,声哼越调过。堤香捣花久,溪嫩洗菱多。恼雀朱桥瞥,愁鱼碧藻挪。转身风扑面,心事两梨涡。

古桥三五座,春水一篙先。鸭劫鱼书读,鹅争砚石眠。坐滩寻钓客,停岸避邻船。梦里桃源乐,难言浣女前。

江南九首

江南宛如梦,老屋枕清河。巷暗留天窄,墙低出杏多。水声柔橹伞,灯影断桥歌。不忍频回顾,斜风细雨过。

江南游不厌,其乐每陶陶。红袖青花伞,乌篷绿竹篙。家离桥一箭,水断路三刀。小倚栏杆拂,风丝雨细毫。

一阕江南忆,人间四月天。水清宜倒柳,河窄竟横船。出巷鹅争渡,过桥轿畏颠。几多陶醉客,浑不解来缘。

苦为江南忆,寻舟访旧家。燕泥糊壁字,蛛网捕篱花。隔水桥连近,临窗巷走斜。似曾相识处,梦已不堪查。

说尽江南好,春游似梦中。伞倾花县雨,衣受水乡风。屋老供茶绿,街长隐轿红。过桥三面堵,一面让船通。

日午江南约,双桥四巷连。橹摇春水活,车下石阶颠。剥笋提篮贩,烹虾备酒眠。解馋楼内外,物与景俱鲜。

雨霁江南绿,山孤水抱流。沉鱼疑叶扁,归鸟念林幽。石垒圈三井,烟笼角半楼。浣纱人未在,深巷伞收愁。

梦里江南老,天凉好个秋。渚葭拦白浪,山柿灼红楼。续谱家无笛,牵肠渡有舟。可怜关塞外,同在独吟讴。

小虹桥下候,船送梦摇多。打桨堤斜退,移檐雀倒挪。藕花消昨雨,灯草逐今波。不断心弦处,江南子夜歌。

南行记 六首

野舍宜生养,何干蝶与吾。桑荣丝价贱,春老笋衣粗。物理由天燮,民风隔地殊。不谙劳作事,闲把竹篱糊。

午歇东山脚,茶寮野果尝。瀑声过路湿,林影上衣香。静女书摊膝,闲翁杖画墙。豳风吹自在,忘却客沧桑。

浙南三五日,难得半清闲。戴笠蔬畦采,撑篙木屋还。碛浮齐膝水,云让出头山。野雀叨虚席,茶喧落絮间。

茶闲分一味,白屋两层楼。不雨梧阶湿,无花竹径幽。事凉过手泼,心慢合溪流。在野虫声里,萧萧落木秋。

窄径疏林雨,连廊别院诗。相交水临榭,互叠石围池。雀影过高瓦,虫声出漏篱。独无人在处,曾见柱凝眉。

摩笛吹春破,桥通野寺低。雪过堆石岸,梅避浣纱溪。瘦骨山间月,寒心世上泥。若非多隐痛,何故总凄迷。

北行记 七首

北去孤身远,羁途不见村。山荒疑太古,野旷识雄浑。落日高风劲,迷尘老骥奔。故人深院候,迟与酒同温。

驻车频四顾,斜日一鸦横。路逐江洋盗,山屯草木兵。残碑关劫数,废驿绝蹄声。怅触古今事,哀而不置评。

仰面西风烈,歌行万里豪。天移孤日暗,地拔数峰高。废寺昏鸦树,穷途野店醪。不平空掩抑,辜负袖中刀。

西风吹落木,山远暮云平。老马疲荒店,寒鸦下废城。客曾前代到,路已后人行。况味差堪似,终难脚力争。

路狭无车到,穷乡地势偏。民风生劲草,吏舍碍廉泉。雀乏林垂老,鱼稀灶绝鲜。争春一蓑雨,为养几家田。

北窜边关外,胡笳一雁孤。回风带沙响,寒日下山枯。地瘠羊倌在,城偏马贼无。薄裘何处典,难讨酒温壶。

北上兼程急,人饥困不禁。孤城一灯暗,大雪满街深。店闭眠何在,摊收食罢寻。泊车熬夜半,坐冷异乡心。

西北行 八首

北顾兼西向,中途走或停。名存旧图志,山考大荒经。雪寺循鸿爪,沙墟访雁翎。招游我为客,野店酒忘形。

大野秋萧瑟,停车负手行。乱山围傲吏,荒水散流氓。风杂树凋叶,路销鸦过声。凛然横目处,已近古关城。

路出秦关远,驱车任我行。高风秋草劲,大野暮云平。雁送回头影,江流到耳声。故乡千里外,谁为备莼羹。

落木西风响,江流抵麦城。石冈残日薄,野旷暮云平。马验秦荒草,戈销汉古茔。怆然揩老泪,萧瑟共鸦鸣。

风沙吹满面,鬓白烂兜鍪。故堞铜驼路,荒山朔雁秋。卷舒云过眼,分合客登楼。抚髀长歌哭,销磨酒一瓯。

慕名车赶路,停访宋时村。野日浮云海,荒沙逼雁门。犹贫裔延脉,不死树留根。借问当年事,偏无几缕痕。

白日边城远，临歧战瓮醅。劲风推石走，荒漠逼雕回。矗偃新传舍，兵销古戍台。琵琶一声起，老泪不堪催。

　　落日边城远，鹰飞旷野低。催车犹脱兔，夺路似生蹄。草偃风偏北，沙扬客错西。惊魂难入定，夜火辨凄迷。

西行记五首

　　远走天西角，四望何处家。驼峰扛落日，鹰影盖流沙。酒献胡杨活，梦倾羌笛斜。一堆篝火散，风拥雪莲花。

　　漠野闻鸣镝，残阳颤若金。地移鹰影快，沙吸马蹄深。剩酒浇荒垒，枯杨活壮心。一鞭天尽处，风起正徐吟。

　　日暮西陲冷，胡风裂铁笳。破青葱岭石，扬白鹤关沙。帐尽盈囊酒，炉留殉火花。一营歌未歇，肠又断天涯。

　　大漠鹰扬处，弯弓学射侯。自嘲螳臂剩，人惜虎牙休。羯鼓催生气，胡笳抑古愁。一尘驼队远，残日下沙丘。

　　荒山奔入眼，一袭出边城。白日黄沙暗，西风古道平。逢无负戈士，废有射雕营。额手苍凉外，遥闻马去声。

草原四首

　　敕勒歌沉郁，敖包会牧场。马追先发箭，草没后来羊。烈酒银鞍座，铜琶薄羽装。幕天连席地，风猎绣旗张。

　　牧马阴山下，毡靴短夹袍。草齐羊脚慢，云逆雁头高。射石弯弓勇，倾壶吸海豪。一笳风猎猎，篝火锻腰刀。

　　并辔阴山下，吟鞭手脱梢。拥裘温狄酪，折箭誓敖包。草接天如毯，沙流月近郊。牧歌偎坐唱，篝火亮眉凹。

　　草原连大漠，地旷觉天低。马窟营屯北，驼峰日下西。衣单拥篝火，酒烈话征鼙。千古传奇在，焉能不着迷。

林海雪原二首

　　漫天风雪里，一袭皂裘过。进屋肩频耸，推门手急呵。石黏鸿羽厚，林蘸虎盐多。朔野茫茫望，荒寒没匪窠。

出沽烧酒晚,林海响惊涛。推借桦风劲,拂疑淞雾高。坚冰封虎穴,莽野聚鸿毛。为饮一杯烈,炭炉烘湿袍。(七言版：暮色沉沉买浊醪,密林如海卷波涛。推身力借桦风劲,刺骨针藏淞雾高。深涧挂冰封虎穴,莽原屯雪聚鸿毛。一杯能饮无人管,炉火红时独解袍。)

雪域青藏

冲云势争出,难有一峰齐。麋坠舍身谷,鹰悬亡命梯。凿坚冰即石,抓实雪为泥。莫笑差尺五,我来天觉低。(七言版：傲兀群峰叹入迷,仰头远眺觉天低。饥牦畏困舍身谷,健隼惊投亡命梯。雾锁层岩冰即石,崖除寸土雪为泥。愚公纵有移山癖,一样彷徨不敢提。)

云南苗寨

山如裙百褶,风绣水横波。吊脚楼离地,碰头人对歌。药篮菌朵采,石臼酒浆磨。夜火围榕树,情生月下坡。

羁程 四首

昨夜淮扬出,齐州早汲泉。望山羡松职,放鹤贿榆钱。眼剩三分月,衣兜九点烟。一程兼两地,人比散游仙。(扬州至济南)

岸直舟横泊,杨花半落江。鱼鳞沾蜀色,雀舌起昆腔。水去愁难带,春来客硬扛。临风遥送目,何处雨西窗。(重庆至南京)

晓起东流目,行媵一路歌。楚过江面阔,吴到雨声多。马窟辞刀客,枫桥会墨娥。清茶与红烛,又让气销磨。(襄阳至苏州)

击掌中途别,轻装出峡门。浪虽奔马勒,礁乃伏兵屯。薄雾山妨目,寒林路断村。归心秋一雁,直下谢公墩。(夔门至南京)

城市 一五首

冷眼王旗换,兴亡几帝都。风偏秦道直,日落汉陵孤。雁塔名题在,马嵬魂断无。千年一城立,往事酒倾壶。(西安)

封疆兼启拓,天下一名都。割据秦旗换,沦亡宋帝俘。史传为政说,劫剩上河图。我辈来怀古,何堪老眼枯。(开封)

虎踞龙盘扼,钲鼙久不闻。古今容史记,南北隔江分。巷访乌衣燕,洲抟白鹭云。金陵王气尽,城垒送斜曛。(南京)

黯然王气散，波撼石城摇。飞燕归堂认，沉沙积铁销。秦淮船载酒，贡院梦寻蕉。不绝唯烟雨，依稀续六朝。(南京)

二江三镇隔，城固控歧途。暗雨琴台冷，浮云梦泽枯。山藏龟剩在，楼放鹤还无。一简离骚后，谁为楚大夫。(武汉)

解龟江汉老，天问已枯肠。千载仍云白，一楼无鹤黄。舟从峡中出，梦在泽边伤。入楚牢骚客，何人醉不狂。(武汉)

导洛经熊耳，城依四皓山。土肥连楚地，江怒出秦关。兵燹哀鸿外，民风秣马间。引杯来夜话，酒尽客忘还。(商州)

挟策无驴伴，寒衣振晚秋。日移荒野接，烟起大山浮。老木啼鸦路，遥城到客楼。怆然风瑟瑟，目断古商州。(商州)

嫩晴春恰好，携手入姑苏。巷树城分碧，园花客买朱。天连一方越，鸟啭数声吴。濯足沧浪上，钟闻夜不孤。(苏州)

侧帽烟花路，缠腰缺几文。湖非傍西瘦，月要入州分。骑鹤有孤影，教箫无细君。十年因一梦，赢得旧绯闻。(扬州)

一湖天赐与，千载六桥春。趁柳莺啼碎，跑泉虎梦真。无忘筑堤者，不耻跪坟人。宋裔今何在，雷峰夕照尘。(杭州)

猿声啼不住，风疾下荆州。峡咽江于口，船爬浪到头。残礁堆藓岸，野渡没芦秋。一路重山叠，无人效楚讴。(荆州)

远东城不夜，海纳百川谐。地拔楼撑柱，人攒蚁塞街。争先频鼓气，用武各抒怀。四顾环球大，同来效一涯。(上海)

舜岭千尊佛，齐州九点烟。湖收分散艇，蛙戒共鸣泉。喽藻竿支久，舒荷雨打圆。倚亭茶笑赌，倒背宋词先。(济南)

九点烟中认，齐州我独行。山开舜时井，泉济汉南城。趵突煎茶冽，楞迦问佛明。心如湖入定，荷与柳无争。(济南。济南因地处古四渎之一"济水"之南而得名，史传舜曾"渔于雷泽，躬耕于历山"。唐韦应物《寄恒璨》："今日郡斋闲，思问楞伽字。"清刘凤诰题大明湖薛荔馆联："四面荷花三面柳，一城山色半城湖。")

山岭岩峡 七首

仃足山高处，西风落照时。浪淘千古石，城换几家旗。大野争亡鹿，苍生类豢牺。怆然揩老泪，遥祭佛狸祠。(瓜步山)

险栈苍烟没,重山扼剑门。泉清冒岩罅,壁厚入松根。蜀鸟春啼血,巴蛇路断魂。扶筇高阁咏,兵火验无痕。(剑门山)

山高云绾髻,蹑级颤扶筇。径窄身依壁,沟深鸟坠松。俯探平野阔,登啸冷秋浓。万籁风回处,僧过客续踪。(云髻山)

岭出风云处,深屯草木兵。仙踪何故剩,帝业岂堪争。断戟狐支穴,残垣燕筑营。萧寥一抔土,掩尽是非名。(王莽岭)

仙峰藏古刹,蹑屐上云端。石滑阶嫌陡,林空鸟畏寒。僧参三界净,梵诵六根安。合掌龛前坐,休嘲是懒残。(仙峰岩)

怒涛风裹起,山裂让江奔。坠树惊鸦影,传声动地根。客来天骤雨,车滞夜孤村。逆旅归心急,披衣独倚门。(瞿塘峡)

裂山天一线,江注大荒流。峡出争先浪,礁拦落后舟。冲滩声动野,撞路势凌楼。两岸惊飞鹜,残霞万里秋。(巫峡)

洞窟瀑三首

鬼斧神工妙,探来倍骇奇。石填山裂处,泉涌地穿时。倒瀑倾壶响,凹岩透洞窥。漏天光一线,人困暗沟疑。(水帘洞)

胡杨戈壁活,凿窟莫高家。塞远探春脚,泉奇出月牙。革囊刀淬酒,驼鼓夜鸣沙。七八堆篝火,随风兀自斜。(莫高窟)

百尺巉崖直,迟流断处堆。势威从顶泻,声近隔坳来。滚雪潭吞没,跳珠壁碰回。冷烟蒸险境,面色俱如灰。(庐山瀑布)

渡桥潮五首

大河秦晋隔,古渡夕阳中。岸稳过关浪,船迟逐鹿风。白头千载客,黄土一陵雄。雁影惊芦哨,苍凉绕远空。(风陵渡)

旅泊瓜洲晚,两三星火遥。烟楼瞻北府,水寺渡南朝。酒废碑难拓,歌行气未销。仰天徒怅慨,老泪卖花桥。(瓜洲渡)

点径苔衣湿,徐行客不招。露禽争左语,烟寺认南朝。揖远心无惑,参明欲即销。赋闲三五日,唯爱去枫桥。(枫桥)

一水蜿蜒去,危桥跨岸阴。地平沟勒窄,山裂缝开深。接客休浮苇,停船免宿林。天无绝人处,别有路登寻。(胭脂河天生桥)

乍沸钱塘口，绵延一线推。势随风近逼，声领浪先来。撞岸惊奔马，排空怒滚雷。虽然胆如斗，相顾面俱灰。（钱塘潮）

河湖二首

展笑眉楼暖，胭脂水上人。魂销金窟夜，酒买玉壶春。末路分红泪，青衫受色尘。桃花扇何在，灯火久沉沦。（秦淮河）

背手春堤上，襟开眼豁明。天光兼水皱，山势到湖平。舟快梭遥掷，亭圆盖暗倾。六桥人语沸，疏柳半藏莺。（西湖）

成都浣花溪三首

万里桥西去，潭深会细流。寒销帝王气，声咽美人愁。泛纸参唐句，啼鹃出蜀州。草堂心事老，花败锦城秋。

十里劳游足，花溪试溯源。风生燕侠气，水咽蜀方言。采蜜分鱼榼，招鹅歇竹轩。热尘难到处，趺坐不心烦。

浣花溪上雪，万里一桥梅。影共诗行瘦，香随月晕来。轻扶何忍读，浅嗅不堪偎。脉脉心如水，浑凝梦半堆。

易水四首

乱世忧移鼎，穷途幸识荆。风腥游侠血，浪濯刺秦缨。访古幽州到，闻歌易县行。地因人入史，人为水扬名。

水调歌悲彻，风吹万古寒。送人怀匕易，匡国止戈难。蓼逐舟归夜，芦飞雪没滩。几多燕赵事，都被浪淘残。

匹夫慷慨去，魂返已无船。浪没悲歌渡，风凌抱憾天。死生千古事，成败一蓑烟。易水今重到，何须倍怅然。

一水寒犹在，萧萧两岸风。侠魂归不得，天命算皆空。浪起悲歌外，心平古恨中。白衣虽似雪，偏要羡渔翁。

城塞关五首

扼险依山势，城拦万里长。马尘催犯境，烽火戏勤王。雁踏雄关月，笳吹大漠霜。登临频竖髪，恨不射天狼。（长城）

梦回鸡塞远，秋点雁行稀。瀚海风皴面，关山月在衣。请缨巡将令，鸣镝演兵机。胜败寻常事，犹擎不落旗。（鸡鹿塞）

制山兼控海，天下一关雄。明脉未曾护，汉流焉可终。裂冠生叛贼，雉髡辱遗风。板荡歌悲切，兴亡大梦空。（山海关）

落日浮苍莽，秋风大散关。一隅垂直路，四面等高山。栈为韩谋设，鸦衔宋矢还。兴亡千古事，都在锁喉间。（大散关）

险关碑勒损，古道换人来。酒战传烽夜，诗题击鼓台。闭秦门户紧，控楚幅员开。野草埋残镝，清然叹劫埃。（武关）

楼台阁寺六首

大浪淘人事，登楼阅古今。港收船到口，江放岛于心。鹤外梅花落，云边玉笛寻。悠悠千载后，若个是知音。（黄鹤楼。李白《与史郎中钦听黄鹤楼上吹笛》："黄鹤楼中吹玉笛，江城五月落梅花。"）

怆然谁涕下，大野古燕台。骨有千金剩，人无一啸来。识荆非慧眼，奔赵乃奇才。何苦悠悠念，浮云许未开。（古燕台。汉刘向《乐毅报燕王书》："昌国君乐毅为燕昭王合五国之兵而攻齐，下七十余城，尽郡县之以属燕。三城未下，而燕昭王死。惠王即位，用齐人反间，疑乐毅，而使骑劫代之将。乐毅奔赵，赵封以为望诸君。"）

郁然孤峙久，山不许人怜。落照云屯海，横流地迸烟。拊膺收璧缺，望阙踏台先。老泪风干处，萧寥鹜在天。（郁孤台。清同治《赣县志》："郁孤台，在文笔山，一名贺兰山，其山隆阜，郁然孤峙，故名。唐李勉为州刺史，登台北望，慨然曰：'余虽有不及子牟，心在魏阙一也，郁孤岂令名乎？'乃易圆为望阙。"辛弃疾《菩萨蛮·书江西造口壁》："郁孤台下清江水，中间多少行人泪。西北望长安，可怜无数山。青山遮不住，毕竟东流去。江晚正愁予，深山闻鹧鸪。"）

翼轸星分阔，衡庐地接遥。序传千载事，阁纳一江潮。末路飞霞鹜，他乡挟剑箫。几多名士会，无奈酒空浇。（滕王阁。唐王勃《滕王阁序》曰："星分翼轸，地接衡庐……落霞与孤鹜齐飞，秋水共长天一色。"）

空山寒在寺，日落一鸦飞。佛脚临时抱，人心底处皈。嗅梅经雪老，攀柳望船稀。漂泊江湖上，难宽百衲衣。（寒山寺）

问禅灵隐寺，花选曼陀罗。雪茗煎长夜，霜钟叩远河。梦惊心澹荡，灯涩泪婆娑。客在红尘外，笺留字偃波。（灵隐寺）

口占二首

六国今安在，陵山葬杳深。一抔黄土梦，难测独夫心。（秦陵）

甘露涵山寺,禅声合水流。当年谋一策,载取美人舟。(甘露寺)

陵墓三首

未捷身先死,功名剩一抔。松迎顾庐客,桂待出师秋。奉表因何涕,回天岂在谋。定军山下吊,千古恨悠悠。(勉县武侯墓)

终归土一抔,从此可销愁。横槊乌巢夜,飞灰赤壁舟。英雄几人数,亡鹿待谁谋。天下三分地,何堪每缺瓯。(安阳高陵曹操墓)

大美湖山在,去来今古人。三忠何止岳,四贼不单秦。补璧宁埋骨,兴波必跪身。流芳或遗臭,天理幸归真。(杭州岳坟。西湖之畔乃岳飞、于谦和张苍水埋骨之所,故有"西湖三忠"之说。)

园林三首

缩地移天巧,玲珑一角称。水真容鲤放,山假赚人登。石径松亭雪,琴廊雨壁藤。小中生大境,造化亦难能。(说园。园林纳天地山水于一隅,小中见大。其妙处,识者概括为"移天缩地,截溪断谷"。)

沈园赓两阕,凤不共钗头。黄酒倾还错,红绡拭尚柔。雨凋花彻夜,春就病斜楼。世事难如意,人情薄似沤。(绍兴沈园。檃括体。三四句檃括陆游《钗头凤》:"红酥手。黄縢酒。满城春色宫墙柳。东风恶。欢情薄。一杯愁绪,几年离索。错。错。错。◎春如旧。人空瘦。泪痕红浥鲛绡透。桃花落。闲池阁。山盟虽在,锦书难托。莫。莫。莫。"五六句檃括唐琬《钗头凤》:"世情薄,人情恶,雨送黄昏花易落。晓风干,泪痕残。欲笺心事,独语斜阑。难。难。难。◎人成各,今非昨,病魂常似秋千索。角声寒,夜阑珊。怕人询问,咽泪装欢。瞒。瞒。瞒。")

九亩求真趣,园深爱寂寥。登阶鹅裹足,掬水柳弓腰。石叠云纹硬,亭撑伞角挑。借天还缩地,盘径截溪桥。(苏州狮子林。梁江淹《杂体诗·效殷仲文》:"晨游任所萃,悠悠蕴真趣。"传乾隆南巡,为狮子林题匾,初题"真有趣"三字。随从状元黄熙赞"有"字出神入化,乞将"有"字赐己。乾隆顿悟,因"真有趣"三字缩成"真趣"二字,即化大俗为大雅,于是顺水推舟去掉"有"字。)

徽派民居二首

无徽不成镇,儒贾共勤劳。四水归堂稳,墙齐五岳高。向西门利兆,安内夜吟骚。啸傲行天下,心雄足自豪。(谚云"无徽不成镇"。徽州乃文献之邦国、人物之都会、财赋之奥区也。曾几何时,徽商执江南经济之牛耳,操全国金融之命脉,称雄商界三百余年。徽州阀阅之家,不惮为贾;逐末之徒,尽多衣冠。故其治贾不改儒风,习儒不废贾事。处则以学,行则以商。从商修学,相得益彰。徽州民居特点:窄窗深院,寓暗室聚财之意;四水归堂,譬肥不外流之象;五岳朝天,存高登龙门之望;门开西方,是西主金利之兆。)

老屋如星聚,林深夹巷长。窃无鸡血石,防有马头墙。井汲猴魁露,钟除笋虡霜。一声催倦旅,一盏暖人香。

戊子五月末徽州行 四首

东临无一苇,杯渡白云边。树演荣枯史,江流起伏年。来思忽疑雨,去恨独听蝉。老泪纵横在,披襟更惘然。

故乡亲不在,千里一身还。树夹通车路,河拦到岸山。寻根祠宇僻,汲水井亭闲。识我唯街石,曾供学步艰。

小院高墙旧,春回雨巷时。抚楹钞祖训,凭石背家规。翼壮终飞远,根深独念兹。不知从我后,晚辈又来谁。

古宅何年剩,重修已复初。镇堂灵璧石,勒匾瘦金书。门闭布衣绝,椅交官帽余。三槐风雨退,一梦倍欷歔。

昌溪八景

一水昌桥束,山围四面斜。月浮滩晒网,风扫岸扬沙。野石生新藻,微波渡老鸦。系舟徐独步,渔火落芦花。(昌桥步月)

独钓西山下,沙墩坐背阴。野风衔袖口,清水测鱼心。饵落竿头直,钩抛线尾深。只因天不忍,才免祸相侵。(沙墩垂钓)

二水环西合,烟波载日浮。犬疑拦去路,鱼黠避来舟。旅读山如画,途居塔即楼。未逢知己酒,先尽一杯愁。(二水环西)

截玉堆山势,风研石脉寒。径云吞鸟绝,林海冻花残。压屋墙推易,封门寺访难。一轮残月下,清白最宜看。(西山映雪)

寺扼山危处,心求福慧能。杵焚猿伐木,绳烂鸟牵藤。采铁容重铸,悬楼让独登。数声惊逆旅,徒羡打钟僧。(福山撞钟)

古巷苔痕浅,传家九子多。叠墙屏燕哺,归水入堂歌。鼎纳花斜就,书堆榻暗挪。结跏尘世外,参透好山河。(九子巷歌)

坐读枫林里,襟怀一卷长。月圆诗去涩,风淡墨生香。拍掌抄奇句,留心

校错行。不求闻达早,唯恐笔花黄。(枫林夜读)

小巷笙歌彻,楼藏姊妹花。暖香熏纸帐,残句献铜琶。一诺情如海,千金梦是家。不知今夜后,能否再分茶。(七座花楼)

增广西湖十八景

放鹤孤山下,来寻处士家。柳颓休友叶,梅淑要妻花。拾月潭为篓,缝篱雪作纱。望风空一唳,疏影各横斜。(梅林归鹤)

一枝斜妩媚,偏爱又横波。嫩比溪流雪,清如月浸歌。竹贤春访早,松直梦谈多。世上无知己,何须费咏哦。(西溪探梅)

致爽亭西角,秋湖傍碧城。镜平圆日影,风硬竖潮声。羡鹜矶垂钓,邀鸥岸结盟。退思芦荡外,休管棹纵横。(海霞西爽)

灵隐两峰幽,韬光寺外楼。懒推前后浪,闲钓古今秋。踏日龟驮岛,扬尘贝拾舟。注眸风不定,沧海任横流。(韬光观海)

石势如蕉剖,横拦水一边。鱼将身影踏,鹭把口音传。暮雨迟过岭,春云淡下船。淹留唯此处,最合理朱弦。(蕉石鸣琴)

挂筇山径晚,云海洃蕉衫。树密禽嫌挤,花肥兽解馋。拾溪疑月杵,投寺验泥缄。一豆青灯瘦,无眠坐若岩。(云栖梵径)

万株青到岭,松响怒翻涛。立足云梯窄,安身雪壁高。凤寒央月晒,鸦倦入巢熬。九点齐烟处,清波绕几遭。(凤岭松涛)

有凤来仪处,丘亭盼未逢。羽梳红石谷,泉饮白云峰。立竹矜全节,栖梧忌附庸。一廛无净土,难与世相容。(宝石凤亭)

傍湖精舍小,蛙井坐吟宜。松老多扶壁,莲慵浅睡池。雀檐铃响雨,凫舫石敲棋。蒋径无红友,禅茶戒五噫。(莲池松舍)

地抱湖湾广,亭高日下西。马愁难有角,鱼怒竟无蹄。饮羽沙埋浅,追潮弩射低。猎来菱芰嫩,欣舞似闻鸡。(亭湾骑射)

碧波倾注处,天放一湖宽。社燕斜桥立,春鱼野渡攒。送船山让道,寻径客凭栏。满眼风花好,题襟四韵难。(湖山春社)

翼然亭倚坐,游目叹无边。断岸烟如幕,移山水似田。鸟饥追棹久,帆饱受风偏。万顷沧浪外,渔歌不就弦。(湖心平眺)

一角天蓝处,秋波荡眼青。鸭贪娱竹浦,鱼羡老枫泾。解带桥延客,过村

石系舲。嫩晴宜钓酒，楼醉满身腥。（玉带晴空）

一泓天让与，流落到芳洲。种水鱼为稻，犁波棹即牛。岸声催日走，山影托船游。洗尽心头梦，何须再钓愁。（玉泉鱼跃）

放生兼放棹，云水两相融。喋藻蛙逃雨，穿荷雀举风。岸边亲浣女，桥下揖渔翁。所幸池中物，终能避钓筒。（鱼沼秋蓉）

勒碑传胜景，山作大观台。鸟遁溪桥锁，猿掀瀑布裁。坐崖衣受露，寻径袖扬埃。未许庸人访，还期故友来。（吴山大观）

善缘天竺结，香火灿花朝。庙远僧迎揖，龛深佛坐聊。擦肩逢绣市，过眼认茶寮。漠漠红尘客，如何百念消。（天竺香市）

止戈于乱世，功德表崇坊。入境知乡俗，登楼戒酒狂。市桥灯火远，郊驿稻花香。有幸来栖隐，吟边每荡肠。（功德崇坊）

钱塘八景

大江东入海，秋挟怒潮奔。夺岸追山脚，冲滩动地根。雾黏残日影，风褪远帆痕。逆旅钱塘渡，莼鲈忆别村。（浙江秋涛）

柳飐湖堤稳，烟桥折六屏。鱼翻腥沫白，燕捺嫩痕青。野陌归丁屐，春潮歇子亭。歆讴枨触处，最恐见扬舲。（六桥烟柳）

石因灵性好，成就此山名。水调溪推缓，樵歌径踏平。守株求狡兔，投斧戒流莺。晚倚凉亭歇，风声格外清。（灵石樵歌）

白头埋积雪，平地一峰孤。寺冷梅花束，溪香竹节壶。拜尘猴觐佛，归俗鹄延儒。莫羡林间好，云深路却无。（孤山霁雪）

乱云翻覆里，苍翠接霄霞。刺硬拦飞鼠，枝虬拒挂蛇。结无崖上果，开绝世间花。立足山高峻，凌空独倚斜。（九里云松）

拾级行囊负，云深路九盘。鞋低跨泉湿，猿啸入林寒。野寺今无丐，精庐旧有官。浮生一尘撮，来去但心宽。（冷泉猿啸）

闷怀终顿解，晨倚古楼题。海气蒸城湿，天光晃路迷。雀过人影远，春尽树声低。暇适无纷扰，差堪葛岭栖。（葛岭朝暾）

市桥灯火处，林籁坐秋凉。卸月衣留影，凋花手赚香。楼围收岸窄，水曲就城方。不信嚣尘里，犹能百虑忘。（北关夜市）

潇湘八景

竹滴斑斑泪,潇湘雨涨秋。石沉拦恶浪,江窄夹扁舟。岸火初摇夜,山风急上楼。为防灯话冷,宁剪一襟愁。(潇湘夜雨)

一水双峰界,云深聚夕烟。寺藏松径末,僧扫石龛前。解偈迟传钵,拈花顿悟禅。数声钟断续,长短各随缘。(烟寺晚钟)

浪迹平沙吸,心痕众雁犁。字从天上落,秋在水边题。挂席防礁险,过山避雨低。一声长笛咽,羁旅更凄迷。(平沙落雁)

薄暮风吹紧,江寒冻急流。没靴防积雪,呵手缩轻裘。鸟绝山留白,梅斜月助幽。路从天外断,人在客中愁。(江天暮雪)

晚唱船停稳,波平夕照红。荻花稀远浦,村火淡腥风。补网门迎客,探罾酒敬翁。预期鱼汛短,多备小乌篷。(渔村夕照)

曲岸兼葭密,秋笼古渡平。鹤眠沙印迹,风警浪吞声。断桨推湖阔,空山得月明。一钩弯作梦,深钓洞庭情。(洞庭秋月)

壁立山形险,帆归号角吟。软沙埋岸浅,柔苇曳滩阴。网紧鱼难漏,灯高夜不禁。问安欣荐酒,先暖水云心。(远浦归帆)

日出山凹暖,春晴野市行。买鹅无帖换,相马有钱赢。社饮凭栏醉,村春隔岸惊。柳风轻若梦,逢客即留情。(山市晴岚)

画中神游 一〇首

困比江过鲫,期如橘越淮。艾熏窗眼渴,城禁屋肩排。雀影撩迟夜,车声止滑街。闭门疏雨断,放浪一形骸。

奈何逃入画,避疫水云居。室雅搜神记,门高逐客书。临碑鹅换扇,滴砚露惊鱼。暂息歊尘热,来教意澹如。

卧游山水健,烟雨二三家。莲蒻清尘热,松针灸欲邪。室挤妨茧足,诗咏动檐牙。尺鹨虽天问,无如解语花。

市郊花鸟画,田宅织耕图。卧石量深砚,分杯减窄厨。谋生金粟贵,忍事芥尘殊。禁足低哦久,慵闲一野夫。

赁屋乡间养,春闲畏睡肥。捣花方术妙,采露独家稀。臼稳崇风骨,缾宽顺气机。隐于图画久,无病也忘归。

田园泅水墨,金石入风声。燕弱林医艾,泉泠菜配羹。杜门研本草,除蠹致咸亨。懒散无聊甚,心安不逛城。

　　屋傍春桥近,人经水寺还。草虫争雨露,花石改湖山。甲骨文疑史,乙瑛碑拓闲。晓鸡啼野彻,风动解苍颜。

　　菜畦聊自给,人羡稻香村。窠纳一逃燕,篱拦三顾门。石泉春切脉,雷笋地除根。负手闲庭走,神清眼不昏。

　　逐疫无宾主,深居酒与诗。蔬鲜晨看碧,韵险夜委蛇。画壁游山野,关门浴药池。寂寥虽难耐,不日即归期。

　　画里神游好,身疑水一方。沤麻除疫净,剪韭断愁长。户启人随雀,涎馋药换姜。放颠频索酒,烂醉黑甜乡。

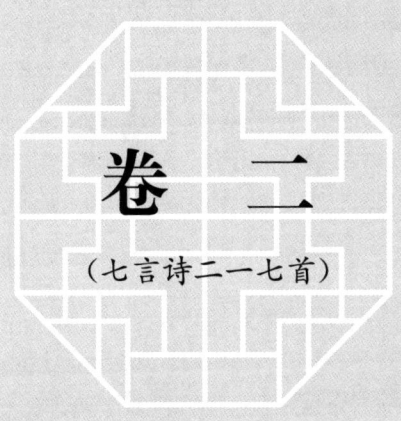

卷 二

（七言诗二一七首）

旅次 一五首

　　西风黄叶两萧萧，垢面蓬头客路遥。山表孤忠扶落日，江催余勇涨来潮。愁边句送林藏屋，饭后钟听寺隔桥。野渡无舟鸦影没，一声唯叹酒难浇。

　　负笈行吟卓不群，素衣红友比孤云。鸦辞朔野奔垂暮，径勒苍山起皱纹。弱水三千官渡废，雄关百二敌楼焚。潸然掷笔萧然叹，自古兴亡惯见闻。

　　郡归江左史中修，寺起南朝我后游。破曙钟声断魔障，醒人经义解羁愁。莲龛世界缘因了，灯穗心田业果收。一炷香拈衣百衲，再回首处剩浮沤。

　　遥山难及废登临，独负行囊步履沉。易地楼仍属徽派，过江雀不带吴音。忘添衣薄寒先遇，料觉肠空食遍寻。羁旅大盆风味面，辣人涕泪忽沾襟。

　　漠北江南酪与茶，一肩行李一生涯。探宽鸟道皆过客，识破云山仅住家。寒寺晚钟声断线，古碑残壁字涂鸦。徘徊半响频怅触，最不相饶乃岁华。

　　满面风尘两鬓皤，驻辀城外力销磨。曾经壑谷兰芝少，尚剩泥途鹬蚌多。云水念头难演绎，稻粱生计要奔波。怅然回顾乡关远，一盎莼羹费久哦。

　　老来推却事纷庞，旅次村墟隔大江。风气廓清将尽夜，鸡声擦亮已开窗。鬓间经纬交于镜，梦外沉浮稳若桩。晓起调羹柴灶煖，雪梨山枣味无双。

　　暮云残照野茫茫，扑簌风尘远道长。寺圮童山见兴废，乌啼髡树验温凉。乍惊犹历古今劫，所幸曾维来去缰。移目怆然徒一叹，临歧不忍访穷乡。

　　挑壶连径为潜踪，七步诗成逸兴浓。山似鬐梳延地脉，月如眉捺画天容。流萤落脚无名草，睡雀藏身不老松。幽境最宜分旨酒，我扶人影影扶筇。

　　安琴解榻板桥西，竹篓移花带燕泥。落地难量山脚大，望天偏等日头低。风过沸井门推错，酒汲深坛客约齐。团坐莫歌金缕曲，满庭春味最沉迷。

　　老倦投荒拥鼻酸，楚天寥廓晚风寒。枫稀鸟道月如叶，芦偃蟹汀灯似丸。孤寺远闻嫌地僻，众山齐退恨江宽。羁愁万斛同千古，半部楞严一钓竿。

　　楚尾吴头老欲归，小船柔橹水声微。汀花接露人来久，岸柳堆烟客到稀。啼曙院鸡垂赤帻，蹴泥梁燕拂乌衣。乡音未改容颜改，冷泪何堪坐上挥。

　　吟鞭指处罢征骖，侧帽危亭意不甘。四野蕉红经谷雨，一程葱翠接林岚。扶筇恨比僧先老，认展欣随客后憨。彩凤藏身难见面，题桥又阻百花潭。

　　老屋将倾漏眼藏，古城一角访沧桑。枯藤挂壁藓生瓦，丑石拦门鼠坏梁。梯朽已封蛛网密，窖空曾贮酒泉香。过街燕子难相认，隔世人家姓谢王。

一身衣白板桥过,送酒人来十字坡。气爽何关题叶密,风高怎累落花多。围篱院有鹅能唤,辟径门无雀可罗。相约手谈秋似劫,害谁消瘦为蹉跎。

海景四首

海天连线结长绳,小岛如珠串不能。船为受风斜一侧,浪因冲岸叠三层。吹螺每让鱼逃减,补网先防贝漏增。坐卧沙滩宜晒腹,诗腥独向日边蒸。

海日初生一线平,云涛共涨渐分明。帆经远岛迎来客,鸟下残礁了别情。螺号仰吹鱼漏网,盐沙深隐贝成精。沧桑几度腥风脆,卷断心肠酒尚倾。

山围地角半成湾,豁目天平一线宽。海大何妨来种岛,潮高足可去冲滩。碰礁艇小沉浮易,埋贝沙粗吐纳难。不尽苍茫渔唱外,几多风味更咸酸。

渔歌唱晚趁归潮,一网风腥橹快摇。留岛海中存净土,弃船天上换浮桥。芦棚烫酒鳞光闪,石埭支灯灶火飘。淡泊生涯流水账,与人何必共闲聊。

江边一○首

悲歌慷慨大江东,如雪衣冠夕照红。人物丘荒一抔剩,利名沙浊半淘空。剑无用处舟徒刻,生不逢时髪罢冲。闲话桨声灯影外,苔矶稳坐几渔翁。

迟来不妒客先游,此地风光剩晚秋。山矮赚无今日眼,江长替是古人愁。得名花寺荒罗雀,叙史苔碑断碣鸥。黄叶满堤难稳步,萍踪止处短诗留。

萧萧落木晓风鸣,薄醉初醒出小城。江候明年返程鲤,滩留昨夜退潮声。秋襟受雾羁愁湿,野鹜盘空老眼横。安得短诗分故友,古红亭外一人行。

大江东去我遭逢,苍鬓青衣不老松。千古浪花争晚渡,一堤烟草蹭孤踪。沙淘久散群英会,鹜落偏停独秀峰。冷眼归帆饱风处,楚歌如网起鱼龙。

去鸦啼树二三声,断续羁愁夕照明。人事已随江草换,命途犹与浪花争。舟无不载今游子,渡在还临古废城。极目茫茫天地大,有谁能伴我同行。

高亭北固大江横,啸傲人来忿濯缨。百世祸灾存古国,一方水土养苍生。蜡中心热尘封久,马下诗雄价许轻。不耐风霜欺骨硬,耸肩归去破书城。

一语频催泪满衣,江湖落拓冷烟微。雨敲双棹穿芦坐,风挟孤帆贴浪飞。偷检鹭踪篷背月,错犁鱼迹客吟晖。秋情处处同愁涨,野渚牵绳系不归。

向晚江边雁去留,芦花点点水悠悠。浪平乍觉帆如箭,鱼怯犹疑月似钩。贴石生烟飞碎玉,披蓑补网漏残秋。苍山一转遮青眼,两岸潮声隔未休。

野鹜齐飞共落霞,问津何处宿渔家。江分一角红莲苕,岛辟三边绿竹丫。帆影受风轻似叶,桨声拖水幻如花。围炉夜煮纯羹试,远胜云南普洱茶。

野水潺湲弄梵声,闲听半路感于诚。鱼潜似叶随缘没,石卧如僧罢世争。分去一波何必怨,汇来千滴尚堪行。东流不载春愁重,碧海无心却自平。

渡景三首

乱云飞处玉螺鸣,骤雨将来一路惊。竖水成波鱼畏陡,淘沙在岸蟹愁平。船颠怎许风头避,客熟何劳渡口迎。灯火竹篱闲话夜,沸壶空煮不才名。

停桡四顾怅迢遥,野渡兼葭涨晚潮。犬去衔衣西子井,鸥来拾履下邳桥。深秋石径难逢蒋,异域茅斋但忆萧。渔火数堆星数粒,梦无亡鹿可藏蕉。

蓬庐恰对大江流,暝色苍茫古渡头。拍岸涛声惊北雁,逆风船影去东瓯。天遥枉寄诗赓韵,路厄聊沽酒解忧。薄醉寻无禅榻卧,离多聚少又深秋。

峡景二首

半老投荒忍系匏,风声咽塞楚江郊。礁排浊浪伸拳凸,峡裂危峰入眼凹。遁世猴寻岩凿窟,返家鸦认树藏巢。残阳代炭茶亭煮,独恨无泉胜虎跑。

未许雄鹰叩险关,峡风催逼雨尤蛮。架江为肘横拦道,握石成拳倒喝山。舟覆有求神助急,寺摇无碍佛居闲。从容击筑凭栏啸,四顾苍茫举步间。

江湖溪峡七首

野岸生烟月淡浮,乌篷白露大江秋。潮无后劲知难退,让出芦滩浅睡鸥。(江)
岸退真能缓怒涛,地低才敢拔山高。其间一毯沙柔软,让与闲鸥坐读骚。(江)
曳于江渚折于风,一管秋声暗破空。惊起水花如雪白,每疑来踏是孤鸿。(江)
万里轻寒笼客船,隔江渔火淡如烟。纤歌已歇离歌起,夜半犹随浪扣舷。(江)
一篷零雨乍来时,柳蘸横波岸退移。船载早春轻似梦,橹声欸乃共人痴。(湖)
乍雨还晴野径斜,竹西佳处访人家。清溪欲合春江去,绕道门前为浣花。(溪)
接补松云塞隙阴,苦无杯渡羡崖禽。山疑对折双峰隔,一峡浑如水勒深。(峡)

芦荡月色二首

客旅萧凉望倚楼,白芦红蓼满沧洲。船驮一片山凹月,卸到湖中洗亮秋。

碧波如诉桨声柔,一角湖山两岸秋。残月夜来留白处,遍涂芦苇亮人眸。

山行 一六首

西风落照半高登,孤立云梯第几层。水出大荒贫在道,山经远古瘦如僧。疑兵草木荣枯替,亡命巢丘进退能。长啸一声鸦影掠,寺藏深处暮烟腾。

落帽风吹白发增,山高许我挂筇登。蝉为树上真过客,雁即云中苦行僧。向壁糊秋苔体厚,临溪漱石水心疼。半途跌坐回头悟,已有浮踪改不能。("苦行僧"之"行",去声。唐张籍《律僧》:"苦行长不出,清羸最少年。"宋陈造《再次韵赠张德恭》其二:"辞锋森列看分朋,退作穷山苦行僧。"明薛蕙《元夕郡巾招观灯不赴》:"风流那比高门客,寂寞翻如苦行僧。"明管讷《送宝昙应禅师游峨嵋回金陵》:"六载下山非苦行,怕人云是再来僧。"清姚燮《调徐大廷济二章》其二:"十年苦行学山僧,一握青筇袅瘦藤。")

止步孤亭冷雨倾,茫然四顾怎生行。山拦客去愁无路,路让人来恨不平。泥下石藏尖角候,草间蛇备毒涎迎。可怜天色将如墨,难与飞禽两翅争。

拄杖扶腰我独行,半山亭歇野禽鸣。盘溪偶顺高坡下,出路都从绝境生。天变云霞窥世相,林收风雨体人情。仰头危壁如刀竖,老不言强一力争。

东篱酒止半瓶罍,又上南山观景台。松老幸逢前辈访,径闲奢望后人来。种鱼潭验清非浊,采菊坡平乐即哀。云海散时风拂面,一襟磊落自然开。

驻辀挟杖为游山,乏解茶寮四顾全。分断石根峰对峙,合浮云海脉相连。瀑声疑湿投林鸟,草色催肥守窟仙。险磴参差高又陡,逡巡半道力难前。

闲游最怕客嘈嘈,为访深幽独自逃。山色更鲜分眼快,溪声渐紧湿身高。两边树合亭中暗,一队鱼攒栈下豪。偶遇僧归频感慨,红尘剩我尚操劳。

非能度外在山阿,两岸钟喧几寺陀。衣受暗天翻手雨,人来浊世湿鞋河。争巢雀伏窥檐角,让路松逃上草坡。岂有桃源置身地,管教心境获安多。

减负轻装一杖登,泊车郊外效游僧。仰头山摆高姿态,冒地溪储大势能。云蹭面凉疑盗汗,风摇栈朽畏攀藤。逡巡不敢嗤过客,止步松亭默咏鹰。(杜甫有咏鹰诗)

散襟减负向山中,汗漫游来脚力穷。剪径猴成绿林汉,对歌人是白头翁。瀑冲岩嘴倾天水,洞凿灯龛代梵宫。坐倚缆车回首望,一条钢索荡于风。

问寺深山谢野翁,处高瞻远老怀空。禽声路出寒云外,栈影崖投晓日中。溪选古梅同待雪,洞移奇石只拦风。蹒跚幸有孤筇助,一世人生一断蓬。

惊魂甫定息溪亭，一路行来冷汗零。梯陡颤成骑虎势，洞低蜷到效虾形。屈伸非易气应忍，左右为难身已经。人世几多无奈处，何妨半解半昏冥。

　　蜀道难行恐不禁，扶腰拄杖步嫌沉。泉冲绝壁雷声滚，石叠危阶汗迹侵。钩帽最愁伸竹爪，袭衣唯恨剔松针。喟然长叹人将老，歇坐丘亭趁午阴。

　　羁怀惨淡午逃禅，蜡屐重来废寺前。路似鞭粗焉有马，坡如浪陡奈无船。阴崖锁雾疑沉海，险栈骑云恐碰天。高处不胜寒一哄，人间九点散青烟。

　　不乞封侯自种瓜，荷锄山径采烟霞。嘲扶涧竹成吟友，戏指鸠巢作钓槎。亭立古碑阶有藓，洞生寒石笋无花。独携黄耳听钟响，远爱僧寮雨后茶。

　　山高万仞敢登先，十二人中最老年。风起劲秋心未冷，汗濡衰鬓兴仍颠。扶筇默数阶如障，坐石豪倾茗即泉。一瞥茫茫天地大，平生俯仰自昂然。

郊行三首

　　豳风荡涤袖尘清，戴笠平郊坐或行。菜甲三春俱出色，畦丁半路互通名。操觚手释杯中物，伐竹胸屯纸上兵。剩勇休随云水涨，金钩挂壁钓丝萦。

　　几多烟雨费探寻，卜筑郊西野径深。因井接通穿石水，为窗推远下山林。院移清友交于夜，壁换红颜画到心。握髪忘形歌一阕，声声慢里久拖音。

　　平郊野渡暂维舟，旅次天南夜入秋。风硬似墙拦客走，雨黏如酒劝人留。更衣草垛虫添暖，借伞蕉林鸟犯愁。千里远来非访旧，此生唯爱是云游。

村行八首

　　一隅风土每如斯，淡泊生涯未足奇。山势豁教村后撤，水声轻让屋前移。采桑陌上分茶篓，打铁炉边共酒卮。牛背小童招手处，晚归夫唱妇犹随。

　　烟笼雾锁白云蒸，世外桃源隐不能。山夹两边通一线，水围三面皱千层。移光暗洞蛙喧鼓，缚石斜丘草结绳。信手拈春花未取，留香满袖足为凭。

　　蛰伏多时未出门，踏青今日点春痕。烟含半在山腰寺，树闭全濒水面村。绕路疑因雏燕领，过桥恐被黠鱼跟。轻风窸窣单衣薄，将雨将晴动客魂。

　　春深误入古村南，饮送长亭酒味甘。桥搭石肩斜对径，瀑拖山髪倒垂潭。勾衣少畏松藏刺，采药先移笋压篮。牧笛闲听身倦卧，朵云飞处罢诗谈。

　　翠羽惊飞乱唧啾，平林漠漠古村幽。蓑烟一径鸦锄雨，笠影双桥鹤杖秋。斜颭水青容钓鲤，反刍山绿莫催牛。怡然顾盼东篱下，菊采花雕得月楼。

落叶难归梦里根，三家以内好为村。蛙闲乃缩天于井，犬睡方移雨到门。推竹有风频出掌，坐江无岛肯抬臀。匿名埋骨相宜处，一斛秋尘酒一尊。

　　濯缨清足不留痕，掷笔封囊厌七奔。烹茗最宜蝴蝶谷，弄田偏爱鹧鸪村。寒溪竹舍舒风骨，野径梅庵续雪魂。老眼翻空无杂念，一襟明月识蓬门。

　　梦熟天涯久未还，竹西佳处远乡关。风推鸟碰回音壁，水赶鱼登倒影山。充路断桥烟补短，填花漏屋日移闲。羁怀宛转吟怀老，一纸离骚两鬓斑。

水乡春 三首

　　水上人家水上摇，几回梦断外婆桥。抛钩每逼鱼跳岸，骑竹曾追鸭弄潮。楼下卖花猜有意，石间分豆数无聊。轻轻一橹春烟绿，洗染湖山处处娇。

　　绿水青山妙在奇，一春风物尽看痴。波平可为鱼生子，草嫩尤宜雀哺儿。几度醉眠瓜步雨，数番闲指杏花旗。乌衣旧巷谁寻问，莫说当年燕别离。

　　青山妩媚水相亲，一抹朝霞展出春。拍橹伴催鹅产卵，抛钩错认石生鳞。桃花坞外梅初熟，乳燕声中草正新。归隐无妨寻野趣，满怀磊落即天真。

江南春 一二首

　　欲雨还晴一路寻，江南春好古村深。对门花恐逢人面，入谷溪疑退物心。燕蹴红泥瓦生草，烟笼紫竹灶藏林。不知魏晋兼秦汉，梦里何妨作客吟。

　　杏花春雨好江南，一笛吴侬最熟谙。无马系桥船暂搁，有楼招手酒频耽。巷深即史沧桑认，屋老如翁落寞谈。不尽乡情重检点，白裙红伞竹提篮。

　　行游到处可为家，小住江南就小茶。路已交他三月雨，春才租我一船花。添香梦里逃钗燕，弄影灯前捉鬓鸦。点检平生多浪迹，最难相信夜怀沙。

　　一蓑烟雨六桥风，水上江南冷巷东。草最无辜带泥绿，杏非有错出墙红。采茶归认浣纱女，剪韭来沾垂钓翁。春好不争桑祸少，暇余书记养蚕功。

　　皂帽乌靴古锦囊，春回一路马蹄香。山如未读书堆远，水似难收带绕长。筛酒味浓扪虱汉，卖花声细养蜂娘。田园尽在童谣里，忆老江南陌上桑。

　　烟雨江南烟雨楼，橹声伊轧笛声悠。牛拦渡口桥斜断，鸭守湖心塔倒浮。人影似帘遥隔巷，客踪如酒略残瓯。无边寂寞杨花起，隐约春风荡斛舟。

　　江南最合息双肩，小隐春深雨共烟。桥压水平连巷窄，岸推船远赶人先。拴牛免占门前井，折柳空谈李下田。短笛悠悠如信口，随风误入酒楼传。

江南最合画中看，一路楼台隐两端。桥拱月形过岸易，水移山影压船难。
女墙出杏春嫌闹，乌巷来风伞恨宽。谁管那年梅子雨，至今偏不向人弹。

又绿江南最可怜，离离两岸草黏天。扑衣柳絮因风起，隔院茶芽就水煎。
客众足能陪杏闹，日高终不碍鱼眠。呢喃燕语难添趣，壁上围观也奋然。

水墨江南浅淡风，铅华细点画方工。花衣裹雀篱围犬，石骨支床草搭篷。
一径芭蕉听雨歇，半湖渔唱趁潮空。烟迷晚浦桥如月，欲照离人绿柳中。

跨河过巷到江南，作客农家彻夜谈。墙外歇风灯火隐，竹边支几酒情酣。
天移扁月衣皴白，藓积盈堂地改蓝。兴味如春春未了，鸡声起处梦沉耽。

访春深处雨潇潇，小巷丁香杂晚潮。洗耳何妨灯照桨，坐怀偏借酒浮瓢。
唐疑虎困吟桃坞，郑喜牛驮画板桥。梦里江南真婉约，吴侬软语不嫌娇。

即景 一首

六朝烟雨一秋凉，水墨江南水上乡。窗截远桥如古画，客来询价欲收藏。
几家茅屋隐烟芜，野径来人雀疾呼。山被远推腾出地，中间就放一村孤。
柳岸堆烟碧水平，五亭桥上酒斜倾。一尊如雨分些去，好让黄莺带醉鸣。
远雨随风逐午尘，雷轻不打隔墙人。探头一闹春瞑目，柳浪藏莺露半身。
小鸟啁啾渌水边，春来破睡共陶然。问他可有渔郎到，却笑风过未见船。
一截翻墙红是杏，几丛破土绿非苔。种鱼勤上斜堤去，到宅闲看故燕来。
冷径幽风褪雨痕，杏花天气绿杨村。呼来童子分诗絮，去换陶家酒一尊。
路出青山水进村，楼随树隐侧开门。何妨与雀多商略，莫啄窗花啄菜根。
晓风烟柳古桥平，又一村头又一程。野犬贪眠花下卧，月来昨夜未吱声。
孤山拔地竖如刀，远望惊心不敢豪。风夺乱云从上盖，要人猜有几多高。
一路荒凉不见家，黄云如絮卷天涯。吸干千古英雄血，大漠而今只剩沙。

即景·方位 二首

一栋农居半个儒，似耕还读做潜夫。左边临巷右边井，后面依山前面湖。
莲睡日斜鱼远避，竹伸墙矮犬频呼。投锄懒续囊中句，只恐诗成客却无。（颔联）

赁居郊外近松寮，三二斜枝屋半腰。前接白衣驮酒巷，后通黄石授经桥。
来书已绝非春水，去梦曾回是晚潮。风露一檐人独立，落红声里五更箫。（颔联）

即景·象形 三首

策杖行吟偶暂停,眼前佳景似曾经。水因山改弯成乙,路被城拦断作丁。枯木雀衔春口绿,薄田牛换土衣青。豳风五两僧三二,揖约茶寮共沸瓶。(颔联)

鸡鸣寺外起炊烟,送别人于谷雨先。林借中形泥曳尾,径交卍字水分边。七星岩缩如双耳,五指山收恰一拳。浪迹天涯虽寂寞,琴箫幸可济乌船。(颔联)

离群独处莽山中,与鹤为邻作钓翁。门对乙溪三面竹,院通丁径一头风。缒藤探穴灯吹尽,扶壁登梯索荡空。最是危途多胜景,饱看各有不相同。(颔联)

即景·形势 二首

白云深处采朝霞,仄径通幽错绕家。山势为溪迎面缓,坡形使塔侧身斜。泥稀易没坠枝叶,茎弱难承含露花。一派葱茏野禽避,踏歌声里即生涯。(颔联)

局蹐林间略觉凉,秋黄勃窣满花房。子龙题壁休言赵,伯虎过溪乃笑唐。塔为坡斜扶直路,桥因板短抹平霜。一程诗约潇湘馆,坦腹人来醉倚床。(颈联。颔联嵌人名妆句。)

即景·转抬 二首

钓游江左一诗豪,半趁清闲半隐逃。水就城方徐转直,路沿坡陡渐抬高。疏林漏雨喧棋院,野岸通风荡酒舫。客未先来天未晚,推枰把盏读离骚。(颔联)

羁怀落寞一身孤,曳尾东来作野夫。天转日头才见月,地抬山脚欲伸湖。酒船浮夜诗常有,竹榻安秋梦久无。点检行囊花半束,未曾开透已先枯。(颔联)

即景·正反 一四首

侧帽轻衫去僻乡,登高未必选重阳。山因雾淡头全露,路为溪横尾尽藏。嫌密树难容雀集,爱香花可与蜂商。迎风大啸襟怀阔,半倚茅亭解酒囊。(颔联显隐)

晴郊野望遍葱茏,淡淡炊烟习习风。地好山分三面占,村偏路让一条通。嫩溪盘屋收逃鲤,古刹登云渡去鸿。最爱人稀花烂漫,相逢意在不言中。(颔联占让)

雨笠烟蓑一竹竿,闲来载酒下鸣滩。山能倒走疑船歇,岸不前推觉水宽。迷路鸟从礁上落,避风鱼向藻中攒。心非在钓唯贪静,管甚钩头已缺残。(颔联进退)

一锄一笠一襟霜,似读还耕去故乡。城赶眼前徐贴近,路拖身后渐延长。呼

兄揖有池沉石,课子驯无鹤立堂。漫对园畦仰天笑,只栽诗草不栽桑。(颔联远近)

吟鞭北指又斜曛,渔唱樵歌次第闻。合水一条无碍路,分山两截有劳云。船偎野渡鸥投宿,栈接枯松鸟认群。濩落生涯诗渐老,寻幽何处避嚣氛。(颔联分合)

归南属北任人行,橘枳相争不必惊。山隔两边量地远,天连一线贴湖平。弄潮船尾愁来雨,晒谷村头喜趁晴。百里笙歌金缕曲,调同音异认分明。(颔联隔连)

春来浅浅满湖晴,野岸林疏竹筏横。渡客鱼嫌村太远,过桥日喜路还平。山连倒影高双倍,水折浮光亮一成。啼树莫催归去也,最撩人是杜鹃声。(颈联折连)

访酒今朝效醉翁,环滁几许野山空。跳崖瀑雨冲潭白,受日岚烟褪壁红。洞窄拒收光入内,林深巧放寺居中。逢僧借问流觞处,有胆来亭决一雄。(颈联拒纳)

青山远候水追求,偶遇春风畏暗流。落后鱼知波谷暖,领先鸟筑洞天幽。云亭倒映疑如塔,雨柳斜垂绊似钩。隐约吴歌频踏岸,桃花坞外解孤舟。(颔联先后)

两岸桃花隔市墟,一廛茅舍水云居。种鱼桥下船耕浅,候鸽篱边信寄余。露滚交茎斜走笔,风掀叠叶倒翻书。百无聊赖茶闲煮,简淡生涯最自如。(颈联交叠)

雨霁天晴是处佳,岚烟袅袅湿羁怀。相交活水穿岩渗,互叠枯花就地埋。路远迎无鸦进寺,松高接有鼠跳崖。回头借问身何在,石壁悬梯过百阶。(颔联交叠)

尘嚣避处野禽啼,远寺深山古木低。石就天然纹似篆,花兼地道味如泥。撞钟风入藏经阁,碰壁云笼渡厄溪。未着袈裟频合掌,心无一念即菩提。(颔联兼合)

问津江左访东林,落落羁怀拥鼻吟。浪为贪礁才碰碎,山因爱路故藏深。颠舟久盼鱼扶正,失足多疑藓背阴。古寺浑如拳石小,远投云外竟难寻。(颈联正背)

行难免用竹来撑,强耸吟肩访古城。春脚踩空墙半倒,山头转尽路重生。扶鹅老养林中寺,放蝶私奔野外棚。莫羡桃花潭水好,诗庸屡换闭门羹。(颔联虚实)

即景·色彩 六首

远在天涯水一方,披衣四顾觉苍凉。月残鸦竟带霜白,秋老树难留叶黄。废寺空山妖出没,穷村野店贼流亡。结庐偏到无人处,要证禅心入定长。(颔联)

赋闲甘作懒残人,独守林泉喜隐沦。三径石苔青到院,六桥烟水碧于春。花娇可赚蜂双眼,柳弱难承燕半身。每与牧童同抚笛,有腔无调最天真。(颔联)

从容不必策骅骝,缓步先寻杜若洲。春摘豆青天似盎,水吞鱼白岛如丘。煎茶石坞忘挥麈,退笔碑林试钓钩。心静且由风动荡,最无拘处最无愁。(颔联)

乐在其中累旅人,孤村野寺损车轮。天留一角蓝过海,柳占三边绿及春。

咏板桥诗疑姓郑，具鸡黍馔误呼陈。民风似古皆淳朴，任我宽衣洗倦身。(颔联)

暂辞闹市下江南，四月烟花可约谈。日印铃红云补白，山裙叠翠水拖蓝。穿林燕赶偷香贼，啄米鸡追织布蚕。借得乡村春一盏，亭台处处酒旗酣。(颔联)

买醉城楼酒渐酣，些些况味略回甘。屋多斜对路交十，桥尽横排河断三。过眼暮云悲镊白，济怀春水喜倾蓝。凭栏欲啸无长铗，一任歌鱼竟不谙。(颈联)

西行记 四首

十八胡笳拍断肠，驼铃响处感苍茫。雁分人字认双队，杨合义形枯一行。残砾废城风猎白，穷沙绝塞日煨黄。弯弓欲射天狼远，敕勒歌呼解酒囊。

大漠连天四野空，一行驼队夕阳中。石因煨久熟归白，沙被曝匀酥变红。坎井难求边塞酒，胡杨渴盼渭城风。游缰返顾无亲友，独认琵琶是伴童。

戈壁荒滩落日孤，周遭坎坷畏穷途。马前风竖墙拦硬，身后沙追豆滚粗。去意浑如天水绝，归期只似酒泉无。射雕人老弓犹引，箭数三枚代虎符。

穷荒大漠倚驼峰，远眺城关道在东。沙走陡坡从上响，鹰衔落日向前红。眼泉难济胡杨老，耳雨曾喧汉将雄。不悔今生频放逐，归来兀自爱弯弓。

关 外

关外来时正暮秋，袭人风势响飕飕。江非情绝倏寒面，山或寿高全白头。眠穴野熊先减食，添林初雪厚更裘。一壶烧酒刀尖肉，匪气犹豪桦木楼。

草原 三首

敖包似塔角旗张，牧野萧萧马放缰。天竟为云蓝衬白，沙偏让草绿兼黄。呼鹰罢试连珠箭，叱石休嘲替罪羊。羌笛一声风扑面，怆然回顾倍苍凉。

扬镳牧野猎鹰忙，敕勒歌舒响箭长。天减七成青及草，云增一倍白过羊。敖包似塔勤堆石，羌笛如鞭慢引缰。不信阴山能障目，依然远认古城墙。

帅营盘膝割羔羊，酒字横书大纛张。猎月风回城外急，战沙衣裹鼓边凉。铜鞍代俎宣豪气，篝火为炉铸铁肠。北抵阴山人快意，一壶痛饮宿天荒。

云南苗寨 二首

互答苗歌洞寨游，豆红南国趁时收。绕山难识回头路，离地频惊吊脚楼。

蕉折蝶裙风下摆,象驮泥佛雨前求。吹笙夜夜围篝火,烂醉扶人劝不休。

苗歌互答绕山头,洞寨经年火种留。鹊渡花溪桥接谷,月潜蛙井影移丘。椰丝暗系连心锁,榕木遥支吊脚楼。誓定来生缘未了,一囊红豆倍温柔。

城镇六首

数点昏鸦断续啼,秦川落照客临歧。柳攀灞上何劳酒,匕献关中不屑诗。枯井沉销焚后简,荒陵倒卧劫余碑。我来吊古频歌哭,鼓角遥闻换旧旗。(西安。据考古报道:某地偶从一枯井中挖掘出数量极大的秦简,系当地某官吏的工作日志,可补史书之不足,其价值难以言喻。)

大雁横空一队拖,解襟随步险关过。林疏侧让秋风快,野旷平分夕照多。望古几抔秦汉土,听今半曲陕甘歌。兴来放胆遥相续,声律悠悠独自哦。(商州)

横波荡处鹤难寻,载酒车边拥鼻吟。市有人燕轰饮胆,桥无拦赵斩衣心。赚花已尽六州铁,分月唯留一诺金。图醉买欢嗤小杜,教箫之外未撩琴。(扬州)

橹声灯影话柔乡,歌舞秦淮水一方。杏出粉墙频露面,燕充浪子各跳梁。悲欢已演新亭泪,生死曾关古战场。骑鹤梦中风月改,教箫音色不如唐。(扬州)

潦草深秋面目憎,悲歌渐歇访金陵。旋风卷石城摇撼,落日烧江水沸腾。万劫花销偎病鹤,六朝戟折送飞鹏。黯然王气吹还散,独向钟山不必登。(南京)

老街斑驳感沧桑,客到昆山夜未央。七八盏灯千户暗,二三点雨一秋凉。风过冷冷清清岸,水转弯弯曲曲廊。梦里斜桥油纸伞,为谁庇护路茫茫。(千灯古镇)

西湖二首

欲卜行窝奈未闲,孤山特立蹙眉山。午桥苔滑伤春脚,乙径车颠破酒颜。人在一方烟水外,谁来四面绿杨间。西湖纵好无西子,便任沉鱼浒墅关。

六桥行处懒孤吟,坐隐云烟湿一襟。鸠脱草鞋穿岭脚,鸭衔亭笠戴湖心。榆钱吝买愁中酒,贝锦难封爨后琴。沉醉满船春水阔,不如归去谢知音。

瘦西湖五首

鹤下扬州号酒徒,瘦偕西子隐平湖。竹风扶个影如伞,梅雨滴些声似珠。桥接五亭拦夜尽,台登半岛钓愁无。多情只管箫吹处,错认来人是念奴。

瘦比西湖最可人,一陂秋水半齑沦。薄光才引风过渚,簇叶先分露湿身。

箫教远桥疑昨夜，塔探深树约今晨。撩衣蹑屦隋堤上，却恐惊凫避不亲。

夏至人稀我慢探，斜堤曲岸柳毰毸。五亭桥立疑唯一，两部蛙迎鼓再三。塔出流云同淡白，天兼静水更深蓝。系舟湖畔无风处，野鹭相邀欲坐谈。

古桥春晓五亭凉，好月三分瘦一方。湖送桨声如此远，岸拖人影奈何长。歧途网密鱼逃釜，小巷林疏燕问堂。风露满襟诗满箧，终无片纸忆柔乡。

恨水难冰独倚桡，依稀又到五亭桥。梦疑真也掌中记，魂恐黯然眉上销。前世债多逃酒窟，再生缘浅凿诗瓢。青衿一袭秋风薄，瘦减西湖似沈腰。

江山大美 一〇首

挟石吞泥势欲摧，前无去路罢湍回。地开壶口冲如瀑，浪撼山根滚似雷。入晋秋高云带湿，出秦风怒夜惊豗。东奔万里投沧海，誓变清流载钓台。（壶口瀑布）

瓜洲古渡我重来，瑟瑟秋风鬓白摧。岸窄芦争数排倒，江宽鸟畏半途回。钓篷空载南迁月，别浦犹期北伐才。一曲渔歌漾渔火，无边心事趁潮推。（瓜渡）

快雨初停气爽然，一陂湖水涨犹宽。风推竹筏轻于叶，岛集沙禽小似丸。击楫歌头罢求剑，爱莲心底好投竿。四山深合青龙锁，再起层波兴已阑。（青龙湖）

营营竟日倍操劳，难得公闲避市嚣。无雨地忙扶草正，不风枝定稳莺高。桥宽近眼二三座，湖慢遥船五六艘。捧盏茶廊心静默，浮香岂可乱分毫。（淀山湖）

不耐鹓行久累腰，陈情表外乐悬瓢。故乡心绪团团结，冷径松声叠叠潮。屋换匾名称小雅，窗收山色誉多娇。轻衫软椅斜阳下，一水横流玉带桥。（昌溪）

秋花似雪下苔溪，一棹惊鸦夜遁栖。烟绕水腰移岸线，月开天目数山梯。舟壶漏酒心生惑，匣笔支灯梦着迷。小隐何须瓜学种，云游任赋去来兮。（苔溪）

酷暑难熬避市桥，野溪流处自逍遥。云蒸叠石兴红浪，日止平林退绿潮。探寺说莲僧略戒，过亭观瀑雀先招。风来一路留人爽，不惧蓬尘更热嚣。（画稿溪）

扶筇蹑屐道林沟，小雨横斜石径幽。山为悦人增妩媚，水因拦客改纤柔。茶寮远集鸦谈古，竹寺深潜雀扫愁。天问此生多坎坷，不如相约效浮丘。（道林沟）

眼底河山九点烟，登高啸傲掷流年，千阶凿上拏云险，一石飞来塞路偏。壶瀑倒冲迎客酒，栈栏横拒渡人船。扶筇掬尽林间露，洒向凡尘亦慨然。（飞来峰）

雨烟佳处水街风，竟与江南二月同。桥接燕来攀柳绿，岸拦鱼贯唼花红。倚桡听曲长廊外，撑伞拈香静寺中。游屐一程春意好，小诗难就不言工。（周至水街）

古迹景点 一〇首

割据江山坐待谁,横行天下虎狼师。殉身火炼埋坑铁,灭国风摧坠地旗。阵自生前图上布,营从战后墓边移。一抔黄土探寻处,正是当年用武时。(秦陵兵马俑)

龟蛇鼎峙史编年,吹笛声中五月天。楼进古风容八咏,柳逢今雨罢三眠。撩人去处江分镇,待鹤归时路问仙。酒好未成诗一首,谁曾搁笔让前篇。(黄鹤楼。李白《与史郎中钦听黄鹤楼上吹笛》:"黄鹤楼中吹玉笛,江城五月落梅花。")

负手披襟大快哉,闲闲独上郁孤台。潮除宦味推平去,雁带乡音念旧来。世外田园人共富,秋中草木鬓先灰。心于乐极风撩动,一刹生忧解不开。(郁孤台)

弃车徒步远闲游,夕照雄关古戍楼。三面合山成锁钥,一条通路扼咽喉。草深疑伏兵怀刃,风疾惊闻鹤唳秋。千载兴亡浑若梦,谁来指认旧神州。(昱岭关)

山海关难抵住秋,塞风围猎撼危楼。悬绳岂可延明脉,雉髪何堪绝汉流。耻为冲冠豪赌已,愤因失节漫谈休。满朝多少奴才骨,埋到淮扬不肯收。(山海关)

八代文衰起一人,立祠秦岭表儒臣。云兴韩海心空沸,雪黜皇天胆未沦。佞佛岂容言谏切,说师偏以道存真。蓝关匹马今犹在,敢问谁来步后尘。(秦岭韩文公祠)

生不消愁死更愁,一抔黄土盗成丘。埋香岂惜乌巢米,运骨何劳赤壁舟。弱主看空同协矣,英雄数尽剩曹刘。昭昭日月三分处,梦里江山半穴秋。(曹操墓)

古道深深隐翠微,残阶剩石客游稀。饥禽觅食提前到,弱叶迎风退后飞。山脚没溪容窘步,渡头扶竹许宽衣。行囊一担杭州梦,天下茶盐半属徽。(杭徽古道)

又有风波起古亭,用谋何忍毁无形。时危每恨生庸将,国弱唯期练勇丁。盘外散沙虽暂聚,釜中煎豆各偏听。骊山一角操戈处,果是哀兵怂蒉翎。(骊山兵谏亭)

板荡乾坤半壁焦,当年饮羽忆扬镳。凝眸又警烽传夜,抚髀重修剑淬窑。风逼怒蛙逢狭路,海吞遗土射腥潮。长教壮气延三寸,最不能容贼闹嚣。(大青山抗日根据地)

寺庙 四首

一线天开漏梵音,手扶岩壁慢参寻。僧非北国迁于此,寺是南朝剩到今。

来雨略随灯点破，入山俱被雾迷深。龛前合掌经持诵，要得菩提且息心。（南京鸡鸣寺）

天南有寺证心莲，面壁人来校古笺。风扫径通峰十二，露添杯渡世三千。参禅未必持松麈，演梵何妨弃蜡鞭。妄念俱销唯合掌，蒲团纵小自周旋。（晋江南天寺）

车停古寺院听蛩，月上边城巷转风。解褟披衣僧即伴，坐龛盘膝佛如翁。一宵无梦难开悟，半世随缘未看空。尘海我今来借宿，蒲团可渡几人终。（渭南宁山寺）

溪水叮咚响五更，披衣蹑履独东行。寺如疲马径烟没，山即险舟云海倾。樵舍斧难除妄念，佛门钟可警苍生。回头几许红尘梦，未与高僧夜道明。（洛阳白马寺）

园林 四首

截溪断石各神奇，缩地移天乃适宜。寄畅龙山温浊酒，归闲凤谷访新诗。枫遮鹤步滩边落，月读鱼书槛外知。环翠一楼偕野趣，八音鸣涧使人疑。（无锡寄畅园）

风亭遍染古尘埃，铁镬难围景色猜。一路楼台分径去，四桥烟雨隔山来。莺簧羡绿湖边柳，鹤篆窥青石上苔。历尽沧桑横甌破，龙蛇淡隐认悲哀。（扬州徐园）

名园兴废本如烟，自古风流只几年。吟榭续书红豆剖，叠山分水绛云燃。相思燕已归来否，不肖儿先赌去焉。放眼天高终是恨，谁浮孽海哭无眠。（常熟燕园）

一阕题无半壁残，沈园只剩锦书看。灯于变色以前好，梦在销魂之外酸。遥候燕归春失信，错逢花落酒伤肝。千年故事风翻却，不许心灰读到寒。（绍兴沈园）

旅途口占 一〇首

几度兴亡奈若何，六朝灯火一船歌。胭脂水即红颜泪，流到秦淮浅唱多。（秦淮河）

三生石在候无朋，转角逡巡顾盼仍。忽有春风来冒失，撞人怀里不知疼。（法镜寺）

灵岩山下采香泾,一櫂吴歌十里亭。春懒不曾随燕返,雨勤先润草初青。
(采香泾)
　　隔壑孤亭坐对山,遥听瀑沸断崖间。溅衣犹胜梨花雨,赚得春人又破颜。
(百丈漈)
　　唐时柳岸踏歌声,换作如今野雀鸣。酒送诗仙几多后,桃花潭水已无情。
(桃花潭)
　　几曾相忆又经春,九曲桥边半老身。弱柳如帘垂在手,要掀唯恐不逢人。
(九曲桥)
　　吟鞭一路午尘腥,老隐何乡许暂停。佛手山摊分五指,掐来烟雨比松青。
(五指山)
　　竖山如壁筑鹰巢,不敌将军八百骁。一自单于奔溃后,夜风犹带鼓声遥。
(祁连山)
　　滕王阁上了前因,梦断江西远眺新。天下落霞都妩媚,不单秋水最相亲。
(滕王阁)
　　插架楼中小洞天,奈何文脉不曾延。好书如友难相晤,怨我迟来六百年。
(陶南藏书楼)

梦里水乡 一一首

　　两岸双桥水一方,换鹅骑蝶到周庄。青花伞下卖花女,红豆馆中分豆郎。心被巷留檐雨活,梦因杯渡旅烟茫。撮襟何苦书春老,字字如蚕吐断肠。(周庄)
　　锦绣江南第一奇,淡妆浓抹各相宜。船摇细雨归家泊,轿出前堂隔岸支。四水环村鱼隐藻,双桥接路酒蒸旗。盎然春意常挥洒,不许烟花诱客痴。(周庄)
　　奢华巧引女儿丝,织罢田园景色奇。柳逼桥长蛙郁闷,鱼推橹重燕怀疑。宁凭正道宜崇本,固守清名合退思。富土分为同里住,安居乐业始开基。(同里)
　　粉墙灰瓦雨烟奇,窄巷斜街任转移。井吸长虹浇怪石,莲浮曲水卖酸诗。居安课植才康乐,挹秀清华始适宜。橹上江湖垂半钓,渔歌唱彻夕阳迟。
(朱家角)
　　吴根越角好江南,四季风光话再三。水涨春桥篷隔雨,烟笼夏阁月临龛。瘗花处觅廊幡闪,咏雪时听梦呓耽。万丈蚕丝心上绣,浣纱溪畔女儿憨。(西塘)
　　吴疆越界赏风情,老屋回廊雀杂鸣。稻插天堂能济食,鱼逃筛网肯经营。蓑衣避雨竿收钓,毡帽遮颜酒挟行。幸在江南终有福,无忧无虑度生平。(乌镇)

风光暗许一湖包,福地天堂近野坳。数点梅心香似海,几根柏骨偃如蛟。波摇塔影看颠倒,雨助涛声辨混淆。陌上鞭牛春烂漫,何人久候燕归巢。(光福)

　　梓里湖丝绕指柔,万针难绣水乡秋。蛩鸣野渡帆低挂,雨滚荷珠鹭少忧。酒巷留情诗换盏,霜桥送客榻悬楼。归来懒检黄花瘦,自古江南别样愁。(南浔)

　　江南甪直古街长,水上人家水上乡。拱石成桥弯似月,纫兰入户透如香。于无醉处猜花语,更有情时跨女墙。烟雨早随船载去,隔廊犹唱凤求凰。(甪直)

　　聚材修馆记传言,难为吴娃洗旧冤。月混梨花寻野刹,灯悬石径到残垣。一方湖水鸥眠渚,四面山风鸟下幡。试问繁华何处有,线装书里读名园。(木渎)

　　偶在溪边学捣衣,寻游此处不思归。一方野草连天碧,数点寒鸦入雨微。水静鱼潜舟自泊,山空寺败月偏稀。索居世外能禅悟,管甚人间是与非。(锦溪)

上海近郊 九首

　　久候春浓梦已遥,卖花声里雨潇潇。小家有玉初看碧,老店无钱罢坐聊。水到门前船进屋,人过巷口路连桥。去年一担相亲酒,留在江南不许挑。

　　缠绵恨把柳牵迟,五月春风不解丝。宛转莺歌墙外闹,婆娑树影日边移。橹摇活水从家出,桥接长街隔岸追。几处江南烟雨淡,相逢一笑竟成痴。

　　卖花巷口笛声残,春到江南草木酸。风飐烟波鱼避桨,柳遮歌榭燕凭栏。揖牛垄上耕诗少,候客乡中煮酒寒。散淡生涯何必问,白云深处觉天宽。

　　天温地暖放晴光,草木荣华浅淡妆。巷顺桥心留客久,风平水面种鱼忙。远山滴露茶煎慢,长舌鸣春柳系长。走马枫泾收绝句,青衫一袭任游缰。

　　桥连两岸冷烟微,泊客江湖捣皱衣。暮色楼头春果掷,熏风巷口酒旗飞。堤花暗坠鱼惊避,寺月初升鸟倦归。何处钟声催逆旅,一帆高挂送芳菲。

　　轻车简从访幽奇,远圃依稀日未迟。半路杏风衣乱点,一陂春水鸭先知。悠悠古巷听笙曲,闪闪危楼展酒旗。大醉还呼沽碧玉,赢来薄幸好裁诗。

　　风烟漠漠每扬尘,买棹江湖洗一春。小巷扶墙窥古旧,前村入眼画重新。云低鸟怯平林雨,寺远钟催陌路人。最是吴歌柔软处,桐花数瓣落头巾。

　　鸡啼拂晓落秋黄,水上人家梦正香。半夜云根生冷暖,一园石骨叠沧桑。山潜寺影楼沉月,岸泊芦声櫂染霜。曲巷依稀歌渐起,炊烟散作鬓丝长。

　　鹧鸪啼破浦江隈,春在佘山让半回。风细钩花穿巷去,桥高累雨打篷来。避听生怕吴歌软,归问多疑越女催。独步红尘琴自抱,总教梅竹两无猜。

戊子银川行二首

　　贺兰山僻聚来风,亘古苍茫一探中。岩尽嵌巉随鬼斧,画多斑驳及天工。荒痕可辨人围猎,烧劫犹疑火发蒙。向壁摩挲长太息,虽无片字味无穷。(探贺兰山岩画)

　　远游今入凤凰城,塞上江南久慕名。沙枣树分街巷密,马兰花簇路人行。楼疑羌笛翻为曲,店沸羊汤厚似羹。一碗夜宵三盏酒,二更灯火客豪情。(银川夜市)

乙未夏成都行三首

　　也无风雨也无舟,寂寞人来采一沤。流水不甘都送尽,浣花溪上剩些愁。(浣花溪)

　　草堂呵壁患忧真,椽笔横支老病身。广厦安能庇寒士,秋风一样总摧人。(杜甫草堂)

　　扫径花黏一帚香,四娘门外巧逢黄。小茶清似芭蕉雨,打湿蛮笺味剩长。(草堂北邻。传系黄四娘旧居)

丙申三月末湘西行二首

　　粉墙斑驳瓦生尘,燕去梁空几度春。屋是红颜虽渐老,临街尚候未归人。(芙蓉镇老屋)

　　灯火边城不夜天,一江春水嫩如烟。书中翠翠今何在,渡口无言剩旧船。(凤凰古城夜。翠翠:乃沈从文《边城》中人物。)

己亥四月初顺德行四首

　　凤城何处避尘喧,叠石成山洞似门。过往蝶迷春路岔,跟人误闯后花园。(清晖园)

　　缓步平堤恰暮春,远天低处散鸥群。一湖烟雨船归载,我与孤亭对半分。(七星岩)

　　梅花百咏足清闲,古刹深藏石壁间。苍狗白云经眼变,何须一鼎镇湖山。(鼎湖山庆云寺)

　　莲花座上现真身,每以慈悲渡世人。手托净瓶观自在,不教孽海暗扬尘。(西樵山观音坐像)

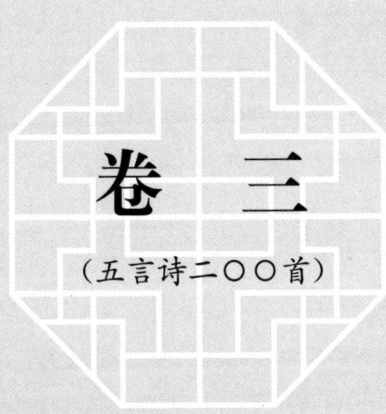

卷 三

（五言诗二〇〇首）

无以为名 四首

每因诗结客,无以此为名。走马残笺短,雕虫健笔轻。境开生大气,才愧继耆英。奋腕勤磨砺,差堪任细评。

自负名何用,飘然独不群。江山几流梗,事业半浮云。过手余钱散,倾囊绝句焚。去来唯快意,挥笺有清氛。

自号无名氏,浮生半惘然。情天居士劫,尘境女人缘。髡赠亭中别,钟闻饭后颠。袈裟未曾易,都为夜难眠。

自号无名氏,萧然两袖风。尔曹蜗角内,吾道马头东。斫垩斤司灶,调羹手转筒。一隅精舍夜,闲拥麝炉红。

六分半堂说 一〇首

六分知足矣,过即半为多。不用俱明了,唯教各琢磨。往来天下路,曲直眼中波。子弟悲零落,乌衣认几何。("六分半堂"乃笔者教授诗词之课堂名)

是非恩怨半,人事两模糊。雨断今来又,帘深燕去无。戊方临水镜,乙夜悟河图。镊白兼浮白,生涯一滥竽。

士必堂堂气,何来愤愤声。天高烦置喙,腰直耻求荣。赋在闲无悔,游于艺有成。薄囊徒检点,过手即看轻。

鬓角吴霜没,临歧认不真。齿衰横槊者,诗饱涩囊人。鹊印斋西挂,宏图砚北皴。去来都是命,争奈斫无轮。

一年春又始,风动乱云奔。石滑纵横路,尘扬进退门。生涯熬药引,鬓角验蓬根。抖擞层楼上,围棋孰与论。

人生本无奈,春梦一壶醒。蜗斗武林志,芥浮山海经。是非泥底和,真假雾中听。惯在深衙老,浑忘座右铭。

尽摧棱角钝,一瞥识沧桑。络紧驯骄马,蒿肥饱烂羊。分镳歌断路,鸣掌势孤堂。不若归丘壑,荣和辱两忘。

负鞍泥途远,生涯与愿违。嗟吁歌白露,怅触到乌衣。箧牍林埋没,囊钱手漏稀。萧然湖海老,载石逆流归。

性行非傲兀,宽忍业勤修。慎小藏焦尾,安贫拂乱头。局中唯自洁,道左不相谋。一去江湖老,风波避漏舟。

老去亲山水,长怀挂席心。竹移墙绿薄,藓补石青深。菜甲和衣浣,童蒙向壁吟。蛰居烟市里,风物是知音。

自觉 四首

自愧无丘壑,生涯五味汤。风声随唾绝,人意到秋凉。璧抱壶天抵,舟移瀚海藏。小楼僧芋好,趺坐解中肠。

自嘲无大志,辜负满楼书。玩物身闲后,耽情舌烂初。事经千劫悟,囊剩一文歟。酒友周遭在,难随我种鱼。

自矜才子是,潇洒罢题门。箧积诗千卷,襟温酒一尊。梦花拈有瓣,情种系无根。独步江湖上,唯留两屦痕。

自屈歌鱼久,屠龙技苦修。柱撑迷地极,石炼碍天周。扫屋戈难奋,栖毫鬓忽秋。书生本无用,可笑不知羞。

生涯 三首

碌碌生涯久,归来两鬓斑。胸藏丘壑阔,人傍水云闲。迤径花移筑,平桥蛤吠湾。落霞天一角,薄醉对红颜。

生涯湖海老,难再羡鱼荤。伴幕三千客,藏山四六文。俸资钟后饭,功掩鬓边云。袖手今归去,萧疏亦不群。

散漫生涯外,心宽任倦栖。曝书醒酒石,濡笔浣花溪。字错鹦哥校,杯轻燕婢提。风吹衣似雪,拥鼻慢声低。

浮生 三首

浮生无大志,未老盼归家。试剑吴王石,谈经陆羽茶。院宽争踏月,春懒代司花。小绮诗盈箧,何劳客妄加。

碌碌平生半,才穷笔渐枯。海藏求一苇,天逐访三壶。钓月无鱼税,移梅有院租。兴来调白雪,歌伴美人图。

此生唯碌碌,岂可怨天公。有子应知足,无书或受穷。庙堂灯火夜,市井酒旗风。本就凡夫命,安然扫唾绒。

半生 四首

一生过已半,人乏事烦多。破睡催谋食,争桑劝止戈。宏图颜巷褪,鹤料阮囊摩。慨喟嚣尘里，超然有几何。

半百人生短，萧然以外村。挽藤常系石，推雨远离门。果落棋争劫，诗来酒拒温。任他醒复醉，我自悟乾坤。

半生三易职，四地几群人。局外渔樵路，堂中木雁身。不堪歌跌宕，何苦立嶙峋。白屋焚青史，红颜夜拂尘。

半生无所憾，来去自由缰。拥酒酣徐榻，填书饱阮囊。梦蒸双鬓白，纸卷一尘黄。夜雨西窗外，江湖路渺茫。

游幕三首

屈迹东游幕，终难作蠖伸。生涯七奔路，况味五噫人。拇战深如浅，行藏伪即真。自嘲虚席冷，曾坐食鱼宾。

忍口频游幕，生涯一箧笼。牛涔苟能喘，马汗累无功。险履冰河薄，寒抟漆室穷。向隅何咄咄，杯影半悬中。

才堪王佐许，入幕屈为僚。力就虫雕尽，心同烛刻焦。空楼惜翎夜，冷案羡鱼瓢。附尾游尘处，终难折半腰。

得失三首

得失浑如梦，生涯两鬓霜。水心磨剑快，金骨垫台荒。愧已名叨位，悲难匦出芒。几回歌哭夜，何处任疏狂。

筑小茶非俗，抄经洗砚曾。清泉廉若吏，古塔慧于僧。字瘦争风骨，心高出石棱。一生难一悟，得失两无凭。

几番谋得失，唯忌不心宽。酒绿销金易，田黄产石难。鸡虫两争苦，木雁半居安。世事参如透，营营许淡看。

劝友三首

人生一场梦，何事了无穷。老莫争坚白，闲教恋软红。擦肩桃面异，过手竹篮空。得失寻常耳，心尘五两风。

看破何须说，谁能独善身。纵轻囊底物，难免局中人。辙改分南北，竽充共夕晨。无非长隐忍，才失本来真。

已然疲且病，何以日营营。铸铁人无错，糊泥事莫争。邻墙三尺算，旧账几时清。漠漠风尘路，回头各自行。

行路难一二首

少壮行天下，尘劳独拂襟。山生虽识面，路熟不交心。捕雀窥于暗，讹狙算在深。崎岖千万里，一步一浮沉。

前途本难料，一步一因循。水乃无情者，山非可靠人。岸抛船漏底，木坠雀推身。只有踉跄雨，秋来又去春。

跋疐歧途久，始知湖海深。象观三里雾，意会五方音。木雁沦吴越，龙蛇演古今。不堪人又老，秋与我同林。

世路行难惯，心平免抵嘘。位卑多闭口，囊薄只藏书。雨径夫人竹，菱湖婢妾鱼。知音三五个，老伴水云居。

浊世经行惯，浮生半悟中。史窥唯腹黑，情溺不腮红。入彀冰兼炭，随流过即功。闲言猛如虎，歌哭畏窗东。

世道难于蜀，何堪又履霜。红颜无数祸，白眼几多狼。碰壁磨棱角，登台主戏场。似诚还似诈，个里认炎凉。

攀条朱阁望，蜀道客难行。绊脚磐陀石，关门冷落羹。齿衰知世味，脸薄畏人情。寂寞浯溪老，云深许濯缨。

事不由人主，何须恚及天。畏途三字狱，乞米五铢钱。室陋书为友，心平酒即仙。纵无留佩梦，幸有旧情怜。

岁月磨人老，无时不惕伤。路皆狐假虎，林更雀窥螳。奋臂惊弓影，抽身负麦芒。可怜风刺骨，难绝汗如浆。

罪不因怀璧，何能曳尾全。药中探积愤，鬓上理流年。木硬虫频蚀，壶宽火慢煎。是非多若沫，宵小舌摇先。

苦被诗书累，无端悒郁多。杜门疑罪凤，扬扇畏图鹅。树直秋先害，江平网暗罗。人情本难测，一世半蹉跎。

负谤何曾畏，孤身万里行。苍凉远山影，慷慨大江声。路换人今古，沙淘事浊清。石门灯驿酒，风雨话纵横。

气性六首

胸盈湖海气，跋扈五言城。纸阵巡无敌，牛刀镇不平。淋漓一篇檄，落寞八叉情。世少真豪杰,方成竖子名。

大气填胸次,扬镳又一村。河延春活脉,石硬地生根。世事回头草,功名触手痕。朗吟东墅夜,豪赌美人尊。

负气行千里,歧途脚力残。九重撑石累,三尺斩妖难。雪共羁鸿没,蓬由斥鷃攒。捬膺终不忿,归去一身安。

负气无余勇,人庸且自宽。民生百谋急,国事一烹难。老戒贪财口,穷平骂坐肝。粗茶同古籍,相对夜寻欢。

拥书犹负气,身世半頽然。劫出敦煌窟,歌行敕勒川。草堪来日梦,经耐故人禅。四野飘蓬久,寻无难老泉。

血性依然热,沧桑酒一杯。坎深多远避,姜辣老先来。得力犹充将,能诗不尽才。山川夕阳下,歌哭郁孤台。

书愤 四首

伐檀孤愤外,卖舌即生涯。涸辙鱼难羡,呼芦食可嗟。是非徒鼓浪,人事耐淘沙。用尽移山力,无如暗夜鸦。

少壮劳筋骨,眉犹到老攒。生涯一文窘,世路八通难。匣锁拏云檄,囊余活血丹。飕飕风雨夜,怒髪每冲冠。

广陵音已绝,湖海久沉沦。剩几怀沙士,偏多抱璧人。萧墙风雨夜,漆室古今春。斫地支孤剑,徒然目怒瞋。

负囊湖海久,人似乱蓬飘。雁别题名塔,枫拦拾履桥。薄才言外嫉,孤愤酒中销。厌共秋回顾,何妨避野寮。

蹉跎 五首

奋蹄勤步武,年少誓中流。豹隐衔枚夜,鹰扬战野秋。命虽容杀字,天固拒封侯。扼腕风云外,非唯我白头。

抱才无用处,投隐水云乡。蛤吠抄经夜,鸡鸣演剑堂。墨枯参活字,匣紧锁余芒。三尺英雄气,空凝一纸霜。

营营心力愆,事与愿多违。饮水图南马,凌霜伐北衣。白头前辈众,青史大名稀。扼腕歌无奈,頽然髀肉肥。

白屋延红友,推松梦斲琴。水云熬硬骨,丘壑豁雄心。纵敢中流跋,差难上座吟。投冠唯一喟，人事几浮沉。

特立是谁何，飘然又错过。不诗嫌技小，能友畏情多。树负秋如债，灯燃梦即蛾。流年虽一瞥，幸可话蹉跎。

性情三首

性情从不改，生就与人殊。拙句探囊剩，闲钱过手无。力穷黄篾舫，名淡紫砂壶。浊世行难矣，空留竹节扶。

从来潇洒惯，难改性情真。七不堪时罪，三无坐处人。羡僧煨野芋，耻吏望车尘。一钵廉泉煮，宽衣任足伸。

洒脱唯天性，湖山任遍搜。何妨轩放鹤，莫管石生猴。掷果充嗟食，拸花替补裘。烟霞每轻拥，散髮学樵讴。

豪迈三首

一袭青衫薄，纵横十四州。事皆鸡肋嚼，情不菜根留。大雪边关夜，残阳古道秋。归来人老病，兀自击金瓯。

睥睨无余子，风云几度秋。天残徒炼石，海漏敢填舟。不率书为伍，宁骑箭共游。昂藏唯七尺，血气贯兜鍪。

万里萍踪绝，横箫侧帽歌。心交悬剑友，膝卧赌茶娥。换石羊皮贱，登台马骨多。一鞭归未老，犹踏驿前莎。

自负八首

匹夫肝胆沥，刀笔五都雄。杀字关山月，流觞易水风。价沽归璧白，衣卸落花红。逆旅三千里，人生一快中。

壮哉频独步，无畏路行难。硬骨高厓正，虚怀弱水宽。雪摧松活顶，沙没蚌争端。万里匆匆客，登楼不拍栏。

入秋增一岁，心未老于人。抚剑揩脂粉，援毫带战尘。鼍肩檐下夺，龙足坐中伸。万里羁程险，谁来主斫轮。

抱玉沉浮久，轻财更嗜书。壑深量未尽，姜老辣如初。能饭身知健，无言客逐余。重楼出云外，一角避盐车。

喟老兜鍪解，雄心载酒船。伏波闻楚些，勒石忆燕然。拇战敲尘外，鼾征冷榻前。梦无刀在手,屠狗问谁专。

百感金尊满,蓬飘万里秋。庾尘衣不受,蜀道石空投。力尽天鸦阵,名藏海蜃楼。孤身与山饮,倾倒只曹刘。

西风残照野,满鬓踏槐霜。命定天难助,途穷石敢当。拥囊锥朽钝,怀璧泪苍凉。北阙浮云起,图南自慨慷。

不羡过江鲫,甘为散漫人。才情逐流浅,士习入林真。懒晤书归邺,闲评鹿失秦。一楼风雨歇,茶又沸清晨。

感觉一〇首

一剑频磨砺,轻衫侧帽人。风扬自豪感,竹拔不卑身。演易楼排阵,披图夜斫轮。十年熬汗血,成败两分匀。

破卷三千挟,昂扬万里行。山河仪式感,草木岁时情。袖拂云过塞,楼登雁入城。慨然人已老,徒剩不平鸣。

鬓入年华镊,生涯起伏痕。物藏怀旧感,事证创新论。独秀危峰立,兼程快马奔。宝刀虽已朽,不屑弄金尊。

逆旅风波恶,行藏废苦吟。事无成就感,人有设防心。互害其同豆,相亲瑟与琴。奈何浑不觉,依旧逐流沉。

世相多奇诡,何堪验古今。钱关优越感,貌碍自尊心。炫以藏娇屋,夸将置肉林。天怜羡鱼者,苟活梦中深。

觅觅寻寻久,依然梦未真。错无方向感,惜有距离人。水隔难携手,绳牵枉费神。是缘天注定,何必管原因。

雨霁松风歇,林幽石径平。花攒归属感,鸟出叛群声。旅迹茶寮冷,溪光药谷明。访僧疑不在,心共白云行。

扑面风尘拂,天涯汗漫游。人稀无助感,野旷不妨愁。树小鸦如点,山遥状似丘。夕阳红处冷,可有寄身楼。

人生多不测,平地起风波。险恶忧如此,安全感在何。鱼难逃暗网,神亦避邪魔。纵隐空山僻,依然畏雨过。

秋生失落感,黄叶半飘零。避雨穷途店,维舟野水亭。远归无酒送,孤立有钟听。欲隐人间寺,难修般若经。

啸吟二首

抱膝容清啸,流年一呷忘。胆瓶收酒债,拳石镇书房。井瘦天看扁,情深地种长。寂寥非碍我,话只与梅商。

坐吟明月下,花影蹭衣香。破睡茶为药,归闲椅就廊。心空诸事淡,力竭剩年长。寂寂吴中夜,喃喃一味凉。

老夫二首

老夫虽托大,年百已偏中。室罄书唯剩,才疏运未通。杞忧销酒户,楚铁烂珠栊。万事无关我,闲看晚照红。

洗耳退江湖,垂垂一老夫。丐春花满钵,僧素粥温炉。囊涩廉泉掬,肠宽寿石摹。结茅临五柳,烟雨远山孤。

老犹能饭三首

老去犹能饭,秋来警患忧。酒难销块垒,梁易烂兜鍪。替泪宁充烛,平波枉献舟。不甘随渐靡,无力掣矛头。

老饭身犹健,心无一欲宽。石鸡啼汛易,泥马渡江难。逐北碑曾勒,图南匕已残。课徒精舍夜,星火未阑珊。

伏枥犹能饭,扬镳力已虚。心灰多近佛,眼病少耽书。响雨楼听尽,空花夜忆余。萧然一身在,只是不如初。

鬓皤三首

负笈行天下,匆匆两鬓皤。楼闻来燕久,鲫数过江多。铁笛寒云裂,芦风野滩摩。黯然瞻世路,心已冷烟波。

感秋催鬓白,知我近凋年。事缺虽遗憾,情真尚结缘。愧无才济世,欣有子承贤。漠漠红尘扰,平安数最先。

镊白窗前镜,帘风卷阁云。肚撑船入海,鱼展额行文。顺逆不求解,浅深无界分。养生禅味里,茶就素兼荤。

老去七首

老去隐天涯,安居即是家。池收四檐雨,风蹭一篱花。蘸碧徒怀玉,笼香罢斗茶。萧然趺坐久,忘却手曾叉。

老不频嗟屈,层楼傍市桥。引杯沧海泻,过手莽烟消。壁勒弓悬赠,薪传火替烧。余生唯一念,吾道往东遥。

老归东野养,屋竹就书高。石稳师吾道,棋闲友尔曹。生涯沙漏指,底事墨干毫。拄颊苍山暮,墟烟散郁陶。

解缨东野老,烟雨一蓑歔。石穴封金匮,茅庵备木鱼。杜门茶自煮,扫径雀同居。竟日无诗兴,埋头读禁书。

眼昏疑渐老,书读竟难能。镊白千秋镜,垂青半壁灯。夜阑檐雨减,心定箧尘增。一卷群芳谱,无关打坐僧。

余生不言勇,老去路行难。目力因书退,心神得药安。闭门勤课子,逃席戒寻欢。陋室人知足,茶平一肚宽。

散才难用世,当老杏花村。佛海杭条苇,书田获菜根。粥清何逊酒,潮去不留痕。一笛商烟雨,如诗亦偈论。

江湖倦归四首

平生书与剑,浪迹遍江湖。问学寻黄石,交游拥绿珠。芦中一穷士,金窟半登徒。大笑归林下,犹然话窃符。

负箧骑牛去,江湖事不争。爱兼兰与石,闲就读和耕。泛蚁三摩地,涂鸦五字城。潇潇风雨外,碌碌话平生。

五湖游已倦,林密爱山深。戛玉庭中雨,摊秋地上金。书烦猴远借,酒拜石先寻。挂壁尘衣破,无妨赤子心。

五湖今挂席,人在翠微中。压卷何劳石,披襟自受风。投竿嘲绣虎,备酒免雕虫。俯仰皆由我,天涯半醉翁。

退隐四首

野隐孤村久,埋名老赋闲。地荒皴木石,盆小缩江山。就砚双鱼放,推门一凤还。吟风斤巧运,弄雪有无间。

退隐江湖外,琴书始两兼。懒催驴负酒,闲止马惊檐。世故灯青苦,乡亲梦黑甜。一廛秋好处,分与我均沾。

退食居莘野,槐烟四五家。石残窥帝虎,泥烂种侯瓜。溯筏河通寺,围篱井汲茶。手谈灵雨静,目不向人斜。

封刀云水外,老退慎加餐。判竹为奴易,呼鹦代婢难。棋谋双眼活,石爱一拳宽。坐课楞严久,昙花惜未看。

赋闲五首

负笈游缰老,纵横百二关。拈花千佛洞,玩鹤八公山。匣合龙泉迸,楼登木屐还。风尘天下路,袖手一人闲。

门前五株柳,一屋半闲人。石髪难盘髻,书衣不裹身。雨垂帘到地,溪放鸭迎春。懒卧听砧杵,遥思送目邻。

雨响空庭跛,闲闲一事无。方书抄药膳,瘿木弄花觚。手妙贫能疗,心雄霸不图。世庸虽弃置,天尚惜明珠。

一二红颜伴,平生万卷书。事功将就外,人意不如初。破晓鸡窗剑,雕龙雪夜庐。投闲无大雅,老共小茶余。

一廛宜养老,小院午晴幽。石不能奇拒,花如可爱留。观鱼池唼藻,逗蚁木横沟。几许闲中趣,无关夏与秋。

无忧二首

赁居乡野美,无事亦无忧。路尽篱迎面,春来笋出头。烟溪鹅浅渡,花信鸽先收。嚼识菜根好,长陪日逗留。

春眠人懒起,院俭食无忧。日慢砖花待,衣轻韭露留。禽声移屋脊,树影退墙周。井避胭脂蹭,仍嫌弱水柔。

乡居七首

萋萋山草碧,烟雨自然堂。石径来无客,蓬门备有浆。书支老壶稳,灶挂野椒香。慢酌兼低咏,生涯水一方。

一条环屋水,三角落肩梅。碧浣琉璃瓦,红分琥珀杯。鼠须撩史卷,钗凤集琴台。坐养书香气,闲将径竹栽。

小筑容疏简,村郊一布衣。泉廉济鱼缺,树老拥花稀。校版书曾禁,投枰局自围。雨为迟到客,不许夜敲扉。

午风吹炷尽,香淡上衣徐。画里相知者,茶边未读书。墨皴心返活,烟聚面疑虚。怅惋晴春久，沉吟竟一如。

富有书千卷，流连越近吴。榆钱交地税，石礼代房租。友为鹅缘结，身因蚁酒扶。海棠花下醉，明月淀山湖。

野水静流芳，林深午歇凉。青藤徐钓蛤，白石滥充姜。院进蕉风满，书翻鸟语长。孤怀聊自得，渴笔就茶汤。

力竭风云散，孤身抱病回。石镌争鹿史，书晒祭鱼台。暴兀村煨芋，萧疏寺扫埃。一炉心事冷，扶帚就黄醅。

结庐四首

结庐人境外，门拒远来朋。地硬溪流出，山高石级增。一廛篱补竹，半架豆连藤。乐在勤耕读，闲时坐习僧。

结庐人境僻，趺坐午听残。石压虫声脆，林消雨势宽。坠珠棋响桌，唾玉墨倾盘。懒课春勤力，悠哉独静安。

结屋依山近，苔黏扫径无。揖兄唯有石，支竹不须奴。野水浮鹅重，空梁到燕孤。与邻僧已老，忘久几曾呼。

结庐山寺外，秋水渡归鸦。钵活香尘草，灯凋苦命花。治愚期妙句，逃俗入禅茶。梦冷情天老，人孤壁影斜。

避居一三首

海上藏身久，何须姓与名。酒因无瘾备，诗为不才生。白屋南天伞，红颜北国筝。洒然歌哭处，依旧少年行。

不屑鸣檐下，关门惜羽毛。世深游艺熟，年厚积书高。演易河图认，挐云梦泽熬。营营皆过客，斗室自陶陶。

不忧天下事，先乐竹林西。菜种农书检，春游地志携。装绵柳添絮，粉壁燕衔泥。世外通人境，安排赖老妻。

正大门通路，庭深不羡衙。叶荣前代树，书富后人家。积善消天妒，鸣谦让市哗。几多风雨住，本色总无邪。（双韵格）

畏途蓬转久，归数髯吴盐。镇老千灯养，山贫万寿添。书虽解囊尽，事不带泥沾。一饭一茶足，流风拦在簾。（颔联用地名妆句。千灯古镇：现属江苏昆山。万寿山：为燕山余脉，地处北京。）

不易长安住,鹅经一箧存。求无躲婆石,访有避秦村。垒块残消酒,樗材暂替门。杏花春雨路,唯许笛声跟。

傍水临山住,悠然不羡陶。路斜门正大,风俗竹清高。瓦面过青鸟,灯心戒紫毫。平生无一技,闲练劈柴刀。

蛰居村一角,长榻短锄移。屋小因留梦,田荒为种诗。深情藏到老,好句得来迟。不与人赓咏,宁教自己知。

住已兼旬久,全然一潜夫。门高题凤错,文贱换鹅无。试土花栽雅,量衣布选粗。枣林深院坐,闲画织耕图。

屧廊风苒苒,藤椅坐幽慵。石丑虽妨眼,花娇不动容。摊笺雀跟读,煎茗犬相从。一味春深浅,无关客去踪。

地僻篱围大,深居远隔邻。树停三棵雨,花落一盆春。懒就溪观鲤,闲寻雀隐身。蓬门多冷寂,不合热肠人。

小园窥万象,知足管冰蔬。很石容槐蚁,泥墙免墨猪。阶高贼难折,木秀士宜居。坐卧邻烟寺,心经一念初。

鬓花低亚处,棐几一灯香。减夜杯倾手,分秋砚获霜。酒清浮蚁少,诗瘦续貂长。雅舍无狂客,偎肩有女郎。

逢客二首

一角云深处,提壶拥酒来。树兜过路雀,虫剥贴墙苔。解榻身斜倚,哦诗口慢开。乍逢如故友,犹许洛阳才。

留髡三五日,野墅近南湖。树补新篱缺,园移很石无。官窑疑剩赝,殿本叹存孤。法眼观今昔,如磋似切殊。

人物脸谱一三首

纛拥青毡帐,功封定远侯。雁门芦笛月,金甲石城秋。破阵曾温酒,衔枚敢袭仇。一麾横槊立,胡马退鸿沟。(将军)

匹夫肝胆在,慷慨赴临歧。请命千斤石,谋生八米诗。陆沉填海勇,瓯缺补天疲。一任身名废,霜锋不敢辞。(匹夫)

江东多子弟,英气逼雄才。拔石关山弈,挥戈海日回。歌虞帐催勇,泣谢笛生哀。一自风云起,何曾脸面灰。(子弟)

四海交兄弟，无关富与贫。蜂衙刀笔吏，桑野布衣人。道不相重合，心能各率真。他年南北老，一忆一如邻。（兄弟）

二三知己足，相约忘形骸。捉虱藏经阁，涂鸦点石斋。放谈多绮语，赌唱各幽怀。抱膝围天地，陶然酒莫揩。（知己）

锦瑟无端弄，流年怯苦吟。女墙难送目，匪石不移心。果掷冰瓯满，笺填麝枕深。悠悠一声怨，若个是知音。（佳人）

放浪江湖久，千金一醉眠。绿林交悍匪，黄石揖高仙。并辔龙城战，浮槎蜃海巅。封刀挥玉麈，袖里大壶天。（浪子）

八行曾八咏，叉手十三楼。石贵成鸡肋，诗雄压虎头。美人筝上泪，才子酒中舟。欲问名何在，桃花坞已秋。（才子）

五斗腰难折，书生意气长。撑天松不老，立地石成方。羽惜弹冠宴，身安坦腹床。知音弦上得，耻为拜尘忙。（书生）

顾怜身影瘦，摇舌弄吴钩。石碣头高枕，觥倾唾逆流。不平槐梦短，自诩蠹文遒。末座叨赔笑，飘然作粉侯。（文人）

陋巷潜夫卧，人来茗罢煎。阶遗土龙迹，石拒野狐禅。入眼非超俗，过门即了缘。四娘黄姓友，何苦效裁笺。（潜夫）

浊世清流在，京尘耻共叨。石廉填匪浅，屋矮养书高。吮笔肠堪润，推枰力不劳。茫茫天地大，冷眼绝离骚。（清流）

浊世多宵小，衣冠几沐猴。性乖蹲厕石，色厉掩臀疣。逐臭蝇呼友，垂涎狗斗仇。冷看皆闹剧，聒噪任他谋。（宵小）

乙未独白 八首

小时夸了了，至大未功成。辩日探麟角，趋庭逊凤声。事难由自主，命岂与天争。一刹昙花现，长留惋惜情。

浮云遮不住，一路过来人。袖甩流年水，鞋拖故事尘。归田集虫谱，晒腹借茶巾。兀兀门常闭，羹餐豆与莼。

事业吹螺引，人生画饼劳。儿孙烧火棍，岁月杀猪刀。志大沤团灭，囊虚药独熬。而今堪自诩，头未负身高。

愧缺谋生技，方为食禄人。性情三省稳，况味七奔频。话废宜王顾，心宽许友嗔。奈何难免俗，到老尚沉沦。

老聩知才尽,开门七事难。位卑鸡肋咂,俸薄雁毛攒。避舍容熬药,推杯畏损肝。兵书高枕夜,风雨意阑珊。

屋非东野傍,人海尚沉浮。拙眼分时务,枯肠免杞忧。诗歪酒醒废,饼好画摊求。老健唯知足,无须共唧啾。

菜根频慢嚼,况味不须聊。石出知溪浅,云藏畏路遥。空山豹犹隐,闹市雀偏嚣。遁迹楞严诵,羹调独木桥。

久学潜龙忍,鹅池演射潮。卧薪藏漆室,警石枕灯宵。雨急檐奔马,风平梦覆蕉。世无豪杰出,竖子乃逍遥。

庚子试笔五首

一年终既往,人事两嚣腾。弄黍难为客,拈花不肖僧。粥熬青史厚,鬓捺白云兴。故宅深寒外,荣枯验几曾。

一岁轮回又,萧然拂幻尘。古今皆过客,天地独斯人。事可心疑错,缘难梦忘真。结跏相别处,谁与石为邻。

欲雪天无雪,将春岁未春。看梅止乎礼,煨芋乐于贫。屋小书多借,心宽世少嗔。知交三五个,都是淡然人。

数十年弹指,鱼纹皱细波。见贤兄石远,投野丐诗多。酒饱壶悬壁,灯亲草做窝。拥书风雪夜,心事向谁哦。

百年过半悟,何必自劳神。备急方中药,陈情表上人。伏低容赶浪,虚左让征轮。本就凡夫子,无关吏或民。(葛洪撰《肘后备急方》,又称《肘后方》。李密作《陈情表》)

壬寅抒怀五首

匆匆一过客,闯北走南身。岁月徒生事,山河不负人。芹廉献家国,担重聚官民。抚髀而今老,无妨退斫轮。

一苇浮江海,中流举棹难。死生天命各,人事酒瓢宽。书富非私蠹,门清不浊官。蒲团坐交睫,神鬼任蹒跚。

寄傲于天地,鸿泥没旧踪。仰山坚骨格,淹岁改形容。纸贵三都赋,途衰九节筇。事非人可定,不悔倔如松。

老渐性沉稳,人前免妄行。蹙眉详痛史,忍口话苍生。世沸薪偏抱,讹传蚁乃争。旁观纷沓外,别有了然清。

负戴勤于业,权钱两淡如。民生黄土地,国事白皮书。达处能容藓,沉时不羡鱼。老而无大病,屋小亦安居。

前秋兴八首

独拍栏杆遍,秋怀罢自豪。烹鲜沧海釜,铩羽大风刀。命纵同舟济,谋难为国劳。郁然横老目,不屑暗舖糟。

路涩跟苍狗,生涯变在云。事情根性异,人物口碑分。药试三年艾,棱磨八股文。只今秋又凛,萧飒远钟闻。

硬骨横秋暮,楼深病罢哦。情怀就人境,城府定风波。射海弓曾响,移山髪已皤。萧然鼾在榻,无碍路虻多。

露白当歌哭,人生几度秋。鹏天容尺鷃,鲸海绝狂鳅。捣药兰堂老,垂文石鼓留。薄才兼末技,教子浚畦沟。

窣窣凋黄叶,盘空肃气浓。剑箫游侠传,山水列仙踪。敢正人间道,偏推梦外松。扬眉衣胜雪,稽首换孤筇。

落木萧萧下,天高一雁秋。离骚江转曲,尔雅路通幽。古往今来客,风清月白楼。引杯呵壁老,心事几浮沤。

背立高风冷,萧然不合群。一言孤愤戒,三省自身勤。草木经秋变,舟车到岸分。手携疑雨集,前事化成云。(明王次回著《疑雨集》)

霜白桥匀薄,衣黄树换之。不堪虽是我,无奈本因其。送目船过后,忘情鹜在兹。生涯一场梦,梦又淡如斯。(兼用特殊韵字)

后秋兴六首

一年秋已暮,心绪尚难安。拥鼻吟歧路,抽身避险滩。杖扶林影瘦,杯渡屐痕残。点检都如梦,何须上笔端。

倚柱歌鱼久,秋深夹巷空。露团衣带白,鞋沁柿泥红。嚼笔门题凤,衔杯酒喂虫。老怀多落寞,偏不醉如翁。

酒肠枯似叶,人瘦比花多。雨进前心坎,秋干旧眼波。解琴疑有鹊,悬榻爱无鹅。寂寞东篱老,幽风独自歌。

冷雨霖铃响,身慵挂颊时。爱书高阁束,嫌酒小人辞。案立炉三足,瓶攒菊数枝。默然秋与瘦,心事了无奇。

天生是直腰，怎肯折无聊。气在深秋养，愁随老叶凋。醉来衾捉蝶，醒后膝娱猫。一亩三分地，悠闲不寂寥。

凛凛秋高气，褰衣就爽风。鬓经霜表白，路被柿侵红。垒块官壶外，生涯案牍中。孤怀长耿耿，投足向崆峒。

秋思为题作 四首

有所思秋苦，无妨就小山。断肠声外雨，分手路边湾。叶落何堪拾，舲扬未肯还。一襟心事重，错寄雁门关。（直破法。一昔一今）

几度秋深又，楼空夜畏眠。卷帘来错梦，焚麝去无烟。露隐余痕杂，风收况味全。不知千里外，谁与我心连。（藏头法。说今）

落木风声里，江南菊把黄。酒无船载恨，诗有扇留伤。纵可千山隔，犹难一诺忘。思君秋瘦处，断去是回肠。（归题法。忆往）

雨比春还细，风过小径寒。探墙寻燕旧，入户认桃残。案落笺如叶，梁悬药即丸。思秋医不得，一字一心酸。（归题法。看今）

秋思 五首

夜白无眠处，凭栏且漫吟。露圆分一粒，所爱是秋心。
不眠风露冷，相忆可曾休。只要心头空，先安一个秋。
六孔箫声断，枫桥一櫂分。眼中秋水涨，可否载回君。
泪圆分七粒，暮四与朝三。串起秋如索，来拖梦向南。
夜雨难收脚，秋声到枕边。梦还无一个，心事已成烟。

卷 四

(七言诗二九八首)

无以为名 六首

抱拳何用大名询,五十余年活率真。湖海气粗生两肋,弟兄情浅惯孤身。伐谋天下锋芒锐,克捷途中谤毁频。负轭东归难负手,老来仍是拔刀人。

自许凡夫七尺身,大名何必辱垂询。手谈虽让二三子,事了不求千百因。丘壑养成天地气,风波荡绝古今尘。悠然晒腹草堂老,笑与梅兰分主宾。

擦肩将半忽回身,在下无名不必询。留点感伤销永夜,带些追忆入初春。蜃楼孤影梅虽缺,鸿爪聊斋雪或真。过客几多难尽数,有谁肯作赋诗人。

跋浪归来岸渐平,午桥庄里菊灯倾。工诗最爱开生面,落款偏忘署大名。剡纸堆床龟暗恼,荀香碰壁蠹虚惊。翛然手把帘低亚,一树风声入耳轻。

有心难管不平多,袖手天南两鬓皤。夜雨街灯徒步武,晨钟野店妄吟哦。寄檐遥望苍山隔,引杖长分怒水过。满腹离骚留半壁,名无可署任传讹。

署名何用客相知,漫步红尘合有诗。笺似木枯难活箧,梦如羊失罢修篱。放篙杯水愁流去,拔石屏山恨倒移。沦落此生终一笑,风云聚散本无期。

志于道 一〇首

志在风云第一流,去来湖海目横秋。龙吟剑沥书生胆,水调歌扬壮士头。策挟东藩频抗义,禄叨北府独分忧。凛然蹄趺荆蓁路,马骨金高不愧酬。

三千水击一蓬尘,九万风扶七尺身。劫后江山重造福,谋中事业笃行真。何妨悾偬初心热,岂怨萧寥老病频。五十余年等闲话,吾侪自问未输人。

攀栏请命事分明,本色初心验至诚。刀笔虽能削青史,口碑应不负苍生。解囊末路灾年问,送炭孤村雪夜行。天与吾侪微薄力,报于父老愧犹轻。

磨锋小试气纵横,睥睨群雄敢一鸣。地大能容凭马骨,天寒不畏共鸡声。酒边心热三刀梦,海上愁销五字城。点检流年老无悔,如今匣响尚峥嵘。

独闯江湖长逆鳞,心高气傲性情真。拒为坦腹金龟婿,誓作昂头铁腕人。蜀道履冰曾碰壁,吴山退马已伤身。危楼涕老云筝抚,不悔声中日隐沦。

潜藏丘壑望觚棱,坐卧云楼第几层。经世窘无青眼在,论交老到白头能。坊间谤誉沾三昧,林下荣枯付一灯。往事来由何足道,身如尺蠖韧如藤。

岂如人意尽公平,沧海横流一粟轻。雁塔榜高关晋秩,草堂诗苦误谋生。命难用武新丰郡,运未分符细柳营。渐老江东年半百,依然操笔作孤征。

日乾夕惕几浮沉，杯水天池浅或深。说隔萧墙疑有耳，交逢熟路畏知心。气高终要勤于事，才大偏能默似金。寂寞生涯小楼老，斜风细雨任孤吟。

朝居幕士夜低哦，寄食怡情两为何。贫我命难分禄厚，富家天只与书多。正途以外旁门擅，小雅之中大俗过。雪月风花三五友，箫声剑气酒销磨。

身无长物积无钱，所幸书多共晚年。种梦生涯棋局外，争说事业佛龛前。沙鸥揖渡辞香客，石几分茶润玉篇。了却红尘不平处，西斋自有一方天。

据于德 六首

立世兼修德与行，小人君子不同营。九重波沸由心定，一粒沙微碍眼清。雕木在春风化朽，扫天从屋事推诚。翎毛自惜非沽誉，只畏茶余饭后评。

援手多亏众与绳，浮沉一路幸存仍。食槽愧作马前卒，转益甘成骥尾蝇。孝欠此生唯父母，恩还来日几师朋。纵然点滴难忘却，缘结人间大义曾。

人情世道两艰深，一气横秋不陆沉。每仗微言伸大义，几经众谤秉孤心。绝交书就鸡鸣夜，解带风和竹共林。天下醉醒何必问，歌行尽处剩知音。

学非能用与谁论，负气平生路独奔。未惯拜尘为傲吏，却甘折节向寒门。牍堆灯案晨鳌面，镜改年光髪白根。硠硠浅池深幕里，一壶烧酒沸吟魂。

满面沧桑两袖风，不成绣虎不为虫。眼明齐立是非外，气傲频磨股掌中。三折肱无难救弊，五羊皮在岂悲穷。淡然一纸陈情表，归去来兮号醉翁。

不同鸡伍各成群，得失沉浮过眼云。气局每从钱里见，品流多在色前分。拒为小恶奉严父，肯讷巧言依细君。贵贱难移比山稳，两肩重负一生勤。

游于艺 一一首

典藏甲部每探询，夕死朝闻日日新。字剩五千通在道，篇余三百诲于人。久无风雅希声续，幸有心灵赤子真。楼小拥书天地大，萤窗雪案未嫌贫。（读书）

雕虫杀字未称豪，三十余年笔与刀。挟策曾蒙前辈赏，发硎还待后人劳。大王风动草犹劲，猛士气冲山更高。一啸如今林下隐，再归来日解离骚。（策论）

江东割据老夫称，我武诗豪跋扈能。字勒魏碑笺伐蠹，声磨吴刃袖挥蝇。愁城易破眉初展，孽海难平酒又兴。劫剩坑灰积年冷，可怜星髪系帷灯。（耽诗）

山屏白屋可安营，铁笔如刀腕力倾。地拥一廛排蚁阵，林分两列伏鸦兵。墨池长护玄门正，草檄频传秘径横。杀字永承遵八法，再雄天下二王名。（练字）

疾徐挥洒市楼东，老卒无能愧逞雄。椽笔口衔攀骥力，墨痕襟积入门功。手皴岁月荣枯外，席卷江山寸尺中。不辱师传依弩式，射潮人敢作愚公。（习画）

　　世有希声乃大音，仁山智水演孤心。斫前岁月根于地，爨后精神活在琴。雪就话来窗不夜，魂随曲散竹成林。手挥目送高台上，一片宫商识浅深。（抚琴。用赵普制琴曲《雪窗夜话》事。）

　　目无余子让人先，气度谁来大似天。翻手局中驱黑白，跳身枰外主方圆。劫非仅仅胜而败，意不营营角与边。四海风云供翼展，纵横万里剩萧然。（围棋）

　　一枰烽火决强秦，半壁江山渐陷沦。无可回头马前卒，怎生停手局中人。史传梅橘用非秘，技较虎驴愁是真。惨为谋和拼舍命，止戈同惜未亡身。（象棋。《橘中秘》和《梅花谱》乃中国象棋史上影响最大的两部名谱，合称"梅橘"。）

　　兽炉熏袤软风生，塔立盘圈线插横。寂灭炷留禅一味，倒流烟捼殿三清。灰填孽海从前渡，篆打凡尘自下行。祛秽安神虚室雅，静观人事半分明。（焚香）

　　一角苔矶坐默然，落花亭外两山间。潭空差可称诗窖，鱼贯真堪列吏班。世事微波风乍起，人情淡水藻徒攀。抛钩遥止将来雀，莫扰髯翁片刻闲。（坐钓）

　　小茶如女最心倾，难断咖啡暗恋情。剑匣回收皆旧誓，香炉炼就仅虚名。聚来书占墙三面，感遇琴听我一生。剩有瓶花簇盆景，指间烟里任风评。（赋闲）

退于老一〇首

　　少携书剑老归休，点检萍踪四十州。红药疗春花末路，青灯读史雨危楼。海藏身世浑如梦，镜幻人生等若沤。袖手江南闲礼佛，幡然一悟始无愁。

　　蓦然半老悟非迟，一室溪南四面篱。身外物皆存在梦，人间名仅限于诗。买花幸有榆钱剩，垒灶烦将石笋移。日落抛书约闲客，漆红杯浅展茶旗。

　　老竟无功剩是非，半生忘命愿相违。路穷曾作阵前马，尘定已同灾后衣。摩笛城楼人倚侧，列星河塞雁过稀。傲然一唾投簪去，楚尾吴头斧自挥。

　　退闲投老作潜夫，早诵心经夜课徒。白发忆时唯汗血，红颜忘处尽江湖。猫三脚可琴台试，貉一丘难水寺趋。余兴别裁笺纸贵，与人相约代房租。

　　退老纯羹与菜根，赋闲山水补游痕。帽除官位交于椅，雀验人情断到门。嗟食后恭前倨狗，喂花冬窄夏宽盆。悠然一篓宣城纸，不记私仇只记恩。

　　饭老乡隅退养神，洞明时事免蒙尘。几多脸谱竽充滥，不尽眉纹镜验真。鸡舌香销扪舌客，马鞍山歇解鞍人。闲余一卷飞花令，教种梅兰作近邻。

暮年心境已波平，事不关身耳不听。书集百千淘海粟，友交三五惜晨星。家风振自蒙童训，傲气医从本草经。几度沉浮今合掌，木鱼声里顿忘形。

　　百年过半鬓苍苍，力不如初琐事忙。罢手虽难犹可歇，释怀非易况能忘。世间尤物花迟暮，史上英才鲫热场。拂袖一隅山水里，绝无诡谲好舒张。

　　老退居家灶自烹，薄名厚俸不相争。诗书饱读病能减，云水闲游心愈平。阶扫落花三劫渡，楼归听雨一灯明。结跏无欲无求处，唯有春茶格外清。

　　一廛耕织半床书，养老乡间作野夫。花插笔筒瓷仿宋，架悬丝布绣疑吴。笠山形塑登楼眼，瓦雨声连跳地珠。掩耳不听窗外事，只因窗外是江湖。

安于闲—三首

　　赋闲蜗舍日消磨，嗜读贪眠事几何。梦里逢迎胥吏绝，书中晤对古人多。于心莫逆拈花笑，以茗相酬抱膝歌。流水高山最知己，清风明月一生过。

　　半壁书山遍访之，不闻窗外夜闲迟。灯无穗剪长温袖，炉有香流倒染眉。兼采茶经谈艺录，旁搜夵史解人颐。平生难得三分趣，尽在随心所欲时。（颈联嵌名联。《茶经》：唐陆羽著。《谈艺录》：钱钟书著。《夵史》：清王初桐纂述。《解人颐》：清钱德苍集纂。）

　　闲居小雅未诗穷，幸有余钱济酒盅。不速客传天下事，无关人漏耳边风。书围三国退檐马，衣解六朝挑玉虫。长夜鼾雷频断续，依然半带气浑雄。

　　五千言妙夜残灯，慎独平生惯履冰。俸薄耻谈柴米贵，才疏仰仗弟兄能。归田螳雀无关我，入海鱼龙不是僧。止酒闭门勤解卦，幸乎安稳最低层。

　　收心养气自翛然，得月楼深小洞天。无石揖黄尘骥附，与诗浮白蠹云颠。人文今古存书剳，风水东南富砚田。半亩薄才耕老境，春回不逊地三鲜。

　　危楼裹足日沉冥，何以消闲望隔坰。脂砚徒批石头记，昆腔重演牡丹亭。离奇世相虽无限，宛转人情或已经。一笑怅然推旧箧，个中梦草半飘零。

　　屈身寮寀意阑珊，傍几围茶午受烟。楷永临摹依八法，道深坐讲解三玄。唾珠衔让停窗雀，墨本搜归遁世仙。风雅一楼春雨细，白衫白鬓拥花前。

　　踏歌声歇剩沧浪，水调悠悠客一方。度外利名难热眼，画中风物可宽肠。备竿公暇鱼经问，采笋村隅酒价商。临老性情唯自适，累人心事瞬间忘。

　　拳收太极气绵长，折角书抛昨夜忘。山早醒来瞋树雀，日迟挪去爱花房。门前过客轻如芥，茶里回波泛似洋。闲息小庭重把卷，居然一目十多行。

　　二三红袖抚焦桐，一个悠闲半老翁。茶沸石亭宜快雪，诗成草舍未多风。

眼中山水天然妙,谱里梅兰手艺工。尔雅人生心淡泊,何曾在意去来鸿。

庭前步武墨池征,咏剑中宵日洗兵。松为健人分夏荫,蝉因管事合风声。一天星斗肝兼胆,四海烟波弟或兄。老不歆歔曾吐握,银壶慢击自孤鸣。(颔联上句胎自司空图诗:"坡暖冬抽笋,松凉夏健人。"韩琦诗:"松筠成夏荫,莲芰入秋香。"下句胎自李世民诗:"笑树花分色,啼枝鸟合声。"颈联上句胎自苏舜钦诗:"一生肝胆如星斗,嗟尔顽铜岂见明。"下句胎自《论语·颜渊》:"君子敬而无失,与人恭而有礼,四海之内皆兄弟也。")

小隐江村远驻辀,闲来背手敞襟游。天圈白点二三鹭,垄杂黄毛七八牛。度日静随山合掌,取花长待浪回头。风高致爽萧然处,又是清凉好个秋。(颔联上句胎自强至诗:"平芜点白鹭双起,细柳弄青蝉一吟。"下句胎自林孝仲诗:"白鹿春城下,黄牛古垄头。"颈联上句胎自陈桷诗:"合掌仙峰插汉高,下临沧海压波涛。"下句胎自孔德绍诗:"沿流渡楫易,逆浪取花难。")

冷巷楼深夜未央,置身人海一隅藏。拒搜片石充盆景,坐拥群书代素王。烟月乱怀衣共湿,花茶试水手分香。平生有幸堪知足,百寿图前理药方。

乐于野 一〇首

拥绵呵手远村行,日上烟桥野雀鸣。冰解已宜船竞渡,春寒未碍草重生。早茶楼说鸡虫事,迟灶邻调豆薯羹。一盎分来心意厚,乡间最暖属人情。

水乡深处几人家,小病春医客一涯。院逐喃喃私语燕,陌归缓缓并开花。晒衣竿截抄方笔,熬粥盅分润肺茶。静养无聊哦短句,前颠后倒乱如麻。

老树更衣绿满枝,青花小盏雨如丝。嗔人野雀操吴语,冒地清泉注越瓷。问政山归性灵说,望江亭索史晨碑。好春无虑还无恙,一角东南最适宜。

布衣藜杖乐为民,白屋东篱避热尘。溪唱竹枝山湿脚,虫惊花鼓草藏身。酒香风起深深巷,野趣林生恰恰春。归晚欲骑牛背窄,此心宽后便肥人。

乐在农家客竹西,稻花香里杜鹃啼。探墙日晒爬山虎,挖蚓林潜走地鸡。阶着藓衣连巷窄,园抽石笋等身齐。投闲数片茶清静,盘活枯肠句慢题。

郊居静好已忘归,白屋长街客到稀。盆放花多院嫌小,阶停日久犬忧肥。合书防字猜差错,闭眼听茶响细微。疏懒一隅心绪定,风撩只乱薄春衣。

野风萧爽到郊区,十里晴光百虑无。山束径裁腰带窄,水盘村拗葛藤粗。茶寮沸语门蹲犬,药市堆筐兔守株。尘色一身过菜垄,馋人瓜熟捡泥涂。

束衣撑杖舍行辀,市邑郊原汗漫游。近水让人先濯足,群山要某远昂头。无边气象鸦啼路,大美风光雁背秋。一啸襟怀正高旷,夕阳红处欲登楼。

独伫郊坰动旅肠,西风飒瑟意茫茫。浮云面薄留天白,落木身轻下地黄。家远鸦啼去来路,人稀驿剩古今霜。无边寂寞吟髭捻,不耐秋寒及褐裳。

　　一邻一屋一村墟,驯鸽司花赋遂初。榻悬高候星分野,径扫迟逢酒载车。口缄林下饶鸣世,眼病灯前恐废书。独无人处详探访,坐井瞋蛙不屑鱼。（戏为四平格）

活于忍 一〇首

　　世风溷浊忍于尘,负气归来置病身。剩水残山成古史,轻歌软舞换今人。声吞白屋心犹重,色变苍颜力已贫。夜击银壶难感慨,八行诗就字嶙峋。

　　非甘白堕黑甜乡,忍为全身戒楚狂。卑位不劳忧国事,余哀只合道家常。喧哗底处云如狗,憔悴斯人病若螿。无力问天呵败壁,老榆树下解钱囊。

　　堕泪碑无鬼蜮多,拊膺披髮缺壶歌。龙吟不绝犹如此,马齿徒增可奈何。天下剑求三尺出,心中块聚百般磨。忿于东野销残醉,横目难收是逆波。

　　日无闲暇夜栖楼,五十余年若一秋。胸臆郁盘金石气,舌根潜运稻粱谋。负山力自移山尽,忍辱功随忍恶休。大喝天南重鼓勇,干卿底事我云游。

　　冷眼朝天老展眉,流年覆水且由之。身经坎廪虽缄口,人到穷愁始作诗。玩味不宣心照够,撑肠何用自鸣痴。茶消一盏兼程雪,静候斜阳慢慢移。

　　几多忧愤许抽身,处世维艰满面尘。道不与谋难独善,言非可吐岂全真。瞒天狗盗鸡鸣事,作祟蜗争蚁斗人。老眼昏花心力竭,一隅茶海日沉沦。

　　厌喧掩耳市西居,闷酒昏灯久默如。时变至今难吐药,海藏从此可焚书。鸣肠暗室惊槐蚁,拂袖余灰傍木鱼。打夜风沉春事没,一方禅定入尘初。

　　血性销磨罢复弹,剑分八字入眉端。人心不古多宵小,世事无常尽险难。鸣掌越城孤勇惜,抗声吴郡各方安。那堪相忆江湖隐,往岁泥封仅一丸。

　　旁观世事免传讹,攘往熙来半入魔。名利蠹生梁烂木,是非风起海推波。心兜垒块销无尽,鬓积年华数几多。怅触酒边休骂坐,可怜沉醉又蹉跎。

　　生涯潦草有何欢,食不能甘寝未安。祸事临头求佛误,萧墙曳尾做人难。空教寸楷纵横气,尽滞穷途滟滪滩。载酒江东惜垂老,已无余兴正衣冠。

嘲于己 一一首

　　平安静好即生涯,与世无争感岁华。以往呼名小前缀,而今道姓老先加。

忽惊犬子温如玉,顿惜荆妻逊比花。天让有缘人一起,相扶不畏路横斜。

七尺身宜定制衣,一尘不染足生辉。骨骸人羡当年健,肚腩自嘲今日肥。雪积鬓添书卷气,金随诺立丈夫威。护家谋食终撑老,最怕前途与愿违。

自嘲木雁任衡量,处世疑圆触又方。酒浅犹能论胆色,腹盈未肯减书香。每期豹隐晨昏咏,懒为蝇营上下忙。花婢石兄风雅会,几多箫剑午桥庄。

惭无大用类庄樗,故纸堆中鲁辨鱼。气勇难为出师表,言狂错就嚇蛮书。纷纭人事多尘芥,惨淡行藏仅雪庐。橡笔妄批风月后,一生诗债老歊歔。

岁月劳征已败人,容颜渐老信非真。看花雾里犹能饭,扫雪门前尚及邻。鹬蚌纷争两方劝,江山巧缩一盆巡。余生最喜悠然卧,妙句连连每出新。

琴囊剑匣一身孤,浪迹三乡又五都。积雪街携游侠传,落花天爱美人图。鸡鸣乍壮犹悲调,味尽如甘似涩壶。十载蹉跎空病老,几多事计半成无。

去来湖海屡周旋,额起鱼纹日夜煎。物欲多生难得外,情书只积未忘前。剩因梦役由庄说,徒为囊羞任米颠。枨触歔尘心事理,飕飕风快雨绵绵。

脱靴捧砚又如何,一事无成鬓已皤。天下草堂鸡舞久,梦中槐国蚁游多。拾尘诬可知心术,负气诗难克酒魔。大悟归来闲种菜,半畦青雨竹枝歌。

便便腹大不良行,只合楼台雀共鸣。山水叠分宜画本,古今绝续恰诗声。春辞小雅林间酒,雪集高寒世外筝。老眼频揩青与白,遥瞻落日锦官城。

髀肉轻肥酒满尊,风霜饱受鬓余痕。不多兄弟秋飘叶,无限悲欢地烂根。灯掌砚田刀笔断,梦销蚁穴稻粱存。寄生从此云乡远,回首江东老眼昏。

少无磨炼事无成,老去方知负此生。偶借酒囊屯垒块,频从饭袋验民情。肠肥愿献盘中热,脑满甘涂地上平。身不由人空咄咄,问天唯剩掌孤鸣。(赋得"酒囊饭袋"并"脑满肠肥")

谋于食 二首

谋生乞米苦奔波,一事无成壁罢呵。忍愧须眉弹铗老,见怜粉黛落花多。泥龟负石身难脱,汗马嘶秋病又磨。憔悴不宜都说破,命归天意奈之何。

力不从心步未停,路难由己可重经。食谋五斗嫌鸡肋,烛刻三条损凤翎。拂袖那堪家压担,忍声无奈鬓添星。些些老泪虚檐下,滴痛人生独自听。

纵于酒 七首

望海楼非苦雨斋,击壶歌板豁吟怀。涛声湿壁分孤盏,酒气烘云逼冷街。

徒勇中流棹横誓,柱闲东野杖长偕。不甘能饭兼能醉,一啸余威裂远崖。

行经鲁域友招频,哄聚山庄夜洗尘。匦勒恒言为醒世,酒依方俗不饶人。猜拳令许横眉喝,好色诗供捧腹询。狼藉席前争结账,已难区别主和宾。

二三知己偶相逢,浅唱长吁劝一盅。诗兴高时败人北,酒肠宽处送愁东。髪因雪月风花白,面为朝秦暮楚红。扶醉深宵犹未散,独醒唯我坐谈空。

称兄道弟数巡过,胆气频粗面半酡。话向天方夜谈大,酒从座上客争多。蹒跚不让墙移影,酩酊无妨椅作窝。一霎鼾如雷动地,身肥体重奈之何。

东倒西歪笑半颠,南腔北调聚来全。倾从杯壁应横目,劝始轮流乃耸肩。知耻要当醒酒后,忘情必在失言前。鼾雷又起谁逃席,不就区区买醉钱。

况味如糟辨不明,远来稀客酒频倾。各分左右难离局,互别亲疏幸共营。挂壁弓斜捉蛇影,连床雨密湿鸡声。江湖一入焉由己,濩落穷途涕泪横。

深浅难分痛饮先,一杯爱恨续流年。买春梦少休嫌贵,捉月船高不放圆。卿且去时花暗守,我须扶处袖频牵。依稀吐露真心话,又恐多疑属醉颠。

训子庭一〇首

殊多不易弄璋时,长拜观音有大慈。夫复何求为汝父,竟然如意得斯儿。前生缘续来乌哺,今世亲甘作马骑。福报平安一家乐,再无遗憾老垂垂。
（说父子）

昂然英气忽成年,蓬矢桑弧欲射天。不信小人无鬼祟,要防美色在尘缘。治生难以诗三百,闻道何须字五千。最是贪杯多误事,克勤克己永家传。

器成身世或浮沉,谨敛锋芒嘱在今。立足不移山定力,出头无改竹虚心。龙潜大野能同道,蛤吠高天免共林。守素含和人慎独,如秋岁月击壶吟。

攘襟袖手两难评,一例三思以后行。祸世张狂乃营欲,树人成熟是书声。山高虎视浮云厚,鸷远天摧弱羽轻。能饱菜根安肺腑,席间千万莫调羹。

天涯有尽路无穷,破出藩篱向八鸿。要识面生非草木,欲催人熟是霜风。船追野水横流后,峰拔平原独立中。若问周遭谁可伍,何曾一顾雀栖蓬。

敏于行要讷于言,人海藏身本就难。忧患是痌生肘腋,正邪非貌认衣冠。学防迷在旁门内,利戒谋从左道端。损友无交少耽色,最留意事乃平安。

从来际遇虑周详,岂羡垂青固自强。池浅不求龙爪试,眼高尤忌雀翎张。移山事业宜沉稳,砥柱家门在永长。鱼掌难兼务根本,人为第一免相忘。

慎小谋长忍抗声，近疏交远免纷争。一时快逞难为继，三尺墙移不碍行。
背痛腰酸推气候，花添炭送体人情。须知货殖皆如蛊，唯有安康始太平。

敛芒丰羽稳图强，处世智圆行欲方。本草无疑难疗弊，卮言莫信可参详。
高低水复山重忍，得失风轻月淡忘。远避危墙疏宵小，万千珍惜一程长。

怀才负气忌孤行，事若难为莫强争。绊足葛藤墙角伏，污衣尘土路边生。
能容水恶唯沧海，肯壮山威岂弱城。风雨一灯勤自照，大愚小慧两分明。

尘烟 三首

海尘扬处马尘粗，破櫂残鞭独向隅。万象静观逢变局，九流纷沓退歧途。
楼潜酒气萤光散，蛤吠军声夜味枯。剑匣行縢浑似昨，只今人老枉操觚。

十丈红尘百尺楼，烟堆九点散齐州。天涯变幻惊云狗，世路奔波叹木牛。
负笈空弹冯铗缺，分镳怎止鲁戈休。书城独守容攻取，砚海依然可誓流。

齐烟九点水云乡，老养余生咏羽觞。眼聚群山唯觉小，脚量歧路未嫌长。
拥琴无悔弦刚直，吹烛何愁夜嫩凉。斜倚白楼扶鹤杖，当年只掣沥泉枪。（《说岳全传》传岳飞用枪名"沥泉枪"）

当年 四首

一麾西进古潼关，破釜当年决战还。腹有奇谋攻守外，目无余子笑谈间。
若输何必悲天命，唯胜才能免汗颜。角逐生涯浑似梦，老来频忆管消闲。

当年负气誓移山，力竭终难买桂还。眉捺剑芒悲匣内，手横椽笔颤云间。
图南只待鹏丰羽，虚左时邀友破颜。蒲酒一卮残日煮，五湖犹赋钓鳌闲。

当年颖脱受垂青，夺路拏云势若霆。马口虽钳犹切齿，龙鳞或逆未除腥。
渡江沉苇蛮风起，战野生尘败叶零。七尺昂藏今已老，才教竖子勒新铭。

当年饯别各西东，底事谋成命不同。咏剑诗无出吾右，射潮人尽胜其中。
难生马角槽嘶老，肯惜翎毛巷固穷。浮世一卮深浅酒，验来五味倍迷蒙。

负才 六首

市骨无金下厄台，穷年击楫未心灰。五车才让白眉避，三鼓气随青眼来。
堪率梦槐俘径雪，欲鞭尘马战春雷。江山舍我谁横架，虎视燕然勒石回。

自珍金骨舍燕台，绝世难求冀北才。悬胆在戈挥日去，拔眉为剑战秋来。

梁桥蚁蛀荒三馆,墨浪鲸吞远八垓。笑熟青梅休煮酒,中流任我濯缨埃。

身世沉浮未尽才,觚棱北望梦俱灰。揪心在日难留住,唾手唯诗可得来。江剩卿多憎命达,天过雁老感时哀。栏干拍遍西风烈,谁与登楼酒一杯。

负辕天下屈微才,易演穷途啸七哀。生晚纵难刑马誓,处卑差可钓鳌来。横流气象楼头酒,野烧风光鬓角灰。枥伏江东弄潮老,越王台外郁孤台。

虎符争领着鞭先,自负才雄校豹篇。大野扬尘千盾合,孤城落日一瓯圆。拔山曾铸岩为鼎,种岛犹围海作田。二十年功何足道,解刀林下管茶烟。

跌宕平生检点不,位卑力薄一浮沤。负山肩仅供家养,请剑心难为国谋。纵属强龙人困泽,况如群鲫我吞钩。干才都尽青灯下,满纸雌黄万古愁。

卷土重来 四首

败在垂成叹几何,事难如愿愧蹉跎。重修北府强丁老,再起东山弱甲多。命蹇无疑追日影,心雄不忿入风波。披襟一掐阑干裂,八咏楼头尽楚歌。

身经九劫尚心雄,白眼朝天独秀峰。卷土重来为殿虎,乘风而去本池龙。泉跑夜洗茶旗色,野战春潜谏草踪。大啸无刀频击缶,人间不老梦中松。

兵书稗史诵经楼,俯仰纵横任自由。晞髪在林亲鲁雉,拥炉到夜坏吴钩。重温左酒心成炭,再起东山雪满头。大笑人生一场梦,醒来决不梦中游。

幡然悟别莫留书,笑掬沧浪十万蕖。鹰下藏原搜狡兔,虎过黔岭赦蛮驴。怀铅夺席壶敲缺,勒石题桥剑映余。卷土重来应可料,烦将块垒补天庐。

未老 二首

未老先封斩马刀,换杯堂上酒频浇。竹分三径代门客,书集五车充幕僚。聚散生涯南北史,沉浮命数暖寒潮。而今得暇容长醉,梦里犹呼再解貂。

未老先衰两鬓星,中年点检叹零丁。驴攀骥尾拖花影,鹤立龙头校杖形。租海起楼春养蜃,买山围驿夏囊萤。半生辛苦浑无用,依旧随风类转萍。

少年已老 七首

少已峥嵘十八房,老犹龙卧或鹰扬。纵横笔阵降天姥,跋扈情关退夜郎。敌手枰间谋略服,美人怀里事功藏。江东一介无名客,倾座决非因酒肠。

少年英武立江东,老去依然顾盼雄。拾履桥携美人忆,弄潮竿启后生蒙。

衣黏麝月温新酒,臂枕牛刀唱大风。飞絮落花弹指笑,绮情犹未误争功。

少年交结五都雄,老独偏称一赘翁。壶涌海腥嘘蜃气,座叨山籁赚松风。苍茫世事层楼外,落寞人生斗粟中。不悔曾经肝胆见,虎门鸡塞试雕弓。

少曾弹铗老吟讴,负气江东一隐侯。率火成兵攻釜灶,借风为马踏书楼。心围笔阵朝衔勇,手拔茶旗夜破愁。警句俘来充玉盏,冷肠空沸似龙湫。

少曾磨剑老雕虫,意欲图南力已穷。七尺闲身山与水,一间精舍雨兼风。为师自愧才情浅,课子难期世道公。冷眼旁观秋落寞,焚诗每在不眠中。

少年生气老来休,一袭尘衣两鬓秋。不碍龙行云让路,无关鹤返月登楼。斯情座上脱靴客,况味芦中供饭舟。怅触至今诗半卷,重吟字字若浮沤。

少能孤傲老犹同,浅利浮名不屑中。地狭八方蛇战鼠,天宽一角凤邀鸿。挐云放日书频晒,炼石撑肠酒暗攻。心事半勤还半懒,流年有限又无穷。

老夫 三首

表里陈情罢滥竽,不堪有七力难驱。鬓斑分薄销魂雪,酒烈倾空歃血觚。拥帚何劳天下扫,雕龙或肯市中屠。草堂精舍悠游乐,袖手人称一老夫。

心事如秋说未能,半真半假老夫称。人过雁塔声名灭,将黜龙城髀肉增。拔戟于今推石友,戒诗从此会茶僧。萧萧落木风清正,面壁重楼第几层。

千金赌墅始扬眉,鼎食轩车尽一嗤。扪虱略充名士貌,泣鱼聊发老夫悲。危崖羡鸟从容尔,浊世携花放浪之。吟意不关春又暮,六朝烟雨半囊诗。

鬓皤 九首

秦川汉陌认铜驼,浩气依然两鬓皤。千古事功销已尽,一时人物散犹多。攀栏不畏廷生怒,指鹿唯忧巷剩讹。徒有寸心难用武,整衣独唱大风歌。

以笔为刀杀字多,锋芒未折鬓先皤。长嗟海岳行无侠,独恨风云变有魔。余勇纵教三鼓续,剩才偏就一壶哦。虎跑泉侧兵书点,夜煮松寮月踏莎。

白髪冲冠怒不争,匹夫虽老久纵横。吹箎自吐风云气,咳唾犹闻草莽声。浓酒浼袍廷夺席,美人攀肘夜谈兵。吞牛杀字寻常事,大笑危邦敢独征。

五十过头鬓略皤,负檐犹好大风歌。舌尖诗虎啸于野,心底剑龙潜在波。伐枳虽闻珠履久,坐矶难管布衣多。无边寂寞逢重九,击缺金瓯满面酡。

年过半百不如初,两鬓斑皤勇力无。掠镜何堪窥世象,投簪或为忆乡鲈。

霜中把剑秋来演,灶外调羹日落沽。寂寞频倾一襟酒,老犹横目唾江湖。

岁月磨人满鬓霜,积笈埋壁独奔忙。鳌波纵险亲湖海,鹤料虽多远庙堂。近利抽身风骨硬,不平援手性情刚。解牛无术唯屠狗,一样功名动八方。

老钓鼋头请伏波,余生未许悔蹉跎。冠弹残雪髪冲直,衣带大风歌怒多。敝帚虽难天下扫,宝刀尚可阵前磨。屠龙绝技浑无用,一式移来克酒魔。

漏箭催人两鬓秋,青梅煮酒羡曹刘。叩辕歌抑元戎府,题壁诗惊上将楼。村市笠篷邀豹隐,庙堂瑚簋戒龙游。何时一醉推松去,梦熟瓜边作故侯。

嚣尘远隔不留髡,抱膝行窝每杜门。蚊眼校书抄柿叶,巍肩扛酒仗桃根。香蒸甲帐三旬味,梦浣丁帘十八痕。无奈鬓皤犹请饭,那堪夸父又西奔。

老犹能饭 八首

万里鹰扬忿一麾,拏云敢请击秦椎。不甘呵壁龙鳞硬,无奈巡营马骨衰。饮羽徒挪心上石,投醪枉展镜中眉。老而能饭身尤健,拇战沙盘效督师。

半退江湖一匹夫,老犹能饭客姑苏。雨销花气滋铜砚,风挟涛声沸铁壶。炼字楼头筝雁获,挥斤案角墨鸦诛。自嘲余勇非无益,拇战居然胜酒徒。

老退无炉夜炼丹,不甘能饭蠹楼眠。拏云已失山为斧,种岛犹犁海作田。沙吸怒潮嗤一鼻,石磨余茧卸双肩。掀髯抱膝兵书借,八阵图中独放颠。

老犹能饭气纵横,百尺楼高夜振缨。鱼婢疗肠修艳史,酒兵援手破愁城。问田野外风强势,呵壁江东雨抗声。最是不甘亏一篑,寸功何足盖棺评。

老矣廉颇忿不甘,尚能饭否午桥南。巍肩扛酒辞莲幕,豹尾垂竿钓菊潭。负俎无刀难割股,射潮唯箭却埋兔。萧寥一喟秋风起,末路逢人避自惭。

老而归朴懒残称,浅酌低吟避恶朋。诗限润肠专薄味,盏供过手厌横棱。讷言无碍冲天翼,负气多嗤响灶蝇。最是腥尘风后起,才教一尘半扬能。

虽能强饭战尤难,再鼓而衰怎据鞍。事业如衣频换旧,年华似汗渐蒸干。青油幕外弦翻尽,白雪楼中檄捧残。余勇那堪横槊去,不由人定免冲冠。

纵催余勇饭犹能,可惜心灰渐近僧。末路龙腥风入院,残年虎气夜呵灯。书抄半部难为檄,石叠双排不认朋。小隐江湖无故剑,惘然吹雪上眉棱。

七尺男儿 五首

骨奇如铁铸微躯,七尺昂藏一丈夫。眉竖剑芒堪左顾,胸罗气象敢南图。

浮云久溺苍山月,垒块空销碧海舻。大啸归来人纵老,抽毫尽可敌飞奴。

布衣风露立邳桥,七尺微躯八斗瓢。抱璞衙深嗤献媚,销金窟浅傲藏娇。袖扬天地拏云手,眼纳山河入海潮。无以为名终不悔,卖花声里独横箫。

七尺昂藏一散人,半生如账了然真。山登北固分高下,席拒冬烘叙主宾。薄技横行天有畏,禁书通晓话无嗔。危途枉费千金价,骥足安来插洛尘。

独秀峰留独秀人,昂藏七尺布衣身。每从泉石交师友,不与鸡虫叙主宾。拾履桥边酒蓬勃,伐檀诗外字嶙峋。大才终古难为用,鬓角霜丝办钓纶。

何劳挂齿薄名无,俯仰凡尘一丈夫。秉节竹高容抗世,假威狐诈不同途。功成倥偬初心淡,祸起沧桑勇力孤。楚尾吴头长抱膝,西风落照布衣粗。

快意 六首

一生挥洒笔如刀,百首诗成兴尚豪。天下我来分快意,世间谁去管离骚。过江剩鲫多庸伍,入掌明珠独价高。风雪瓜洲梅坞里,春回痛饮不冰醪。

渊停岳峙领春秋,铁笔金尊白玉钩。天下我来分快意,世间谁与共风流。五言城破三条烛,万卷书俘百尺楼。仰面腥尘何足道,额纹深处解恩仇。

快意何须忍此生,昂藏左顾掌孤鸣。花间步武虽将就,胯下图强定不成。自负豪情郊猎艳,旁嗤末技寺逃名。风尘一路终无憾,老去江湖气始平。

快哉浮世任晨昏,我自从容嚼菜根。书是美人追到手,酒非善类拒过门。官槐挂帽权充椅,院画摊街为换豚。在野闲闲无所欲,一隅风月稻香村。

安居不易幸无嗔,抱膝城楼快意人。尤物是书堪入眼,横财非子罢劳神。盆深或就花商略,夜永多随酒隐沦。天下几曾关我辈,去来检点九衢尘。

百无一用又如何,痼癖难除渐着魔。束阁书高地嫌窄,沾衣酒美坐贪多。宁将故剑忘花寺,不让邻墙害墨娥。快意流年洒然老,江湖绝唱庀屯歌。

气粗 三首

日贬天涯暮气粗,连营细柳挽穷途。屠龙已绝三刀梦,逐鹿曾求八阵图。子产过严刑鼎诫,婆留到老宦囊输。神州几处凌烟阁,不挂良弓挂犬颅。

曾经请剑剑偏无,英气销磨老气粗。世欲贪如蠹难饱,人情薄到纸犹糊。回天计剩平戎策,敛手忧分食字儒。倦隐重楼容独坐,潇潇夜雨满江湖。

纵然无奈扮糊涂,老眼昏蒙气尚粗。何忍鹿胎呼冀马,那堪鱼目混隋珠。

拆桥难放河过顺,嫁祸偏能话献谀。浊世安居诚不易,闭门唯恐隔墙奴。

性情 二首

平生果是性情人,解佩东山始蠖伸。铁骨依然撑士气,布衣再不受京尘。补天余勇龙门戍,运斧微才犬子驯。万幸风流云散外,八叉诗证自由身。

书生气盛性情真,半世难为正直人。不忍何能成大事,无援怎许进全身。投荒幸免哙同伍,到老甘随朱共春。野水空山容独步,草堂茶树远嚣尘。

作罢 五首

兜鍪烂匣罢长嗟,极目平芜落照斜。岁月千坛倾是酒,江山一桶散为沙。销愁末路壶难唾,渡劫余波饭强加。灵隐寺深松不老,倚门无铗逐昏鸦。

老眼何消许白青,梳翎在野罢争鸣。门过一代无前辈,路出千家有后生。闲极画随诗合作,懒残茶与药同烹。余年抱憾分飞燕,忘却空堂两字名。

冷眼歧途壁罢呵,倦依檐下默如陀。腥涎污雨颠衣响,秃木笼山露骨多。诗佚麦城何用惜,斧征槐穴不堪磨。归来疗足煎无药,梵唱声中忍踏莎。

乌纱罢领许科头,满鬓霜濡渐觉秋。已惯绝缨容楚罚,曾经倒屣让髡留。卜邻垓下先参易,赌墅隆中少伐谋。豹隐无妨诗虎射,平生最恐遇乾愁。

行囊一担自沉肩,罢向公门取俸钱。长铗换鱼催客久,瘦金题扇误人先。月追韩马鞭悬印,湖贩陶朱酒压船。大笑风波无奈我,水龙吟处数流年。

髀肉初生 三首

髀肉新生骨未酥,英雄渐老饭能乎。曾辞荐鹗分鸡肋,偶羡屠龙窃虎符。弹铗帐中歌损耳,射潮心底箭投壶。一鞭东顾秦皇岛,千古风云卷霸图。

匪盟何必誓谯门,不与同流尽一尊。白眼朝天戈返日,青衿负手马嘶村。忿将金铸藏娇屋,屈就松移占景盆。髀肉初生难击缶,大风歌外泪无痕。

一声孤啸出都门,枨触秋回九折村。运石壶天勤补漏,炼丹炉鼎懒加温。尘除市井鹑衣角,墨养随园囊笔根。伏枥何须鞭老骥,斤余髀肉不堪论。

两者 八首

欲哭还歌属两难,不才唯我竟茫然。纷纭国事来心底,跌宕闺情到枕边。

帘卷一身花做雨，壶倾满座酒为泉。歧途又问人何去，老马无言独看天。

解牛衔木两徒劳，落日楼头戒楚骚。慎试海深心境稳，耐看山硬脊梁高。青衫检点虽形秽，白发昂藏尚气豪。天下我非贪饭颗，龁肩频出割愁刀。

解牛屠狗屈还伸，脱颖锋芒累此身。九伐乌程秋射石，七奔沧海夜扬尘。倚门难作歌鱼客，出幕甘为弄黍人。小院梅花屏左右，一杯风雪醉逡巡。

匣剑囊琴备未迟，赋闲娱老两相宜。梦回铁马金戈处，人在风花雪月时。弄玉楼台频赌茗，寄奴江海偶衔卮。余生一味耽潇洒，耻效冬烘话黍离。

囊诗匣剑断纹琴，寂寞天涯赤子心。壶口漫倾云似瀑，陇头频伐石如林。何愁路险抽身早，不悔春浓插脚深。偌大江湖分半角，一廛瓜种小山阴。

射石攻书足自豪，身兼文武砚磨刀。卧龙岗下嗤陈策，绣虎堂前笑夺袍。鼓击才三囊脱颖，手叉过八墨兴涛。求闲欲共鸥为友，一钓寒烟一钵醪。

执鞭抱牍两烦劳，事到临头不可逃。马帐灯昏穷伴读，蜂衙座冷末陪叨。束脩惭有书囊涩，折槛嘲无宦胆豪。得失难兼频踯躅，一声长叹倍煎熬。

绰有余闲谁做主，司花弄影两悠然。自嘲私乙贪临镜，每学畦丁累汲泉。傅粉云楼人畏老，培泥雨径兴来颠。生涯一味终清淡，一灶流年煮一廛。

兼半 四首

半为谋士半书生，歌哭江湖屡纵情。美酒倾空虽夺席，奇才用尽不知名。踋跌马帐秋挥麈，踕躞鸡林夜解缨。烟雨一灯心冷淡，是非成败任人评。

半商半吏半书生，四十三年万里程。藏画幸亏无赝品，捧靴偏傲有名声。浮梁岸上茶私贩，问政山中雀罢争。事不关心身久倦，江湖夜雨任纵横。

天生亦侠亦儒才，敢领兜鍪上楚台。怀坐美人书一卷，目空余子酒千杯。争桑决不容言失，佩印终非弄舌来。指点纹枰秋逐鹿，鞭丝所向夜衔枚。

状如名士又如僧，酒外参禅炼字誊。情债逼身还不起，愁城拔脚躲犹能。红颜几个真知己，青眼无多仅限朋。小隐江南乌巷窄，六朝烟雨冷渔罾。

游幕 六首

一生游幕半零丁，命世才雄碍眼青。曾犯逆鳞攀石槛，屡撑强项损霜翎。问天篇剩鱼纹密，望海楼归蜃气腥。涕泪中宵孤愤在，大风歌老有谁听。

五湖游幕一灯青，叹未逢时久注经。椽笔只堪圈邑志，牛刀怎许勒山铭。

难因折槛堂悬镜,免为攀辕印解亭。策杖徐来烟雨淡,遥听寺外响檐铃。

幕府森严隐俊僚,庸囊脱颖谤如潮。欣陪末座三条烛,耻奉名场七叶貂。悬榻木肠容掣肘,筑台金骨限扬镳。拊膺长叹龙门闭,尺五池宽一尾饶。

厕列清班意气消,疲于应接事无聊。鱼纹易皱惊年朽,马力难生叹路遥。请剑心如灯火灭,垂纶手向水云招。何期一笠瓜洲渡,夜雪楼船访阿娇。

郎潜幕后久劳心,病损锋棱废匣吟。人事捣泥湖海浊,物华过目雨烟深。天怜乞帖都因米,觳恨调鹰独向林。嘉果野蔬茶一盏,武经眉史断纹琴。

郎潜寮案不如归,亥步山河一例围。楚殿好腰春独瘦,燕台市骨草偏肥。种鱼花县逃刀俎,跨鹤扬州拔酒旂。自报无名随意住,迷楼尽处雨烟微。

辞归一九首

解鞍歧路射无雕,独倚风檐倍寂寥。日落城荒名已灭,浪淘沙剩铁俱销。壮怀难遣听三国,老泪空弹话六朝。成败几多终是命,奈何天意不昭昭。

感慨流年笑解鞍,人生若水止微澜。何愁雾霭难兼路,所幸霜丝不碍冠。力尽唯期林下老,心平更爱灶间宽。鲜蔬薄粥诗肠暖,懒对东山拥鼻酸。

沙场已退解征鞍,髀肉初生骨气攒。椒为朝天宁热辣,葵因向日不寒酸。曹循盾鼻磨棱角,墨守弓衣试钓竿。细柳营前兵点错,终无怒发肯冲冠。

叨陪末席夜阑珊,抚髀长嗟老解鞍。肉即江山谁主宰,酒为狮虎我旁观。兵尘聚处壶敲缺,霸气销时泪逼残。袖手如今不言勇,深藏怒发戒冲冠。

解鞍城外一身轻,块垒终消气始平。酒战壶天谁赌墅,屏围席地我谈兵。寒炉可炭温前梦,老树能花惜晚晴。有约人来唯记取,潜夫已改旧时名。

挂席东南趁退潮,食无鱼处倍无聊。空弹客铗歌残夜,枉引朋樽避暗礁。五柳初青居未定,三槐已老梦先凋。兵书换作农书读,错选鸦锄伐板桥。

挂席归潜莫问津,风波淡定惜龙鳞。壶城待叙茶旗旧,榻馆先提纸帐亲。投果午桥追梦远,种瓜丁巷赈诗贫。潇然一剪灯如月,我与梅花做主宾。

挂席城西隐一方,茶辞俗客坐怀香。栽鱼入砚笺愁浅,骑蝶归庄旅梦长。天上路宽舒雨脚,世间春浊浣云裳。晚风扶直过桥影,疑有人迎九曲廊。

免作辕门射戟奴,封金挂印老姑苏。闲云垫足追辽鹤,艳史藏心避董狐。步屧诗来廊剪烛,抠衣酒到夜围炉。清谈不必争扪虱,往事如今剩可娱。

湖山跨时倦抽身,挂印公门息热尘。耻与齐肩同侩伍,欣能把臂作僧邻。

一丘无壑皆随意,十步唯兰不觉贫。渴睡匡床书暗垫,好诗难记梦婆春。

宦况从来辨不能,衙堂挂印下江陵。分添竹石成三友,并戒茶烟即一僧。
追梦岂容花恋蝶,采诗偏等月爬藤。几多心事终灰烬,唯有林泉各永恒。

如山案牍判雌黄,印挂辕门退庙堂。糊壁炭灰埋匣剑,压波壶钮锁茶枪。
梦游龙井天看窄,劫入花溪气养长。嘲为避秦难避虎,税催林下缴诗章。

解龟如弃一尘袍,闲在林泉未觉劳。琴置马头求案石,酒濡鸡尾试杯涛。
题襟少怨诗租重,夺锦先评纸价高。日下青山邀夕影,相陪仄径读离骚。

两袖翩然一了之,解龟吴沼独临歧。卖花声脆石城觅,赊酒账多鱼市遗。
陶宅雨烟行咏处,米家山水卧游时。青囊半部红楼梦,读到春残竟又痴。

自矜非俗合流难,解佩吴山意懒残。幸结穷庐煨种芋,耻挥长袖演弹冠。
推松局外书高枕,扫雪门前路细看。一水东来心似铁,要分清浊在开端。

江才渐尽欲辞官,两袖飘然理钓竿。戒酒欣焚兵策注,删诗忍借箭疮剜。
刀雕石凸蹲狮纽,笔搁山凹卸马鞍。暗赎余年容寄傲,桃花坞里煮鱼丸。

最期瓜代羡骑鲸,借寇难还种玉情。三尺水收空木匣,五铢钱卖旧衿缨。
茶浮巷议过时淡,砚压乡书倒薤平。凡鸟自题门谢客,热尘扬处不同行。

抽簪不悔学垂纶,小隐南山自在身。周粟固辞船运石,阮囊勤补甑生尘。
庭潜绣虎逃文祸,坳聚浮蛆赐酒神。扪舌独邀青士语,幔城容与半园春。

匡匝山危一径通,挂冠归去雾朦胧。盆栽木耳无关土,酒蚀钱唇不计铜。
螳斧伐檀嫌力薄,鱼刀解字逞才雄。结庐梅坞春潜处,六孔长箫两袖风。

结庐 二首

结庐人境在枫泾,乱树藏蝉渴入庭。盆缩远山移案景,篱沿近水改墙形。
忧天每恨乡儒众,骂坐才悲国士零。块垒无妨先一吐,抛竿梦外换银瓶。

结庐人境独徘徊,响屦廊幽月作陪。佯就古瓷花验色,诈将新稿烛焚灰。
心连仄径余千里,梦索童山缺一枚。矮几虚留无客访,单衣受露酒添杯。

退居 一首

蛰居生活最平常,淡饭粗茶养老方。百衲本中勤考古,九衢尘外懒争强。
歌销郢雪过楼冷,瓶换唐花隔岁香。无所用心图一快,抽身宛在水云乡。

环滁最好隐琅邪,醉学亭翁酿酒花。诗似雪泥愁去踏,梦如春药病来加。

松声响壁风轻点,竹影扶窗月瘦些。随意一壶新水调,管浇怀里旧琵琶。

养晦何须效钓翁,蛰居郊墅辟诗丛。书摊柿叶忧经雨,扇合桃花怒受风。得失两歧爻演义,兴亡一眄酒盈盅。青梅煮尽无余子,才让曹刘并世雄。

五柳回青可退居,赋闲无事不翻书。移山进院期窥豹,缩海成池学种鱼。人惜剑眉摧旧日,自嘲文胆胜当初。一麈能主聊为乐,指石呼兄共酒如。

湖边抱膝偶吹箫,两桨生涯六孔桥。白蠹侵书携殿版,青花佐酒候官窑。观鱼乐在心如约,钓国才无气不骄。寂寞扁舟随意系,烟波荡处竞逍遥。

危楼独隐小山巅,懒近西窗四顾偏。日瘦分红鸡血石,湖平泛白马蹄莲。煎茶每献僧谈后,挂印终辞客约前。淡定琴心弹到七,第三弦外解诗缘。

僦居湖畔莫愁眠,远爱青山近爱莲。门厚为防风插足,庭方应许石收拳。骑灯役笔征笺尾,舞箑闻筝战酒边。酩酊坚邀墙上影,下来同与老夫颠。

孤村饲雀竹为邻,远避名场一窖尘。山坐屋前拦俗客,路通墙下会佳人。金刀偶借红裙拭,水墨终濡白髪皴。懒散生涯煨芋剩,寒炉热釜不须嗔。

拙守蓬门买蹇驴,横量尺八夜吹余。风波暗涨澄泥砚,火蚁时侵茧纸书。访戴舟来还酒债,问秦人去卜桃居。萧寥半世防名累,潦草生涯不及锄。

虎溪三笑约淹留,世外桃源一梦休。书值瘦金贫不卖,屋支枯木雅还求。钓鳌竿烂黄龙洞,悼雁词埋白鹭洲。几许云烟过眼散,南山缺处最空幽。

封刀退笔又焚琴,意气消磨隐竹林。扫屋惭无须作帚,挥尘幸有膝如金。壶倾法海疏通眼,石坐书山稳住心。征雁一排残笛起,拍栏休管日西沉。

谋生六首

谋生不易况南图,画饼歌鱼一梦枯。事杂劳神枉推剩,钱频过手幸存无。拔山气短因于彀,宰肉心凉役就壶。懒为窥天识时局,横眉默记坠楼珠。

谋生不易善心存,底事揩来渍一痕。无碍米颠争厕石,尽饶吴罪活梅村。人庸自省冰难语,腹黑唯期犬可跟。浊世流沙淘更剩,爱莲亭外避旁门。

稻粱谋累息双肩,坐愧金刀错换钱。何以事情都失手,岂如人意本由天。笋城投印风云没,葱岭梳翎水月偏。长啸一声心又活,小楼茶海夜征船。

二十余年为稻粮,如今隐忍午桥庄。双钩帖皱描无力,百足虫衰死不僵。老眼朝天云独白,良心处世土皆黄。纵教宣髪遮蕉鹿,一影杯蛇恐坏肠。

报国无门悔自雄,一生谋尽稻粱空。榆钱买桂充员外,笔草赊鹅馈舍中。

吹剑破愁灯影白，解襟消乏酒痕红。依稀认取乡关远，大怒扶行要借风。

扰扰营营米一囷，安居不易各成因。问天何止牢骚客，慢世偏多浅陋人。既吝分肩鳌负重，又期袖手苧贪频。泥途最厌林中雀，聒噪无非擅鼓唇。

奔波 六首

南奔北窜病还增，慷慨悲歌竟不能。夜陷书城秋有雨，波生宦海岸无灯。匹夫何罪频遭谤，介士难为久拊膺。四顾茫茫天地大，一身落寞鬓鬅鬙。

仰面长嗟奈若何，十年心力枉奔波。再难事就旁门易，不尽财生左道多。慎独渐无鱼得水，害群唯有马鸣珂。可怜天地如斯大，一角江湖拒一蓑。

浊世奔波倦始停，老来难得细梳翎。门拦月进头嫌白，案请兰留眼爱青。三釜积尘为鹤料，五车填石代鹅经。悠然浅唱声声慢，不悔当年类转萍。

七奔东野惜寒鸦，铩羽归来负鬓华。风裂铁衣天欲雪，日沽金盎酒皆沙。纷纭事省三摩地，恍惚心医五柳家。抱膝沉吟常面壁，剑兰横把不堪夸。

七奔生计力难任，久羡清闲未遂心。残日粉山增憾色，渴蝉鸣路带嗟音。天悭与宅书堆榻，佛佑趋庭子学琴。留得剩才还画虎，小眠沽酒到梅林。

执节尘头厌正冠，七奔歧路倦春寒。年虽不惑抽身早，事尚能为袖手难。教子三条明烛刻，传家万卷古书摊。闲来冷落生花笔，管甚蓬门雀影单。

流年 三首

流年默默或蹉跎，一事无成夜啸歌。如此人生谁记得，这般世界我来过。虽嘲力薄倾囊窘，不悔情深让梦磨。袖手江东小楼忆，也曾快意赚秋波。

似水年华暗自流，最难相载几多愁。虎头名动援毫立，鱼尾纹收击楫讴。归老妄谈瓜外味，出师空演橘中谋。酒船横夜频过手，半醉西窗半倚楼。

探头曳尾路难行，袖卷流年向碧城。吃足斜风帆独饱，频经涸辙鲋重生。红泉屐渡当垆女，白阁书围拜石兄。遮莫巷谣兼世议，一嗤而已自忘情。

诚慎 二首

半生孤直拙于谋，老敛行藏壑与丘。国事免谈茶玩味，性情难改酒忘忧。渡江花寺饭三宝，出幕枫桥买一舟。闲嚼菜根勤课子，稼轩词里觅封侯。

布衣一介力难为，闹市深居最适宜。世事多从起因察，人情只合借钱知。

有闲画外游山水,无病茶中养胃脾。不羡豪奢却嫌俗,闭门删尽嗅花诗。

木雁三首

暮年多病意疏慵,抱椠云乡笔散锋。庶可耸肩论木雁,应难扼腕管鱼龙。白丁偶集槐听雨,红友时随月上松。一钵兰烟清绝处,长衫略整独扶筇。

披襟躧屦最萧然,几度沉浮二十年。率酒登楼观海日,俘诗入手漏墟烟。才居木雁之中试,利在鸡虫以外捐。歌哭一生唯任性,老来依旧不耽禅。

连环劫剩淡于名,拥鼻诗成满座惊。怀璧害人难免罪,分钗恼我不钟情。身横木雁之间戒,尾曳鸿泥以外行。歧路一灯遥似豆,朝云暮雨耐嘲评。

耻为二首

耻成衙吏摆威仪,半亩田园许退思。灯下绝缨防掳战,席间倾酒赖军持。怜花已殉三更雨,敬客先饶一步棋。最是天宽容抱膝,闲聊纬史不狐疑。

耻于投钵拒分羹,负手抽身退碧城。纸上皴山多写意,屋中藏美少移情。种鱼宁信桑田改,落凤还疑竹径鸣。难得好诗吟到绝,不须茶酒助题楹。

不屑二首

不屑承恩为木奴,自矜才识与人殊。虎头题字裙嫌窄,马脚黏香道恨孤。无欲水清湔石髪,有情风恶损花须。浮生若梦功名淡,一笑扬桴下五湖。

平生不屑乞威权,半斗才堪自负先。惜墨黄庭书绝版,逃情白马寺随缘。珠投草莽筛沙砾,玉种蒲团换酒钱。心若醉时卿且去,梦深深处我猜拳。

可厌四首

老而难死谓之何,半百人生已厌多。黄口绝非名浪荡,白头无不梦蹉跎。徒嘲食肉闲拦厩,幸请拏云怒伏波。万里齐州烟九点,收来眼底辨神魔。

厌厕名场下濑船,一竿抛去换吟鞭。难增酒户嘲瓯缺,幸守茶寮得瓦全。梦或干春灯害蝶,心如痒夏枕怜蝉。些些旧事何须忆,苦雨酸风四十年。

久厌名场角斗忙,心慈莫入斩经堂。逃关白髪仇难镊,送目红颜债易偿。官为擅权诸事伪,世因争利众生狂。何方净土容禅定,一榻梅花一炷香。

八股官腔厌与聊,不如归去五亭桥。开池但采金星石,赏月何劳玉女箫。

囊束麝香存母本，泪涵觚色访哥窑。樊川故事青楼阅，半解西湖瘦减腰。

事不干我 三首

事不关心客不延，竹溪梅坞胜壶天。梁高让雀武经递，壁破容蜗诗料填。浮白味回衣蹭露，解红声歇日移砖。生涯洒落人疏达，所欲无非仅一廛。

风生五两送春多，水不干卿怨我何。池口贯鱼呼吏走，井眉垂柳诱僧过。悔因完璞临歧叹，忿以空书向壁呵。老去英雄无大用，骑驴代马下东坡。

本拟观鱼不问津，谁知访钓渭河滨。解琴松径石兄拜，悬榻竹林螺女颦。乌鹊南飞非恋旧，青牛西走为传薪。隆中岁月难深隐，半梦浮云半脱尘。

世事无常 二首

几多聚散几浮沉，世事无常久废吟。沧海横流经老眼，暮云初起剩孤心。登高塔上刀封匣，叙旧龛前佛塑金。野坞郊园容寄啸，一身风度滕安琴。

世事无常料也难，几多鼎沸不曾安。狰狞病疫乘虚入，诡谲风波隔岸观。引剑空帷气冲斗，画符奥壁墨跳丸。一年容易春将至，起卧东山试嫩寒。

百感交加 四首

百感交加就一灯，雀罗门外坐如僧。前尘勘有江湖气，晚岁参无酒肉朋。心即禁书防细读，话为余债限徐增。萧然养得人孤瘦，与竹同高幸也能。

百感交加又一年，遏防无奈疫流传。药搜黄帝内经窘，计出儒林外史玄。兵燹未销邻作祟，海氛犹起岛迷颠。生涯跌宕如浮芥，渡尽风波每乐天。（颔联书名妆句）

心头百感集于筝，断送商弦返碧城。顿悟余生仍食肉，浑忘旧事又调羹。花多岂敢称贤妹，石丑无妨认义兄。三径种瓜聊自得，倚锄听老鹧鸪声。

竹西佳处扫红尘，百感交加又一春。弹铗虎丘曾拥鼻，碎琴花县乃抽身。诗奇但署无名氏，酒美终归有福人。看破浮生如泛蚁，南柯作伐太天真。

天命 三首

命由天定事难知，碰壁中途尚自欺。跋浪不甘潜砚海，射潮何苦下潢池。才无一用权为大，幕有千重利在私。扼腕长嗟人已老，买山东野画娥眉。

命由天定乃崇天，性本随人始自然。不屑横刀学屠狗，宁劳击楫让忘筌。充竽锦席鱼争食，倒屣明堂榻反悬。冷眼看空终拂袖，水云深处属流年。

聚少离多路漫长，命由天定属寻常。看花雾海灯尤赘，折柳烟桥话未详。鱼钥把襟囚病蛊，麝䏶垂带缚亡羊。无端一晌黄粱熟，卖与春人酿酒浆。

况味 二首

况味辛酸舌战雄，千金聚散阮囊空。鬓难随砚重磨黑，肩不由山错压红。塞责于衙闲玩鹤，淘愁在簏懒雕虫。燕台剩骨如柴贱，卖与冬烘暖酒盅。

况味陈酸忌撒盐，捧心犹痛赖针砭。狗功论毕羹分汉，驴技看穷磨卸黔。何苦拜尘投溷厕，不甘挥麈理茶奁。谈天骂坐防墙耳，腹剑围城恐聚歼。

示友 一〇首

榻侧鼾雷动墅楼，抠衣束佩到中州。鸡催寺外群英会，蚁说槐间列国游。尘马已过深浅坎，酒兵难破古今愁。拊膺长叹萧寥处，多有不平同在秋。

作东今夜水之湄，饯别诸君不尾随。强赌酒城囊恨涩，免谈气局位嫌卑。投林我慕南飞雁，游幕人嘲左顾龟。何日约逢湖海外，一头华发老垂垂。

半生奔走羡封侯，一事无成忽白头。路去熬干马前汗，老来消受药中愁。过非因我何曾悟，命本由天岂在谋。具告诸君看破早，免教歌哭逆行舟。

徒劳健足八方奔，鬓已微霜况眼昏。何羡鲇鱼肥壑水，不惭凡鸟窘蓬门。穷途问钓心归野，病树依身汗活根。碌碌平生无可恋，闲裁绮句为销魂。

一廛丘壑竹为邻，老养余年本性真。八阵图中止戈地，百家姓里灌畦人。雀过门去安于静，僧化缘来乐在贫。又是秋深深几许，漫题红叶付前尘。

不堪回首酒温怀，已废诗书坐冷斋。伏枥马肥曾角逐，过江鲫杂奈肩排。红颜问镜余香散，白士悲秋老泪揩。寂寞人生唯咄咄，虫声似雨响空阶。

几多悲喜几浮云，老向深村歇脚筋。石不屑言犹镇谷，梅难就俗总离群。销茶往事枯三韭，画饼交情贱半文。灶冷何堪饥蚁访，横行竟日斗纷纷。

围篱赁庑自陶然，孤本残瓷抵酒钱。填海禽逃覆巢地，出墙花补戴盆天。生无治国调羹手，习有齐家货殖篇。坐卧不知人事改，一江春水过门前。

草堂风雨涨诗潮，望岳人归万里桥。喜获巾箱丹药古，悔贪饭颗鼎羹饶。安身独占忙闲椅，疗眼多栽俯仰蕉。山海经中卧游乐，养生事业酒休招。

天生洒脱性情真，过手钱无不抑沦。歌踏桃花潭水岸，酒交灯火市桥人。相忘免问名和姓，共处何干富或贫。二十年来一沤荡，白衣如雪雪如尘。

答友二首

志非经世或安民，识已才疏秉性真。难免几多无益事，不妨为一有情人。青花釉集耽山水，黄石书抛咏夕晨。简懒生涯小茶共，海楼郊墅自由身。

逐群追路旧生涯，病乞吟身弃置家。药典详参搜膳谱，坛经顿悟泛湖槎。二分月下沉浮梦，五两风中动静花。楚些不听心事了，闲来独掌笔横斜。

江湖一四首

一囊诗草一支箫，行走江湖赚冷嘲。眼底患忧归在劫，心头得失质于爻。量山作枕容耽酒，咳唾成珠任羡鲛。生死已轻肝胆见，半杯淡水可论交。

身难自主客江湖，负羽怀铅一匹夫。冷坐虽承三顾意，渴奔犹守四知愚。抄经西馆除魔少，学易丁年得道无。涕泪青衫风雨外，长竿短杖向歧途。

江湖一入浊流同，事不由人效醉翁。谋为榻鼾频逐鹿，忿因墙祸仅雕虫。唇亡怎活危巢下，舌在徒游乱局中。几许风波难袖手，抽身远避到齐东。

江湖夜雨一灯红，独坐空庭酒满盅。人老不知兼不觉，事烦无尽更无穷。称雄以往驱斋马，剩勇而今聚纸虫。零句断篇何用校，读来唯恐泪朦胧。

江湖跋浪共谁还，竹屋梅村雪半山。五十流年资白发，二三知己对红颜。难言事忆回眸后，不老情投合掌间。日落风寒壶慢击，寺钟声断唱阳关。

江湖浪迹几时归，又是春深入翠微。烟可代纱遮柳眼，路难为线补蕉衣。螺亭酒约船催久，贝塔经抄马送稀。千里偶逢吹玉笛，旧词新调已全非。

江湖浪迹负微名，未抵何人唤一声。过眼霸才皆入土，回头美色各倾城。胭脂马傍千年渡，向晚潮融五味羹。抱臂萧萧风下立，沧桑望处落花轻。

独步江湖任古稀，功名一例路尘微。乱怀横玉虽贪好，过手浮财免夺肥。室雅何愁红袖绝，天高不屑小人非。梅兰满钵书千卷，半嗅清幽半笔挥。

浪荡江湖数十年，半投情网半逃禅。蒲团坐扁三秋露，烛穗抽长一夜烟。镂白迷津鸥未老，杀青孤馆竹犹鲜。诗奇每压巾箱底，要让人猜倍惘然。

浪迹江湖悟已迟，心灰了断几青丝。焚琴莫为牛弹也，礼佛偏因棒喝之。榆落古钱空贮富，饼埋新草略充饥。楞严十卷从头解，一榻红尘半榻词。

久战江湖槊厌横,兜鍪未摘又孤征。约黄先占三生石,踏白频屠五字城。难裹蠹尸松帐废,空搜雁骨麦丘平。苍凉老泪揩几斛,夜雨秋风话背盟。

跌宕江湖侥幸过,浮生不必悔蹉跎。贪屏萼绿移云母,慎掩灯红诈梦婆。事被埋心言讷少,杯因压手酒添多。踟跃世外兵书演,四面梅花逐楚歌。

几经风雨几兼程,老退江湖厌结盟。马骨曾昂惊世价,龙肝已负动天名。无言梦比人亲热,未到乡如客陌生。拇战萧斋聊自得,半壶斐尾破书城。

何须寸铁补金瓯,秃笔挑书返越州。一夜江湖都是雨,满身尘土不栽仇。投簪久厌鸦儿阵,还伞遥寻燕子楼。濩落生涯寥落梦,与谁商略共瓜丘。

宦海 四首

宦海扬尘几度迷,载舟波及覆舟堤。难梳白羽随黄鹤,误战红羊累碧蹄。露骨诤言喉久哽,伤肝逆气口狂批。愤然抛舍囊中印,吾道东奔不恋西。

宦海持蠡测浅深,栏杆拍遍倍揪心。天无佛法空收网,世有魔音枉解琴。曳尾泥间莲自洁,藏头树上雀同喑。何时挂印归盘谷,反左书楹学瘦金。

独木舟行宦海斜,燕回难识谢王家。二桃屠士囚肝火,六印争功剿舌花。猿峡已凋松入梦,鹰潭枉剩浪淘沙。沧桑一瞬容弹指,点化雄心只八叉。

收篷宦海定风波,跣足科头试啸歌。偷习酒经春酿熟,暗还情债月亏多。心潮懒射淘杯壁,鬓雪闲吹上枕坡。无鹤可骑骑蛱蝶,知非蝶我奈如何。

卷 五

(七言诗一八〇首)

癸巳无名独白 七首

剑铭无字话流年，一穗豪情每动天。臂搁青奴龙塞外，膝横红友虎丘前。闻筇未肯催书久，避席犹能信誓坚。万里江山谁共我，不来不老不萧然。

天惊一剑十年求，小试锋芒绕指柔。马踏环滁山削矮，龙潜下蔡穴戡幽。裁书伪托无名氏，刻烛谦封即墨侯。赤胆犹温催歃血，连盟北府固金瓯。

枉负才分半斗余，横磨一剑少年初。屠龙技痒无人识，伐枳功成不自居。身溺劫波杯渡梦，心传慧火夜焚书。风云聚散江东老，虎啸溪边好结庐。

一剑横行十四州，天教李广不封侯。登台验骨疑奔马，跨海抟泥信喘牛。道已东归楼刻烛，人曾北进棹埋丘。酒兵诗卒容闲遣，八阵图宽演旧谋。

试剑时难解剑难，大风歌断蓼花残。扬蹄塞北期鞭石，铩羽天南改炼丹。医老反增双鬓白，裹伤偏剩一身酸。扶筇蒋径寻池榭，止水深深办钓竿。

疑如一剑半无锋，挂壁经年作附庸。三字狱防秦缚虎，五车书送惠雕龙。闲传酒令红残烛，懒展茶旗绿老松。髀肉新生浑未觉，又催人为稻粱舂。

咏剑诗成鬓已皤，布衣人唱久蹉跎。一隅望岳堂堂气，千古怀沙脉脉波。书愤楼悬楚才屈，赋闲田烂鲁阳戈。风云从此非干我，煨芋栽瓜管踏莎。

甲午无名独白 七首

天生个性付行藏，半世为人一慨慷。有用书虽都未读，无聊事乃最难忘。神交不屑文朋凑，额蹙唯憎道貌装。自在江湖玩风月，管他冬夏与炎凉。

中年不减少年狂，负手朝天一啸长。路猎铜狮能镇贼，楼骑壁虎敢称王。分江倒拔山为斧，煮石横磨砚即觞。半世功名尘土外，风云又起午桥庄。

禀性疏狂许识韩，独行天下未蹒跚。何容白刃加于颈，敢为红颜怒及冠。援笔射雕千里勇，破醒骑鹤一生难。风尘漠漠人吹老，戟手东山咏伐檀。

奋笔花间敢自豪，儒冠误戴半清高。羞于夺客玉如意，亲不受人金错刀。画饼欣然随雀食，耕诗莞尔共牛劳。茅庐小隐湖山外，独许垂杨暗钓鳌。

曾因小节不拘多，坦腹东床自乐何。役笔由心墙是纸，奴花对面袖为笯。胡涂梦隐朦胧夜，尴尬情留邋遢窝。别样生涯风雨外，我行我素独高歌。

最怕人知为个侬，小楼虚席待来风。衣更浴后蹭毫白，茶荐沸前分炭红。出镜休争墙送目，赌书何赖夜雕虫。洒然斜倚青奴久，栀子花深拥一丛。

人生足矣几知音,海北天南累在心。私会最宜鸡尾酒,乱弹何必马头琴。浮槎畏有商潮涌,失策嘲无屋雨淋。收净背囊重上路,秋黄一步一如金。

乙未无名独白七首

别有襟怀老亦然,摧人岁月恍如烟。纵成枯鲋犹思海,不属溟鸿尚伐天。花县抱刀潮退后,麦城闻鼓雨来前。无边落寞英雄泪,只向金瓯缺处填。

拊膺长叹下江东,落日楼船浪打红。肘后无方医暮气,眉间有剑壮雄风。题桥尚剩囊中血,饮羽犹留石上功。老隐何妨频拊战,兵由豆撒阵为筒。

凋年感慨阻重阖,赵璧空怀拭酒痕。学佛花间心未死,谈兵纸上舌犹存。风云结客归篙角,世事磨人到墨根。一笑平生如一梦,何须羡老谢公墩。

接舆歌哭敢拿腔,弄黍焚琴过大江。心上美人非独一,眼中才子竟无双。夺袍黄阁名留壁,补镜青楼烛漏窗。老壮犹憎风雨骤,拄筇檐下节难降。

击誓吴山第一流,老而无箭射潮头。星翻冷眼高于路,铁铸枯肠硬及秋。破阵曾呼神虎将,卸鞍唯获石乡侯。兵书晒烂诗充抵,字字如刀解酒愁。

久困樊篱羡窃符,可怜投暗累明珠。泉廉不向官威涌,竹硬还须士气扶。闻鼓后庭花逐尽,歌鱼末路铗弹无。一麾山海关前立,匹马秋风学寄奴。

久浮湖海未全功,万里归来事半空。扬扇偶宣公子气,捉刀颇具古人风。檐听铁马征诗匪,纸点犀兵退酒翁。大啸凋年余勇在,凭栏几个视为雄。

丙申无名独白七首

抱膝披襟性洒然,空山野水柳庄烟。积书千卷惠身后,交友一人亲眼前。事本难为无怨命,才非可夺敢轻权。二间平屋鸡三只,长夜啼醒又曙天。

风仪洒脱本天然,顾盼红尘酒不颠。肚角撑船容鬼闹,眉丛竖剑拒妖缠。投荒固喜三车载,服老何图一饭眠。课子生涯浑自足,雏声脆响我亲传。

酒中仙不羡封侯,侧帽轻衫汗漫游。萍散五湖风扫尾,树经千劫路回头。解囊诗贵销金窟,擘笛声希锁燕楼。一霎形骸容放浪,十年沉醉梦悠悠。

有幸人间活一回,轻裘缓带洒然来。草堂梅好请偕老,莲幕酒深辞奉陪。囊饱榆钱山买健,袖参狐史路消灾。雨喧霜滑无关我,每与琴箫共戏台。

科头跣足坐忘形,野水空山八角亭。裁纸强攀花落款,啸天先促鹤翻经。林深路岔迷尘迹,寺近云消见性灵。身懒不妨归去老,晚风起处鬓星星。

白衣潇洒髮鬅鬙，半醉花城半睡藤。鱼钥护身藏铗可，榆钱得手贩诗能。愧为天下奇男子，幸做人间饱饭僧。风雨探墙休送目，寺钟声外远舣棱。

两袖乾愁一举澍，诗能却老酒频浇。补天难请米家石，弄玉偏夸秦国箫。残月晓风杨柳岸，杏花春雨海棠桥。结庐人境心常静，在野青山不觉遥。

丁酉无名独白七首

志非檐下欲南图，铩羽而今一老夫。说剑漆园悲屈蠖，问神宣室悔吹竽。若知天命皆如是，何惜人生自了无。太息八行名不署，雕虫小技气难粗。

半世奔忙幸未官，一生多事尚平安。穷愁替肉撑肠饱，况味疑沙下口难。文竹钵栽青管梦，武经市易紫罗兰。老娱俳句无忧郁，三五鹅随雁落滩。

厌逐乌纱喜布衣，行藏特特与人违。世偏古道心肠冷，镜换韶年面目非。野鹤云乡负书去，庭兰雨巷赶鹅归。身闲不恋灯红里，一度风流已式微。

跌宕经年老在今，何劳挂齿犯宫音。苍山性格归沉稳，碧海情怀及邃深。忍笑盗铃人掩耳，可怜附翼事违心。坊间大隐删诗剩，识字清风罢壮吟。

意能乐业又安身，岂是生非惹是人。囊底漏光无气焰，额头填壑有风尘。屋容摊膝书传子，地尽栽花惠及邻。老不尖酸还猥琐，依然七尺自精神。

不恋巢争败叶林，梳翎向晚废高吟。弄潮儿逐嚣尘弄，沉醉人随欲海沉。如炭外财红及眼，成坑内幕黑于心。问天呵壁徒横涕，个里风回闭口音。

寂寞生涯百尺楼，嚣尘不许碍凝眸。如无淡淡平平雨，岂有清清白白秋。渐老灯花禅几落，已衰诗叶御沟流。心经默诵心常静，暮鼓晨钟好遁幽。

癸巳小坏自白戏作七首

人如散木每孤单，白眼朝天酒户宽。玩世何妨称小坏，逃情未必许偏安。山中弄斧雕虫易，海上推枰逐鹿难。数十年来终一梦，半随风雨半飘残。（曾用微信名"小坏"）

浊世何人赚漆瞳，自嘲小坏免争雄。千金剑已销吴下，八米诗曾贵洛中。负手蕉园蛙怒少，抽身虎殿黍悲空。青衣一袭陪春老，所幸春残尚剩红。

天生小坏本顽才，匿号无名许浪猜。怨我江湖何必退，思卿岁月不须来。终因梦短耽于蝶，偶为情多累及梅。八咏楼中留八咏，余三首送祝英台。

笑傲江湖一怪人，宁为小坏不为神。耻将园石称良友，敢与天狼结近邻。

典酒何妨壶里老,销金怎可席前亲。烟云过眼诗千首,半是荒唐半是真。

自矜潇洒有何奇,不爱留名暗弄诗。竟敢伴狂无怪矣,虽能小坏偶为之。红颜老候添香夜,白髪空梳洗砚池。天下弃才浑似酒,一壶长醉古东篱。

纵无知己又如何,跣足科头自在歌。坏不招嫌因小小,爱仍生怨为多多。兰亭送酒书兼友,竹榻眠花梦是婆。漠漠红尘人已老,关门懒对旧风波。

霸气徒生力挽何,羁程注定涉风波。世间不嫁因非我,人海难忘只有他。默许颤弦心沸夜,频教暖手酒倾涡。飞蛾殉火争先后,小坏是神还是魔。

甲午小爷旁白戏作 四首

一身匪气耻为儒,笑骂由人不在乎。天纵小爷勤炼石,世惊凡妇滥充竽。添酸已害坛中酒,画饼还争壁上图。负手长歌潇洒去,红尘以外又江湖。(曾用微信名"小爷",乃"小少爷"之简称,非北方语境中之衍生义。)

久羡田园欲退公,小爷非老自称翁。酒沽村在寒山下,树就篱于细雨中。听雀苦吟髯握白,劝秋慢酌柿添红。枯肠九曲鲜衣薄,到此犹嘲句尚工。

平生濩落不伤嗟,跣足科头夜坐家。十丈红尘虽逐客,一斤黄酒尚宜爷。坛空倒地风吹榻,眼热随灯月就花。伴醉欲搀人影起,却嗤人瘦扁如纱。

生无所憾赋诗雄,七八红颜北与东。如弟尽能交目下,小爷唯可念心中。宁祈孽海船行缓,不负苍天福赐洪。侧帽轻衫酒楼去,一篮花雨一桥风。

壬辰新年试笔 六首

新年渐至鬓添霜,试笔诸篇七步量。心有远亲梳片羽,目无余子卧丛篁。芹泥补梦肠酸结,蒜髪经风面辣伤。歌哭为何横玉笛,竹西佳处雪梅香。

刻舟湖海觅闲闲,请剑何曾踏白先。云漏事忘无垢地,草荒人共有情天。名场鹬蚌由他斗,世路鹪蚊许自怜。老向寒斋哦杜句,四娘溪畔隐茶烟。

愚心耿耿志难酬,废纸枯毫百尺楼。牛角未尖驯养剩,龙鳞已顺放生游。米因腰折嗟来饱,酒为权倾斗到羞。块垒多多俱一斫,风过垩鼻更添忧。

愤向凡间取骂名,谁知蜀道本难行。口沾乳水嘲无忌,心负童山隐不平。听雨那堪温酒晚,殉秋何必落花轻。人言可畏风波外,薏苡成珠半响惊。

一鸣天下羡雏声,铩羽归来老碧城。风伐畏途无秀木,江沉利戟有虚荣。深谋与虎何曾较,直节同筇定可争。晒腹云间期饱暖,兵书数卷代荇羹。

薄冰芒刺每心惊,记事遗珠数不平。貌若唐花皆变样,人如宋玉略知名。冲天鸟窘因鸣舌,破壁龙迂为点睛。隐忍经年犹伏枥,偏无倒屣笑相迎。

壬寅新年试笔六首

白屋青门一细民,非儒非贾亦非绅。剑箫书砚之中我,酒色权钱以外人。朝养古今三寸气,老游天地八方春。芸芸置喙轻如屑,独秀峰高出浊尘。

越楼吴馆懒书空,晦雨潇潇损漆瞳。寥落一身藏海内,茫然万顷活芦中。小人殃及天难忍,老酒关乎道可通。佯醉半扶墙代杖,烛花凋处泪花红。(颔联上句胎自苏东坡诗:"惟有王城最堪隐,万人如海一身藏。"下句胎自苏东坡《前赤壁赋》:"纵一苇之所如,凌万顷之茫然。"颈联上句胎自《论语·阳货》:"唯女子与小人为难养也,近之则不逊,远之则怨。"下句胎自李白诗:"三杯通大道,一斗合自然。")

入难敷出况清贫,补屋牵萝化劫尘。救火眉间无限事,忧天井底几多人。垂青最厌攀墙柳,浮白偏容吐座茵。坦荡一生心气在,老犹能饭未沉沦。

差堪花甲病兼之,世路奔忙负所期。烛不死心灰尚热,鼓虽作气力偏衰。第三声外徒猿啸,又一村前竟黍炊。骨价难同柴米贵,解鞍今日恐嫌迟。(颔联上句胎自钱谦益诗:"漏滴铜壶恨正长,泪烧红烛心犹热。"下句胎自《左传·庄公十年》:"一鼓作气,再而衰,三而竭。"颈联上句胎自皇甫冉诗:"悲猿何处发,郢路第三声。"下句胎自陆游诗:"山重水复疑无路,柳暗花明又一村。")

生就平庸比石顽,久经磨炼稳如山。求师不限三人内,识友何尝半面间。无欲腰能撑士节,有容岁乃驻童颜。白茶红烛书城共,听雨江南老赋闲。

辩答如流赖口才,不逢知己不轻开。援之以手从权也,见在其林属善哉。处世怎能兼美得,会心何必认真来。情商造就谋生术,左右言他任浪猜。(颔联上句胎自《孟子·离娄上》:"男女授受不亲,礼也;嫂溺,援之以手者,权也。"下句胎自《太平广记》引殷芸《小说》:"汉武游上林,见一好树,问东方朔,朔曰'名善哉'。")

戊戌述怀五首

封刀备酒今投老,五十三年噬草草。未破泉城白发疏,枉征槐国黄粱好。匹夫虽我敢当关,余子剩谁能喝道。大啸江东安一隅,闲来独把金瓯抱。

每与群朋战庚楼,宝刀已朽何曾畏。灯前步武迫投棋,酒后夸豪忘跋扈。浊世虽消侠义风,老怀仍剩江湖气。仰天高唱饭牛歌,不忿流年俱枉费。

雨响平林传到瓦,焚书镊鬓风檐下。情丝缚已乱成团,话柄留人充作把。

不忿提炉夜共楼,何甘剖镜秋分野。流年一味苦丁茶,独饮今生能几斝。

独隐姑苏称老朽,暖风凉雨齐消受。愁虽到鬓药难医,痛已过心茶可友。趵突泉遥话哑羊,菩提树静忘苍狗。无边寂寞半囊诗,压卷居然删一首。

皖山南面自称孤,三径尽头宜驻屐。种竹全围水畔楼,堆书久晒园中石。风无悟性歇犹容,雀若忘情烦必责。坦腹匡床酒一杯,天生我是逍遥客。

庚子述怀一○首

江山信美赖吾曹,即便衰年亦任劳。捭阖襟怀天地大,纵横事业古今豪。龙游幸未懈三鼓,海钓笑能连六鳌。风雨一麾长啸远,久无忧患尚磨刀。

匹夫卑末性情豪,力薄依然大槊操。天下纷纭容料理,眼中忧郁任焦熬。耻同哙伍投名状,幸免齐分杀士桃。归稳浪平风静后,面灰如铁愤登高。

一时人物半凋零,剩几微才尚聚萤。山占大荒开合势,云涵旷古卷舒形。迷津夜哂前鱼泣,击櫂晨催后浪听。姜老不矜唯献辣,热肠烧酒饯吴泾。

厕身天地仰山巍,风骨嶙峋气节裁。人既位高还有势,我除书富别无财。耸肩不屑羊头烂,趋步甘随骥尾来。五十余年聊自许,何曾伏乞剩羹杯。

半生汗马破重围,一表陈情病乞归。谋是雪松能耐老,功非草芥总看微。剑池亳濯书声慢,龙脊田耕雁影稀。掌灶何干天下事,斫斤只向鼻前挥。

一腔孤愤每吞声,歧路空怀楚璧行。傲骨焉能真不朽,弃才所以尽无名。听来物议先疑士,恨到人逢晚识荆。千古那堪青史辨,怆然涕下老余生。

争袍请剑付东流,事尚能为老却休。别有伤心浮世绘,何如快意信天游。壶中际遇唯风月,笔下生平尽马牛。若可重来仍卷土,状名轻不向人投。

垢面蓬头洛下过,轻裘缓带试弦歌。一程叨庇才堪用,满坐逢迎角未磨。逝水年华知愧晚,养人乡土感恩多。老来重把铜壶煮,茶沸民声剩几何。

人为天定等闲轻,况味自知还自明。一不再三心气鼓,万无能一事功成。漏船难稳空求剑,细柳虽枯尚傍营。独立西风残照下,布衣毡帽抵簪缨。

学曾为仕老而归,富贵如今与愿违。鱼乐入濠闻道妙,狐疑在野解禅非。杖头钱买书城坐,井底天容墨雨飞。石友闲陪静无语,几多心事大音希。

辛丑述怀一○首

一生过半不堪嗟,水复山重暗雨哗。自恨无能难报国,时惭有负总忘家。

身心是木疲于朽，境况如泥陷在洼。拂袖归来虽已晚，闲多可伴老烟霞。

嗟不逢时类转蓬，负书挟剑老篱东。千秋人物刹尘后，万里河山尺幅中。抗志固难争乞米，斫轮犹敢碍行骢。平生磊落壶敲缺，课子依然足自雄。

去来身世一如舠，勇退而今药膳熬。抚髀江东空感逝，捻髭槛下罢摛毫。门拦送酒尘除尽，雾起看山眼放高。最是孤怀宜住远，落红声慢解忧劳。

身心久倦大言希，偻指三年待放归。药不能灵病难减，衣无称体肚偏肥。人情即酒都成局，事业如沤已息机。醉卧书斋风雨隔，匣鸣一剑气衰微。

身因累久畏轻寒，书拥壶烧释不安。纸较人情犹觉厚，病如世事更为难。苦茶熬响清心咒，壮语调和养肾丹。门闭自医春四月，抽丝弱柳返青看。

晚节宜茶酒戒沾，养生医嘱守宽严。屋藏书秘不关色，窗受雨微无碍廉。醒世吴风薄身外，更春宋调正毫尖。居安远眺山河咏，境格从来得两兼。

析薪秣马笑谈空，负俎江湖力已穷。半世偏劳梦巢蚁，一涯苟活路飘蓬。玉台新咏朱颜改，市井深居白屋通。擘纸闲书错吞墨，撑肠最羡紫芝翁。

不卑不党不疏狂，世故人情厌具详。履弃名场容尔我，茶亲老境悟青黄。会心书揖林间友，对面家浮水上庄。闲倚画桡歌欸乃，风波定处晚归忘。

縠中无几自由人，握火经年幸息尘。老废豪言惰家远，病忧便腹罢杯频。抛荒牍烂名忘世，避害盆栽艾健身。兴起犬牵杨柳陌，瓜棚菜圃认芳邻。

年过半百悟迟迟，万事如今一任之。闲与好书交莫逆，静参止水断相思。锁箱日记虫频蛀，代药春蔬病巧医。简淡生涯无所欲，斜风细雨洁心脾。

壬寅述怀 一〇首

不才如我久蹉跎，挟杖披襟酒市过。一路风情宜草木，千秋血性在山河。力难踏白楼扪虱，术仅题红膝坐娥。八阵图边百花谱，可怜辜负饭牛歌。

点检浮生世未容，梦悲苍狗几遭逢。过淮橘枳分而异，入縠鹏蜩屈亦从。人事无非一抔土，河山恰似万年松。科头跣足平孤愤，炼药传经五老峰。

天下喧豗懒认真，事非如愿久沉沦。旁搜眉史抟金粉，顿悟心经定海尘。官渡买舟鱼密友，佛山合掌鹤闲身。洒然趺坐忘风月，数片花飞又一春。

一锋初试挫于狂，少勇无辜老泪凉。雁塔槐花金马梦，豹关荆棘铁衣霜。力为成饼真何在，世阅如书秘未详。惨淡抽身天地阔，伐檀空谷夜焚香。

涕零身世客天涯，万里桥头不见家。林散似曾相识燕，水浮无可奈何花。

奁中衣色逢春裉，饭后钟声抵艇斜。踯躅晨昏眼频渴，寻思只剩苦丁茶。

引杯吞墨倦歌行，事在难为力罢拚。海内弟兄空演义，鬓间风露最关情。楼高字解挲云影，市远林收啄木声。大隐如今无所欲，米家山改稻粱耕。

纵非名士亦风流，浪迹经年四十州。花爱细君春紫陌，酒呼欢伯夜红楼。襟怀可占三分月，歌哭无关两色眸。槃几斜偎人半醉，为谁横玉击银瓯。

生涯潦草转蓬随，一味荼凉只自知。最惜红颜难耐老，何堪白士错能诗。投荒砚北磨离合，打坐墙东断喜悲。怒马鲜衣从此了，斜风细雨覆杯池。

路遭风雨一登楼，铩羽梳翎几度秋。濩落生涯画于饼，些微才具赘如疣。反刍事久仍宜嚼，覆瓿诗多竟被偷。举目苍山隔沧海，身藏何处免沉浮。

垒块难销莫奈何，书生意气愧蹉跎。十眉图展红颜老，一窖尘迷白眼多。北望觚稜期化雨，东来易道疗沉疴。喟然而振轻衫裂，独拥铜琶哭又歌。

说交友

坐怀倾盖两如何，险世歧途谁与过。四海义非兄弟厚，一生情是女儿多。替身热席畏迎酒，忍泪寒门扶上坡。点检人心难臆测，仅于微处解疑讹。

逐　客

二三瓶酒八行宽，五字城来一腐酸。附骥蝇贪拜尘可，栖枝鹦妒脱胎难。人如猥琐焉能伍，诗固牢骚不必观。逐客桃花潭水岸，雅留明月共清欢。

兄弟叠韵 一二首

十绝梅花次第赓，相逢陌路问无名。题桥手辣裙为纸，忘世心宽砚作枰。才子何尝都薄幸，美人生就不多情。桃园结义成兄弟，笑罚窥墙酒满罂。

鹡鸰原上短诗赓，并辔江湖负薄名。镊髮为针春灸梦，夺袍成帐夜谈枰。刀封砚匣纵横气，榻解壶天浅淡情。啸傲无关风月好，唐花半折旧瓶罂。

接舆狂啸壮诗赓，不让前贤擅美名。踏白期君横魏槊，携红累我赌唐枰。三千客组风云阵，十四州传手足情。杀字中年如宰肉，题桥月下笑扶罂。

拇战器尘敢续赓，桃花扇上我题名。江山似纸糊千孔，岁月如风扫一枰。瓯北马疲声有价，剑南龙困梦无情。心雄不注愁如水，换取茅台酒煮罂。

低吟浅唱喜相赓，了却前缘各废名。红豆馆藏鹅换扇，绿杨村放燕驮枰。

根连路远牵袍义,叶护墙安解褟情。生死羡谁悬墓剑,千金一诺证推罍。

跋扈花间句久赓,科头跣足岂图名。一时瑜亮同怀璧,千古萧曹偶对枰。
虚席不移垂钓志,绝缨无负顾庐情。人生最是知音少,眼为谁青夜共罍。

怅慨当年四韵赓,题门大笑匿狂名。初生白虎拦于壑,后起红羊劫到枰。
心底驿尘豪侠气,眼中秋水美人情。挑灯莫怨茶旗偃,拥鼻还须拍酒罍。

义交肝胆破题赓,笔大如椽罢署名。围妓杏墙风合幔,念奴梅圃雪封枰。
眉凝柱累无辜梦,发削偏添未了情。楚尾吴头歌哭处,心潮渐退剩尘罍。

结义桃园歃血赓,扬镳海内愤扬名。移山就枕天成屋,采石围棋地作枰。
紫陌银钗儿女泪,蓝关铁马弟兄情。平生意气烹肝胆,为报相知醉买罍。

八叉而就为谁赓,管鲍神交不问名。天恐获麟修正史,世惊传羽下纹枰。
留髡冷径云无迹,访戴深山雪有情。来日偶逢鸡塞外,白衣呼酒劝提罍。

倒薤横书一晌赓,瘦金描扇换虚名。旗亭夜尽敲牙板,镜阁春残验石枰。
事尚能为囊剩计,梦犹如是泪留情。相逢不忍人先老,镊白西窗再数罍。

午桥庄外约同赓,结客何须记笔名。但赏鸿词青玉案,休抄橘秘绿碁枰。
江湖有我添豪气,岁月无君减雅情。煮酒中宵相击掌,一壶牛饮笑投罍。

匹夫二首

麈尾风流枉虱扪,匹夫肝胆与谁论。蜂衙伐竹难持节,象阙移松不受恩。
鬓惜丁年霜占角,牙锄子路菜留根。焚书数叠嚣尘外,抱膝观鱼又一村。

匹夫之志夺尤难,书剑飘零共岁寒。荆路虎苛民畏政,柴门狙诈贾争餐。
心屯匪石拦穷寇,手点明灯照丑官。大笑江湖来去也,阑干拍遍匣鸣欢。

英雄一一首

我武惟扬战八荒,一身血汗满头霜。有心鞭石难填海,无力回天乃牧羊。
落膝花轻林下嗅,卸肩刀缺匣中藏。英雄末路犹能饭,每与红巾赌羽觞。

日晒青梅一例黄,英雄煮老酒收场。雕龙错入争袍席,绣虎难过射石冈。
贼拜车尘忧请剑,邻供烛火耻偷光。不甘输劫虬髯在,重试风云下北洋。

大江东去大风歌,淘尽英雄剩几何。铁板横敲壶渐缺,雪涛斜滚剑频磨。
难堪虎帐封侯少,不忿蜂衙食雁多。袖手旁观无只语,兵符换钵学头陀。

独行天下会龙蛇,大浪淘空尽剩沙。身有薄才难用武,目无余子不看茶。

赋诗平野江沉槊,拥美芳洲酒蘸霞。东墅一廛书满架,半修情史半涂鸦。

　　大野西风卷暗尘,登楼烫酒约三秦。八方豪杰过如鲫,一代红妆剩几人。寂寞无穷壶底老,温柔未绝梦中真。天生我是多情种,甘为相逢醉到晨。

　　弄梅弄玉弄双珠,步武三山与五湖。此疾非唯寡人有,斯情岂可老夫无。后圈霓袖前封檄,左注兵书右念奴。丘壑在胸天下瞥,八方风雨沸红炉。

　　天生最重世间缘,独抱冬心委实难。若得红颜频献泪,虽然白髮尚冲冠。江山不屑争三鼎,岁月无非尽一欢。斩马金刀吹落雪,水龙吟处酒阑珊。

　　牧野西风逐断蓬,马蹄声尽夕阳中。来曾膝睡飞天女,去已壶游扫地翁。艳史如衣何用揭,豪情即土不堪充。老夫深隐香山里,美色当前眼自空。

　　雪夜灯红酒半余,美人怀里读兵书。梦回横槊柳营阵,功隐解鞍油壁车。立誓狼烟题锦帕,问安翎羽积残墟。死生相念情如铁,绕指柔丝任卷舒。

　　芦丛映剑雪飞扬,半拥伊人水一方。风骨未销余力剩,功名已厌此心凉。与其蕉里争亡鹿,不若琴边共咏凰。得失从来难算计,满腔铁血浣柔肠。

　　一生豪迈五湖游,玉斗金钗不系舟。美女唯求多宠爱,英雄最怕太温柔。撮襟闲蘸封缸酒,枕臂遥期铸剑楼。水调歌头频击节,顿教红泪又横流。

名士 四首

　　病酒而狂杀字愚,一支烟灭八行沽。世无名士难随骥,今缺奇才敢滥竽。横膝以琴充灶女,负心将石抵门奴。抠衣大啸凭栏处,雨逗天青数乱珠。

　　士不风流属陋儒,浮名忍兑莫愁湖。卖花桥上诗为税,赁月楼头酒是租。心比竹空频弄笛,梦如灰绝滥吹竽。人间八斗分还剩,问遍江南二斗无。

　　欲成名士乃风流,拊扇轻拈一羽秋。琥珀杯深容击楫,珊瑚石小限抛钩。雕虫灶壁琴焦尾,点漆屏山笔烂头。天下有谁长笑傲,只因三顾未逢刘。

　　曾催越乙作飞奴,锦字双声贯墨珠。梦老山城灯草瘦,情迷水阁剑花枯。英雄自古都怀玉,名士而今独唾壶。一路游尘风退去,回眸不问可离无。

才子 三首

　　莫羡天成最特殊,两情相悦隐江湖。璧如才子独归赵,花是美人偏爱虞。绮榭唾红临顾绣,瑶台念白习京胡。一生缱绻唯风月,家住春城共鹧鸪。

　　一城风雪两肩书,洒脱生涯半隐居。白屋青灯煨粟粒,翠裙红友拥阶除。

齐讴颤暖梅瓶嗅,汉玉磨新燕匣嘘。执手相怜同脉脉,情深兀自似当初。

一年容易又重游,绿柳庄中紫竹楼。才子是诗吟可瘦,美人如酒品还愁。六桥依旧河过窄,三径全非寺靠幽。负手西望烟雨渡,竟无往日木兰舟。

公子六首

白衣潇散面无尘,不赘微名秉性真。栀子花间称少主,梅家坞里是嘉宾。闲由燕把墙头蹭,懒替茶将雀舌驯。一架秋千红雨外,小诗如玉玉如人。

白衣一袭现城隈,遍地樱花踏雪来。人似玉成眉出剑,手犹叉就口噙梅。江东子弟皆风度,镜里胭脂半梦灰。天不绝情留八咏,与谁相约柏梁台。

步武江东废薄名,白衣如雪雪无声。一生曾爱难知足,半路相分不殢情。茶沸竹斋诗味老,墨磨梅坞月痕平。几多萧索容参破,管领冬心夜独行。

大气盈怀不屑秋,八方风雨出中州。匹夫酒兑胭脂泪,公子衣输琥珀钩。事未成功难抱美,才堪用武敢争流。孤征幸有蓝桥约,再见人称是细侯。

拥帚横书大野秋,自珍鳞羽懒登楼。天生公子何其慧,水做佳人分外柔。红泪一壶匀渴肺,青裙半幅缀凝眸。江湖笑傲同风雨,薄酒时蔬不羡侯。

绝情人最用情深,怒马鲜衣鄙士林。公子气高虽入眼,女儿酒好不贪心。留香在野山过月,面海横琴水解音。天下共谁长一忆,登楼拂袖罢题襟。

浪子三首

年少风流酒气骄,美人横膝软扶腰。绿珠楼上白莲社,红豆馆前朱雀桥。弃子难消无理劫,题裙敢弄莫愁潮。赢来薄倖名何在,梦老扬州尺八箫。

红尘漫步每留香,浪子情怀露或霜。妄念半生天变色,温柔一遇梦为乡。花间采月俘琴快,酒后推松入戏长。楚馆秦楼聚还散,销魂又绾灞桥杨。

平生放浪自矜誇,不护江山只护花。卖剑换钗争一笑,投鞭弄马极千奢。才如余毒诗销骨,情是灵芝味济茶。坐膝轻怜疏影小,教谁半醉半环拏。

甲午韵次易实甫感事书怀诗八首

匿迹藏名为刺韩,奋身何用执偏端。亲虽啮臂休连袂,怒但冲头要整冠。块垒难消壶敲缺,风波易涨櫂生寒。倚楼吹处秋零落,抚笛人来姓是桓。

纸贵名微赋二京,扬镳四顾叹生平。有床难坦怎求婿,无石敢当休拜兄。

亡梦鹿随春逐尽,入云龙在壑熬成。鞠尘轻映刀虽朽,小试犹摧草木兵。

鬓数星星夜未央,闻鸡请剑啸玄苍。射雕功定凌烟阁,缚虎谋成偃月堂。
印解田间蓑汗苦,榻悬林下袖风凉。幡然顿悟应知足,蝶变犹能梦引浆。

游尘漠漠阮郎迷,歌吹扬州饯竹西。井小何期蛙久坐,枝寒不屑凤安栖。
探囊计失青楼约,借箭船求赤壁题。一劫如醪悲子夜,穷途搵泪恐闻鸡。

回戈力竭路迢遥,累卵危巢覆有朝。九族株连何足惧,一身干系不须饶。
拊膺堂静狮徒吼,扼腕槽宽马自骄。日退西山先抉目,黍离看淡鬓萧条。

免折青青灞上枝,书生赴死报相知。符偷魏阙非违令,骨市燕台即出师。
淘尽散沙江雪滚,断除沉腕夜星驰。弯弓射得天狼退,痛饮琉球理钓丝。

人心不古痛如枷,独善其身浩气赊。棘刺砭愚柴暖灶,榆钱买直竹齐家。
鸣惊匣外冲天翼,醉爱樽前犯斗槎。徐榻久悬无倒屣,踏歌湖海析虫沙。

唾珠无忌起风波,不合时宜腹晒多。煨芋寺山雕朽木,采芹宫泮荐菁莪。
鸿才竭尽终如是,鹤料嗟来又奈何。满目浮云遮断处,一枰推手偃金戈。

甲午韵次樊增祥瓶斋即事一〇首

杯收苦雨免题斋,老为茶浓与子偕。拦泪尚嫌颧骨矮,负春尤喜背肌佳。
缘成半路留旁证,注下三生搏底牌。龙井水长吟在席,不潜新绿就歌俳。

珠帘漫卷透晨曦,大梦依稀煮粥糜。豆食相思藏菜胆,糕题合意刻瓜皮。
半匙秋水分才妥,一箸春诗递不宜。少怨流年真淡泊,心无苦辣最难期。

春初小雪拥蓝关,意马难奔梦未闲。一剪梅先开酒社,八叉诗厚镇书山。
移墙每患瓷无彩,解榻尤嫌竹有斑。访遍前生都是错,最佳缘分在心间。

懒住荒村畏负薪,神游画里更怜春。瓶收洛水花看饱,石皱巫山案置真。
监酒令惩无礼客,换鹅书借有缘人。平生一念林泉老,再不心烦惹俗尘。

凿壁无须盗隙光,心明忍断旧诗长。工夫不及茶嫌苦,梦境才成药嗜香。
痴叩玉龟支卧榻,黠牵泥马负行囊。情多半担终难卸,水一方遥是故乡。

岂是心灰独玩鸥,渔歌散处话前由。裙缝酒迹因脂抹,竹剖情斑以泪髹。
楚佩埋滩舟觅泊,吴宫掘梦蝶偕游。可怜风雨多轻薄,管甚袈裟换就不?

徒劳笔墨写诗章,一样愁怀别样长。杯为玉温分月白,镜因铜锈夺灯黄。
移山梦里魔归善,采菊楼中佛受香。永夜每嫌风寂寞,也无人处转年光。

东床坦腹笛吹西,日上墙边一杖藜。诗骨懒抛驱饿犬,酒糟空剩醉呆鸡。

情如谷脱难分米,愁似皮连莫削梨。皱尽眉峰三十六,第三峰有浣纱溪。

闲来旧院雨过时,一径幽深独自思。暗慕花容羞见客,重泥字壁愧逢师。指间灰落风频扫,心上秋潜药乱医。若是回文曾急就,因何只向梦怀遗。

南山菊种小楼东,十首诗成一夜功。邀酒最宜檐挂月,抚琴难合泪随风。行留雁足扬尘白,坐守灯心滴腊红。千转别肠缝又断,不眠人遇打钟翁。

寄人 五首

身因报国积年劳,血为忧天压力高。拍案无声无息夜,月华如雪上头熬。

退笔封枰出棘丛,一身伤病六情空。山如逐客江如酒,只在苍茫落照中。

席上留诗罢署名,仰天长笑破愁城。山如瘦马难驱使,兀自西风古道行。

客行古道西风里,家在小桥流水旁。老树夕阳鸦影没,一声啼去是沧桑。

别来无那水乡投,老屋深深巷转幽。栀子花间一壶酒,为谁倾倒古今愁。

拟西昆体 二一首

流年欹憾鬓摩挲,往事纷纭一撮多。夏五传钞书漏月,秋千荡曳佩遗坡。车催楚馆轻雷返,绁断燕台碎甲驮。胸次已无轩翥梦,莫嗤篱鹀爱松萝。

齠年立志射胥涛,未老空怀却鼠刀。牛角挂书鞭恨短,鼎丌堆牍尺量高。分镳险域辞周粟,连袂亨途避藏獒。倦久当归梁苑内,匡床促膝把春醪。

一把莲悬白祫纱,佩韦难警系匏斜。无尘子叹谁持麈,不夜侯来我判花。气在召贤书里减,愁从乞米帖边加。劳薪析遍怜春脚,悔踏蜂衙碍种瓜。

梦无蕉鹿始心寒,解佩如今渴笔端。榻为迎徐悬壁久,途因借寇绝裾难。廉泉一斛茶求淡,谏果三枚话厌酸。方外采风虽俚俗,角巾私第莫凭栏。

跪履桥头每换鹅,榆钱买酒莫嫌多。吐茵可笑穿王袜,悬榻犹评访戴歌。月下种花蜂食色,路边晒腹虱逃窝。坐看云散还云聚,一局深山烂斧柯。

刀环未顾约同歌,剪髻流杯不厌多。牛角挂书耕篆草,斧端修月剖风荷。支床郢巷龟嘲鼠,种玉荆山帖换鹅。万丈诗情何足续,莼羹一勺问秋波。

并刀无力割诗愁,一匹空裁锦绣楼。挂笏看山容放鹤,燃犀照水莫牵牛。归来自在窗悬络,老去何妨菊宴秋。拥帚蓬门虚席夜,雌黄满地月如钩。

阳春有脚酒中逃,拂却寒酸脱旧袍。露浥兰心沾凤管,池生石髪怯鱼刀。芭蕉枉展眉如黛,琥珀空凝月似膏。次第东风携燕燕,归来不许错分毫。

摊破南乡子夜长，可怜悬榻久思量。玉舟载月燕钗冷，珠履跟花蝉鬓香。屏隔烛红三箧梦，瓦凹秋白一襟霜。欲横彤管裁箫短，无奈歌狂酒未狂。

几曾眠柳又春初，绿鬓愁长未许梳。馆燕争泥频点袂，荷杯汲水始防鱼。遗衾有意编云帐，落笔无心捡玉书。人事已非衣化蝶，暗描香篆恨多余。

一麾江海去难逢，漠漠春阴掩旧踪。风驭鲜云添雨味，蝶传媚粉损花容。蕉心暗展流杯托，榻骨空悬触网封。未乞诗情操别鹤，深闺昨夜梦初浓。

参辰卯酉各东西，赋到销魂别作题。三宿蝶庵求卜梦，一廛蜗篆就封泥。屐痕宁信过淮也，窾语难歌去鲁兮。恨与情生多厗厈，菽灰暗验眼尤迷。

流年刻蜡未嫌长，往事依稀审雨堂。却睡草随宣髡刈，定盘星被寔怀匡。博山已尽围炉炭，岸帻还留媚寝香。子立中宵求很石，偃波书泐墨成行。

错责婳婴久别遥，星槎不济鹊收桥。健鱼观往遗千字，弱水催来取一瓢。送目城头秋略熟，委怀琴尾梦先焦。徽缠了却帷灯冷，酒寡延楼倍寂寥。

灯熏宝鸭试旃檀，卵椀承情墨色干。秋管寄书桃底瘦，酒分怀梦草头寒。回廊响屦疑来月，曲径除尘候解鞍。怅惋经年心马累，焚笺再不鼻吟酸。

杀字于秋累墨鸦，不劳殷羡致云涯。拾鱼曾愧虾杯浅，吐凤还嘲象栉斜。嫠尾酒浓难割席，折腰诗艳竞传芭。天生一箧多情债，付与眉间独自查。

楚尾吴头倍寂寥，歌骊最怕借饧箫。心扬野马僧门拒，梦泛醯鸡酒户招。娃草作书留䞍句，子亭分袂访廊桥。衣宽不系隋堤柳，下濑船来压晚潮。

罢拾菱花独上楼，鬓生威屑已知秋。劫争官子无须悔，枨触君弦有所忧。奠雁终难成眷属，结骊差可作朋俦。何时月满红墙外，普洱茶分小海瓯。

奚囊检点漏痕多，六六鳞批付墨娥。彤管久拈心志忐，绛纱遥隔泪婆娑。霜侵懒几秋无那，烛照勤拳诺为何。楚楚争怜花落去，朵云收处剩骊歌。

畔牢愁冶辟寒金，半臂垂怜一寸心。赠药蓝桥牵及柳，衔书紫阁托于禽。井眉低皱秋波漾，带眼频移玉笛吟。水佩风裳浑似梦，天涯再不怨知音。

誓约当归未有期，江皋解佩卜南离。鹅笼吐纳红尘幻，燕匣开关白玉疑。手拗孤梅容寄瘦，心沉故剑愧求迟。茫然一扇縑蝴蝶，费尽庄周梦里丝。

卷 六

（五七言诗二六五首）

冬新咏四首

作祟非关雪,疑冬是主谋。唆教风发怒,斥让日生愁。路硬皴泥裂,林枯冻水流。探梅墙一角,呵手缩貂裘。(疑冬)

畏冬如酷吏,风刃袭人逃。冷巷梅微颤,穷林雀苦熬。雪堆增路厚,冰挂及檐高。缩颈门长闭,姜汤沸怒涛。(畏冬)

为消寒九九,炉煮一壶冬。热战当前雪,神交不老松。羊裘期日晒,虎幄拒侯封。独处边城远,茶闲竟放慵。(煮冬)

日馈冬余热,何须雪报恩。过砖来石友,解水进梅村。久曝衣轻软,徐吟屋渐昏。小诗充冷灶,聊代炭生温。(馈冬)

春新咏四首

一叠春如纸,裁为绝版书。直排分柳体,横刻贮榛墟。晒腹三竿下,潜心七步余。怎生长借我,摊读每年初。(读春)

好春如姹女,无奈嫁天涯。泪杂巫山雨,眉开孽海花。竹奴扶扫径,鱼婢教浮槎。剪剪东风里,何堪忆故家。(嫁春)

贿求风五两,分绿岸边多。草喂羊肠路,船推鸭嘴波。探墙疑杏涩,挥袖费桃酡。客在春深处,愁添又几何。(贿春)

接来窗外雨,春卷一帘低。笋嫩熬茶粥,炉香炙燕泥。可贪花满径,难舍柳过溪。兴尽情犹在,诗多不妄题。(尝春)

早春九首

淑气催荒木,惊雷醒蛰鳞。眼中风物志,天下织耕人。地试拖犁犊,蚕攒沤纻春。一年之计远,贵在不闲身。

蓦然春又到,雨雪一时俱。草木荣枯史,山河冷暖图。南耕茶试嫩,北牧马催腴。逆旅衣加减,都因地特殊。

水涨冰初解,春先让鸭知。江山深爱处,草木复兴时。不速游梁客,何干钓渭谁。横舟三五远,风定日迟迟。

岁始阳生处,东风料峭仍。厚衣肥体表,疏草嫩阶层。地湿疑将雨,河湍正解冰。拥炉休退炭,静待笋鲜蒸。

一夜春来早，荒郊野雀鸣。受风林尚弱，得雨草初生。坞小浮孤水，山重拥远城。客稀唯路僻，衣湿不妨行。

　　蹭绿重生草，垂青不老松。山鸠路啼别，江鸭水嬉逢。笋冒香泥软，烟盘古渡浓。轻寒犹恻恻，春晓客疏慵。

　　草在还魂后，梅争一岁初。春声红雨嫩，山影碧烟虚。路滑妨雏燕，江宽出老鱼。行人衣未改，剪剪野风舒。

　　额手春潜早，空郊雨渐收。草生平地软，风响古村幽。嫩水盘荒渡，孤山接乱丘。天遥燕难及，只影上层楼。

　　嫩寒衣未减，山合古城屏。欲雨街先滑，将春草慢青。燕过淮水渡，人访魏碑亭。野史三行半，多疑字缺形。

早春四首

　　破寒雷响乍惊虫，笋迸春初冻土中。死水转阳疑激活，老山生色诧还童。脱贫燕出乌衣巷，扶弱杨迎白絮风。万里桥头堪润笔，一场时雨浣花红。

　　裘衣未减访行窝，二月春晴手尚呵。江让鸭知回暖早，路教苔活返青多。堆烟岸柳风黏絮，积雪墙梅鹊踏歌。沽酒与谁同炼字，隔帘相顾有横波。

　　天风翦翦草重生，地滑无妨雨脚行。枝上闹非花得意，水中探或鸭知情。山收塔影疏林隔，石勒波纹野岸横。春在乍来初识处，芋炉未撤已催耕。

　　春从柳上巧移栽，小院深深退曲隈。吹皱一池风乍起，润匀三径雨初来。空阶叶脆埋坚石，败壁蜗腥染嫩苔。人面不知谁见识，过门依旧燕徘徊。

好春三月五首

　　雨屐云衫最洒如，好春三月踏青初。林中燕贴连环画，陌上花摊系列书。读破眉山愁用尽，皱平镜水意描虚。流杯懒践兰亭约，悔不随僧共隐居。

　　薄衫轻履走天涯，万里长风扑面斜。燕剪争除原上草，蜂针竞绣雾中花。探春无意投萧寺，枕水何期认习家。泚笔题门名不署，要人终欠一瓯茶。

　　山浮水涨验春痕，欸乃声中雨断魂。花卖陌头游子渡，酒沽牛背牧童村。蝶衣遥避柴生灶，竹笠斜倾犬候门。一响瓜棚农事数，攀谈兀自续瓢尊。

　　布衣纸伞踏青游，窄径斜桥岔四周。疏雨细听灵隐寺，浅风遥度粉妆楼。水摊长卷骑鱼读，山折横屏跨鹤求。春好独来郊野静，于无人处放声讴。

春风似剪柳丝扬,步屐徐来爱异乡。茅屋倚山腰觉硬,栈桥伸海手嫌长。拦潮不许沙鸥弄,种石何劳雨燕忙。漠漠红尘心把定,一壶陈酒一巾箱。

春联句一○首（一四句幽兰静雅/二三句无以为名）

春潜大野渐葱茏,浩气填膺雨挟风。抖擞长衫仰天啸,一声雷起傲然中。
晒书赍酒艳阳天,块垒难销五柳前。不是东风不勤力,只因春絮太厮缠。
嫣红姹紫最宜人,塞北江南万里春。何忍让风吹不定,马蹄声去剩香尘。
雨巷深深古渡西,卖花声歇夜归迟。丁香一味如春好,入我梦来成我诗。
社雨濛濛尚薄寒,卖花人立曲江干。红情似水长流去,一担春痕不忍看。
浣花溪畔浣纱人,半捣流年半洗尘。心事一砧全杵破,只因鱼碍错分神。
细风潜夜雨潇潇,拄颊西窗倍寂寥。断续檐声听不得,一春心碎付诗瓢。
暮春时节送行舟,客路迢迢枉注眸。吹皱一江风乍起,落花何苦又随流。
梨花一树隔江栽,为报凝眸淡淡开。烟雨碧洲风恻恻,凌波诧是玉人来。
落红聊蹭短蓑衣,坐钓空江望翠微。愁已送东春已暮,一竿烟雨共谁归。

续春联句一○首（一四句无以为名/二三句幽兰静雅）

扬舲解甲到江东,恰在春初二月中。燕与微风都入树,树能藏燕不藏风。
解冰方令水重流,野陌回青嫩柳抽。闲雀二三无所事,互争江暖鸭知不?
两岸春丝一钓篷,六桥烟雨五湖风。生涯只在沧浪里,晚唱犹浮大白中。
午桥庄里杏花天,管领春风又一年。野渡无舟唯燕到,呢喃怯近故人前。
酴醾一径暖来风,芍药桥边落日红。久踬唯惭无好句,漫裁欸乃代诗工。
二月风轻恻恻寒,晓行城外兴阑珊。不知春色藏何处,豆蔻梢头请试看。
一扇桃花写意真,悲欢自古劫于尘。可怜偏是多情种,命薄依然不负春。
霏霏雨雪本无端,淑气初生续也难。为让官梅争第一,百花先受倒春寒。
苦丁茶剩懒题诗,向壁攒眉若为谁。懊恼春深花渐瘦,才教一念免矜持。
飕飕风又雨飕飕,最恐春来独上楼。破睡何堪听夜半,落红声里忆沧州。

春绝句三首

断桥依约柳鬖鬖,伞缀青花一路探。春好也愁诗意涸,故分烟雨与江南。
白屋红桥野艇斜,送春人老水之涯。一篷风雨难兼顾,那有闲情管落花。

养花人是惜花人，一钵残红望出神。不忍夜来风雨又，忙移灯下共思春。

前春兴 八首

久困天南奋一麾，鹰扬未料翅先垂。河山有缺难还我，历史无真敢问谁。攘袖徒劳丁字镐，镇笺偏借乙瑛碑。几多沉郁歌春夜，酒沸如潮动白眉。

煎茶代酒味全真，倚柱歌呼弄铗人。半壁江山虽剩土，六朝烟雨莫愁春。攀条手上鱼符验，跋浪心中鹤杖巡。濩落生涯浑似草，东风又绿老来身。

九点齐烟剪烛吟，一年容易又春深。青云梦外撑天手，紫陌尘中遁世心。弄笔还雄僧者院，封刀已老侠之林。萧然放蝶琴床稳，坐让谁知未了音。

少壮扬鞭盼踏槐，鲜衣怒马傲然来。拏云未果先遭雨，失箸无端反怨雷。眼就花藏书共剑，心随梦改炭同灰。江山偌大春迟暮，一咉歌舒酒一杯。

击筑行歌草莽中，一身才气柱为雄。桃花马负连城璧，柳叶刀拦断水风。山未了青天已老，路仍通黑梦皆空。萧然抱膝摊书夜，野寺灯纱隐玉虫。

冷径重来注五经，蝶庵松院倦梳翎。何愁鬓兑三分白，莫负春还一季青。沧海聚壶茶语沸，朵云填箧笔痕腥。心闲懒与花同坐，怕惹花红共涕零。

春来最爱住乡关，远避尘嚣日赋闲。奇石拜完当是友，好书看遍不如山。林高睡雀风潜至，屋老扶松梦待还。替酒花多餐半饱，镜湖伴照笑酡颜。

小院春深客约迟，以杯为子演残棋。风推睡鸭难扶帅，雨活枯桑好出师。留劫掌中纹路验，伐魔心上阵形移。人生一局终无悔，最不堪谋意外时。

后春兴 八首

兴起披襟笔阵游，为谁留句百花洲。春开乃谢风如剪，路滑应珍雨似油。骑燕杖尖虽得意，种鱼杯底易生愁。昂然独饮山倾倒，半卧沧浪十二楼。

黯然春去意牵萦，十里江郊夕照平。花是美人难不老，草为公子怎无情。吟鞭打马琴头立，钓榜呼龙砚尾行。铅泪几多揩又剩，断肠灯下隐闺名。

吴头楚尾许吟鞭，款步青郊巧结缘。名士扇投蝴蝶谷，美人花熟鹧鸪天。心匡笋蒂何妨迸，手断桐丝不敢延。呓语喃喃疑是梦，醒来深悔又成烟。

酒剩春醪叹奈何，软红千丈掩骊歌。效蛾投火人怜少，作茧抽丝自缚多。魂外引毫皆绝句，梦中奔月竟无坡。惘然扶帐听檐马，最恨风来要半拖。

闹春无意出墙檐，一角争桑雨势添。心似碎瓷难合缝，话如交刃未磨尖。

焚琴怒以花为烛，拔病嘲将笔作签。从此路人何必管，乌衣巷里各垂帘。

酒户无门夜半开，不眠人候会琴台。炉投石叶留红在，月率梨花踏白来。捉影唯嫌墙远隔，闻声始讶梦斜偎。呢喃恍是楼中燕，肯为双栖互作媒。

嫩寒轻暖夜无眠，八咏楼中送目偏。月挂天门成把手，烟堆岸脊作披肩。诗山镇纸风翻破，剑水浮匏酒滴穿。故燕归来休认路，桃花最好是当年。

渡杯湖海麝灯红，浅唱低吟斗帐中。莺避雨蛮投夜店，柳随风荡演春宫。疏狂有佩囊倾尽，嫩约无钗匣验空。长恨此生如一梦，为谁憔悴恋山东。

续春兴 八首

无须抱膝叹伶仃，雨涨春江满眼青。楼候赵来频弄笛，茶留陆试乱谈经。鸾笺带草黏心锁，兔笔生花验胆瓶。韵窄于今多绮语，漫吟宜到短长亭。

春来懊恼雨霏霏，野草离离绿旧帏。解榻延徐千百梦，爨琴纠蔡十三徽。窑非是汝瓷偏爱，酒若成卿令再归。携手漫游桃叶渡，五亭桥外暖烟微。

春来最恨水流东，总让多愁载酒盅。苦候花期开也末，欢游梦境悟之空。双钩帖折嘲娇客，独木舟横伴醉翁。子立中宵香一炷，悔将灰烬向人红。

春来插脚薄寒中，一路风如客向东。脱雪山头偏戴绿，换桃溪口竟涂红。秦楼偶忆箫吹错，晋巷时逢燕认同。何处四娘茶最好，古城黄姓是诗翁。

春潮跌宕月如船，梦上河床睡不圆。鱼替钓愁桃叶渡，鸥陪解闷杏花天。浮匏北去怀铅少，踏苇西来面壁先。笑数羁程尘满箧，披襟自理衍波笺。

小楼春雨夜听轻，风起微寒满碧城。盆活玫瑰从巷买，壶浮茉莉汲泉烹。梦溪谈剩聊斋笔，睡鸭淹留倩女筝。心事半深还半浅，都随落絮共清明。

习家池畔柳移栽，野径通幽客晚来。寺废难还心上债，墙残误惹指间灰。送愁春水鱼如叶，踏梦糟丘蚁似苔。依旧一觞流饮处，有无吟笔序花魁。

乍暖还寒水涨东，春来不觉不知中。眠多梦被蝶窥遍，兴败诗随虫蛀空。雨脚过街鞋蹭绿，花容落户伞收红。安于棐几茶旗选，慎管瓶笙闹玉椸。

又春兴 八首

一楼春雨六桥烟，兴不迟来僭杜先。山水缩图终得手，禽虫醒耳尚求田。渴亲农灶生津粥，喜解官槐喝道鞭。花陌草堂耕读毕，再无余事可妨眠。

轻雷隐隐隔龙津，社雨潇潇断续春。苔压路肩虫耐久，雀罗门口灶安贫。

忧天最是蓬蒿辈,恋土无非市井人。米酒醺醺闲六咏,性情依旧属纯真。

生来最爱是田园,近对清溪韵谱掀。诗境老成终有日,人心平复始无言。为民可效鱼嬉水,退仕难同鹤坐轩。一径林幽消旧雨,野花轻下绿篱藩。

连天碧草雨初晴,一二乌篷傍岸横。鱼悔上竿拈宦味,柳疑推浪湿离声。湖山不改琴台远,人事无常匣镜明。寂寞春衫世尘外,野茶俚语共壶烹。

一身伤病久无争,料峭春寒陌上行。濡沫涸鱼能苟活,冒尖泥笋不长生。步迟先让追风絮,耳顺多由掉舌莺。万事浑忘书在手,读寻何处恰天晴。

眼中春瘦令忘形,散发抠衣八角亭。消受露添无数白,折磨柳获几多青。归篷已没地方志,别浦犹传山海经。薄恨轻愁何足道,鹧鸪天里酒余腥。

一年春脚浅探园,小雨初停路绕轩。花恨客伤生野性,雀愁人解说方言。过阶藓绿鞋频蹭,纳井泉青盖暗掀。闲步欲吟心不忍,访幽深处最嫌烦。

远去云乡水国投,吟怀不作少年游。寻方幸会梁间燕,问字唯亲世外鸥。本草医门解纲目,经台繁露演春秋。萧然退食江湖老,野果时蔬治杞忧。(颈联交股兼嵌名。上句嵌李时珍《本草纲目》,下句嵌董仲舒《春秋繁露》。)

前秋兴八首

兴秋唯杜八章雄,读到而今倍觉工。花径窃符难救美,草堂留佩莫殃翁。徐倾砚海浓如酒,饱览屏山小似盅。一纸豪情堪下笔,大风歌尽满江红。

大气横秋我喝来,江山信美几雄才。半生功罪一抔土,千古是非三尺台。驿外加袍心似铁,坡前拂袖诺如灰。风云自在天高处,未必登楼可妄猜。

三都赋罢莫登楼,九点齐烟一叶舟。草木藏兵风让道,河山养士气凌秋。病来枰外闲敲子,老去杯中懒誓流。憔悴那堪闻暮鼓,数声和雁下沧洲。

豁怀何必屡登楼,雁去无踪我自留。未尽才声延以笛,尚高心气凛于秋。莽原烟雨群山合,沧海风波一苇浮。抱膝频吹金缕曲,两行热泪任横流。

赋诗横槊久孤征,志在图南未克成。三顾那堪充马骨,一鸣何用效鸡声。投冠冷席花为友,抚髀空庭酒代羹。风露满身秋满鬓,海尘扬处恐闻筝。

独抱金刀向晚秋,几经沧海几横流。何妨跋浪追龙舸,不屑骑鲸上蜃楼。佯醉一襟霜满鬓,老狂三语酒倾瓯。世无豪杰天无眼,才让峨冠戴沐猴。

秋风肃杀止冰弦,故旧凋零倍黯然。差可按鹰于险境,纵能屠狗已中年。焚书不忍诗为祟,挂榻何堪梦化烟。回首此生多落寞,一襟心事五噫捐。

落日西风大野秋,䌷衣皂帽挟无辀。耸肩不屑虫声作,鼓鼻何尝虎气收。潜向草根虽老隐,坐于崖角可阴谋。平生所欠三刀梦,妄抵兵书一匣留。

后秋兴八首

麈笛无声又一秋,朔风吹面冷飕飕。山皆北拱迎初雪,雁独南征会古楼。世路恒长蓬聚散,生年倏忽梦沉浮。几多心事终难定,斜倚人如不系舟。

绝尘东去一鞭讴,落叶声中雨做秋。山已断青难送目,路虽通黑莫回头。囊诗烂剩鸡林远,匣剑封残马帐幽。心老懒拈箫在夜,怕谁听上故人楼。

高风痛快午登楼,暑气全销已入秋。四野山奔青到眼,一天云去白过头。何甘虎帐听鸣匣,不惜宏图换钓钩。沧海远望心暗定,伏波人罢誓中流。

登楼八咏意难平,放眼秋残落木轻。云陷一边山半壁,沙淘几度浪千程。犀舟已卸投鞭梦,鸟径曾潜举火兵。往事何堪与人数,夕阳红处泪纵横。

兴在清秋败在愁,何人八咏独登楼。浮云少陷离群雁,偃苇多藏忘世鸥。鸡塞枕戈甘走卒,虎丘悬剑免封侯。从来浩气存天地,不必欹歔趁浊流。

半生辛苦喟无功,老去天南一醉翁。纸上兴亡看逐鹿,壶中岁月溺雕虫。含歌每杂涛声起,咳唾多嘲笔力穷。雨巷烟桥茅店夜,最难消受是秋风。

秋虽世故老夫顽,数落青黄屡犯颜。喉紧怎吞难咽刺,脚勤偏踏不平山。耻因分茅尘头拜,敢为屠龙槛尾攀。自惜丹田三寸气,要随霜菊共时艰。

赋闲年半换尘襟,跣足科头病不侵。酒为安眠才小酌,诗因解闷故多吟。撑肠已尽援戈力,挂颊犹存请剑心。风雨一窗秋满院,此生无悔入东林。

续秋兴八首

做秋天气意难禁,羽扇纶巾抱膝吟。风雨一灯歧路夜,江湖十载匹夫心。焚书有负尊前诺,削铁无妨局外林。慷慨此身如野鹤,不随鸡弄二三音。

又是秋来老一年,茫然坐视倍萧然。眼中余子伏如草,身后滥竽吹即蝉。才足运筹游幕久,力难排闷退堂先。谷城山下陪黄石,莫管天南漏底船。

秋风起处忆莼鲈,老守他乡采氍珠。覆鹿蕉衣真即假,踏泥鸿爪有还无。尊前尽力功忧大,表里陈情泪献枯。磨剩此生如墨短,再回首已不堪图。

雁赓柯笛五音长,落叶分秋满地黄。扫径缘当逢故吏,凭栏意不贺新郎。嘲因虎胆空悬阁,愧为猪肝每祸乡。天下一廛无净土,种瓜何处伴枯桑。

最怕秋深易感伤，无边寂寞许彷徨。登楼结客风云散，入寺求僧水月凉。匣剑空鸣嘲试石，坛经独悟悔留香。戎衣了却袈裟换，合掌休提旧楚狂。

　　如秋一味未曾谙，敢为拏云走剑南。田见潜龙时必忍，山归缚虎计何堪。徐衰齿力衔枚悟，渐壮拳风逐句耽。唯酒或知人意懒，花前月下影成三。

　　不尽秋波下楚津，投荒志在守清贫。人同白露争朝暮，我与黄花让主宾。残壁记诗言近古，冷摊闻酒味偏亲。芒鞋竹杖登高去，万里浮云揭半巾。

　　逢秋一涕总无端，饮马延津呹剑残。身倚白杨分左右，掌摊红豆数双单。柔乡不拒扬镳侠，冷径偏收挂印官。落木萧萧风雨细，悲歌送我买舟难。

又秋兴 八首

　　凭栏豁目欲题糕，爽气西来笑夺袍。与尔销愁诗代酒，由他断水笔为刀。苍山种玉何须买，碧海扬尘不可淘。把菊襟前秋略嗅，炎凉各半校分毫。

　　碧城风露鬓留斑，老隐多游笔墨间。秋瘦美人如菊淡，榻斜名士比鸥闲。迎来院坐陪私语，扶去山眠带醉颜。梦里生涯休打扰，一壶明月冷柴关。

　　解榻东山睡白云，青禽喜约客书裙。交心未隔丁帘布，摊掌同猜甲骨文。梦卜镜台圆半角，秋医竹扇厚三分。当年赌墅留肝胆，况复而今酒略熏。

　　感慨人非不老松，攀条我欲眺秋踪。梦边填海身先倦，纸角移山趣始浓。鞭石五丁难罢手，搜书二酉且充胸。抠衣只向西风外，落木萧萧破屋封。

　　露白秋黄倍觉酸，一廛难买惜无肝。诗虽惹草沾花献，笔却拖泥带水拦。鱼误送书留蠹食，雁愁分字让鸥观。今生纵有平戎策，也付秦灰在冷摊。（颔联用成语）

　　秋黄漠漠坐萧疏，苦雨斋中月缺如。归去有心期以后，别来无恙话当初。案移鱼草根难拔，壁验鸿泥块易除。弄笛因谁吹断续，落红成阵独歔欷。

　　千山万水数分明，暮雨潇潇感慨行。梦里佳人真绝色，草间才子本无名。余生易解心肠结，后世难还手足情。怅触一杯秋是酒，醉教投笔出燕京。

　　羁怀落寞板桥停，野渡凋霜败叶腥。一水沾唇犹带冷，万山奔眼不留青。鸦啼夕照移尘影，雁战浮云结字形。秋老半途人半瘦，只身东进欲扬舲。

广秋兴 八首

　　崖然一剑一箫吟，落拓江湖赤子心。腕底英风吹地僻，眉间正气入秋深，佯狂击楫舟如叶,薄醉题桥墨似金。千古有谁堪与共,半仇半爱半知音。

跋浪归来共啸吟,最难相遇是知音。紫枢霜气三刀梦,白屋风声百衲琴。剖竹犹能存晚节,纫兰不敢负初心。披衣侧帽秋高处,坐拥清寥向武林。

秋楼兀坐忽萧然,跣足科头免放颠。四野虫声龙窟雨,六朝花影虎丘烟。徒吟折戟充炉药,妄弄摘毫压酒船。得失终随长夜尽,京尘拂在起髯前。

负气江东不屑诗,淬刀林下护茶旗。频看炭热经千劫,慢咂秋寒解五噫。壶小仅栽陶令菊,匣方偏镇习家池。流年似水归来处,寂寞人才半老时。

瘦比黄花独怆然,倚门弹铗每狂颠。名微岂值羊皮价,才大偏差马骨钱。半部书难匡北宋,三分计可主西川。世无青眼秋无那,竟让英雄老麦田。

薄寒如纸夜平摊,杀字于秋请剑难。酒渗宫花全烂尽,尘封谏草半枯完。前鱼老去潮休弄,后雀闲来缝必钻。曳尾唯期风雨少,柴关紧锁蜡灯残。

解剑撑肠一副宽,凋年小酌独凭栏。蜂衙脱颖曾游幕,鹤杖挑壶已厌官。才竭困途腰未折,肉生衰髀话无酸。仰天歌哭林泉僻,寂寞秋风扑面寒。

陋巷闲居凑合过,半生余勇叹蹉跎。春攻酒国频销骨,秋逐瓜田错动戈。骂坐难容奴辈恶,称侯不屑霸才多。层楼独啸披襟处,髀肉空磨恨几何。

补秋兴六首

落木无边不必愁,西风渐起入中州。残星淡处山屯月,野菊黄时雁背秋。八百里城笳断续,五千年侠气沉浮。唾壶横掷鞭天下,笑把输赢绕指柔。

一水横流夜未饶,西风愁起屡吴箫。声嘘末路摧枯木,影并寒鸦立断桥。世事苍茫烟寺破,人生廓落蜃楼遥。无眠又为延津剑,难请同歌旧市朝。

仰面披襟匣剑收,科头跣足独登楼。花间少女难称妙,心上无秋不解愁。筛酒蘸毫诗顿挫,采灯耕榻梦清幽。一帘风雨听檐马,犹似当年出冀州。(颔联离合)

意绪阑珊百尺楼,沉吟中夜病来囚。井唇尘屑没葱岭,门额雨丝维藻舟。桃叶送亲难泛酒,菱花见老不凋秋。书鱼食剩题裙字,略记当初似梦游。

万里扬舲濯锦流,似曾相识又经秋。花零冷冷清清巷,树老前前后后楼。黔井坐蛙观去雁,蜀巢逃鹊占来鸠。浮云一抹天寒碧,玉笛横吹六孔愁。

秋来夜比日延长,懒卧多贪梦在乡。重读旧书寻折角,再移新树种成行。无忧最恼鸦啼急,有暇何劳月照忙。一枕生涯闲似露,可怜难润到钱囊。

秋绝句四首

薄风横卷袖边尘,一树荣枯又一轮。秋是禁书先获睹,满山黄处最撩人。
注眸平野冷风蛮,落木潇潇意未闲。一地黄袍秋乍送,加身即可主江山。
把帚推门夜雨停,湿檐寒雀暗梳翎。一园梧叶飘黄处,只有空阶石尚青。
壁角衣橱起底翻,一方晴好晒庭轩。已知明日来风雪,背对盆花不忍言。

(闻寒流南下备衣)

月

轮推云迹没,天远气生秋。捉影移桥上,分光泼岸头。湿沾鸦入寺,寒逐客登楼。举问螺杯重,乡檐怯一钩。

超级月亮

似此浑圆诧几何,今宵幸遇费吟哦。乍疑靠近形偏大,未等居中亮更多。一倍难全天下梦,三分怎疗世间疴。举头遥望乡关隔,最怕暌离受折磨。(月球绕地球转动的轨道呈非标准椭圆状,发生在近地点时的满月要比发生在远地点时的满月看上去大百分之十四左右,变亮百分之三十左右。因此近地点满月也被称为"超级月亮"。)

霞景三首

朝霞似练剪随风,一握成团就掌中。擦亮天窗嫌不够,又将山抹半边红。
推窗误进早来风,额手遥望客去东。霞比我人还腼腆,为天先抹一腮红。
叠叠山堆冷僻书,天嫌乏味读还嘘。流霞一卷充包裹,捆进黄昏不剩余。

即景五首

笼满江城路在何,疑无人处影婆娑。忽惊声起肩头碰,不辨随行有几多。(雾)
避犹难避额撞先,恍惚江城不见天。扶痛问人何处去,向南朝北忽茫然。(雾)
势成海上酿为灾,袭岸攻城跋扈来。纵是人防固如铁,仍驱暴雨路冲开。(台风)
欲来先起满楼风,云压城低黑似笼。霹雳一声天忽裂,倾盆水怒不消中。(暴雨)
挤身檐下尚难遮,扑面疑沾薄似花。莫怨雨轻无定力,是风推向路人斜。(避雨)

雨五首

欲雨层楼暗,凭栏老眼昏。雁南飞一队,全认是云痕。(雨前)
浪陡如坡起,船过跌下峰。本来风就怒,何况雨帮凶。(雨中)
好风多管事,将雨打磨圆。粒粒珠分送,无须费一钱。(雨珠)
小楼春雨慢,心事夜丁当。雀避重檐下,倾听不厌长。(听雨)
鸽哨绝天涯,檐沟夜雨哗。细听如走笔,落款是灯花。(听雨)

雨三首

一径潇潇下,碑亭隐翠微。龟身浮水湿,鸿爪和泥稀。竹响珠斜迸,风徐叶颤飞。倚听春脚近,知否故人归。(听雨)

步迟街湿后,身正雨斜中。矮树难为伞,轻衣易受风。期无驾车友,遇有立檐翁。不耐长闲候,昂然独向东。(遇雨)

一霎天昏暗,廊檐代伞无。巷斜风碰壁,阶脆雨跳珠。响树青禽颤,积沟红叶枯。戛然停淅沥,霞出湿归途。(避雨)

暴风雨二首

高天风雨怒,势撼几多城。落叶空街转,逃禽响树争。屋浮疑溺水,车陷候填坑。纵有降龙胆,危途不得行。

海上腥风袭,城坚雨怒攻。破门船代步,拔树路为丛。屋毁难砖补,衣潮怎炭烘。苦无双翼举,来解母忧中。

雨五首

疏林窸窣走风声,暗雨将来气势横。袖手车前戒蛙怒,耸肩檐下让蜗争。身微不问九天事,力薄难为三鼓鸣。待到滂沱任淘洗,满园春色自然清。(将雨)

山城欲雨略嫌凉,老屋关门小巷长。云似墨磨龙尾砚,风如杏出马头墙。茶亭让客撑为伞,树洞容人代作廊。雷响一声春即至,漫抛珠玉入池塘。(春雨)

夜浅灯深吊脚楼,忽听春雨响茶瓯。霖铃似续珠斜坠,扑簌还吹叶倒浮。小盏回甘频挂颊,薄帘分湿枉凝眸。天涯几许忘情水,独为何人解庚愁。(春夜听雨)

满楼风起夜来迟,散若啼珠解作丝。雀不安眠檐溜碍,花能分湿瓦盆移。打门唯恼过阶叶,卧榻犹围失约棋。淅沥无端春落脚,一簾幽梦半慵时。(春夜听雨)

倏然天与地昏昏,野雀争檐犬急奔。风势暗来疑破竹,雨声初起畏听门。河逃鱼众跳窗进,路积泥深没膝浑。一片汪洋愁不止,代船幸有洗衣盆。(暴雨)

雪—四首

风声渐紧冷难挨,备帽添衣望大街。恐到江南人错爱,雪花强忍不过淮。(候雪)
雪纵如花不是花,入春难耐又开花。雪花开处春无计,误判梅为第二花。(春雪)
风吹到处似花开,乍撒还扬下九垓。为让人间清又白,舍身先种浊泥来。(撒雪)
悠然小住客忘形,欲别难留酒半铛。愧在寒山无厚礼,送些珂雪莫嫌轻。(送雪)
未遇朝阳贬下天,却遭风袭又连连。纵然无处容冰洁,玉碎何辞半落前。(下雪)
六出成花种满天,恐人轻薄转茫然。冰心一片来相托,誓与春风共可怜。(飞雪)
以冰为骨水为心,将就冬来谢苦吟。一世因风吹起处,要留清白浅还深。(咏雪)
掌上寒珠数几何,尽随天意得来多。平摊粒粒轻如梦,不忍吹弹不忍呵。(怜雪)
剪水飞花缀一图,寒消九九喜围炉。春迟只为留人赏,不定明年有或无。(赏雪)
质本清真欲浅尝,天涯放逐白云乡。以身相舍成春水,煮去前生一味凉。(煮雪)
不受人来踏作泥,宁随一帚向墙低。让开前路冬先走,为怕春追到竹西。(扫雪)
天边落下冻云裁,呵手还将玉凿开。堆朵白莲移路角,谨防冬日睡过来。(堆雪)
吹来片片落参差,路恐难扛咏絮诗。莫道轻如风五两,一肩寒重有谁知。(挑雪)
漫天纷错片如刀,怒削尘头气焰高。不用寒风来助阵,披襟一样属英豪。(战雪)

遇雪—三首

片片冬心数,随风半趁闲。天宽无地址,雪就寄人间。
大野茫茫在,纷飞六出攒。投身无一角,怕共老枝寒。
见山头尽白,行独念衣单。路远风吹没,天涯一霎寒。
冷眼朝天白,边城独抑沦。偏来一头雪,要护弃冠人。
一诺疑辜负,年残又未归。本来心就冷,何况雪堆衣。
一年回味久,何忍罪相加。雪比人清白,无非冷漠些。
酸风皴痛面,扑簌一襟花。错被行人拂,何如冷淡些。

为冬宁玉碎,不肯独逃天。寂寞风声里,随人共淡然。
约守今年末,林家访宋梅。古城遥未见,衣接雪先来。
六出扬珂雪,梅分五瓣先。不知相遇后,谁更受人怜。
白屋松为友,豪门客画龙。人情薄如雪,所以有严冬。
拄帚深冬里,空庭晒旧笺。事如残雪厚,留扫待明年。
往事肩头卸,深情一岁增。注眸风雪外,何处不抟鹏。

壬寅年末申城下雪记

千里南侵冷不丁,寒流一夜已临城。雀潜街树解团队,风袭雪花追散兵。
压手杯温坐中拥,加绵衣薄镜前更。隔窗遥见人来处,步滑身斜颤又惊。

廿四节气诗三二首

盎然生气助回春,冷落平芜换一新。询鸭最先知水暖,打牛稍后垦田匀。
盘中咬饼梅含味,雪下闻雷笋出神。又绿人间争岁首,短长亭柳手攀亲。(立春)
乍暖还寒眼欲青,离离野草又春生。滑如油贵街过雨,软比泥酥陌放晴。
忘晋柳居雏燕认,避秦桃境老牛耕。豳风断续渔梁坝,水调歌船下濑声。(雨水)
冒鼓东隅第一雷,打青苔径雨初来。仓庚怯冷林藏住,菜甲尝鲜燕采回。
门柱糁灰先药灸,栅栏围土快锄催。潜夫自比樵夫乐,放任桃花隔壁开。(惊蛰)
细雨如帘湿绛纱,绿杨村里几人家。清溪夺路岩穿透,丑石拦坡壁靠斜。
獭祭鱼门沉荇藻,鸿骞马窟隐烟霞。桃源本属凡间梦,不必相寻到海涯。(春分)
纸钱难买满山青,零雨连江久未停。来有念叨为吊客,去无牵挂是亡灵。
伤春赋就莺啼序,补壁碑留墓志铭。看破热尘如梦幻,一壶茶嫩续安宁。(清明)
每候春来欲出行,潸然一祭在清明。魂招后土剩慈鸟,草没前生藏令名。
听雨不堪充酒洒,焚香只为合人评。黄泉陌路难重聚,悔少当初尽孝情。(清明)
最是难堪怕远行,微风细雨又清明。林深少问春来路,屋老多疑鬼出名。
煮一壶乡心可饮,查千载族谱休评。寻根每在花开处,独拜幽魂愧献情。(清明)
春来谷雨洗山围,断续风烟次第飞。折柳成鞭骑蝶去,裁篁作桨坐鱼归。
村因水隔如星散,屋被桥连似齿依。牧笛横吹调笑令,催耕陇上汗巾挥。(谷雨)
壁走蜗涎检旧踪,蝼蛄破土暗鸣风。聚苔三径日蒸绿,分蛋七家茶煮红。
鸡尾蘸杯馋酒鬼,马头收伞晒琴童。饯春河上花看尽,一棹骊歌托信鸿。(立夏)

平郊漠漠古村旁，五两风吹苦菜香。徐甲荷锄忙刈草，畦丁汲井懒栽秧。洄波影照螺须短，啄木声延鸟喙长。一线天蓝山脊上，云熏几缕日边黄。（小满）

阡塍汗沃麦收忙，气浊云低雨盼凉。梅子煮青喧酒市，豆秧分翠拔泥塘。螳潜草径牙磨硬，鸭出花溪掌合香。偷得半闲陪健犊，卧听风皱搭肩裳。（芒种）

戴笠徐行渐近家，骄阳似火炙云霞。菜瓜初结藤连蒂，木槿迟开扇坠花。垂翅雀檐逃热土，放喉蝉树渴浓茶。推门只许微风入，拂尽缁尘梦一涯。（夏至）

夏至三庚始伏天，山中逭暑歇亭传。石煎鱼脯刺挑净，湖沸藕根丝续鲜。炎日尚侵移影上，响雷偏打起风前。林枝抱老蝉声密，恐碍人慵正午眠。（小暑）

溽暑难熬欲退寻，蛙天限井坐藏深。借风无奈累扬扇，挥汗那堪忙解襟。日炙焦桐琴暗挂，冰投冷椀酒先斟。蚊雷一角频烦耳，热蚁行锅未定心。（大暑）

平生暑患故深忧，何处逃秦避热流。无可减衣唯剩裤，竟难存发再妨头。河频断水鱼濡沫，日险焚林鸟散洲。万里烘晴天望渴，遥祈快雨济荒畴。（大暑）

热焰腾腾迫近旁，青花伞小半遮阳。干须补水争匀面，短不提裙畏走光。移步乍惊鞋烤熟，蹭人才觉汗黏伤。密林深处溪亭好，一路逃寻渴断肠。（大暑）

饮冰室闷怎生居，汗雨淋漓罢晒书。焦躁几疑锅上蚁，热熬还羡釜中鱼。笔濡无唾非才竭，食退空肠乃力虚。烦暑暗摧人渐老，一壶茶冽不如初。（大暑）

炼汗成珠串串挥，倾炉暑气逞炎威。天无阵雨消牛喘，地缺微风阻鸟飞。三伏断流船讯绝，四隅焦土客踪稀。焚心最恨难耕砚，诗是枯苗种不肥。（大暑）

热尘蒸郁宛如笼，汗出浆腥野店中。不恼蚊雷因盼雨，只争蕉扇为贪风。疑林着火蝉嘶久，畏日投阶伞隔空。何处渴分深井水，汲来犹觉沸荷筒。（大暑）

社粥郊瓜祭蓐收，秤人肥瘦笑随流。七枚红豆瑶池月，十里青桐玉簟秋。暑挟余威如虎退，风生凉意与蛩谋。吟边寄慨心寥阒，酒海扬槎漫拍浮。（立秋）

暑尽风来渐转凉，暮天经雨半浮苍。萤知命薄投僧院，蛙恐声高下女墙。柳巷飘残楸叶脆，枫泾渡剩藕花香。倚桥流放河灯处，更有清愁比水长。（处暑）

白露为霜酒薄凉，天涯阔别嘱添裳。马嘶苜蓿怜萧瑟，鹭立蒹葭感莽苍。留佩那堪杯渡远，倚楼无奈笛吹长。当年半壁钗头凤，错候知音夜未央。（白露）

滴阶零雨转轻寒，桐叶题秋满栅栏。雁负诗囊忧涉渚，鸡停笔架怯攀峦。拊膺难校千篇错，抱膝偏图一字安。吟断此生如梦令，黯然呵壁不成欢。（秋分）

露滚岩牙倍透莹，天过雁影一行生。登高瀑送松声脆，望远村延菊色清。阶下对枰逢宿敌，庙前封剑叹髦英。红尘十丈桃源外，只剩幽歌未了情。（寒露）

秋残牧野唤朋簪,引弩天门欲射蓝。鸟尽何劳弓选硬,狗烹无碍酒贪酣。经霜柿叶题诗艳,过火枫林伐梦甘。老恨当初真意气,金丸漫掷夜江南。(霜降)

耽于日饮实无何,杯渡东垆伏酒波。壁败欣容诗补密,灯昏悔让梦来多。留衾榻冷冬心寄,请剑帘深雨脚过。老饭尚能频吐哺,英雄迟暮话蹉跎。(立冬)

小雪纷纷若絮飞,谁裁六出尽为诗。江郎敛手藏犹拙,谢女扬眉扫未迟。圆镜梦疑瓜结蒂,断弦情恐藕连丝。飘零一季风寒处,秉烛西窗会有期。(小雪)

关门不用谢嘘寒,剪烛芸窗鬓渐残。松被雪濡扶隔壁,鲤因冰阻滞临滩。留髡有案棋围紧,访戴无船酒载难。红袖漫掀帷幄处,小诗生色佐加餐。(大雪)

尊前祭祖戒寒暄,族聚年终又一村。亲似茧抽丝必韧,孝如乌哺沫常温。谁家弄玉成箫史,何处遗珠验粉痕。寄寓江南风雪后,寻根兀自向西坤。(冬至)

归将腊八倍凄清,粥馆无炉煮绮情。风厚似墙迎面竖,地寒如刺透心横。行囊半担书添重,呓语三番梦拾轻。送目斜桥相约处,梅英未见遇飞英。(小寒)

阴阳消长待重新,笛外催梅暗近春。冰讶挂檐弹作铗,雪疑推磨碾为尘。打油郎走梭投错,卖炭翁来酒兑醇。寒士庇无楼百尺,愤裁缣素写羁贫。(大寒)

煨炉与谢咏诗忙,卖炭无翁炼句狂。云敢抱团天气度,雪偏添乱地风光。先春燕认堂前匾,晚课梅翻寺后墙。消尽苦寒图不改,减衣还剩旧心肠。(大寒)

节令八首

挈妇将雏出,春声沸似潮。蚁攒人密市,灯傍月圆宵。路口争花买,楼头羡酒招。盍然无尽兴,归又不眠聊。(元宵)

忽又过惊蛰,人分水一涯。因缘路边酒,消息雨中花。倚阁频遥望,悬图独久嗟。江南不堪忆,忆不浣溪沙。(惊蛰)

孝尽生前少,今来痛悔迟。土深先认脉,年厚久摩碑。剩泽家频得,殊恩我倍思。清明纸钱雨,一滴一张随。(清明)

五色丝生缚,难为钓国豪。艾灵医痛史,经妙解离骚。楚泽长天问,荆山末路逃。古今如角黍,何苦又蒸熬。(端午)

出树蝉声湿,梅黄雨气蒸。汗衣妨力作,差事免肩承。幕老撞钟吏,茶穷扫地僧。躺平书代枕,管甚眼中蝇。(入梅)

地渴分梅雨,虫闲候午晴。茶旗壶底偃,稗史案头评。毁誉疑三豕,沉浮悟半生。淡然都市老,不屑忆弓鸣。(入梅)

解暑风生树，流云豁午天。桨拖湖色慢，荷迸雨声圆。濯足亭偎石，烘衣渚沸烟。小眠难梦稳，嗔怒失言蝉。（入暑）

闷难熬酷暑，汗迸竟如泉。湿在林阴处，昏于日毒前。城焦虽剩鲫，路渴怎饶蝉。怒起心头抑，高歌白雪篇。（入暑）

节俗 七首

惊蛰雷催万物苏，濛濛细雨落平湖。隔如帘幕依稀见，远树藏莺四五株。（惊蛰）
天遥争忍擘成河，夜阻深盟暗涨波。乌鹊纵生相惜意，枉然同载月频过。（七夕）
独行天下有公子，重访世间无细君。七夕桥头一生诺，原来只是旧传闻。（七夕）
踢向天边变成月，何人力大破门高。只今过剩一双脚，兀自追光逐影豪。（中秋）
食瓜蒸饺养冬心，好待花开六出深。不是绮园无逸友，只因偏爱与梅吟。（立冬）
煮粥消寒腊八过，平平一勺暖人多。纵然无菜还无酒，却让亲情淡处呵。（腊八）
一方烟月各天涯，柳未抽青路望斜。为免春回无处住，才教灯领万千家。（元宵）

节日 七首

惯经坎坷隐城隈，冷巷蓬门雀偶来。念旧或因人渐老，求安不属气先颓。事关哀郢封于史，话免离骚止到杯。又是一年悬艾草，佑无大疫再成灾。（端午）

一叶知秋落手凉，满城风雨近重阳。登高错选菊如伞，牧远难移山是墙。送酒人来残夜白，占龟梦上小楼黄。飘零宛似云中雁，总把深情叫断肠。（重阳）

岁末情怀系万家，好风一路到天涯。诗多竞唱平安夜，烛短翻吹圣诞花。老受欢迎身愈健，贫经救助债犹赊。无边祝福杯中举，雪不寒心月不斜。（圣诞）

万家灯火夜无眠，爆竹声中意盎然。游子愧难承膝下，慈亲幸可奉庭前。月明窗接春潜至，酒暖炉围话放颠。相候为听鸡叫早，笑牵黄犬拜新年。（除夕）

爆竹声遥坐不眠，一辞今夜即明年。雪堆蓬鬓贺增寿，身受隙尘嘲乐天。弄黍生涯灯下省，调羹况味勺中延。鸡窗只待春来早，我与梅兄共洒然。（除夕）

爆竹声声一岁临，诗花乱杂礼花吟。家添贵子倒粘福，梦接财神忙掘金。双手绳缠中国结，半篮蛋煮故乡心。普天共贺春长在，只为东风悦似琴。（春节）

风微渐暖入年初，事事平安庆有余。三碗酒供乾鹊醉，一篮情送远邻嘘。春潜水口花斜拜，雨蘸门楣福倒书。祈得阮囊诗饱满，莫教才短枉鞭驴。（春节）

中秋 一三首

月圆何好众人求,聚未能长别即休。从古几多三五夜,至今无尽万千秋。徒移暗影潜槐梦,妄许清辉上蜃楼。赢得问天频把酒,满壶倾吐世间愁。

把酒今秋问错天,谁曾捉影醉江边。百千心往是偏爱,三五月来非最圆。聚散焉由人主定,盈亏怎以斧修全。歌头水调声犹在,一阕思乡倍黯然。

一年容易又秋深,月到中庭最可吟。昨夜难圆无薄面,今朝不缺是良心。吹灯捉影逢歧路,引盏叨光眷故林。如梦此生如画饼,分谁半苦半甜寻。

三百余天各寂寥,一年唯好在今宵。风回岂为莼鲈忆,月到非因酒蚁邀。游子已圆羁旅梦,合家无缺独生苗。长相爱处长相嘱,以后来书莫吝聊。

三分满足月当明,惜被人先夺一成。今夜放圆唯觉淡,他时补缺怎还清。秋寒易县功难就,鹤老扬州梦未平。拂尽衣冠风露重,再回头已恨无声。

蓬门今日为谁开,野径清风扫积埃。留我窄床拦梦坐,放他圆月进窗来。相逢莫问花消瘦,欲别还怜烛变灰。三五一回寒瑟瑟,最伤人是让秋陪。

月明今夜泪横流,几处笙歌几处愁。折桂郎来蟾劝酒,奔天女阻兔迎秋。偷光未信曾青眼,捣药难医渐白头。一样人间仙界事,何须叹息恨悠悠。

一年光景豁吟眸,好月今来最惜秋。圆恐玉蟾分饼角,缺疑天狗咬弦周。何堪热闹三千界,不耐高寒十二楼。独自凭栏心静默,于无声处梦长留。

每逢三五独逡巡,缺去圆来认半真。袖接月光寒到指,路拖风色淡于身。奔天岂是逃情女,入世原非受罪人。何故共随秋落寞,却留悲喜话红尘。

停杯问月几时圆,恰值中秋总顾全。入室光温相聚酒,匀衣色化不分缘。桂期来世根于地,兔悔今生活在天。最是人间无限好,人间有待为流连。

云心淡薄不成天,缺月留谁补到圆。久别才思绳系足,遥看最怕泪磨砖。一方寂寞陪无兔,几寸温柔做有弦。忐忑生涯浑似梦,因何独照我高眠。

纵然金屋亦蒙尘,月满长门恨满身。投叶御沟非格格,砌秋宫壁是真真。悲欢自古书难尽,离合从来梦不均。寂寞苍天孤雁瘦,怕衔承诺到延津。

月圆难久不堪中,明日黄花与此同。幸偃残弓灾有限,罪怀完璧祸无穷。三潭退聚浑如梦,万户争邀岂独风。秋冷庾楼霜满地,掷杯遥叹客江东。

反义咏中秋 四首

一夕圆过算未休,二分无赖借扬州。明知事实无关月,却用中秋当理由。

干卿底事月看全,枉把深情付九天。不是凡间多聚散,只因人缺一分缘。
月半逢秋月肯圆,迟来只为讨人怜。些些夜露分明后,又见残钩挂眼前。
银河耿耿验秋痕,子夜浮槎错打门。月满如能先赚取,嫦娥应不悔私奔。

重阳十叠

　　登高未必可知秋,一雁何劳写百忧。衔菊错簪风落帽,递笺难托叶潜沟。疏于问老来龟兆,幸为携亲送酒筹。入世襟怀多冷暖,重阳剩有白衣留。
　　一钵茱萸一钵秋,重阳减尽老来忧。径斜偶上山增寿,糕软频题字陷沟。遇事不违家国嘱,解囊宁替弟兄筹。凡沾白露先天下,只为温情可寄留。
　　最是无情最是秋,满城风雨乱添忧。茱萸未插门前路,蟋蟀还鸣陌上沟。一把柔肠因我结,几声寒意为谁筹。重阳已近关山远,破碎生涯独滞留。
　　斜风细雨已成秋,遍地黄花各自忧。剩水难平流僻野,残骸不整葬阴沟。我依叠韵诗频递,谁允重阳酒再筹。默默横箫高处守,天涯总有雁声留。
　　天生习性不惊秋,落叶如何免我忧。细解回文垂眼袋,深埋块垒到脐沟。重阳渐近风吹雨,宿酒难醒令改筹。终为登高分二色,青黄满地任人留。
　　离离未觉这般秋,野外重阳不拔忧。火猛多怜虫失所,根焦少惹鼠翻沟。荣枯入眼皆明了,冷暖随心独暗筹。满地泥灰浑若梦,为登高处一抔留。
　　满天大气出于秋,浅薄江湖不足忧。苟太平时风赶浪,本无为处草侵沟。舜琴独仗南冠引,尧酒唯期北郭筹。若是重阳多认菊,一枝傲骨配谁留。
　　重阳约我共看秋,错把橙黄抵作忧。溅齿虚名招物议,入怀阴影上眉沟。是真伪处花皆落,非浅深时梦自筹。九九归添杯底露,分谁几粒肯长留。
　　本是伤心别在秋,重阳岂为僻邪忧。露衣反晒菌生壁,门石旁蹲鬼跌沟。多插茱萸妨雁足,少凭舴艋钓诗筹。从来一念都遥忆,万里萧萧落叶留。
　　九九重阳菊配秋,三三落木夜生忧。公文久厌无真话,理念深疑有代沟。课子家中钱略省,呼朋席上酒难筹。能随众处多斟酌,况味如今不可留。

卷 七

（五七言诗一六七首）

落　叶

爱花甘衬绿，霜打共秋枯。弃树泥埋没，投身水溺无。剪桐封远径，题柿付空炉。最是飘零苦，风吹向阮途。

柳絮 八首

委屈微躯忍受风，苦无根蒂趁芳丛。鞦韆伴荡春抛尽，碌碡倾翻梦碾空。失意天涯鸿爪下，销魂院落燕泥中。飘零一撮轻如雪，点检平生恨不公。

东风肯借敢争春，命薄心高叹率真。何苦上天横插足，不甘投地侧抽身。无根岂让云舒卷，有质才教雪布陈。一世张扬终碰壁，始知归宿在凡尘。

那堪招惹太缠绵，聚散无常悔结缘。沾点雨声先下地，借些风力快登天。情防转薄溪边捧，梦免吹凉苑内眠。断续今生难拾尽，销魂一簇袅如烟。

薄透春光最耐看，一蓬难捉更难弹。将飞却坠风抬举，欲去还留雪阻拦。燕扑青楼频弄粉，鱼黏绿水暗搓丸。世间尤物怀中坐，不解多情不尽欢。

两岸垂条卷翠微，飀风拂落旧烟霏。模糊似雪鹅挥扇，扑簌如花燕夺帏。羡我孤高容客逐，惜他轻薄傍人飞。拈来一梦春犹在，计点萍踪恨未归。

由来意态属天生，惹草沾花闹碧城。燕羽过墙飞有迹，鹅绒赴水点无声。黏衣恐拂芳尘散，捉袖疑携弊帚横。放眼阳春深浅处，空留谢咏少人赓。

执意高攀屡扑空，可怜沦落命相同。水边黏笔盼描白，墙角唾绒思嚼红。半面伴嗔梅子雨，一身轻托藕丝风。居无定所春无迹，点点离魂没碧丛。

投怀扑面易沉迷，打理妆痕苦自啼。比雪聪明寻谢宅，如云散漫隐隋堤。飘摇伞上风追蝶，撮合梁间燕蹴泥。春意一团休拆解，个中疑有梦安栖。

柳 三首

剪剪风轻陌上吹，嫩条如手要牵谁。最愁人在天涯远，不够长才化絮追。

陌上青青四五株，纤枝扑簌握还酥。撩人最怕春风冷，断送天涯落絮无。

堆烟野岸碧腾腾，又值春回绾尚能。乳燕飕飕风底去，柔条暗颤不堪承。

杨花 二首

似雪如绵点点微，溪边陌上认依稀。身轻要为春留白，才让东风带着飞。

癫狂可是暗怀春,轻薄应非爱傍人。身世一蓬无处说,飘零只为免沉沦。

桃花 三首

落红如雨点阶苔,半面啼妆恨错开。一别刘郎春几度,南庄门外只崔来。
天成艳质故多姿,最爱撩人到梦涯。第一无妨梅占去,此生偏作后凋枝。
嫣然一笑杜门依,巧护春红意慎微。生怕受风轻薄后,再无怜恤不思归。

荷花 二首

一生偏爱睡横塘,至死犹能送水香。不是风来不听雨,只因魂已付渔郎。(残荷)
一角风荷颤又摇,湖心亭外雨潇潇。乱珠倾倒浑如泪,蛤吠依然不肯饶。(雨荷)

菊花 二首

冷面朝天哂,严霜奈我何。香清输月桂,形瘦胜烟萝。每爱东篱住,犹期北苑歌。拈来一枝好,秋纳胆瓶多。(瓶菊)
寂寞虽无主,和霜淡有缘。色难宜座上,腰不折篱前。避路香为客,经秋味近禅。一生沦落梦,终老桂花天。(野菊)

菊花 三首

东篱独处避尘埃,不遇清秋不肯开。难得一枝争失手,竟呼陶令要回来。(篱菊)
忍垢于秋寂寞花,东篱纵好不为家。自甘流落江湖上,免做娱人一味茶。(野菊)
漫缩金针刺露圆,约秋篱下淡如禅。萧寥一味轻寒夜,月在南山客在船。(夜菊)

竹 四首

向西佳处认参差,不共槐烟淡弄姿。拔节高扶风气正,要青天下众枯枝。
倦倚夫人赋遂初,衙斋挂颊意何如。潇湘此夜多红雨,滴沥斑斑汉简书。
栖身最爱近柴扉,半亩横塘四面围。谁斫短枝吹似笛,杏花村里雨声微。
隐居林下免相干,瘦减腰围个性寒。红友独陪庭上醉,此君如肉不餐难。

竹 二首

轻寒恻恻绿参差,莫怨无花个个奇。竿直或能通汉节,斑红最合验湘诗。

沦于俗手甘为杖，剖却虚心任作篱。一钓风波楼笛外，耐看春瘦二三枝。

凌云百尺立参差，恻恻轻寒湿翠枝。直节如持凭雪压，虚心似托任风吹。唯因有泪湮情迹，不为无花减韵姿。归隐林泉逃俗眼，此君终日却难离。

沪上书画名家汤兆基先生嘱咏蝴蝶湾牡丹一〇首

天生富贵洛城香，我不君临孰僭王。倾国岂能无绝色，战春原必有浓妆。一园诏令难降武，万卷书题自压唐。蝴蝶湾深深几许，嫣红姹紫任衡量。（概咏）

如火如荼满苑新，一春浓艳绣头巾。霞裁绛帐鸾为友，日返丹山凤即邻。宋杏出墙何必闹，崔桃当面不堪亲。夺袍谁敌霓裳舞，冠压群芳自有因。（红牡丹）

洛纸横皴淡扫眉，城春独占一方奇。名难唤鼠姑猜错，种可寻狐婢问痴。静护隋堤留白处，安居魏阙夺朱时。新妆半面犹遮却，韵趁东风恐不支。（紫牡丹。首嵌体，嵌"洛城名种，静安新韵"。）

加身未必借龙袍，出落姚门顾盼豪。百两金交三友契，九斤坛买四娘醪。莺循岳辙频投果，麝散王囊暗渡桃。总是情多谁解语，倾城独让眼看高。（黄牡丹）

叶共花开一色同，鸭头匀染下江东。檐遮午槛疑扶翠，烛漏丁帘误拾葱。青鸟信捎原上露，碧螺茶证雨前风。天香剩处衣频浣，独念悠悠梦未空。（绿牡丹）

十丈红尘敢扎根，碧城生就雪为魂。银河隔路添寒意，玉海通舟刻淡痕。曾拒素王难访戴，未逢清客罢留髡。纵然魏紫姚黄在，一样残羹独闭门。（白牡丹）

万紫千红属一般，何如泼墨起波澜。花团写意肥偏湿，叶脉工形瘦始干。借少书裙惊字漏，磨多染发畏灯看。天生不与青禽伍，独为涂鸦上壁端。（黑牡丹）

绮梦红楼错付琴，相知最惑女儿心。当垆腻兑文君酒，照井悲随叔宝吟。半面堪妆容抹粉，六朝无窟不销金。堂前旧姓虽王谢，玉燕成灰怎寄林。（粉牡丹）

五颜六色一身俱，不许风华斗艳输。心乱渐迷蛛网避，眼高多恋蝶庄租。二乔开锁辞铜雀，三变填词赏柳乌。花好最宜楼外种，香泥半亩护春酥。（彩牡丹）

似谪邙山认亦真，天教国色灿凡尘。朵云生气濡江笔，片石熏香赋洛神。五萼回青蝴蝶梦，一枝垂绛凤凰身。缤纷莫妒居魁首，管领花间总是春。（结咏）

韵次张船山梅花诗八首

数朵枝头任酌霞，孤村典笏醉难赊。香因远袭春才近，影为横拖月乃斜。倚阁林妻惊冷艳，入山溪友妒清华。冬心一段吟边采，绝似凡间六出花。

耻于香艳玉溪生,要领风寒下太清。村驿比邻循野趣,竹松同友秉贞情。
欣开雪后焉由己,怒占春先不为名。零落一篱无觅处,胆瓶回响卖花声。

乍暖还寒试未迟,花魁独占竟无知。鱼溪弄影随风皴,鹤谷沉香步月思。
垣断代延诗主脉,岭荒亲剪梦枯枝。半生因雪多埋没,及早争春最适宜。

冷遇红颜又一村,凛然花气半洼樽。扶来暗影难糊壁,碾去芳泥误踏门。
灯脚裹风寻腊味,剑眉扬雪验春痕。多情最恨山中月,滥照前身屡受恩。

欲了前生立雪缘,春来不复弃繻年。拂梳鬒白唤莺婢,飞点额红嗔鹤仙。
陇笛横拦三叠恨,驿车先避一枝怜。罗浮梦种山消瘦,醉卧烟篱逸事传。

雪泥鸿爪蹑香踪,梦淡如眉扫几重。月下依稀频自赏,林间蹀躞偶他逢。
花鲜有胜长生竹,骨瘦无输不老松。遁世幽怀谁管领,春掀鹤氅褪寒浓。

独宰春初雪尚残,无花后继铗轻弹。倚门投影逐鱼易,登岭捡枝栖凤难。
消尽月痕情浅淡,得先风气味深寒。耶溪解语曾知会,绝代人来管饱看。

借栖墙角一寒枝,独抱冰心不挟私。罗雀成门赓絮咏,流莺闹野避尘知。
照池为镜春开匣,修月成刀夜解诗。绝世红妆潜古刹,结缘当在劫来时。

咏　梅

野水孤山待月逢,一生谢绝俗尘同。横斜岂可依官韵,瘦硬偏能合士风。
抱雪心于高处静,浮香梦自淡时空。纵观天下除寒友,不是多娇即浅红。

梅花一一首

战寒何逊断崖松,破萼偏来大雪中。纵剩幽香都冻结,仍撑疏影待东风。
舍身拼作报春花,战雪先饶一剪斜。零落不容篱下扫,要留香气水之涯。
一角孤山占早春,心高只就抱寒人。何须与雪论深浅,立定香根做自身。
玉骨横斜傍碧池,冬心独抱月明时。凌寒不屑群芳妒,自领春先第一枝。
不与群芳挤一塵,一枝斜占一春先。纵然风雪来催老,也要孤标野水边。
最合溪边焕一新,园栽纵好亦难亲。妙于疏处横孤影,才令天惊绝世人。
孤村积雪没枫泾,一树深寒独占庭。花好只容春点破,眼高从不向人青。
篱边水上一枝授,横绝凡间岂在多。天赐暗香虽浅淡,让春先嗅又如何。
独抱冬心寂寞开,玉溪和月水边栽。渥香何故都寒手,可是前生雪做来。
暗香浮动结溪烟,小雪初晴又一年。将就与谁林下共,不是清友不投缘。

驿雾篱烟淡迥空，紫缰虚勒雪花骢。幽香不耐春来踏，漫逐轻寒剪剪风。

韵次梅如是梅语三首

偃月悬空寺，相思一角寻。蹙眉攒萼色，缄口讷春音。黛渗篱边笛，红焦水上琴。抱香怜及梦，将雪做芳心。

寒塘瘦影沉，捞月一竿深。濯足来追忆，澄心去慢吟。梦埋枯笔冢，香篆断碑林。转念悠悠处，难防鬓雪侵。

月走稀疏处，斜拦是暗香。缺墙低秉烛，完璧冷嘘霜。夜剪风形扁，春含雪味长。一株频送目，相识不相忘。

望　梅

望梅焦渴剩，干咽害酸眸。附骥蝇攀尾，追尘石镇头。穷途庄缺苧，现世楚生猴。欲雨山风细，聊消性躁休。

植物一一首

众芳芜秽独超然，空谷平畴起碧烟。天地一攒君子气，只乘风正养高贤。（兰花）
安能一旨令称臣，落籍天涯弃置身。绝色从来都自信，未曾倾国已倾人。（牡丹）
卖花声软似歍讴，宛转人过燕子楼。一路春风吹不到，雨中消息在墙头。（杏花）
隔山雷响破春眠，竹径篱围雨势偏。莫畏泥深兼石重，出头即获一方天。（笋）
一丛曾赠五湖春，不系舟来不问津。任是情多强为药，最难医好负心人。（芍药）
似杨非柳战寒沙，几度青黄护暮鸦。戈壁滩头风又雪，唯心不死共悲笳。（胡杨）
状如伏虎爱探高，绝壁危檐走一遭。纵是骄阳休擅入，拦门我比绿林豪。（爬山虎）
似恨如愁不断根，春风吹处返柔魂。萋萋一派连天碧，要赚人来验踏痕。（草）
半是焦黄半是枯，秋来最恨雨都无。剩些风送魂归去，苦候明年再复苏。（草）
打门声比雨苍凉，老又随风入水乡。用尽平生多少绿，换来秋后满堤黄。（落叶）
拼尽余生倍怆然，秋凉如此奈何天。金黄瑟瑟风豪夺，续抵人间买路钱。（落叶）

植物六首

大未参天蔽地能，成材尚待骨崚嶒。风粗擦叶声难止，土厚抓根力要增。

弱护虽容失巢雀,高扶只许踏云鹰。一方撑立心无畏,绿献人间不屑藤。(树)

似霞如火可人怜,一角林深半路烟。偶为寻根才落地,每因添彩故撩天。托沟笺送秋来后,替柿霜分雁到先。梦断吴江心未冷,重逢仍爱古桥边。(枫树)

质坚纹密色偏红,曲尽其材辨不同。合矩无妨参造化,随形或可夺天工。存于劫火凶灾后,妙在雕梁画阁中。千古匠心堪寄托,运斤犹自带林风。(红木)

独居空谷爱潜藏,以草为名本是香。形比美人归淡雅,气同君子逐轻狂。登台把盏秋纫佩,入室分灯夜解囊。偏好一丛期久绿,此生唯护共风霜。(兰花)

百日花红半近残,阑风伏雨怯秋寒。香消野径情犹绝,魂返空瓶泪乃干。一缕轮回悲命薄,几番参破到根难。来生又续前生事,竟让何人不忍看。(紫薇)

小园新树巧移来,不占良田一角栽。果献金壶秋后挂,花敷玉局雨前开。宜人尚讶能祛病,饷客偏嘲可聚财。最是天生如俗物,愧教桃李斗尘埃。(金橘)

反义咏植物 四首

本属无根种不长,丛丛浅薄却张狂。向阳翻晒花偎暖,与水轻浮叶泼香。风度废池增浪白,露沾枯井引泉黄。可怜摆布寒凉处,聊把瓷盘搁满堂。(水仙)

假充孤傲似庄严,素面朝天不自谦。色比浓芳输几等,味同淡酒转多嫌。插瓶每博寒儒爱,养性唯容怪癖添。徒有清名篱角种,一枝摇落晚来拈。(菊花)

自堕泥涂自拔难,风中仰面愧而叹。睡池多赚鱼书贵,出水私贪佛座宽。愚弄藕丝长绊足,苦撑茎力暗争冠。蜻蜓点破亭亭影,一顷蛙喧碧玉盘。(莲花)

盘曲身姿隐雪痕,四时青绿傲山门。拔腰唯缺竹抽节,纫叶空余针扎根。愁作匠材遭斧祸,妒修官命领皇恩。凌云处恐天雷怒,绝壁横生虎断魂。(松)

动物 五首

龙门无数坎,水路几多钩。本属池中物,难销俎上愁。随萍同起落,与鹜不栖游。涸辙相濡沫,书传百尺楼。(鱼)

寄食高枝上,冲天奈羽轻。喙贪邻座羡,眼浅友巢争。畏雨穷于暮,嘲鹰妒在程。林寒难现世,故作不平声。(雀)

野水潺湲去,停桡羡卧游。芦中人不识,圯上事无求。远避支竿石,闲眠落日洲。生涯浑似梦,深浅自悠悠。(鸥)

落水频招打,人贫眼看偏。淫威三吠后,剩骨一嗟前。守夜伴防贼,升天

欲傍仙。东门多狡兔，力逐每徒然。（狗）

　　骨高安有价，一骑绝尘遥。不食穷年枥，宁沉末路潮。裹尸堪负勇，立阵欲扬镳。大野嘶秋瘦，垂垂老午桥。（马。《史记·项羽本纪》："项王笑曰：'天之亡我，我何渡为！且籍与江东子弟八千人渡江而西，今无一人还，纵江东父兄怜而王我，我何面目见之？纵彼不言，籍独不愧于心乎？'乃谓亭长曰：'吾知公长者。吾骑此马五岁，所当无敌，尝一日行千里，不忍杀之，以赐公。'乃令骑皆下马步行，持短兵接战。"又民间传：亭长载乌骓渡江。乌骓见羽亡，投江而殉。）

动物六首

　　气粗皮厚怒伸蹄，鼻受人牵半就低。两角尖锋来碰壁，一身蛮力去拖犁。奔波战野难为马，破睡催耕不及鸡。何敢嚼春充草肚，表功争得卧游溪。（牛）
　　忽听霹雳破残冬，隐谷藏林见旧踪。斩道何劳持御剑，惊弓可免捕疑凶。为贪饱腹图吞象，因仗生鳞试变龙。游走世间添画足，齿牙腥毒最难封。（蛇）
　　笼中妩媚向人央，一羽轻梳绿隔黄。凑趣频猜帘外意，争夸或逗舌边簧。何堪摆尾陪歌舞，不耻低头拜谷糠。西眺陇山家已远，此生欣托在雕梁。（鹦鹉）
　　翩然一梦被风熏，欲领花魂逐紫云。好雨知时檐滴粉，余香袭路翅生纹。不堪体弱飞还止，何况心酸聚又分。烂漫春听私语处，与谁共舞献殷勤。（蝶）
　　呢喃乍唤掠春尖，试抚乌衣上屋檐。雨密双栖风暗候，天低一剪影斜铃。蹴泥轻转梁如轴，追絮深潜柳似帘。巷口几多王谢梦，魂销汉匣剩无签。（燕）
　　不惭言大骨骸轻，徒有威风力懒拼。天岂在乎跟鹞跃，技唯如此傍驴鸣。失蹄泥淖难为戒，铩羽蓬蒿自作成。最是心贪一枝小，每于螳后伺机争。（雀）

动物八首

　　乍分乍聚草毵毵，夏夜无风陌上潜。匆促一生犹大度，流光虽小许人沾。（萤）
　　殷勤献尽用情深，苦为怜香一路寻。纵是春心难捉摸，巧探还有绣花针。（蜂）
　　林风社雨一春归，冷巷空庭自在飞。为免重逢相认错，年年不换是乌衣。（燕）
　　绮陌名园自趁风，偏难苟活百花丛。世间多少无情扇，打断春长一梦中。（蝶）
　　为约桑中了凤缘，此生何苦更缠绵。柔丝吐尽心如茧，未缚他人自缚先。（蚕）
　　力溃高堤穴寄身，微如米粒贱如尘。奔忙一路来群斗，可惜偏无有意人。（蚁）
　　疾如金矢去如梭，嫩柳风生骇浪多。不向春闺啼一念，却攀枝上踏青何。（莺）

杜鹃花验子规魂,每为春深恨到根。啼尽落红无力拔,不如归去稻香村。
(布谷)

动物之声 四首

野泊乌篷客候长,午风微湿皱横塘。与荷分雨甘如酒,两部声喧带醉香。(蛙声)
淡月迟迟下夜楼,曙红微染远山幽。天高亦不容宵小,才让孤啼放尽喉。(鸡声)
缩尾藏头气未平,抱枝高处骨骸轻。前生是蛹难倾吐,熬到如今放肆鸣。(蝉声)
栖枝不虑有枯荣,日与蛮风口舌争。世上巧言尤聒噪,为何偏禁我高声。(雀声)

读梅如是观鱼诗而代鱼言 四首

一江春水载愁深,所泣如前感慨吟。失宠非因鳞片逆,最难窥测属人心。
(前鱼之泣)

每爱深潜是为何,绝无声息暗随波。水浑虽可藏行迹,却恐人来捉摸多。
(浑水之摸)

临川而羡敢投身,梦上龙门笑洗尘。混与珠同非逊色,相瞒岂止目前人。
(混珠之瞒)

何须羡我好优游,水上风波水下钩。侥幸生天逃一尾,居然是为送书留。
(鱼书之剖)

影照与木偶 三首

偷生死角捉犹难,最恐光来夺地盘。隐迹或遭风灭烛,现形须待日过竿。
尾随于后无人妒,体贴其旁乃自叹。若为投明浑不顾,暗中模样怎偏安。(影子)

幸曾留影尚存疑,一众高朋半认知。身矮竟撑腰片刻,体肥偏缩肚多时。
居中队尾猜成我,靠左排头问是谁。百态人生俱看透,无非貌合却神离。
(集体照)

似被牵拖难自主,腰能弯曲手能伸。胸无一物充才俊,口作双簧演圣人。
前倨后恭谦又傲,明谀暗毁假还真。庙堂市井寻常见,八面风光闹热尘。(木偶)

道路交通 二首

跬步些些积,人过踏出来。到头何必恼,居末不胜哀。坎坷颠朱毂,蜿蜒
没碧埃。一程千万里,绝境为谁开。(路)

两城千里隔,高铁一条通。荔送何劳马,人来未御风。蓦然招酒夜,倏忽别江东。自古盈盈泪,今难切切同。(高铁)

食物一〇首

老幼咸宜众口夸,竹签长削贯横斜。湘过客雨虽嫌辣,蜀出羁尘不畏麻。喧市代餐钱少费,冷摊填腹料多加。寻常最是家乡味,可佐人间苦涩茶。(串串香)

薯泥为料热锅煨,一勺红油滴沥来。催泪那堪沾及蒜,生津不逊望穿梅。汗蒸头上风云荡,气抑喉间胆力开。旁若无人呼大快,并吞数盌敞襟回。(酸辣粉)

产自南翔负盛名,巧提尖蒂手须轻。沾唇汁滑先防烫,咂口材鲜细选精。皮薄或惭人见爱,馅多非赚客来评。蒸腾满座分瓷碟,老醋添香更尽情。(小笼包)

凝脂点卤切成干,沸氽焦酥献一盘。掩鼻难随蝇共逐,垂涎竟与蚁同攒。宁教玉碎酬知己,不负名彰作异端。宴雅虽无出头日,立身犹到路边摊。(臭豆腐)

薄摊轻揉韧如蒲,灶烙锅煎脆又酥。荐食犹能分贵客,充饥不必画穷途。形兼世态葱双面,味剪乡愁韭一株。何物至微难舍却,馋人最恨欲求无。(饼)

千金一饭食为天,粒粒艰辛赖薄田。箩底浊黄淘不尽,勺中清白数难全。扫泥应惜家余福,乞帖须防灶绝烟。五斗生涯谋在饱,民无菜色好安眠。(米)

远活平田近种村,贱同尘土价难论。世间霜打忍无语,命里虫欺藏有痕。民不能沾色于脸,官应要嚼味如根。素心终得天成就,甘为持斋奉一盆。(蔬菜。颈联上句胎自《礼记·王制》:"虽有凶旱水溢,民无菜色。"下句胎自宋吕本中《东莱吕紫微师友杂志》:"汪信民尝言:'人常咬得菜根,则百事可做。'胡安国康侯闻之,击节叹赏。"第八句典出《梁书·文学传下·刘杳》:"自居母忧,便长断腥膻,持斋蔬食。")

锅宽火快主厨房,剪绿销金弄勺忙。春味半沾从叶嫩,鸡声一沸入盘香。祛寒末路家风俭,补气穷年血性刚。素食粗餐无大欲,寻常最是不寻常。(韭菜炒蛋)

张扬浊世路招风,左右形分两扇同。声不认人嗟以食,事非关己诈为聋。竖支岂信头生角,贴掩何妨鼻插葱。高老庄遥拒听命,懒回上界掌天蓬。(猪耳朵。第六句取民间歇后语"猪鼻子插葱——装象"。)

平生苟活懒奔忙,寄迹柔乡与睡乡。除却溷宽何处立,止于栏固几曾狂。两筋难续前途绝,四趾能撑赘肚量。不料终归刀俎上,幸无羁绊梦收场。(猪蹄。猪蹄生有前后四趾,内有两条筋。)

民以食为天 二首

安居最怕苦经营,一日三餐盼速成。菱角懒挑煨鸭掌,笋衣强剥煮鱼羹。难调众口卿无计,枉作专家我不评。心意几多应惜取,管他滋味重还轻。

开门七事下厨难,口腹贪新食不完。蒸玉堆盘霜或月,挑螺杂韭绿如兰。鹅肝酱腻嫌油熟,鲍肺汤鲜畏酒酸。箸底几多咸淡味,还随生活夹悲欢。

庚子末弟子田飔馈羊肉泡馍若干裁句以谢 二首

八荒吞并志,成就此羊羹。席费倾危舌,厨沽骂坐名。破颜非嗜辣,拱手乃通诚。一味长回暖,天涯念弟兄。

大碗端豪迈,饥肠欲罢难。膻催游牧勇,辣尽退耕欢。伐北频增灶,图南偶代餐。独吞呼快意,拍案逐天寒。

水饺 二首

一味深长不要葱,薄凉人世热肠融。叶凋为馅霜为粉,料理秋于水饺中。
(食用水饺)

剩粉些些术已穷,馅材忘备急匆匆。幸而天赐盆栽韭,不尽春香剪取中。
(盆栽韭菜包饺子)

筷 子

浅试人间味,长探世上愁。江山如禁脔,还敢手伸不?

咏物 二〇首

薜径芳洲费细论,巉岩裂峡斧无痕。何人气局如天大,敢缩江山只一盆。(盆景)
浊浆甘液手提频,席上倾空满又匀。自己牢骚无处放,犹撑肚量去宽人。(酒壶)
焦桐独抱夜轻弹,叶落空阶雨细寒。心意如丝挑不尽,七根嫌少怎分摊。(琴)
一枰气度已分途,何用蜗争半目乎。先后略差三十里,始知天地太悬殊。(棋)
细微差别费端详,必较锱铢算计忙。量地量天量万物,自身长短可曾量。(尺)
心灰触痛总关愁,一炷随人点案头。殉火飞蛾难救护,乃教红泪尽情流。(烛)
一味如茶一口风,一支如烛一头红。拼将薄命酬相好,却害苍生不觉中。(香烟)

指间难舍袅青烟,最恨风来点又偏。肝火旺时须谨慎,休将气焰燎人前。(打火机)

洗剩膏腥又及唇,丛毫最易受扬尘。偏嫌一口难清理,不洁原来属自身。(牙刷)
流言蜚语归于口,细削丫尖作警针。常取一枚清死角,不容宵小隐藏深。(牙签)
枕边风起作聋难,一柄轻拈向鬓端。深挖不容留死角,是非堆积恐成团。(耳勺)
受雨才能洗晦明,隔开天地任斜行。如非点滴皆恩泽,何必还人一匣晴。(伞)
陌尘扬处逆风行,半掩真容半认清。众口悠悠封不密,一方纱透几呼声。(口罩)
携藏一把容来去,与锁相攻错齿痕。万孔玲珑难不住,独无神技启心门。(钥匙)
为合时宜每曲张,精于转折不平常。歧途直达无人畏,迫使来书暗绕肠。(环形针)
取之于外略嫌迟,耗尽心能急待医。一线牵头传脉动,延他薄命到何时。(充电器)
叶转如轮大不同,何须动手自来风。害人狂热都吹尽,才有清醒在暑中。(电扇)
塑泥成块待烘干,垒灶堆墙砌路宽。材贱价廉坯子劣,非经百炼用犹难。(砖)
乍起途中何处逃,望而生畏太辛劳。如非自力先伸脚,怎肯抬人逐级高。(台阶)
竖如高塔满城夸,射电齐通到万家。天下事皆收眼底,娱闲未厌一屏哗。(电视塔)

刀剑三首

三尺长从掌上流,一泓光自匣中抽。柄生龙骨风扬穗,诀引鸡声汗幻沤。清路不须防众目,走场偏敢解全牛。高持正直安天下,每化刚强绕指柔。(剑)

三尺如今渴复仇,匣鸣十步愤藏楼。磨锋小试兵披甲,供案多劳血淬秋。鬼铸龙纹难绕指,铜雕侠胆乃封喉。太平世界终无用,一别江湖月并钩。(剑)

忽讶腰刀锈及锋,世无人物怎屠龙。好钢柱淬裁云锦,长穗空垂打饭钟。胆逼千秋光出鞘,血喷十步酒浇胸。死生参破终归土,埋没英魂淡或浓。(刀)

咏物七首

石狮坐镇起居安,八字高开出入难。叶打声非因到雨,竹寻兴不为留欢。与人脸色求时愧,谢客杯羹候处寒。庭户深深深似海,隔将尘世静旁观。(门。颔联上句胎自方岳诗:"时闻梧叶落,一似打门声。"李郢诗:"一点秋灯人梦觉,万重寒叶雨声多。"下句胎自韩愈诗："何人有酒身无事,谁家多竹门可款。")

殉火成灰杂劫尘,一支长仅寸余身。每期焚草耽焦味,偶借浮云定乱神。卷纸唯藏心里话,吐圈偏套眼前人。欲离难舍何时了,不戒终因嗜好真。(香烟)

非为食箸用非长,体瘦如针貌不扬。齿缝难容生暗蛀,唇间竟许觅余粮。谦能解友三餐急,差可资人一饷忙。同竹同根本同质,羡他沾得味先尝。(牙签)

剧木成方凿齿棱,污衣翻转洗双层。皂留缝隙香闻可,水剩纹边日晒能。娱子别欺弹有趣,畏妻偏说跪无憎。物非所用移他用,一板生涯莫继承。(搓衣板)

轻盈一握掌中鸣,打遍天涯不陌生。触键唯传新短信,呼朋乃结旧同盟。多收妩媚藏春照,略递悲欢判世情。通信自从无线后,实时联系话分明。(手机)

风尘满面易沧桑,岁月成髭欲剃光。匀沫侧推偏觉爽,逆锋横刮不容长。半犁稍有耕耘乐,一握应无吐哺忙。偶忆当年明志事,斑髯蓄足气昂扬。(电动剃须刀)

匣外红颜匣里香,青春一抹任匀妆。剪眉似柳拖秋水,调粉如脂衬艳阳。浓淡未明猜不得,细粗难别说无妨。为谁苦恼忙尤乐,痴把柔情酿作霜。(化妆盒)

戏咏 三首

那堪摩顶叹荣枯,老去青山一髪无。落帽休嫌风孟浪,藏梳最盼镜模糊。油腥恐汗蒸三味,屋暗疑灯亮四隅。脆耳声声弹指处,依稀爆栗滚僧颅。(谢顶)

每欲狂歌汗湿襦,何须自怨暗香无。如毛乱草畏藏虱,似穴深窝疑闹狐。肩展敢围天下事,臂垂先夹阵前俘。从来猛士多奇气,莫管红颜最在乎。(腋)

欲连前世恨蹉跎,剪取今生剩几何。窝浅岂能容汗垢,眼凹偏不转秋波。紧身衣露蛮腰细,晒腹书遮绝色多。悔贴膏方医旧痛,原来陷阱有心魔。(脐)

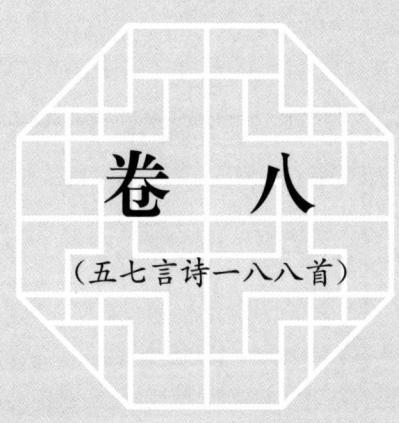

卷 八

(五七言诗一八八首)

我的地盘我做主 八首

称孤南面坐,跋扈自营巢。石濑堪龙隐,林泉许虎跑。袖诗阶演雨,怀刃院诛茅。捷报茶旗拔,壶倾一角敲。

不种竹为奴,关门拥一隅。廊分斜正在,帘卷是非无。冷暖螺杯管,忙闲饭灶趋。陶然书列壁,南面自称孤。

世相旁观久,长嗟一策无。尘嚣唯克己,室雅自称孤。赐砚三生石,封松五大夫。闲聆风雨惯,指点美人图。

层楼春睡起,帘卷蕙风轻。列鼎官仪缺,藏书殿版精。御瓷过手认,宫画挂墙评。自号无名氏,闲耽一晌晴。

闹市西南角,关门客独居。案供灵璧石,槛刻瘦金书。得雨虫声厚,分杯茗事虚。一廛容坦腹,吟榻梦蘧蘧。

陋室何须大,沉香润佛经。石安官帽椅,堂鉴御窑瓶。就竹裁箫靡,因兰坐雨听。五湖闲钓客,不受一尘腥。

日影移砖慢,厅宽客乍临。圈腰凹坐椅,并足稳支琴。钵内倾城色,炉边说梦音。不知犹不觉,茶伴暮深沉。

逸气萧斋养,心平浊世逃。钵移花减密,书垒石增高。得雨虚檐响,分春浅盏叨。生涯俱五味,一味湿吟毫。

书斋天地 五首

一统书斋后,关门自道孤。压笺名士佩,挟瑟美人图。石倨容于几,茶闲黜作奴。偏安虽半壁,足以享清娱。

一间宽八尺,浅可做成窝。雨进窗嫌小,门关事怕多。侧身容架占,逃座让书挪。席地长支膝,难摊几册何。

邺架成堆压,余多一地摊。禁书偷猎易,野史尽搜难。不悔银囊涩,宁藏殿本残。晒晴何用问,腹饱又肠宽。

斗室唯宜我,科头跣足眠。七弦琴挂壁,五色石磨砖。匾曰藏经阁,人称渡海仙。醒来吟几句,莫笑打油颠。

老不堪时用,深居万卷楼。栋充经杂史,衣备布兼紬。读破茶旗补,翻新药膳搜。养生先养性,风雨罢悲讴。

《我的创作道路》附诗一○首

席上留笺不署名,诗成一体任人评。讨源难识宋家数,连蒂妄分唐阵营。管甚雄才横槊立,凭何末技夺袍行。如珠妙语传抄日,纸贵无须拍案惊。

朝吟夕咏近痴颠,集腋成裘二十年。诗赖软尘名士赏,句由香草美人传。凭栏刻烛工于律,即席濡毫妙在联。蹊径别开容豁目,宛然天作郢城篇。

即兴涂鸦每不眠,一壶茶共一支烟。无邪何止诗三百,可道唯存字五千。情厚葭灰埋物事,力虚蛇足认桑田。黑头熬白犹庸碌,岂敢称名或放颠。

附庸风雅爱涂鸦,积稿成山日夜加。才拙苦将心暗用,气粗勤把手频叉。话锋偏锐难容世,纸价虽高不济家。似醉如颠长咏处,冬烘一味又酸牙。

灯花老瘦笔花零,校稿芸窗喜杀青。语不惊人先付丙,篇能压卷暗传丁。珍持敝帚蓬门扫,厌告虚名浊世听。幽绪几多容步月,古来知己缺如星。

奚囊吐凤暗称奇,故纸如堆点检迟。能契慧心频索句,不开生面少为诗。虞兮帐里歌三叠,楚些栏边酒五巵。豪放绮情催韵脚,欣然七步赖天资。

事虽无益倍殷勤,纸上涂鸦效采芹。三阁版孤存半部,五车诗贱卖千斤。墨倾湖口浓还淡,笔压山腰戚共欣。风雪灞桥驴背外,摘花流叶漫题裙。

厌于摹古各方评,岂为娱人岂为名。席上漫吟能抵罚,茶前细品更怡情。心随境者神形活,语本天然律法精。学杜休嫌长吉诡,自成风格数群英。

工诗不与俚儒论,况复轻狂后辈孙。绣虎庾楼人妒赵,续貂颜巷客留髡。弦翻旧曲浑无迹,玉采殊途自有根。一派初成风气爽,行吟十韵绿杨村。

一帙编成意未穷,还将十韵序帘栊。流年似版灯前毁,往事如茶雪后冲。宁吐锦茵扶夏载,免挦陈谷养冬烘。低吟浅唱消余暇,侧帽诗坛两袖风。(以上原文见华中师范大学出版社2016年版《21世纪新锐吟家诗词编年(第二辑)·无以为名诗词编年集》)

诗论一○首

诗无第一莫夸豪,滥调陈词顺口淘。透骨唯容针痛下,隔靴最恨痒难搔。于留墨处删才妙,至用情时哭更糟。洛纸藏山供细赏,三年二句续辛劳。

谋篇构境倍辛劳,数卷雌黄改几遭。心似握拳敲夜永,月如把手配门高。乍愁烛刻难题壁,顿悟名虚错夺袍。何必耽于唐律稳,自成一派作诗豪。

奉旨何曾为眼青,八叉无畏赌旗亭。先删故纸堆中典,再换新潮座右铭。

解语成花添险韵,骑驴索句谢温馨。管他几许推敲苦,不及天生有性灵。

诗多遍读不如无,烂熟于心总属奴。意立那堪人道绝,情生应许我存孤。拾牙处窃书中慧,咳唾时拈案上珠。满纸陈酸偏爱典,通篇半句费功夫。

惯于终日独吟哦,检点犹删剩几何。殿上脱靴嘲力士,瓜前卖嘴累王婆。借光让我斜拈笔,横槊饶谁倒喝波。写尽江山虽一角,孤篇冠压不须多。

天成好句话休多,八斗无关七步挪。诗为境高心别出,意因墨尽指同磨。月边炼字僧吟苦,驴背投囊鬼录讹。冷眼旁观都是癖,抛砖又奈玉如何。

江中捉月水无情,席上留诗不署名。一笔人删嫌境窄,百篇事变汇书评。久烦食字须防蠹,长恨融盐却结晶。老手新裁唐律熟,奈何余味损轻盈。

管甚斯文与打油,谁因几个字生愁。笔间冷暖知多少,纸上兴亡恐弃留。载道徒劳车并轨,言情不忌马嘶秋。推敲夜半心澎湃,放任诗潮涨御沟。

积习难除面壁呵,雕虫小试号诗魔。酒沽乌巷笔开道,泉涌剑池书偃波。龙尾砚平何用洗,马头琴坏不妨歌。题襟谢有风吹絮,数落缃囊妙趣多。

诗无妙句合该焚,管甚劳心又费神。笔钝先磨针绣壁,情长急赶月添轮。回文不必求书袋,识典何须备汗巾。满箧雌黄难纸贵,束之高阁最烦人。

有感新旧韵论争

南辕北辙两相憎,各以群分聚不能。说树荣枯皆鹦雀,量天大小必鲲鹏。山间只喜枝无雪,雾里长寻路有灯。浮世静观容袖手,看他火起又成冰。

诗事 一三首

匹夫唯我敢诗雄,倒薤横书句句工。天下薄名如饼画,眼中余子似竽充。五车何用钻牛角,七步无妨踏蠹丛。投暗甓珠虽米粒,白眉扬处有重瞳。

渐近凋年避市喧,书堆邺架懒多翻。奇诗敢与前人较,往事难同后辈言。七八吟朋皈竹寺,二三知己老松轩。唐花落寞秋深处,手拂门帘恐错掀。

此生为害莫如诗,字活柔乡句补篱。随笔触于心痛处,就灯焚在泪干时。难堪断简堆山烂,可惜余灰做药医。腹笥倾空无绮梦,禅房独坐免相思。

久耽吟味引清觞,岁月磨人渐淡忘。扶醉险途笻尚直,洗愁深夜梦犹刚。灰曾碍眼揩无泪,水不回头化有霜。冷落生涯诗一箧,事如珠散许奔忙。

岂有诗人货殖能,僦居穷巷作吟僧。漆楹初剥篆书辨,泥壁略干椽笔征。

蛙坐井中嘲俗客,凤题门上访高朋。围炉痛饮无须酒,满纸酸辛味倍增。

免为游侠作诗人,怒墨题襟血性匀。无字不能心用苦,有痕难许典翻新。横叉笔戮三千纸,倒薤书销百万银。江左古来多俊杰,东风略借扫征尘。

拥鼻长吟助壮游,耻将牙慧箧中投。笔花开尽梦先借,灯草拔空情暗留。可学无非工部集,所传唯是健庵楼。敲门月下寻知己,顿足惊奇满壁秋。

叠叠心烦理旧笺,新诗不作渐安然。檐教日走驱阴影,巷许风停话热缘。解榻方疑蝉是客,过砖始悟事如烟。枯肠渴墨终非病,汗为濡身好暑眠。

午坐丘亭恨日长,诗难欲背已全忘。唾如囊滚明珠涩,汗似崖奔瀑布凉。自悔趋庭功未用,人嘲入幕事徒忙。老来欣喜才虽拙,出口成章也有方。

为官不及作诗家,赌唱旗亭酒倍加。罚以袖藏罗汉果,评其舌绽霸王花。妓围有待香如篆,壁扫无拘墨似鸦。细数瀛奎求律髓,情深处可托琵琶。

暂别行辕酒一壶,旗亭故事赌围炉。诗能急就辰为马,席未贪赢亥既珠。薄醉那堪红友劝,低吟只限玉妃扶。归来冷径犹叉手,呕尽奚囊八斗无。

役笔朝天弃竹奴,人间一个鬼才无。囊收李血难磨砚,目抉韩鱼易混珠。喂字每疑诗饱否,用情何忍酒酸乎。黯然删罢东风剩,不扫书房另扫厨。

独坐危楼理薛笺,灯花脆弱夜缠绵。移屏不让风潜近,碰壁还容膝抱先。数盏红茶酸到笔,一张白纸薄如缘。无端漏写莺啼序,只为春长忒偶然。

吟事六首

格律如规矩,宽严慎两参。声分平仄辨,篇就起承谈。救拗难为活,求工忌在贪。吟中真趣好,叉手八行耽。

数茎须捻断,一念忽成痴。敛手容黄鹤,藏山就绿篱。物华胸抱竹,人事茧抽丝。兴尽称仙酒,争袍赌唱宜。

咳唾谐平仄,无非擅咏哦。笔枯春乍活,砚冻夜频呵。炼句成魔久,留诗作祟多。手叉量八斗,盐絮较如何。

齿冷冬烘友,何如杀字仍。五言城夜破,四韵脚楼登。石窄嫌书碍,云闲许墨腾。卷舒人意尽,不做苦吟僧。

风熏宜小睡,懒久卧云亭。幸遇骑鲸客,来传用笔经。八行花语浅,一纸酒痕腥。不敢开怀咏,留神燕窃听。

乱雨茶烟涌,春荒院对时。寅阶升坐正,丁部索书奇。律拗人风骨,声扬我剑眉。古今孤愤在,拍案即赓诗。

购书二首

或因魔力步难移,久坐书城已忘时。佚史风云先睹也,杂家气象尽收之。无穷眼界分高下,不绝情怀判慧痴。忽报关门催夜晚,负肩方觉重如斯。

万架牙签选购忙,一生唯好是书香。用时偏恨填胸少,读后才知尽兴长。愁漏似沙钱袋破,苦寻如友铁鞋伤。终携数叠归家去,月下灯前校纸黄。

读书五首

浮云断续怯拏云,学剑难成偶学文。注毕五经何足道,劫余四史不堪焚。楼藏戒以书翻案,腹晒求将米聚军。万卷梅花铃一朵,徘徊院落篆香熏。

笠戴蓬头腋挟书,板桥花径隐烟墟。不鸣林剩惊弓鸟,难钓河无羡饵鱼。福祸唯谙心静后,是非先省舌伸初。随身一卷从容检,浅语拈来亦洒如。

坐倾吟箧嫩晴初,独爱莲亭不羡鱼。过目久疑墙隔宋,等身遥盼榻迎徐。句分长短裁犹叠,泪点横斜叹又嘘。读到心中空白处,人如一卷线装书。

秋风屑瑟动人前,坐读西厢未竟篇。窗放月来期照面,墙推影去恐齐肩。小茶如女壶倾倒,老竹为奴榻枕偏。自许余生无俗累,屏山曲处悟奇缘。

才还又借再而三,一角留痕折不堪。字似雁行排阵脚,心如茧壳裹春蚕。偷光隔壁灯窥箧,步月西厢柳约谈。乱点灵犀皆暗喻,疑谁婉转背人惭。

读 书

拄颊闲无事,藏书四库翻。髪深疑没鹤,心静拒来猿。秘史何堪考,阴谋不便言。一灯秋雨夜,寒意满庭轩。

反义咏书

万卷传家物,难资半壁贫。搜教铁鞋破,晒为纸鱼嗔。垩白多欺世,雌黄最害人。果然心不慧,读用两劳神。

偶检旧日习字所用连史纸若干戏裁一律

子弟江湖老,西窗夜雨兴。望天盆置景,连史纸糊簦。事过忘他已,囊空病我曾。一嗔还一悔，无奈不如僧。

曾赏毗陵赵氏后裔赵霄洛大律师碑体手书艳羡不已今亦欲画瓢并呈四韵记之

长街过旧雨，窗进一秋晴。坐椅心初定，临碑手略生。墨兼金石气，纸赚友师评。不恨无鹅换，关门目自横。

西泠画家张绥葆前辈惠赠画集裁律揖谢一一首

西泠硕果剩名师，画里逢翁幸识迟。聚骨扇扬黄玉穗，撮襟书拥绿茶旗。髯濡墨海三秋握，眼豁云山五指移。老骥解缰犹逐晚，别开蹊径破藩篱。

笔墨生涯又及春，丹青不老属奇人。屏蝇误点浓而淡，壁马疑鸣假亦真。三径篆烟凉傲骨，一襟丘壑瘦凡身。闲来罢洗澄泥砚，或为天池已受尘。

老夫横笔叩荆关，尺镇溪藤浅绛山。石骨皴生天籁趣，龙睛点活墨云斑。世存名士无从隐，画访诗王未许闲。薪火只传书一帙，为酬知己把杯还。

传神写意百余图，拱璧奇珍不待沽。韩马访医蹄缺墨，戴牛犁纸笔成乌。管窥今古明双眼，篋采东西灿一炉。福寿俱增归淡定，闲题竹扇俗诗无。

沉腰奋腕势难停，道法天然座右铭。云隐砚田龙尾白，雨收壶口树梢青。悬针补断山无界，泼墨交融水有形。尺纸横斜供鉴赏，换鹅人在醉翁亭。

追唐慕晋结精庐，转益多师臂搁书。聊遣五丁移陆海，频搜二酉校殷墟。随心所欲形俱似，信手而为气自如。山水卧游何必约，朵云深处酒邀初。

颜筋柳骨倍清遒，吴带曹衣解更柔。剩以书眉宁淡画，留将印面必深谋。萧疏或许云埋笔，枯涩非因砚积秋。独造空灵无俗念，长髯拂处竹林幽。

撮襟呵壁赌轩除，柳骨颜筋各洒如。题凤有劳垂露笔，换鹅何用瘦金书。池边吞墨头犹白，门下摹碑腕不虚。转益多师参化境，风流肯让后生欤。

一幅中堂水墨香，镜心花鸟息西墙。擘窠无碍传三帖，化境何须步四王。手泐芭蕉青到字，髯除饾饤白于霜。喧嚣世上难闻达，踉跄林泉比寿长。

椽笔横书不足奇，以山为案海为池。墨新唯恐松熏脆，篆古还求鹤认知。苦共斗茶输册页，甘随赌墅获根基。青春老去原无悔，画里生涯数集诗。

结社西泠翰墨工，一生师法静观中。眉随德重长垂白，名就才高始厌红。枯橐已收题扇笔，烂柯犹带运斤风。好书先睹交知己，十首诗成谢老翁。

题书画诗 三首

妙摩西晤达摩东,鹤驾轻如一苇同。捣药鸡林金匮奥,撮襟橘井法书工。何辜尽拔头筹笔,所幸多叨末座盅。自古江南才子地,再难相见是惊鸿。(裱江南才子洪丕谟先师妙摩居士手渤怅然而题)

飒沓溪边款步巡,白梅花下爱梅人。扇难承雪腕虽弱,衣可受风心未皴。呵冷偶疑参化境,抱香无悔近凡尘。清寥一角长相倚,忘为孤山领好春。(题《人倚白梅图》)

雅如名士咏襟怀,独步江南屈楚才。糊箧燕泥容笔蹴,养壶闹墨兑泉来。琴横棐几闲听雨,案结檀香漫拂埃。一帙新成惊纸贵,等身书送可人裁。(题李榕樟新书《雨中听琴》)

诗酒吟 三首

有酒无诗枉作仙,有诗无酒不成篇。诗才易竭杯添药,酒债难逃字抵钱。山下种诗匀酒露,岸边沽酒涨诗泉。平生得意诗兼酒,日夜吟诗酒兴颠。

诗成每借酒消愁,酒气诗风满画楼。酒为催诗才倍烈,诗因渗酒始重柔。三巡酒绿诗生眼,一递诗红酒上头。酩酊狂歌诗与酒,诗奇酒美两悠悠。

诗情酒意两相宜,赌酒夸诗各竞奇。酒胆三分诗仗藉,诗心一片酒支持。驮诗逆旅寻村酒,馈酒寒门换壁诗。不是诗狂逢酒怨,何来酒病与诗痴。

招饮 二首

落日苍山静,春江四五舟。蹭风衣色薄,偎岸水声收。聚散一花县,亲疏半酒楼。不知诗寄错,谁替古人愁。

鬓丛花甲验,逢未避于斋。酒熟统称老,人亲自觉佳。品流高意境,世故厚情怀。再见攀条处,秋深白露街。

酒醉 三首

地僻鸿踪没,林宽月放圆。有书难对赌,无客可同颠。酒敬花分少,杯干露试全。扶墙推暗影,不许碍高眠。(佯醉)

酒阑人半醉,交椅面南扶。点药频传令,征茶自号孤。梦围槐国灭,鼾打

夜城输。一觉回头忆,茫然忘到无。(半醉)

地偏邀客聚,轰饮酒频沽。石摆龙门阵,屏题鬼画符。推松嫌影碍,搀月上床呼。未及和衣卧,华堂吐已污。(大醉)

酒事六首

酒是前锋石是兄,砚池壶岭每亲征。杀青陶柳投花县,踏白苏潮退麦城。浩气蒸衣龙脊硬,雄文卷匕虎须横。老夫沉醉风云外,管引霜毫写贾生。

大笑尊前我是谁,来而不往醉攻诗。抽毫代戟灯为马,踏墨如泥纸作旗。欣获八行赢鲙手,亲征四韵逊蛾眉。淋漓昨夜风酣畅,旧梦冰消好梦痴。

独仗豪情战酒场,颠三倒四亦无妨。骂街岂惧河东怒,食色偏生柳下狂。愧借虎皮降犬子,敢添蛇足踢龙王。冠缨本不人前绝,为换真诚隐短长。

烂醉如泥现丑形,蹒跚大喝客休听。强拖树影平移路,错对天门倒踢星。吐桌忙提衣袖抹,医肠慎验药渣灵。从来痛饮难辞劝,隔夜茫然数几瓶。

满身狼藉若丢魂,酒盖频开屡发昏。迷路幸扶墙作杖,卧街错替狗看门。绝倾味恶随风吐,剧饮心烦让贼跟。夜夜笙歌犹未厌,酣然梦里夺金尊。

蹒跚仕路醉归家,往事如门梦叩斜。鬓脚无鞋偏踏雪,心头有锁总匡花。过堂少捉书生蠹,碰壁多涂墨化鸦。放浪形骸歌哭夜,壶天尺地独浮槎。

茶六首

高山雨露聚轻盈,五出成花次第评。千束柔黄容客采,一泓碧水向人倾。壶中避暑神尤爽,舌底留香气自清。止渴生津医旧病,蘋洲夜饮录诗名。

幽幽独嗅紫砂香,洗净凡心坐草堂。四五片春都细碎,二三点露各清凉。轻提月似梁弯手,慢饮泉如线绕肠。好句当花同夜煮,满壶翻滚是沧桑。

一杯嫩绿就青襟,举座闻香好慢吟。匀露不妨存日后,采春何必到山阴。叶通世脉斜尤直,水做人心浅即深。歇饮禅房生感慨,羁程鸟倦渴投林。

采春院煮白云深,片片浮来露水心。冷暖何妨随手抹,方圆不必向杯寻。留人漫说聊斋鬼,养鹤闲听嵇子琴。饮尽山阴无限绿,盎然花气是知音。

倾倒明前雨送迟,紫砂壶岭绿茶旗。水愁曾引唐三恨,火怒才熬汉五噫。难泼暗香难换梦,不开生面不温诗。客留林下同禅定,余露春分管沁脾。

每于神倦续春迟,一盏青青掌上奇。水煮江山淹霸业,壶增岁月隐乡篱。

小楼饱受风兼雨,深巷耽看剑与诗。脉脉无言空咄咄,翻留世味送相知。

杯壶铭二首

及春先受露,茶煮又清明。绿在杯宽处,人心比水平。（杯铭）

慢饮心安定,风波不煮浑。一壶云雾绿,深锁紫砂魂。（壶铭）

茶具图赞三首

成汤之德执中提,检点春山绿满溪。芽嫩不妨和露摘,杯宽乃恐被人携。浩然正气千年聚,腾沸风波一手犁。饮尽炎凉无怨悔,低头独把紫砂迷。（汤提点/汤瓶）

扫云兼顾露凝春,手执当前嫩绿匀。几上岂容留旧渍,壶中未许煮凡尘。涤瓢贮梦香腾细,拂座谈经影逼真。一柄棕丝常管定,去除污水助茶纯。（宗从事/拂末）

易持闲适拂尘埃,秘阁风流入古台。汲月方知霜有妒,引泉且喜菊无猜。半倾冷暖高低举,一托清香远近来。逐客难容诗句恶,禅心不饮世情哀。（漆雕秘阁/茶盏托）

茶事二首

坐椅非官帽,登门莫问名。水从春后活,茶就雨前倾。冷眼分深浅,虚怀对缺盈。几多余味解,方可话人生。

紫砂壶把手,官帽椅容身。气正临茶海,风清去帙尘。初春二余事,精舍一闲人。不读宫廷史,唯耽普洱真。

茶事六首

嗜茶耽咏乐于斯,大隐城中最合宜。味识三唐七言句,形求两宋五窑瓷。炎凉尝遍由人说,真伪瞒多限我知。闲不喟然贫不恼,满天风雨润心脾。

略亲壶嘴倍悠然,自校茶经墨代泉。投老乐居宽窄巷,忘忧安度吉凶年。花间逐客都因俗,竹下留人独为贤。迟雨欲来门莫锁,好风如手半推先。

余香袅袅配春芽,慢饮深情渐渐加。落地灯熏书搁座,临窗案接露弹花。壶存况味除心垢,梦泼凡尘洗镜沙。夜稳无妨横卧膝,佳人最怕少琵琶。

大千生气聚茶园，妙在明前不可言。峰出犬牙齐错位，水归龙井暗思源。看云处患僧囊饱，饮露时消雀舌烦。浅淡情怀斟半满，流杯到我罚无援。

　　茶楼贴岸客来忙，水涨窗宽视线长。危坐少凭官帽椅，雅评多用象牙章。三杯话料经春绿，半面人缘别路黄。烛灭无关炉底炭，低头饮剩几炎凉。

　　茶楼最合独凭栏，割据湖山一角宽。琴尾未焦容蔡邕，舌头犹在任张观。饮留芽似香瓜子，嚼剩诗如臭豆干。借足浮生闲半日，嚣尘洗却乃心安。

弈事 二首

　　落子当无悔，纵横鹿逐时。胸怀开局大，手腕运谋奇。让角佯攻敌，争边暗督师。一麈天下定，封剑镇潢池。

　　错综人生路，浑如一局疑。破围防设阱，销劫恐谋皮。得失难分处，输赢已决时。可怜虽赌墅，终未许扬眉。

收藏乐 四首

　　雨前茶好品悠然，坐拥收藏学在先。让我操刀勤琢玉，除谁叠石细生烟。半墙黑字临千帖，满架青花值几钱。眼漏看昏偏赌气，开门错买不沾边。

　　殷墟楚墓考兴衰，汉瓦明炉各出奇。画纳山河安剩鼎，墨磨岁月拓残碑。听琴懒学敦煌曲，漉酒先吟杜甫诗。室小栽兰分数钵，清香只向可人吹。

　　书筋画骨本风流，剑胆琴心一匣收。水墨终随烟雨淡，陶瓷只让酒茶浮。封泥印损描秦篆，算卦钱存买越紬。往事千年如梦幻，唯留古雅不妨求。

　　如倾好雨墨盈盅，笔锐深藏一管风。信手而成神不散，随心所欲字方工。颜筋缩帖身形老，柳骨支碑气势雄。尺幅虽难窥绝技，斜钩侧点各融通。

亢悔楼玩物 五首

　　笔尖元气纳圆筒，满室檀香续古风。倒插花难生梦外，闲投箭不落台空。压笺略比灯低少，雕骨才耽画细工。久在吟边存点墨，裁成一节养书虫。（紫檀木镶骨笔筒）

　　相支四足在庭堂，有竹非圆乃大方。青玉案头砖鉴古，碧螺春外水添长。所凭可煮诗而已，如获才知夜未央。隔壁红炉生细火，一壶温暖为谁尝。（方竹镶汉砖刻赵之谦字茶几）

一镜朱颜假亦真,檀纹不杂皱纹匀。烟迷芍药蒸云鬓,雨损菖蒲点绛唇。题壁句传花解语,惜春人替燕相亲。空留委婉深闺唤,再挽罗裙别样新。(清紫檀雕花梳妆镜盒)

何必围炉拥楚姬,并刀敢斩霸王旗。天生浩气挦鹰羽,雪冻忠心献豹皮。拦路独擒兵卸甲,破城偏许敌横尸。沙场自古多残酷,任我昂然立殿墀。(五代砖刻武士像)

雄关自古即沙场,誓死军前血气扬。鹰怒难容三窟贼,虎威不让一山王。鱼刀剖海鲨为骑,袖箭追云日带伤。若大头颅提在手,英魂最怕战袍凉。(石舟康涛赠文甫先生仿松雪斋《关山夜月》扇面)

风雅四首

竹坞春泥雨径斜,倚阑人望水之涯。那堪俗色来伤眼,已剩盆栽尽不花。

半亩清池满地花,一窗残照与谁家。不妨容我闲闲坐,除却翻书只试茶。

提壶选茗北城郊,难得休闲过石桥。不让清风跟在后,关门我与古书聊。

雁未回楼酒一卮,我生沉醉或因谁。西江月下灯无语,让与前人作宋词。(读赵以仁《西江月》词:"量减难追醉白,恨长莫尽题红。雁声能到画楼中。也要玉人,知道有秋风。"感而作)

闲雅七首

客邸藤墙厚,槐闲歇午阴。石阶鞋印淡,木柱指痕深。井搁淘来钵,茶留入住禽。半眠犹半梦,风不动清心。(午歇)

地比蒲团厚,山疑打坐僧。出门竿代杖,到岸月悬灯。饵好妨鱼睡,钩粗让水承。一声钟猛喝,何苦孽多增。(晨钓)

潺湲溪水隔,采药半山隈。草烂羊肠绕,泥糊屐齿摧。云崖松傍活,石洞笋垂栽。喜得仙方助,才医恶世来。(采药)

乞墅勤修葺,投闲筑酒城。石堆山北固,池引水南平。艾虎防邪入,榆钱代税征。抄经二三部,赢得换鹅名。(葺园)

扫径何须寻,风潜不老松。夜郎贪石井,天姥妒鸠峰。逐雀泥墙蹭,喧溪草屋逢。手谈深浅笑,枉漏饭前钟。(约棋)

一夜梧桐雨,空阶落叶黄。茶温剩烟瘦,衣薄受风凉。不悔身为炭,难期

梦是姜。㝬扶频送目,山断路何方。(立阶)

小径宜闲步,衣单冷不禁。石形鞋底扁,露味草间深。破睡迟调膳,抒怀少碍禽。去来风剪剪,烟湿半疏林。(散步)

日常生活八首

事繁无暇顾,情与礼难酬。起用剩余夜,坐支过半秋。帘衣露中验,句脚纸边投。十字隔行近,一身遥倚楼。(辛苦)

髪如春韭割,头在又重生。剔栉尘无漏,冲冠气未平。老愁空镊白,新憾忽除清。抖擞刀风下,昂扬一拂行。(理髪)

自镜勤睎髪,鱼纹额密生。德容妆卸去,风骨钙加成。磊落遭途窘,萧寥长物轻。浮尘难浊我,跣足罢逢迎。(沐浴)

镜里形骸改,天怜髪半皤。额纹分道密,眉睫合秋多。力尽颜难驻,才高齿错磨。余年略关照,倦不话蹉跎。(照镜)

牛刀初试手,勺掌一餐烧。笋嫩和泥剥,鱼腥到案饶。慢熬年事涩,频炒物情焦。五味皆尝遍,难将众口调。(下厨)

五更眠起处,灯影上墙高。咬帐蚊逃夜,濡秋兔剪毫。手扬除孽扇,眉锁断愁刀。七步堪将就,诗赢绣虎袍。(蚊扰)

映剑晨霾散,光寒十四州。刺天呵日出,斫地让江流。不忍锋磨锐,难为指绕柔。当街独挥斥,花落满肩头。(练剑)

四处奔波远,疲于久注眸。路牌频误导,车水倏交流。雪阻龙王谷,秋过橘子洲。几多艰险外,风景更前头。(自驾)

剃须

直面刀锋大丈夫,兴衰只在眼前吁。容留日久沧桑剩,料理时勤草莽无。镜改形神尽其爽,人增气宇焕然殊。何妨吐纳频颐颊,弃唾声中笑故吾。

堵车记

自驾车停慢折磨,每逢佳节队排多。纵无追尾人须警,岂有回头路可挪。憋急怕听窗雨泻,忍饥贪念野禽过。龟行半日三公里,顿足长吁莫奈何。

起居六首

雨断空庭静,风生一榻凉。落花无睡意,偏要坐怀香。(午睡)
炷麝熏灯亚,衾香软卧楼。夜长延睡尾,忘接梦回头。(晏起)
煮雪银壶亮,消寒夕照红。余年心若水,只沸小楼中。(煮茶)
有亲稠粥热,无税野蔬廉。寡淡连三日,心田不带盐。(素食)
最爱莼丝滑,羹调一味秋。泪如盐少下,风起淡回眸。(莼羹)
月上楼嫌窄,先将影贴墙。夜深无梦在,相与话家常。(唠嗑)

五业赋

一蓑烟雨任逍遥,来去扁舟载寂寥。荻隐滩凫惊晚唱,篷遮夕景趁归潮。网罾事业钩边钓,云水生涯橹上漂。莫问沉浮今古变,煮鳞沽酒醉中宵。(渔)

竹杖芒鞋雨打蓑,寻村辟路犯崇阿。风从峭壁身前起,斧在清泉石上磨。伐木无心惊鸟宿,负薪有暇伴云歌。人间几度沧桑改,一局深山剩烂柯。(樵)

柴荆虚掩散晨烟,梦断鸡鸣箬笠偏。翻壤铁锄催布谷,漏春新柳策乌犍。篱园窖酒丰年后,石杵舂粱饱食先。雨顺风调生计足,齐家幸有子孙贤。(耕)

红袖偎肩夜未央,篆香轻袅杂茶香。砚磨岁月杯边损,文筑江山眼角量。一咉剑光藏古匣,五车才力镇名场。家贫贮满书千卷,情种原来属栋梁。(读)

锦匣青囊本草笺,杏林传誉活神仙。拈针理脉床前判,捣药移炉月下煎。一帖沉疴生死起,千年杂症惑疑诠。清风两袖岐黄手,济世悬壶不计钱。(医)

习佛七首

事如晴雪扫,人老一梅闲。敞帚沦官渡,余香济佛山。心平脂水定,鬓薄慧灯斑。小字抄经久,神形酷肖颜。

无边烦恼起,苦解却昏昏。石阻师东道,天开佛后门。浮沤生梦象,苍狗变云痕。合掌迷津问,蓦然又一村。

纵难祈一苇,杯渡亦寻真。慧剑磨无石,禅关拂有尘。虎闻溪笑客,狮吼坐谈人。顿悟菩提下,重修浊劫身。

业造疑前世,今生未了缘。路逢花雨下,春瘦海尘先。佛偈钞盈箧,尼珠数习禅。躬身遥合掌,默契奈何天。

向壁蒲团坐,沉香共木鱼。伤今窖藏酒,怀旧线装书。字漏参无解,坛空悟在虚。一声钟警世,花落满庭除。

　　艰难唯一死,况有更艰难。诺证三生石,心皈六祖坛。焚琴缘尽了,挂颊梦无欢。寂寂青灯冷,潇潇夜雨残。

　　一尘生一劫,一念一菩提。事了空杯渡,情忘不鹿迷。散花梅渚上,向壁蜃楼西。苦行为僧处,谁来管药畦。("苦行僧"之"行",去声。见卷二《山行》注)

修习 三首

　　飘蓬是我我如云,一卷心经定习勤。地缩重山城外聚,烟笼岔路寺前分。倚松持钵流年载,坐石拈花幻境熏。故友相逢唯合掌,余生或许认无君。(习经)

　　心如止水本无形,夜剔孤灯坐子亭。染月衣单轻又白,堆烟髪湿浅还青。书中柿叶双行泪,指上兰花半卷经。横读倒参终不解,才将一梦贮茶瓶。(习经)

　　老去餐霞学半仙,养人山水最陶然。园围岸上斜坡地,屋就崖旁小洞天。采雪为茶央鹤煮,堆泥代灶命柴捐。心平不炼长生药,但把余诗续晚年。(修仙)

禅关 五首

　　撞钟风响喝禅关,独倚僧楼眼未闲。毁誉一场归穴土,兴亡几度演江山。人来或别高低处,事说都差得失间。水月镜花浑似梦,醒而又醉每循环。

　　虫声似雨满空庭,夜色阑珊酒半醒。盘膝蒲团销定力,撮香花案数衰龄。几番心狠难忘世,一自情迷怎习经。太息平生沉醉外,江湖已不任流萍。

　　飞锡修行效野僧,闻钟饭后亦无憎。天中天雨迷三界,楼外楼风净一层。鼻观冥参桑变海,心头趺坐慧为灯。世间些许鸡虫事,与我何干罢逞能。(颔联上句胎自萧衍诗:"正趣果上果,归依天中天。"庞蕴诗:"迷时三界有,悟即出嚣缠。"下句胎自林升诗:"山外青山楼外楼,西湖歌舞几时休。"鼻观:"观"去声。李弥逊诗:"尘襟偶脱公家事,鼻观重参佛土香。"颈联上句胎自宋琬诗:"乡国陆沉桑变海,鬓毛萧飒雪盈颠。"刘敞诗:"云去帝乡桑变海,旧枝重叠长龙鳞。"下句胎自陈恭尹诗:"佛有慧灯曾不夜,天飞明镜复当台。")

　　结跏禅定静观难,事若烟灰聚指端。檐马逆风三径响,巷乌过雨一春寒。避秦先卜栽桃梦,匡宋多忧卧榻鼾。莫笑书生俱自负,于无用处铗轻弹。

　　一苇之如一水乘,茫然错请外来僧。沙平野岸礁屯石,鱼踩沧浪雀化鹏。贝叶传经藏阁解,烟蓑隔世挂松蒸。无心洞透山前壁,坐数禅珠串月绳。

游仙诗十叠

漠漠云霞淡淡真,天池老竹钓迷津。鱼书不识篆文古,洞府还藏丹药新。盗草蛇心愁治病,偷桃猴胆恨欺人。山中一部封神榜,抖落眉头几许尘。

浮云散处老怀真,信有遗踪访旧津。彤管点荷风味浅,玉蟾磨斧月光新。投壶不举齐眉案,支鹤如偎隔世人。踏遍湖山秋已熟,鹑衣误拂梦中尘。

万象看空笑骂真,几行何典入迷津。如逢老子三清化,不悔庄生一枕新。魔障侵消开塔骨,孽缘点拨断肠人。聊斋昨夜风声响,扫尽闲言满鬓尘。

一日千年怕失真,风华未改入烟津。苦求静女巫山隔,闲读聊斋故事新。谒石桥头曾拾履,画皮帐里偶惊人。是非难辨空谈笑,满纸荒唐窣地尘。

餐霞饮露玉容真,一片飞花落汉津。遗佩暗拖罗带短,折箫空筑凤台新。云中有字皆归意,梦里无缘是俗人。前世未修今世果,篆香几炷杂轻尘。

紫气青牛抱朴真,关山万里渡江津。穷追日影天微渴,漏种梅魂月渐新。纸剑横裁唯道术,足绳长系有缘人。今生认取桃源路,不向豪门借一尘。

白云深处觉天真,似水流年不问津。袖手旁观柯烂剩,随心所欲卦翻新。三山有幸搜狐女,一麈无妨捉鬼人。落籍瀛洲依碣石,残痕潦草扫春尘。

逍遥只认素袍真,道不相同不问津。无以升天鸡犬老,未能绝俗酒茶新。搭桥欢聚来双鹊,过海神通数八人。一自崂山封剑后,任由野鬼闹红尘。

灵枢紧握守全真,雪满空山月满津。驱石成桥波脉稳,乘槎犯斗酒痕新。六爻逆演罗浮梦,千载闲谈鹤氅人。多少狐疑何必问,落花不怨碎如尘。

天机莫测假还真,一出蓬山懒问津。寻路蹇驴颠倒瘦,斩妖灵剑略微新。混元梦外沽春酒,太极图中卜世人。过眼紫霄深浅处,昔年黄鹤下凡尘。

悟九首

尘埃一点返空虚,出世因缘不易居。龙的看穿无幻象,蒲团坐破有真如。闻鸡懒卜齐家策,折俎闲翻遁甲书。纵令佛头皆着粪,忍将鹅说当初。

晨钟暮鼓入江荆,紫带青丝映剑鸣。能证菩提拈一笑,欲凭般若度三生。城头步月非偷色,席上留诗不署名。愧我皮囊无大用,风尘褪尽骨骸轻。

离歌渐远向穷途,倦把斜阳暖酒壶。雪里梅香清似有,灯前妓影淡如无。苔泥陷足千阶碧,佛印钤心一线朱。事往曾经皆是幻,回头笑我太痴愚。

逃禅另觅浣花居,勘破红尘晒史书。杯底疑蛇风化实,橘中秘谱手谈虚。身非自主随缘各,义不容辞碰壁初。退一步宽天地外,翻云覆雨属多余。

久为凡缘误此身,心经读破拂轻尘。月皆绝色云消灭,花少深情草认真。如是我闻金缕曲,不堪人说玉堂春。风来赚尽相思泪,洒落吴江怎问津。

一瓢弱水取犹迟,邂逅无缘早结缡。湖瘦那堪桥带散,塔孤何忍寺幡移。花间酒令行吟处,柳下蒲团坐悟时。半部楞严秋满箧,剑难生慧罢横支。

舍此无他剩即嫌,我生来晚隔重帘。群芳尽败衣先拂,禁脔多腥鼎略沾。味及悲欢唯自得,性如开谢不相兼。最难彻悟菩提数,一袭袈裟立伞檐。

百年功过是非生,公道由人口舌争。名被蠹鱼箱底食,酒随霜菊月边倾。逢秋未必心肠冷,促膝何须鬼怪评。坐破蒲团参透骨,禅中色界拒多情。

每用深寒赚落英,满襟萧瑟独争鸣。水无硬气难为雪,天有良心不改晴。能正直时匡世乱,可柔弱处让山平。夕阳烧尽离离草,一瞥荣枯一踏轻。

卷 九

（五七言诗一三二首）

史说二三首

雨打风吹去,千秋一梦轻。江山本非鹿,草木亦曾兵。裂土荣枯替,同槽得失争。后庭歌舞夜,耳掩鼓鼙声。

放眼江山大,携谁把酒论。英雄顽石胆,香草美人魂。挟匕除秦恶,怀琶报汉恩。倾杯几何剩,千古数伤痕。

青山依旧在,江派夕阳中。石燎生灵炭,波淘作祟虫。漏船竿钓玉,败草陌争风。万里流愁尽,吟鞭道向东。

冷眼兴亡替,谁能独善还。策成三国志,魂失八公山。黄石初逢处,红羊屡劫间。可怜无尽水,东不破愁关。

几度王旗换,千秋赋七哀。奢从龙阙竞,忧自草堂来。请剑难诛鬼,弹冠为黜才。生民如一芥,烽火战亭台。

裂土何容赦,江山一统争。逆流摧砥柱,烂石坏名城。辙验尘嚣甚,船犁浪踏平。金瓯敲不缺,请剑匣锵鸣。

烹鲜岂容易,忧患恐蹉跎。地载苍生重,林潜大蠹多。不谋天下食,难止劫时戈。万里江山在,兴亡数几何。

烹鲜略嫌小,伐国远劳师。石眼苍生泪,城头异族旗。投鞭窥晋鼎,堆骨勒燕碑。剩水残山外,青灯一卷持。

纵未留青史,风云亦几曾。事功屠狗辈,人物打钟僧。续祚谋何用,回天力尽能。一抔黄土下,贵贱两无凭。

人物一方镇,山威八面风。戍边扶大纛,折矢尽孤忠。齿落何堪马,天遥不到鸿。鸣笳烽火外,歌舞帝王宫。

胜败虽人事,犹须命里观。三章谋楚久,六印敌秦难。折屐棋如故,谈兵纸已残。英雄今在否,太息又无端。

九原风雨晦,草莽怒蛙声。跪石空忧世,抟沙不聚城。榆分几钱吝,雁去一毛争。醉死秦淮上,谁调鼎沸羹。

岂可如刍狗,每因蝼蚁哀。石无言在泣,天有眼难开。伐性虽归孽,违常已变灾。箕风几时起,扫尽一隅埃。

世道难由己,焉能独善身。竿充台上戏,瓮请局中人。后院惊巢覆,东窗畏舌伸。苟如冰炭活,不及一微尘。

死生何足惜，福祸每难逃。缚虎归三字，登龙饰一袍。族因忠灭尽，冠被怒冲高。终古黄尘下，问谁能自豪。

　　死报因知己，恩仇一诺真。名彰哭街女，事了拂衣人。快意柯坛会，悲歌易水津。凛然肝胆洞，千古话风尘。

　　沉吟难决断，苟活草间秋。乐尚违心说，词偏到处愁。降旗徒覆面，袒背奈低头。一死无非了，何须辱不休。

　　谋深兼计诡，唾面略无惭。杀士桃争二，同槽马数三。栈修疑暗渡，榻卧忌旁酣。不屑仁如妇，高低罢手谈。

　　技仅雕虫耳，何堪一用哉。舌根频鼓噪，饭颗尽嗟来。觍面竽充席，矫情名换杯。肠鸣不平夜，怨妇枉矜才。

　　轩车谁与共，虚左苦求贤。斗石妨轮下，斤风止鼻前。沽名满壶蚁，渴利一林蝉。欲壑深无底，何来息壤填。

　　北戈南下急，歌舞战秦淮。手摺桃花扇，梦游梅影斋。美人投碧水，名士畏凉鞋。虎踞龙盘地，居然剩乞骸。（孔尚任作《桃花扇》，冒辟疆作《影梅庵忆语》。传柳如是约钱谦益投水殉国，钱曰"水太凉"。）

　　痛史难回首，长嗟气未平。陆沉秦碣石，瓯缺宋干城。玉体横陈夜，金戈溃散兵。奈何宁跪辱，贪为草间生。

　　盖棺无定说，纷讼又难兼。橘枳烟墟变，龙蛇草莽潜。兆非生自谶，命岂赖于占。满纸荒唐处，犹多口舌添。

读史二九首

　　正史生疑稗说新，详参故纸未全真。北征虽可为雄主，南渡何尝剩怯民。入彀谋教命卑贱，闭关策让国赢贫。小烹大治俱虚饰，一样逃周与避秦。

　　伐谋用武两无能，和议称臣岁贡增。北顾江山分半壁，南图事业待重兴。哀于内祸干城毁，乐在偏安佞舌凭。千古不堪争蹈海，纵然国破气犹凝。

　　独专鼾榻远忧忘，苟为偏安忍靖康。后乐几曾效文正，余哀何以鉴阿房。空谈性理风波恶，不辱衣冠士节刚。千古招魂涕零处，满江红外海苍茫。（壬寅家居重读《宋史》。颔联上句用挟声句。）

　　旧史尘封懒问津，几多人事乱前因。每疑半部能匡宋，焉信三章就定秦。劾鼠休猜容酷吏，采薇难道属良民。春秋读破皆无义，骗得寒儒学获麟。

从来草莽聚风霜,指点山河剑映凉。宁有种乎非楚霸,实无赖矣独刘王。窃符可谓棋行险,失箸终难戏演长。阅尽荣枯都是命,随如梦处剩黄粱。(王:借为平声)

每为歌残夜唾壶,江山一局赌赢无。破关不必暗销铁,鞭马何妨先窃符。毂内伸张容学子,纸间跋扈畏官奴。五千年梦难闲话,留对孤灯数佛珠。

往事如沙数念珠,浪淘尽处夜围炉。周公口舌莫须有,蜀主心肝难道无。资友岂因贪相印,绝缨偏为豢家奴。天生一曲广陵散,误让清流洗唾壶。

生无胆略作降王,悔对屠刀哭庙堂。南渡马过烽火起,后庭花落酒旗扬。问愁不必吟流水,思蜀尤须忍断肠。偌大山河难立足,一抔黄土葬他乡。

亡国之君有几何,才非所用惜蹉跎。花偎殿阁诤言少,酒蚀江山软骨多。忍死方愁东去水,偏安那管北来戈。瘦金书上风流梦,错会天涯落凤坡。

最是雕栏不足凭,降旗一面竖危城。兵无虎胆驱强敌,妾有梅魂泣内情。国破才知梁已毁,身囚更恨贼还旌。恬然肉袒求偷活,管甚人前笑骂声。

天岂由人久独裁,一抔黄土散秦灰。毂中险恶输亡命,舌上阴谋主霸才。伐国如驱牛马去,残民以逞虎狼来。江山莫仗长城守,几个囚徒酿大灾。

恐有图谋敌暗侵,止戈为武莫消沉。虎贲远警狼烟淡,蛇阵深潜马草深。已费天山三箭雪,应还月夜一笳心。腥风散处鸦斜立,再犯长城只手擒。

岂止昏君作独夫,弹冠互庆诤臣无。拜尘左道膝频跪,弄舌东窗心可诛。鹿指争夸乘胜马,虎过齐避假威狐。飞扬跋扈天难忍,入瓮时嘲几恶奴。

每为虞歌咒楚仇,英雄气短大江流。兵书未烂青羊峡,羽檄先传白鹭洲。誓血孤城围盾鼻,吹笳异域试刀头。几多枯骨成庄梦,一角降旗覆帝丘。

赋诗横槊酒千盅,大好头颅属鬼雄。前路鼓催龙战野,后庭花落马嘶风。尘吹赵壁归时白,日照金瓯缺处红。塞雁才过胡角起,狼烟又警未央宫。

关山暗度战旗斜,血结寒霜不是花。匹马巡河风积浪,残笳隔塞月鸣沙。弓弯欲引城头雁,剑折犹听墓上鸦。千古功名枯骨在,一抔黄土葬龙蛇。

巡营细柳摄群雄,指点山河一笑中。羯鼓才催胡马壮,虎贲先破石城空。提颅作穗垂缰紫,喋血成花落甲红。半面降旗遮不住,龙庭又惮旧臣功。

称孤道寡不心诚,局事难言苦斗争。酒断僧肠皆孽造,星翻贼眼本天生。撞墙迁怒风推背,窥室存疑鼠结盟。偌大山河无觅处,功臣几个敢高声。

杀妻何患将难求,兔死争烹狗不留。祸起宫闱疑内贼,变生肘腋畏阴谋。

解兵竟上归田赋,亡命应消抉目仇。原本伴君如伴虎,五湖烟雨隐孤舟。

曾经步武学群英,误入新衙组阵营。腹剑攻堂藏恶胆,拳锤击案减豪情。难疏水患民如鲫,敢毁江堤蚁即兵。始信亡秦多刻薄,禁无声处揭竿行。

所谓忠心乃自欺,几番愚弄一朝疑。恨无狼黠徒劳尔,羡有龙威可代之。杯外释权非养老,釜中煮豆岂催诗。翻云覆雨江山改,蛊惑苍生作白痴。

一刎相酬重若山,回肠荡气是红颜。尚犹所憾无须谢,夫复何求不必还。霸业从来归寸土,欢情自古属难关。我今长喟兼长恸,泪满青衫鬓两斑。

牝鸡得宠敢司晨,谁说温柔不杀人。碑上字无分黑白,枕边风可别疏亲。垂帘或践三纲坏,举火偏怜一笑真。婉转琵琶呜咽处,几番苦雨了残春。

不察君王用计先,空谈八股废流年。逐狂何惜柳三变,隐迹才容张半颠。赚蠹中书虫独善,辟天下鬼谷齐仙。寒窗事业终如梦,白首青灯剩可怜。

十步无须杀一人,锋芒直指驭降臣。跪门杖狗衔奴骨,逃井囚龙剥逆鳞。力竭空悬亡越胆,谋穷独活质秦身。千年几个男儿是,愧对煤山骂不仁。

独携书剑不安贫,七尺堂堂本色真。卧榻容谁鼾出口,推松许我倦翻身。鬼才自古无长命,龙种天生有逆鳞。世道难行偏涉险,为留肝胆刺强秦。

掌上烹鲜治国难,载舟载水载危安。向明镜处管窥豹,亲小人时猴戴冠。折槛求真凭骨硬,垂衣务本始心宽。升平世界生庸碌,物欲横流不问寒。

如此河山绝又奇,勉将惊艳付新词。六朝粉黛秦淮月,三国风云赤壁旗。鸭绿江春封瘦雪,黄龙府酒誓雄师。桑田几度曾沧海,只剩民心不可移。

千古云烟幻篆形,数痕浓淡叹零丁。垂帘每恨芒生背,挂印终忧杖在廷。手不留情容我黑,目无余子为谁青。乾坤板荡英雄老,一扇桃花铸剑铭。

李煜二首

撮襟书罢献吴钩,金缕鞋提作宋囚。两代春花秋月夜,一江故国敌楼愁。词推史上后前主,美拥人间大小周。往事何堪了还忆,翻教涕泪尽情流。

割据当年祸暗来,江山板荡劫争开。辙中半涸属鱼肉,天下一笼归霸才。苟活安能长似水,欲鸣终究不堪哀。春花秋月依然在,只是人间少纸灰。

曹操二首

横槊诗雄有几多,八方风雨壮山河。夜荒官渡野船朽,春老铜台乌鹊过。

霸业一编沙数落，烧痕半壁浪消磨。平生杀伐皆谈笑，错放权臣莫奈何。

纷纷乱世一枭雄，号令诸侯挟汉宫。酒煮山河横槊笑，诗开日月运筹攻。休言正统皆相似，偏是奸邪也不同。兴废悠悠千古恨，已随铜雀筑成空。

历史人物三首

歌馆销魂处，山河日已西。走偏登极路，扶错上墙泥。北国炉无炭，南辕马罢嘶。一从归作虏，垂泪瘦金题。（宋徽宗）

自毁长城失，谁谋率土贫。揭竿全剧寇，鼾榻一强邻。板荡倾龙椅，钲鼙激马尘。国门天子守，死不屈尊身。（崇祯帝）

悲风回汨水，千古问天声。掩涕醒难醉，怀沙浊自清。魂招修远路，世剩困穷名。一简离骚后，孤芳尚不平。（屈原。檃括体。《悲回风》《天问》《招魂》《怀沙》《离骚》皆系屈原作品。《离骚》："长太息以掩涕兮，哀民生之多艰。"《渔夫》："举世皆浊我独清，众人皆醉我独醒，是以见放。"《离骚》："路漫漫其修远兮，吾将上下而求索。"《离骚》："忳郁邑余侘傺兮，吾独穷困乎此时也。"《离骚》："芳菲菲而难亏兮，芬至今犹未沫。"）

历史人物一三首

神州板荡剩兵戎，还我山河愿落空。勇武人难出其右，冤诬谁可决之中。跪坟诚惕风波恶，立庙昭宣世道公。千古干城多自毁，至今徒唱满江红。（岳飞）

破齐匡赵属干城，我武惟扬气不平。璧返危邦噬舌战，虎逢狭路愧蜗争。交堪刎颈双雄会，老尚加餐一力撑。可惜苍天难遂志，故教宵小又横行。（廉颇）

逐鹿中原六国危，群雄束手柱凝眉。千年易水依然怒，一曲离歌抵死悲。匕短徒呼天未绝，图穷只恨力难为。匹夫虽勇终无奈，留取英名篆史碑。（荆轲）

千秋一统始开天，万里城头月未圆。坑卒难摧投柱胆，焚灰怎掩骂名篇。巡威勒碣新封树，灭国驱奴独断鞭。纵是金汤夸稳固，不堪三户凿而穿。（秦始皇）

沉舟破釜取乾坤，乱世横行霸气吞。四野悲歌摧楚帐，一锋碧血祭军魂。心高不渡江东水，力竭宁留项上痕。天欲我亡非战罪，至今长恨宴鸿门。（项羽）

英雄不怕出身低，路斩长蛇剑倒提。约法三章谋局定，分羹一盏许人批。鸿门自古歌催促，垓下于今草踏齐。过眼风云皆去也，安知猛士守东西。（刘邦）

学道偏违跨鹤游，平生自负有奇谋。岂甘左辅巧争相，宁忍后亲先贿仇。盗嫂无疑因好色，从奸不信为安刘。宰天似宰盘中肉，只恨风云卷错头。（陈平）

牧马阴山草满坡,匈奴未灭国如何。拔旗怒卷云屯甲,鸣镝长衔石带梭。千载尚余英武气,一瓯无缺大风歌。兴亡事业从头数,几个名君可琢磨。(汉武帝)

悲歌未歇挽强弓,笑御风云助火攻。血气空腾危壁外,兵形暗散大江东。六朝金粉如尘土,一世英雄是病虫。可惜心高天欲妒,终教魏舞入吴宫。(周瑜)

寒旗猎猎起狼烟,牧马中原塞角传。雪酒三巡歌拍案,风沙一握笑扬鞭。削山作剑冲牛斗,弯月成弓射鹿田。自许英雄图劫胜,横行不让我争先。(成吉思汗)

割尽情根是竖阉,一生卑贱万人嫌。阿从大内随君叱,诈向深宫作祟添。永巷新弦奢在欲,黄门故纸断于严。权倾岂敢冤申诉,荼毒民间祸乱兼。(刘瑾)

盖棺难定晚清魂,仅别忠奸不足论。鼓舌坟前刀削史,摇旗马后炮攻门。干臣岂可都愚直,弱国焉能少屈尊。一掷鸿章谁识李,鲁鱼豕亥本无痕。(李鸿章)

名扬小站出干城,蹈死危邦仗剑征。果让庸儒能变法,还疑弱主罢连盟。北洋台柱凋髯白,南郡锋芒刺背赪。望帝梦归春去也,杜鹃啼断泪无声。(袁慰亭)

历史人物—六首

国破无人敢死争,偏教美色济苍生。可怜心为谁长捧,负了吴王痛未平。(西施)
四面悲歌楚帐孤,天销霸气在穷途。今生有幸先吞剑,来世为花再姓虞。(虞姬)
一掷江山赌一场,此头宁舍又何妨。赚来多少英雄泪,肯为佳人剩两行。(项羽)
朽木难雕最可憎,况为亚父也无能。一双玉斗坐中碎,天下已分亡与兴。(范增)
响屧廊空步月来,为谁厮守旧亭台。恩仇了断前生里,但有余情不肯灰。(夫差)
岂因贪贿胆包天,只怕君王好色偏。一幅愚忠全抹黑,古来谁识画师贤。(毛延寿)

赋诗横槊下江东,笑煮青梅较两雄。酒可消愁难解火,才教赤壁夜烧红。(魏武帝)

玉山倾倒不堪扶,逐友何妨嘱托孤。绝唱人间天暗妒,广陵散处竹林无。(嵇康)
绿鬓如云锁镜愁,那堪望别隔于秋。凛然数点红珠泪,不坠人前却坠楼。(绿珠)
投鞭断水一时雄,鹤唳穷途草木风。身死不甘输国玺,纵然成鬼亦神通。(苻坚)
管领笙歌避战尘,桂宫结绮后庭春。窥蛙有幸能同穴,误蹭胭脂上井唇。(陈后主)
几多愁在障重瞳,茸嚼花间唾烂红。金缕鞋提情未了,撮襟书就水流东。

（李后主）

并世难容瑜亮争，风尘步武剑纵横。江山两处谁为主，一局输赢各有成。
（虬髯客）

水深千尺即深情，流放桃花抵岸平。何必蘸红诗一斗，踏歌迟送酒船行。（汪伦）

不幸为儒厕士林，草间偷活枉沉吟。果真家累成公理，寒尽英雄必死心。
（吴伟业）

怒到冲冠剩末仇，一朝雉髪更蒙羞。红颜本不关天下，枉替降臣负罪由。
（吴三桂）

咏美图 四首

浣纱溪畔苎萝村，完璧天生不独存。曾献浅颦供效样，每招群妒拭啼痕。鸣廊送月家连蒂，哑井流愁梦断根。地大无缘收艳骨，才教碧水净香魂。（西施）

热泪空弹俏脸庞，江山比鼎更难扛。天无慧眼兵围四，夜有孤雄剑舞双。马骨徒能驮史笔，花魂幸可活闺窗。虞兮久唤歌将尽。第一悲凉属楚腔。（虞姬）

沙迷杏眼马嘶秋，一绝芳踪独剩愁。刀戳血旗残甲裂，槊分营帐断鞭留。驰书每戒囊盈梦，挂印才陪月满楼。洗尽征尘开匣镜，木兰花隐小帘钩。（花木兰）

一尘南送荔枝香，宠借霓裳衬淡妆。绝命坡低情易绝，长生殿暗誓难长。推衾最忌层绫白，入梦何堪尺土黄。只道浮槎能续约，谁知海外不归唐。（杨贵妃。传杨贵妃未死于马嵬坡，潜逃东瀛。）

王昭君 三首

驼铃一路伴琵琶，绝塞风吹满面沙。羯鼓才催戈暂止，狼烟已逼灶先加。徒疑化敌能臣服，不信和亲可祸赊。此去长安千万里，再回头处是天涯。

名花落处正回春，何必邀怜舍一身。心上梦随羊酪淡，眼前家比雁书珍。如能寡欲供良将，再不和亲仗美人。汉镜于今皆碎却，重圆最怕又胡尘。

独抱琵琶酒满尊，驼峰缺处眺孤村。胡营牧草兼脂色，汉殿菱花检泪痕。无奈嫁为蝴蝶梦，不如归去杜鹃魂。一抔青冢黄沙响，粒粒吟愁可细论。

梁红玉 三首

南下狼烟起旷芜，江山半壁待谁扶。笑鞭泥马难为帅，怒掣金槌幸有姝。

一鼓气摧营纛折，十通声助阵潮呼。黄天荡里红妆裹，敢誓人先胜匹夫。

势在图南欲放缰，乾坤板荡一麾张。苟延余祚犹匡宋，奈点哀兵竟赖梁。鼙鼓作雷催箭急，甲衣带血射潮忙。吴山越水多奇女，不许胡尘入故乡。

弱腕扬桴一怒嗔，鼓声如雨逐胡尘。宁为楚帐销魂女，不做春闺弄镜人。请剑虽嫌钗骨细，补天无愧石心真。古来多少英雄谱，竟让红妆共隐沦。

读宋史

何堪痛史读中宵，掩卷长嗟倍闵寥。一自崖山齐蹈海，再无风气领鲸潮。

读桃花扇

北戈直指起悲伤，歌舞秦淮作战场。数点桃花吹聚散，一张扇纸写兴亡。美人有泪空忧国，公子无谋独抱香。沦落乾坤多板荡，南明风雨忒凄凉。

战役记 三首

存亡一线阻江干，半损三军进退难。桥受炮攻尸守阵，血兴涛怒夜争滩。力虽已尽肠先抉，志不能移刃再攒。铤险脱围遵义去，换来新局领征鞍。（湘江战役）

末路横拦大渡河，势成天堑鸟难过。哀兵不屈唯冲岸，猛士无伦敢伏波。板荡船头旗渍血，土崩防线水沉戈。破围西进存星火，再起风云决胜多。（强渡大渡河）

巉崖断壑雨潇潇，掩袭衔枚不畏遥。二百里泥途一夕，十三根铁索孤桥。敢从死地拼神勇，幸出生天避劫烧。大渡河宽呜咽处，至今回响血腥潮。（飞夺泸定桥）

会战记 一○首

烽烟四起鼓鼙惊，日下东南半壁倾。鸣镝喝尘征悍将，枕戈盘马聚哀兵。尸僵雄堞犹瞋目，血沥牙旗乃破营。淞沪英魂今在否，重磨利刃决输赢。（淞沪会战）

表里河山拱北隅，硝烟忽起满平芜。统修营垒合麟甲，齐拆阋墙分虎符。忻口裹尸何用革，雁门埋骨不为奴。中天一恸三军退，卷土重来气更粗。（太原会战）

兵锋直指国都危，急檄勤王奈已迟。狼突石城天堑失，虎泅江渚塞防移。卧薪

先忍期横槊,折戟重来待誓师。三十万余仇未了,终须一怒拔倭旗。(南京保卫战)

寇氛方炽迫徐州,楚霸虽亡勇气留。癫鳄横行拦蚌埠,豵豚左佩堵邳沟。皆焚玉石城犹立,独胜台庄剑未收。血雨平原花惨艳,于今入眼倍添仇。(徐州会战)

日凌中土一轮烧,剩水残山草木焦。鹦鹉话兵钳汉口,龟蛇负甲锁江腰。枪攻鹤阵频摧翼,炮守琴台怒射潮。天幸散沙能聚米,万家传捷路扬镳。(武汉会战)

纵然焦土亦雄飞,大战天炉虎立威。衔尾剑追蛇怒斩,当头棒喝敌重围。星城劫火连江沸,岳麓山松带血肥。西进铁蹄难步武,残阳尽处鲁戈挥。(长沙会战)

抱守孤城合力支,不容倭足越雷池。敢从张死护唐鼎,难究李降存汉旗。断壁犬牙皆喋血,残枪鸠杖若撑尸。魂游异域成伥鬼,枉筑扶桑末日碑。(衡阳保卫战)

抵死封关舍一丸,昆仑险阻血泥干。横磨盾鼻思良将,倒检弓衣贬主官。戍角长鸣铜鼓怒,星芒遽灭纛旗残。边陲战事连邻国,不戒唇亡即齿寒。(桂南会战)

铝谷驼峰锁要冲,一麾师出密林中。火焚罂粟祛苗蛊,雨袭桫椤试勇虫。瓯脱七奔强弩末,畹町三鼓大营空。横刀怒喝兵氛退,捷报西南又立功。(滇缅会战)

日薄西山野烧红,寒鸦铩羽武冈中。已非常败国风烈,无可久逃天道公。树散猢狲埋绝谷,烟吞魍魉入樊笼。扬眉击缶悲歌起,直捣黄龙策玉骢。(湘西会战)

江湖侠女录 一七首

请剑争雄慧剑无,最难相舍是江湖。重逢旧馆心犹在,独闯华堂气未输。罾井坐探虽异志,漏船扶渡必同途。风云变幻何须问,勒马骑鲸任避趋。(《倚天屠龙记》之赵敏)

一袭黄裳巧笑吟,天涯几个属知音。城头箭羽轻生死,岛上桃花演古今。争鹿每撑豪侠胆,射雕先获美人心。青筇玉笛风云散,更有传奇动武林。(《射雕英雄传》之黄蓉)

隐居空谷一株兰,九畹秋深不畏寒。爱效蟾妃修月镜,敢称龙女战雷坛。柔肠暗解芳尘定,弱腕横磨慧剑宽。相别奈何还久候,忘情或比用情难。(《神雕侠侣》之小龙女)

汉水舟中喂饭恩,换来心上尽伤痕。指天为誓从师命,渡海寻经结祸根。徒恨绮情云易变,妄谈幽梦匣难存。峨嵋夜雪无人到,一盏青灯点断魂。(《倚天屠龙记》之周芷若)

谩嗟身世转如蓬,送目依然只向东。何幸偶逢蛇岛上,再难厮守马尘中。

心忧夜冷添衣少，梦负春深到枕空。碧海茫茫无一苇，渡谁来饮女儿红。(《倚天屠龙记》之小昭)

　　塞笛吹处起胡尘，水榭听香错寄身。盗匣偏逢肝胆友，倾筐本属性情人。爱如中蛊医无术，恨若浮蛆酿有因。红泪一壶浇剑穗，半梳长夜半沉沦。(《天龙八部》之阿朱)

　　江湖笑傲送流年，手绾鸥丝一曲传。酒兑红梅庄外雪，炉撩绿竹巷中烟。錬魔何用清心咒，历劫犹存孽海缘。世事如尘抬慧眼，盈盈转处许超然。(《笑傲江湖》之任盈盈)

　　旷劫茫茫血一抔，香魂袅袅几多愁。世惊珠泪让垂意，天妒玉容争伐谋。蝴蝶梦销戈壁月，琵琶声勒凤城秋。深情已托怀中匕，不辱今生做楚囚。(《书剑恩仇录》之香香公主)

　　逐牧天山夕照红，黄衫翠羽雪花骢。肩担大义征途上，眼识群豪变局中。短剑为凭疑赠错，柔情是梦笑谈空。茫茫劫烬心犹在，瀚海秋来托塞鸿。(《书剑恩仇录》之霍青桐)

　　肘后无方暗动情，药王庄里偶逢兄。狐飞雪夜刀虚抱，蛊种风尘梦浅耕。所幸投怀能替死，本难牵手不求生。海棠花下人何在，一缕香魂伴客程。(《雪山飞狐》之程灵素)

　　名居七怪冠江南，诺为存孤忿不甘。荒漠力围鹰铩羽，险滩身殉剑沉潭。香销石叶留橙酒，血浣桃花灿蝶庵。千古侠歌传越女，却教豪杰又何堪。(《射雕英雄传》之韩小莹)

　　青衫洒脱本佳人，睞剑横箫一笑真。板荡山河云外路，涕零身世雨中春。家仇暗了随荆侠，国难同担识楚臣。题尽断垣唯碧血，悲歌粤海不归秦。(《碧血剑》之温青青)

　　吐气如兰软语央，天怜一笑共柔乡。情生盗帅留香夜，梦候妖姬拭镜堂。无憾或因缘已了，有愁还为债难偿。江湖跌宕风波外，谁识红颜堕泪妆。(《楚留香传奇》之苏蓉蓉)

　　坛倾烈酒一干空，快马单刀去似风。杀贼长街秋落寞，偎人绮阁月朦胧。情多绕指心声抑，义重扬眉胆气融。退老红尘终不悔，平生毕竟识英雄。(《萧十一郎》之风四娘)

　　心如碧海晚来潮，往事何堪取一瓢。绣玉谷深情已绝，移花宫冷怨难销。宁邀月代窥墙影，不恕春生破土苗。寂寞年年空自遣，独持长剑泪横浇。(《绝代

双骄》之邀月宫主）

不是冤家不聚头，一身无奈负恩仇。联镳漠北鞭驱石，合璧江南剑击瓯。痛到茫然零泪断，思于默尔寸肠柔。黄尘起处长相候，白马西风落照秋。（《萍踪侠影录》之云蕾）

嫣然一笑本无邪，两勺温柔隔面纱。追梦紧跟山转月，忘情少累雾藏花。何期路遇同沽酒，最恨春回独问鸦。衣上数行儿女泪，溅于心璧不成瑕。（《说英雄谁是英雄》之温柔）

强者无敌 二首

黑木崖前起战尘，英雄几个敢横身。扬威纵是穿针手，一样东方不败人。（东方不败）

千里横行敌手无，倒提三尺一身孤。仰天长啸风萧瑟，挂墓空山换念珠。（独孤求败）

卷一〇

（五七言诗二五六首）

壬寅寄"小桥流水人家"诸诗友 一六首

山河幸无恙,汗马旧戎装。血性生残日,风威慑大荒。肩承盘石稳,身筑盾城长。不羡封侯贵,功成退草堂。(寄台州王立斌退役)

璧怀商洛道,天下识荆不?酒态豪情夜,诗声正气秋。愤平频打虎,劳积自嘲牛。大任居卑位,岂能低一头。(寄商州警官田鳃)

濩落江湖老,生涯一梦叹。士商联辔易,樽俎解牛难。业就东山起,心忘左计宽。昂扬天地大,回首望长安。(寄西安上官无为)

薄雾书声亮,春寒罢踏莎。面分桃坞雪,裙聚幔亭花。素纸平摊石,清溪浅就茶。雀过频啍啍,相戒莫飞斜。(寄安溪教师谢巧玲)

课蒙勤解惑,弱腕半横虚。笔漏梨花粉,灯移板壁书。响铃催灶冷,留话嘱闲余。未及消停后,犹来问字车。(寄佛山教师甘玲)

树影窗斜贴,炉香午倒流。筝横雅居静,茶窨露兰幽。枕手江南忆,支颐塞外愁。镜台明似水,曾注以前眸。(寄通辽刘燕)

异域移居久,方言倍觉亲。酒消难了事,屋纳不眠人。拭镜疑妨目,裁诗拒合身。落花天雨密,是昨是今春。(寄上海邹小泓)

惠质同冰雪,天生耐寂寥。水亭花榭酒,人月玉桥箫。薄味低倾慢,余声浅晕遥。阑珊心事剩,纤指未曾挑。(寄扬州李雪儿)

旅展过鱼沼,村烟湿杏花。相逢半桃面,难老一泉茶。酒戒非无礼,诗诚更可夸。约来虽似梦,行日每涂鸦。(寄太原李林桃)

山河人物志,冠冕礼仪邦。寄客从夷俗,怀亲就月窗。不忘真鲁灶,难改旧京腔。万里风波隔,愁无一快艭。(寄美国方圆)

整暇频攻句,离群远一方。春迟出花慢,雪薄置茶凉。过眼蓝关马,倾怀翠墨庄。惘然低咏外,余味自深长。(寄沧州教师罗春霞)

暇余娱水墨,香道久深谙。雅舍容逃俗,清心拒苟贪。纸留棉絮白,炉傍雾丝蓝。野客春茶续,何妨夜手谈。(寄泉州连丽虹)

竹西佳处赏,河北暮春行。塔古高临岸,山闲远去城。日烘秧地熟,风蹴燕泥轻。一架瓜棚坐,邀尝黍豆羹。(寄张家口梁桂芳)

淹留三五日,难拒故人招。雨削花开片,风抽柳出条。浅香浮酒肆,长话解春潮。去路无知己,何如醉一宵。(寄泉州陈志红)

虽非梦中笔，绝胜紫荆花。气宇探苏海，才根出谢家。纸求香岛贵，名吉士林遐。即席频挥洒，无须手八叉。（寄香港周瀚）

艺游书与画，琴学亦兼攻。俗物轻身外，浮名淡眼中。耽乎山水乐，变在古今融。幸结忘年友，惭无一技雄。（呈上海书画名家董芷林先生）

杂诗 四首

换盏频提点，茶销下午长。江湖闻起伏，草木证炎凉。命不由人改，头难为气昂。十年徒负米，病老竟无方。（茶遇秦宇轩兄忆往论今不胜欷歔）

知交三五个，书剑各东西。取境天行健，藏名水就低。不辞曾汗马，无悔已鸿泥。袖手层楼上，如今话鼓鼙。（辛丑与徐又寅兄花颊弟小聚）

亦师能亦友，为仆即为官。表率才兼德，亲随险与难。脊梁天柱正，胸次海门宽。载石今归老，何时共把竿。（奉贺王先生退养林下）

畏友居商洛，忘年识士林。颖囊藏熠熠，腹笥愧钦钦。避一头题塔，传三昧点金。平生无所憾，曾献度人针。（韵次田勰《呈师父无以为名》诗。其原诗："斤风七步捷，一木秀诗林。草就人争递，芹呈世所钦。回眸鸡变凤，过手石成金。疾自篇中去，蒙君痛下针。"）

壬寅三月寄商州田勰 三首

老眼高看兴尚浓，长安纵远待游踪。路分三岔马难识，山出一头云莫封。袖手人间推后辈，掌兵纸上效先锋。何时雁塔同争酒，勒壁诗赢我动容。（望远兼寄田勰君）

为谁倾盖五原秋，落木萧萧古酒楼。地是汉唐开气象，人非魏晋续风流。觑肩刺请图中匕，韵脚赓凭俎上谋。佯醉击壶歌不夜，一时声动半商州。（梦与田勰酒战商州并寄）

杜鹃声里杜鹃花，诧转秦腔灿若霞。奋尽马尘春入眼，夯平丘壑路通家。泉刀擘纸容参语，竹戟支墙笑斗茶。一晌宽闲人自在，信天游外夕阳斜。（见田勰诗中多用商州方言"夯"字戏为一律）

辛丑柬田勰君以代酒聚 一六首

云龙欲驾约商州，疫袭坚城我掉头。弱旅安能贪小利，诈兵偏敢设奇谋。檄传卷土重来日，拇战挑灯大醉楼。得鹿为谁难预料，方藏肘后备无忧。

挟辀西出向商州，斧画秦川待虎头。兵火几经前帜易，诗城不倒后生谋。推杯恕我惊弓影，拥鼻容谁卧虿楼。大醉梦中频叠韵，八章如酒已忘忧。

　久邀非我懒抽身，事杂何妨候一春。识点美人歌大汉，留些辣味刺强秦。诗成驴背风兼雪，酒钱桥头柳拂尘。不尽沧桑回首眺，果然王气半沉沦。

　定交人海共谋身，风雨飕飕几度春。退鹢当归吴种树，临岐正赖凤鸣秦。一壶扬抑胸中气，满鬓荣枯纸上尘。握手忘年两兄弟，赓诗战酒不沉沦。

　君为东道我为宾，聚约来年意认真。酒乃佳人动心慢，诗如浪子滥情频。不妨飘忽先游梦，最好酡然后踏春。三五雎鸠啼尽处，问谁河畔已迷津。

　秘府逢迎入幕宾，别开文境性情真。虽谦鼯技差强点，但惜鸿才用错频。诗道久衰难济世，邦家重振必耕春。大音小雅同慷慨，把酒何时泛剑津。

　识韩歧路复何求，亦友还师沆瀣游。折柳陕西拴马石，备竿吴下采菱舟。人随日月荒城老，事共亭台野史搜。一盌曾经面微辣，至今回味倍生愁。

　大气希声不可求，偶逢萍水即从游。踏槐雁塔争诗榜，拾履邳桥访石舟。津渡烟迷眼前指，关山势合笔端搜。修行只待功成日，步武人间解积愁。

　后起英才幸识荆，相游于艺僭为兄。击壶吞吐三秦气，咏史传承两汉声。非吏长安居不易，要根商洛护其荣。何时招饮吴山下，把剑挑灯夜共鸣。

　蓝田璞玉没榛荆，不忿红尘石拜兄。大器从来存本质，浮华自古夺先声。怀其即罪何堪涕，碎此而名必定荣。举世昏昏泽行处，几回孤掌共诗鸣。

　一头相避愧为师，正是潜龙跋浪时。叉手武关威草寇，伐谋莲幕辱毛锥。何妨战酒长挝鼓，不屑雕虫浅勒碑。千古功名浑似梦，封侯事业得来迟。

　行止三人友或师，如磋如切共闲时。山河表里英雄气，今古悲欢介士锥。浮蚁名场呵有壁，续貂市井勒无碑。襟怀坦荡同呼应，大句哦成笑寄迟。

　或因痴长久蹉跎，起伏平生告几何。蒜辣流年辞负勇，羊膻浊世忍看多。处微休管庖谁代，及贵应防巷众讹。扶弱抗声谋在诀，从无意气可蠲疴。

　难能用武叹蹉跎，老以诗娱莫奈何。天下狂徒逐肥热，眼中学子负薪多。缘交为续师之说，斧正当除陋者讹。小技雕虫无足道，抑扬声里疗时疴。

　援手不平争也难，老于世故罢冲冠。沉浮雪月风花久，进退鱼龙天地宽。幸可拏云遂君愿，憾犹分烛疗吾欢。来年或聚商山道，一席烦叨共倚阑。

　履霜冲雪路行难，内秀外豪时整冠。从警铸魂风气正，为诗炼骨铁肩宽。一方安稳吟边护，几度辛劳节后欢。何日大杯招沪上，征尘洗尽共凭阑。

贺黑龙江龙江诗社成立并呈李勇兄五首

风尘结客辟荆围,不忍吟坛久式微。踪继虎山邀壁刻,脉存龙社羡毫挥。一襟勤撮花间墨,四韵争赢殿上衣。从此洛阳桑纸贱,只因关外主诗威。

连镳结社话芸窗,岛瘦郊寒未肯降。笔夺花于黄果树,诗掀浪在黑龙江。虽无巨匠能轮斫,幸有奇才可鼎扛。天下一家传小技,关何北调与南腔。

社起龙江赖一夫,勇传衣钵广诗途。人言黑土唯宜匪,我信红尘未绝儒。妙句拈来才属鬼,奇情断去梦为奴。悲欢尽在残篇里,笔墨何关咳有珠。

结缘龙社识潜龙,尽揽英才一縠封。黄石可师林下拜,白衣能友草间逢。掀髯莫讶千篇绝,拥鼻何劳七步重。赢得薄名争末席,敢分诗味半杯浓。

诗场遍地草头王,割据谁能镇一方。龙战雪原初试剑,虎归林海始开堂。心雄敢笑奚囊扁,手硬当裁剡纸长。朝咏夕赓无止境,宋神唐格两参详。

三知苑听聊临屏二首

小苑秋初聚楚材,新朋老友费相猜。家珍一斛屏前数,话匣三层座上开。事似歧途皆已往,人如倦鹤尚能来。知无薄酒茶先代,浅到深时梦作陪。

三知苑里事难知,次第言来解众疑。笑剖枯肠偏献丑,惭遮薄面略存私。流年已溺杯中句,陌路还邀局外棋。劫尽东林人未老,一襟风露共秋时。

同题代拟选二首

月明如水又分流,半是相思半是愁。冷暖何干今夜露,荤腥那惯异乡秋。备无陈酿难倾盏,剩有余温独注眸。心事几多归后问,候人还在送人楼。(代拟《去年在新西兰过中秋有感》)

马帐经年烛化尘,几多桃李认非真。眼青偏爱因风句,鬓白伴嗔立雪人。俸比束脩差可抵,纸同堆墨贱还沦。幸逢佳节尊如父,一笑争夸后辈亲。(代拟《教师节自嘲》)

同题代拟选三首

网罗天下事,结客贺齐州。物议传媒界,文评写字楼。绝非期纸贵,原不为名谋。一霎风云合,抛砖誓断流。(贺某新媒体发展论坛会)

悦来皆雅士,拥鼻共优游。腕脱堆书剩,襟沾撮墨休。扫天诗帚奉,捞月酒船浮。昨夜曾虚左,谁赢一席秋。(贺某墨缘聚会)

傍城河远去,人共滑台秋。吊古涂鸦壁,谈今轧雁楼。句传杯渡夜,栏倚露盈眸。一霎千年梦,徒劳后辈愁。(贺某诗会)

题照四首

路断桥相接,船通可送君。两边坡顺下,一孔水平分。石蹭凭栏袖,风生濯足纹。幸无垂钓者,鱼乐任闲勤。(代小溪友题古桥照)

六角红亭立,临湖势翼然。唳闻风外鹤,赌唱酒中仙。断句留题柱,横波没去船。青青半垂老,最怕傍人前。(代小溪友题古亭照)

蓼红秋露白,面水一方人。只影天浮雁,残书史绝麟。不甘逃寺老,何苦守株频。十载风陵渡,三生石验真。(代小溪友题背影照)

红妆一时改,顾盼更倾城。捋袖枪垂臂,噆拳帐请缨。衣单束英气,眉妩荡柔情。姹女风云出,江山不与争。(戏题弟子雪少戎装照)

丙申春为安宁狂生弟寿三首

此生才大性情刚,一岁增来老更狂。晒腹偏嫌餐字少,夺袍终笑吮毫长。槎浮后海鱼为妾,屐折巴山鹤是郎。金缕几多歌不绝,与天同寿白云乡。

混珠鱼目懒区分,浊世何曾识使君。技痒难搔朝演易,心高不屑夕看云。白眉川上歌宫调,红粉杯中漾缬纹。如此生涯亦堪羡,几时与某再挥斤。

京畿一别老经年,乱服蓬头改也难。横议屡随词恣肆,佯狂只在酒阑珊。人非负气疑时厄,性本存真惜士寒。何日再逢风雪夜,碧灯红粉话无端。

生辰贺诗四首

浣花溪好胜江南,碧玉天生性静涵。才女最宜香雪海,可人偏爱影梅庵。词填紫陌催檐马,梦解青丝献纸蚕。不老何关心事少,唾绒今夜味回甘。(乙未初冬为梅如是寿)

性如云住鹧鸪天,独爱听荷就雨前。案墨跳珠分洛浦,词波漱玉抵吴船。梦遥难缩图中路,事累何期世外缘。剩把才情频兑酒,一泓长乐自延年。(丁酉为云卧子紫嫣郡主寿)

每疑天为遂人心,竟让红颜动士林。消暑玉庭朝咏雪,待年珠阁夜鸣琴。笺长独种斑斓梦,指弱频传宛转音。柔雅一生犹静好,五亭桥上认芳襟。(雪少生日贺)

嶙峋劲骨出高风,仰止商山不老松。少敢横戈戍桑土,壮曾援笔起云龙。一门庭训雏声亮,三釜恩施合族从。退养田间犹正气,寿杯遥献望颤颤。(辛丑初夏闻弟子田毸之父八秩大寿裁句遥贺)

壬寅韵次关中夜猫弟赠诗

薄技雕虫力不堪,转蓬湖海老昏酣。愧无骥尾供追路,幸有歌头约并骖。问字虽宜酒频载,过门何必面长谈。亦师亦友为兄弟,隔望天涯白髮毶。(关中夜猫原诗:"十年独走复何堪,疏雨飞花梦未酣。不羡门墙成子贡,但求风骨似龙骖。白头只合江湖老,绛帐唯将妙意谈。莫怪薄才愚且钝,陪师同看柳毵毵。")

甲午联句—五首(一二句梅如是/三四句无以为名)

屏前久困奈何人,忽有寒香夜袭身。一缕虽从心透入,偏将一段捺成尘。
一捺何曾撇旧尘,海棠花雨又伤春。黯然都向园中瘦,莫让无眠害及人。
已是难眠到夜分,故人消息久无闻。檐铃响处风知否,遍地梅花做朵云。
半窗微月看寻常,笔点灯花破冷光。梅影暗扶身未稳,雪衣弹白一头霜。
梦留三月不知秋,可有清光照小楼。孤影懒移窗窄窄,挤开长夜好神游。
神游旧地已难能,身锁重楼更几层。风露半宵诗半篓,读来寒意八行增。
秋千冷落竟因何,乘马班如泪恨多。半路横刀一声喝,夺来么妹嫁鹦哥。
花开雪月任东风,各抱深寒意略同。容我独行山缺处,要黏梅影一身红。
危楼倚遍渐无言,日暮天寒一闭门。心事软如风在手,暗敲梅坞话离魂。
尘心起处不能消,旧约江南一梦遥。无奈梦遥骑蝶去,第三桥下访茶娇。
半世因缘隔一江,花开彼岸影无双。何时强捉船头月,巧放清辉进琐窗。
人事经年事已轻,情怀检点半无情。还他一串明珠泪,却盼罗巾再裹成。
心空一念散尘缘,坐看人间六月天。梅雨未来春未尽,几回轮到夏评莲。
莲开一朵淡无言,身在尘泥不受恩。迟雨好随风散去,漫将天意返湖魂。
一身风露冷清秋,禁得西楼几霎留。绊足多因花满地,不堪糟蹋是温柔。

甲午联句—五首(一二句无以为名/三四句梅如是)

朵云轩外盼关关,画个雎鸠不肯还。已恨梅花无可寄,夜深烟月上窗间。

弹霜误白鬓边秋，十二阑干百尺楼。断雁一声残酒醒，桂花香里梦还留。
八行难尽九行诗，便让该行空未知。深意于今无一语，不须酬唱是当时。
相酬不再唱团圆，玉指留音绕断弦。错执前缘春梦冷，楼头烟雨湿秋千。
所嫁非人悔似难，誓将来日璧归完。倾怀自遣心头恨，敢向君前博一欢。
黏红不忍损春残，路采相思数也难。心事囊中空折满，谁知花影已阑珊。
阑珊一瞥蓦然愁，灯火星桥不系舟。似此春江花月夜，为谁独倚水边楼。
陌路销魂倍黯然，弄箫梅坞不成篇。夕阳影里青山老，辜负尘心十四年。
独木桥边独木船，鹧鸪声里鹧鸪天。长相思更长相忆，半世情牵半世缘。
琐窗深处怎安排，小雨如针绣绮怀。一线日长蝴蝶过，心随蝴蝶出幽斋。
扑来蝴蝶每怜些，何苦偏贪梦里花。梦里帝乡何处是，春红不觉又天涯。
天涯自有用情人，要许死生同一尘。无那情肠千百转，可怜人事两难真。
何求梦里坠楼珠，拾绿芳汀弄佩无。本是衡阳沙上雁，天涯相望一身孤。
烛若温柔泪始红，替垂心事在墙东。西窗昨夜梨花雨，洗却尘缘趁软风。
或因天意莫轻违，无力回春许独归。世事从来悲与喜，旧家庭院认依稀。

韵次梅如是诗 九首

吴头楚尾雨萧萧，挂席东来射怒潮。风竖雪墙推不动，水吞沙渚控还调。
羁途掌运鲈羹热，劫世心埋柿叶涸。渔火棹歌闲话处，几多秋兴酒中消。（近作）

黑甜乡里墨磨人，节节心泥杂砚尘。回味话多真即假，忘情水淡果为因。
螳无剩勇休拦路，虎有余威敢问津。长啸一声知进退，逆流湖海倦抽身。（近作）

不甘栖乏一枝争，铩羽依然续雁程。世外风旗难引领，人间雨箭总追行。
心惊野寺钟敲缺，影掠危楼笛点明。憔悴那堪衔梦石，补天无术枉耽情。（近作）

风波渐起是非昏，敢怒于心不敢言。羝为触藩曾折角，犬因逃釜屡惊魂。
扬舲墨海题夔峡，请剑书山饯蓟门。忧患一襟髯半握，吐茵林下验秋痕。（近作）

祸起萧墙究积因，懵腾唯是个中人。藏头瓦瓮偏伸足，曳尾泥涂未脱身。
酒易仇消三径雪，棋难劫活六朝春。冲冠忍把壶敲缺，暗唤潜龙破睡神。（近作）

鬓尾拖秋半懒残，一身风露五更寒。凭栏怒啸心绥定，卧榻沉鼾梦苟安。
禽下海关衔石易，蚁侵槐国补堤难。江湖十载红灯照，剑手能裁是钵单。（无题）

叱咤风云让后人，幺弦断处了前因。灯青夜养杯蛇壮，壁白秋骑墨虎新。
方始匣光开剑气，已然花劫入梁尘。寒山寺外枫桥客，一掌蒲团许立身。（无题）

一年容易梦难成,反抹朱弦雪落轻。如是为梅三弄曲,似非因谱半留名。谯楼子立灯前影,棐几寒消爨下声。寂寞人间知己老,江南绝唱忆生平。(癸巳岁结)

　　八行诗短八叉成,反抱琵琶赌唱轻。顾曲江东疑有误,探花天下号无名。心存紫陌扬镳影,耳绝青楼卧榻声。大梦今生如寄客,徒将水调演升平。(癸巳岁结)

壬午七叠韵柬八咏楼主

　　江山胜迹画中游,午榻茶花淡似秋。主有千宾方是主,楼无八咏不成楼。尘囊贮蠹书皆烂,粉黛匀衣色自流。最恨风云心底起,当时寂寞任勾留。

　　携手湖山跨鹤游,笔生灵气扫残秋。八叉轻薄推琴匣,七步颠狂出酒楼。白眼朝天风侧起,红巾覆面泪横流。男儿本色皆随意,不理形容镜影留。

　　已是中年不胜游,形容未改鬓如秋。求田问舍风兼雨,去国还家月满楼。懒就么弦弹往事,闲随野鹤访名流。一篇幽愤灯前读,同气先将笔墨留。

　　江宽水缓任鱼游,清浊分明不钓秋。野渡逢君花揖客,长廊候我雁回楼。屯杯赌酒还情债,破局悬麾引泪流。空守岁华风雨洗,一枚肝胆为谁留。

　　喜与知音共远游,如歌岁月不成秋。山裁瀑布飞珠雨,雾锁花容闭绣楼。隔岸听禅归淡泊,当垆卖酒递风流。恨无一诺千金赠,唯剩残诗座上留。

　　网络携行共梦游,悲欢几许鬓如秋。人逢陌路参花月,酒损朱颜隐画楼。妙句无奇能泛读,诚心不俗可交流。感君义气频传递,羞我疏狂放胆留。

　　塞外悲歌梦外游,戎衣一袭马驮秋。石摧空帐沙埋骨,风唳残阳雁坠楼。提剑撞碑功未就,牧边守节泪长流。寒箭断处兵戈止,几许英雄战后留。

癸未秋十叠韵寄怀锦

　　独上楼头放眼空,春幡始揭乍朦胧。云蒸水坞腾烟绿,鸟劫山林食杏红。看院狗催鸡叫曙,扫街人借竹捎风。去年一帚飘零梦,错在归程不省中。

　　又是春初梦落空,西厢独辨月朦胧。粘天草杂三山翠,隔岸灯深一坞红。船泊远郊篷受露,燕衔寒玉柳随风。几时削短柯亭笛,相唤何人不答中。

　　薄酒初倾梦渐空,群山淡隐雾朦胧。墙低助草随时绿,巷窄嫌灯别处红。戏水鹅惊鱼避棹,打驴鞭赶兔追风。匆匆一晤相期久,访遍江南寂寞中。

　　一纸难书六欲空,而今独悟夜朦胧。梦如野草浓还绿,诗比秋灯瘦更红。天不绝情人受罪,事非关己耳招风。薄衣掩饰沧桑处,惨淡生涯笑骂中。

泼墨狂吟漉酒空，秋怀潦草泪朦胧。雀填台海悲衔碧，枫落吴江恼泛红。连夜句裁酸漏胆，隔山灯隐淡来风。茫然一眼回头笑，云在天涯聚散中。

万念千回一喝空，蒲团独坐夜朦胧。楚天有雨江流碧，湘竹无花泪滴红。鸟绝关山齐失语，心藏霸气暗屯风。此生还却前生债，另写歌行落拓中。

坐破蒲团色未空，尘缘错了眼朦胧。鼠吞壁纸菌漂白，灯点铜壶酒兑红。做梦楼无三面柳，销魂帐有半腮风。我心尤怕金刚杵，偏捣袈裟略皱中。

寄啸山林觉悟空，抬头不语月朦胧。渚边放鹤云留白，檐角飞花雨剩红。魔劫初开深到骨，梵音暗杂晚来风。是非只为浮名起，半榻灰尘半扫中。

别在深秋煮酒空，一杯磊落眼朦胧。事经炭燎翻成黑，衣被梅妆改作红。孤馆休悬鱼尾债，匹夫不接马头风。怡然自得诗圆熟，剔罢豪情入集中。

败寇成王梦已空，禁垣草莽话朦胧。满天苍白心淘黑，一纸雌黄血抹红。汉有鬼胎窥国鼎，宋无将种揖民风。可怜多被功名误，赚得龙蛇落彀中。

乙酉戏与石磊眠云十叠三江韵

水得天工合作江，遥看浩荡独凭窗。淘沙浪有一重一，摆渡船无双又双。鹤隐寒芦风似哨，鱼投绝谷石如缸。烟云不忍花流落，盗取雷心转哭腔。

秋持一苇已过江，密雨如珠滚上窗。充耳不闻琴抱独，省心唯等雁来双。灯偎此案删遗谱，梦脆他乡碎满缸。长夜那堪风叹息，为谁断续自成腔。

峡虎无能跨怒江，烟云凑合锁僧窗。废垣隔壁松生偶，荒径旁边鬼拜双。渡厄唯持芦叶带，焚香每用酱瓜缸。日长坐久蒲团破，参透风波少梵腔。

水如之字曲成江，宛转心潮涨入窗。横写春裙分正反，暗淘色眼数单双。瓷瓶贮墨诗封箧，竹几浮茶客坐缸。林外一支调笑令，不劳长笛慢拖腔。

本是清流聚大江，山开一线似天窗。鸟惊石逼魂飞绝，猿卸舟横手抵双。呼岸系时无钓碣，落帆停处有鱼缸。相围野火烧愁酒，几许松涛哽断腔。

篷尘抖擞下吴江，一叶秋潜落地窗。岸退潮头山似独，灯支砚底笔无双。剖鱼厌读回文锦，泼墨烦调老醋缸。久坐屏风长凑耳，难听夜雨改花腔。

一流事业好归江，云水生涯透出窗。拍桨多惊山鬼独，抛钩少获鲤鱼双。林深不必张如网，石滑何妨踢似缸。仰面长歌风递错，秋来眼前乃装腔。

恰在春初雪满江，夕阳迁就薄云窗。呆呆鸭想燕唯一，习习风拖舟并双。橹刻冰文求笋剑，波分藻镜做鱼缸。清寒只送关山远，不改乡音是旧腔。

钱塘口外海吞江,咳唾如珠怒砸窗。逃岸时呼车散半,畏潮处劝客扶双。风推壁立才崩雪,雾隐龙飞忽吸缸。掩耳高楼惊避远,心犹未定不开腔。

　　饮马投鞭欲断江,长风直袭近南窗。偏安忽报陷城半,临难还求携妓双。为小贱奴头点地,是真豪杰气冲缸。纵然浑沌无谋略,国破如何打闷腔。

乙酉戏与安宁狂生十叠三江韵

　　春如美酒不封缸,醉我诗船补漏窗。因梦北来催靠岸,为愁东去忌拦江。钩同月缺鱼吞半,线比心长结打双。水上生涯牵挂少,渔歌宛转乃成腔。

　　为赶春愁出酒缸,谁携午梦共推窗。村前村后雨连雨,山外山中江隔江。牵柳不妨舟系独,落花还伴燕飞双。无边寂寞难相候,一曲吴歌又旧腔。

　　春满人间酒满缸,尽谁沉醉误开窗。花摊石凳难亲土,雨下云衣试盖江。卧久才知鼾有偶,忘多始信梦无双。天然一种诗情在,不许银筝乱度腔。

　　雨咸风辣泪盈缸,惆怅人凭落地窗。击鼓传花黄果树,浮槎贩药黑龙江。筝磨手茧疑叉八,剑入眉峰拒耸双。老尽天才终豹隐,边城买醉气吞腔。

　　最怕文酸醋满缸,偷光莫许借邻窗。曾饶士舌能游楚,已尽郎才又姓江。八股劳神魔入半,五经漏眼璧怀双。之乎者也多乎矣,笑倒童生乱改腔。

　　课子何须说砸缸,灵犀未点守寒窗。梁能受重难悬髮,笔可支深厌涉江。捉雀曾猜题错再,抛书乃戒棍添双。无关痛痒还无奈,浪荡歧途哭断腔。

　　数点春红聚米缸,风吹万户暖晴窗。闲聊画贱多藏玉,饱食山珍懒钓江。话合心时添座一,钱过手处洗牌双。人生莫怨方长寿,富贵如烟自度腔。

　　一碗豪情酒一缸,心雄不近女儿窗。遥看槊指摧降房,倒喝山移让跨江。缚虎嘲因绳缩半,提师怒为鹿擒双。中原板荡金瓯缺,放胆谁能拨乱腔。

　　踏碎杯盘坐塌缸,悲歌渐起透篷窗。技穷始露图中匕,国难才随日下江。十步街头仇杀绝,一襟衣角血沾双。凛然过处风萧瑟,不复归兮恨满腔。

　　斗室横行欲踢缸,可怜心事寄天窗。狂云不及追残日,蠢石何能截大江。狗盗城关符获半,狼奔漠野箭窥双。匹夫无计成王霸,死到龙庭骂有腔。

丁亥秋末韵次熊东遨兄 三首

　　往事遗珠数到零,禅茶一盏煮江青。观鱼懒就销魂岸,调鹤闲居爱晚亭。花合镜心云做雨,石开诗脉袖藏经。与山面对应如我,坐卧无关放浪形。

秋残与我共飘零,白眼朝天不肯青。十步横行收剑阁,一声低唱赌旗亭。弦除杀气花陈案,墨泼凡心虎诵经。偌大江湖难小隐,忽僧忽侠辨原形。

逢秋怕又梦凋零,一角心田不剩青。诗瘠那堪浇闷酒,影单无奈候长亭。难猜露扁风如故,错续歌残夜已经。曲曲屏山相隔绝,谁梳锦线绣神形。

宴聚七首

相逢痛饮顺风楼,缺月如杯酒泼秋。话刺都随鱼骨剔,诗羹只为鬼才留。细吞梦露云中卧,空吐花骸海上游。浩荡天涯长作客,匆匆宴送晚来鸥。(乙酉十月宴向闲兄于沪上顺风大酒店)

远客来能不悦乎,无诗岂可酒还无。欲邀明月访于海,才送晚风思及鲈。岛僻唯随僧受戒,秋深略数梦拈珠。凡间自有云游乐,一路心潮合几壶。(丙戌八月上海人家宴送金水力夫王燕之普陀山)

有朋来聚最欣然,席上嘘寒不夜天。杯窄少倾张恨水,菜鲜多赖柳屯田。空谈世道容狐假,枉退词林让石颠。旁若无人消块垒,长歌一哭好高眠。(庚寅冬宴吹雪荒漠诸子于沪上陕西宾馆)

东风肯借待扬舲,夜火朱楼海味腥。分酒尚亲茶嘴绿,送鱼无碍眼波青。蚕丝尺幅留枯墨,烟叶斤余贮锦瓶。俗物虽轻容念旧,相期再见醉翁亭。(癸巳四月末陈先生将返滇饯别于延平路海味世家)

海上风流一派开,朵云轩外聚贤来。画耽余味诗横议,篁引豪情字别裁。妙法详参辟蹊径,高怀旷放借茅台。沉酣日午犹难了,四韵叉成抵半杯。(辛丑正月初十董芷林前辈招饮香港广场醉辉皇餐厅与诸友共乐席间得睹嘉沂博士之草书扇面欣然命笔)

他乡久住味遗存,美食江湖馈满盆。老醋休添腥带泪,生姜欲忍辣搜魂。鱼如笋壳藏情刺,梦赖春婆证酒痕。笑问兴余能饭否,扶归又请煮芦根。(己丑十一月妮子返美前于顺风大酒店食笋壳鱼)

坐拥山围水一方,农庄最合宴同乡。釜才添火鱼先避,酒未倾杯鹭已尝。醉里空怜红袖老,梦边徒说白眉狂。人生有幸逢知己,四韵诗成共慨慷。(戊子春携妮子谢别徽州同乡李仙佳诸友)

悼风柔女史二首

草响商声陌野低,风吹倒偃更萋萋。摧心乍惜襟分后,扼腕惊闻鹤驾西。难信一抔浮世隔,不疑千古善名题。抚碑追忆曾争席,大醉黄楼共执迷。

歌哭何堪与鬼闻，热尘孤冢两区分。钱抛末路休嫌纸，幡引来生怎识君。高柏露消萤代烛，老鸦巢读夜遗文。形骸一具碑三尺，只剩虚名共草耘。

杂诗八首

九月长安落叶无，秋风一聚客来乎。传经可以知群策，论剑何妨笑匹夫。远避秦楼休弄玉，偶疑灞柳少啼鸰。放情牛饮杯中酒，相约明年到海隅。（丙戌九月赴西安参加十省市中心城区联席会议）

林泉退处揽桓须，一饭犹能未认输。娱老月将媒做绝，课童山把慧开无。心坚若木犀难辟，齿漏如风雁要扶。拇战诗丛何足道，豆棚牛饮唾歌壶。（书寄陈师丈）

十二词坊胜阮家，几株清芷淡宜茶。不忙差可尝闲趣，无益偏能遣有涯。刻梓功如山献玉，题裙妙在笔生花。好书耽读嚣尘外，楚雨湘帘各半斜。（贺女子十二词坊《清芷集》付梓）

数帧嘱题黽技穷，欲言犹止两难中。燕归梁避门前雪，蝶恋花抟陌上风。尘梦夜增双鬓白，镜台妆受一灯红。今年小照糊涂认，不许将来笑不同。（戏嵌两词牌应舞蝶嘱题其小照。颔联用妆句法。《燕归梁》《蝶恋花》皆词牌名。）

似蝶翩然下舞池，笙歌宛转共飞时。沾裙粉湿花间扑，拂袖风微翅上吹。影趁折腰先落地，足凭回力暗勾枝。忽徐忽疾行看处，一路春喧竟不疑。（代拟《蝶舞》）

天公有道必酬勤，险战商山敢弄云。周借东风无数日，宋还时雨若干斤。沙金漏笠忙空补，雪炭堆厨慎贱焚。赚尽花红头未白，偶因艳遇费千文。（应邀赴宴坐中有周宋二人大谈风投之事戏为一律）

近来无恙问如何，辞职从商别旧窝。七步才狂奇逐鬼，十年官小苦熬婆。心难痛定前途狭，事不曾经后悔多。枯木盘根求换绿，先于活处敢腾挪。（丙子七月戏为友下海作）

阿堵人嫌我爱多，可怜争得汗婆娑。心如不吝囊终解，手本无情账早挪。拦路每遭才女劫，窥山少见土豪过。守株朝暮身长倦，枉打秋风赚几何。（戏说抢红包）

杂诗五首

拔眉为剑战江湖，老恨回天力已无。负手归来犹不忿，种瓜林下自称孤。

（为吹雪寿）

  一去江湖三剑客,而今两鬓已苍苍。开封城下群英会,可敢重来倒拔杨。
（陆咏歌兄约花弟与某明年初开封相聚）

  八斗难量号酒徒,拥谁轰饮夜模糊。樊楼一席千金价,可抵当年浅笑无。
（戏某夫妻相争买单）

  烟纵代枪全走火,酒难为阵独逃营。何堪夜半逢狮吼,破睡犹驯老卒撑。
（嘲兄弟夜醉受夫人责）

  锦笺椽笔两相宜,款约新年结社迟。城在岭南春在巷,卖花声里雨如诗。
（临屏贺某诗社成立）

返乡 二首

  淑气醒春早,鸡声野外村。初阳烘冻土,嫩水活枯根。釜献至情灶,柴依欲孝门。歙歔留与别,无一不销魂。（南返）

  大雪满东北,关门换薄裳。近家人面熟,亲土菜根香。炕热全盘膝,醪浓各沥肠。朦胧梦中唤,烤串不能忘。（北返）

脱贫记 一〇首

  树补荒山绿,泥香得雨清。斜沟排水畅,方格切田平。廪实牛娱老,风廉雀赞鸣。筑篱疑野墅,人羡晚来行。（概况）

  路接千家便,城乡别已无。富溪分地润,穷屋得松扶。病久心能定,难多力不孤。连番冬日暖,惠及大山隅。（扶贫与帮困）

  地薄春规划,山拦路辟忙。鱼回河就业,雀换树轮岗。援建屋迁镇,脱贫田种桑。手工风俗继,异域去争长。（就业与脱贫）

  一路新生态,田林野雀喧。精耕聆技训,勤课谢师援。菜甲长销市,畦丁暗买轩。几疑天眷顾,喜不向人言。（农技与致富）

  老屋新椽架,砖墙替漏篱。路推林对仗,桥合水分歧。送学何须累,求医更可期。乐居乡野好,闲话幸逢时。（住房与交通）

  育小心烦事,还忧病缠身。杏栽医就近,槐踏校迁新。药解千家急,书成一代人。安居远村僻,依旧感恩真。（教育与医疗）

  绿水村头绕,青山护四周。崇文游客访,饲鲤富商求。果苑鲜花市,灯桥

古绣楼。无违自然处,一样获营收。(生态与民生)

山水二维码,村容更又新。网联商贸广,路辟物流频。撸袖家敲键,签单卡转人。出门车预约,当夜会男神。(商贸与物流)

老槐村口进,山下几人家。屋比标星馆,衣如换季花。名车瓜地泊,美酒炕头加。一醉舒豪气,红包转客拿。(安居与小康)

每讶乡非昨,愧为都市人。路行餐水美,门启见山亲。野果衣兜漏,时蔬手掐新。无忧价常涨,更不暗疑真。(感慨)

扶贫侧记 八首

远在深山未一逢,挂笻南绕又朝东。板桥斜断溪淹石,草屋低倾雀夺虫。手握才知硬如茧,面迎难信老于翁。苦茶微颤碗犹缺,强忍鼻酸无语中。(基层与底层)

小村如叶久凋秋,乍遇春回喜转忧。山不脱贫难活木,水偏嫌苦怎医流。探门病问撑梁柱,下地寒嘘受罪牛。板凳磨平茶未尽,家常话共夜长谋。(访贫与问苦)

感同身受更心焦,囊解休嫌不够豪。片瓦难填四隅漏,众柴能积万层高。暖家孤夜根连近,合力前程手握牢。待得春销大寒尽,再来相祝酒杯叨。(结对与帮困)

穷乡岂认命长嗟,攘臂移山奋咬牙。炭送能熬几回雪,土勤才获每年花。攀岩困境绳援手,种汗枯田玉润家。苦尽甘来一朝信,桃源本不在天涯。(扶贫与自强)

一贫如洗每心揪,志短还兼少远忧。扫屋懒挥轻便帚,冲滩不学逆行舟。唤醒山睡雷先动,鼓足风生劲合流。事在人为频额手,古来天道与勤酬。(扶志与扶智)

村贫物阜两难生,近策长谋定不成。过手缺钱仍负债,断头无路又添坑。巢居老病医忧贵,校育雏孤屋恐倾。熬白鬓丝心要稳,乱麻详解每三更。(调研与施策)

誓不能容一木枯,风回要绿满乡途。劝迁山左还耕地,督浚河西教养鲈。果熟平林客遥集,药珍闹市价难沽。扁囊渐鼓资兴学,为育人才再后图。(攻坚与克难)

民生事大与天同,旅外安居两不空。路为悦来先辟远,水因亲近故疏通。

拆危腾让林巢雀,收老交由院护工。后顾忧无才放足,出征守土遂初衷。(安内与旅外)

军演二首

怒海风云锁暗礁,百年折戟恨难销。鲸吞北岛思尝胆,虎视南天演射潮。归璧久遭穷寇劫,竞舟先候令旗飘。请缨一雪心头耻,重为神州辟陆桥。

岂是枯鱼任宰鲜,扬眉擂鼓令旗传。聚沙成塔齐填海,炼石为墙广庇天。民善固应长自惕,事危犹要巧周旋。运筹帷幄陈兵众,不许胡尘再迫前。

甲午寄托一〇首

我武惟扬广辟疆,江山偌大载沧桑。红羊劫祸销犹在,白虎军机决未央。家好那堪涂炭苦,岁安岂可弄笙忙。天教壮气延三寸,敢为金瓯护一方。

时维甲午愤填胸,罪孽轻饶未警钟。楚剑虽能争斩鳄,倭刀也敢试屠龙。相持一峡输于怯,自缚三边拙在庸。袒臂投鞭催踏白,沧浪为我洗烟烽。

浊浪淘空证恶邻,挥戈反日警前因。岛基如璧本归赵,倭种是夷非属秦。斗蚁连营谋溃坝,劫羊潜庙卧传薪。大风歌处云飞檄,北府犹能护要津。

不甘雌伏每狂颠,走卒居然得手先。狐试叩关威假虎,鹰筹伐国力援蝉。磨针定海铜为柱,赶石归山水作鞭。还我缺壶容唾血,啸歌东进太平船。

宵小公然启衅多,舞戈瀛海弄风波。乍窥龙蜕徒呼蟹,略嗅龟膏妄化鼍。虽远必诛如犯我,以蛮相埒怎容他。耘除癣疥东隅净,异域频传击壤歌。

日下扶桑未式微,暗流汹涌佩柔韦。一隅孤愤淹还抑,万顷深仇蘸又挥。横臂笑螳蛮用力,捋须欺虎病扬威。扣舷长啸蜺云裂,尺八声中跋扈归。

弩射腥潮海未平,烟氛近逼铁箫鸣。捐嫌已养痈成患,负耻才尝胆结晶。恩赦犬牙仍反噬,罪逃鳌足竟横行。樱花谢处徒妖艳,只欠东风去廓清。

岛似枯鱼待宰鲜,扬眉擂鼓上楼船。沙虽涣散能填海,石不优柔欲补天。伴斥隔墙倭影吠,忍听邻榻鬼鼾眠。冲冠一怒中流聚,请剑心横折槛前。

碣石封疆拭战痕,东巡戟指旧辕门。沙填口角牙城险,火灼眉端眼界昏。山窘苟延青一脉,海腥空返碧三魂。沉舟侧畔龙文剑,不忿鸡窗舞晓暾。

折戟沉沙不复雄,摩挲髀肉叹杯弓。乌衣巷口六朝雨,赤壁滩头三国风。既已鲸吞归岛北,何曾虎视伏波东。八千子弟今安在,补我金瓯一缺中。

忧患九首

金瓯屡缺后庭歌，宵小群欺战与和。所剩几何能属我，无疑不少已归他。刺闱连夜传书急，减灶当途得令讹。百忍焉容三歇鼓，冲冠一怒剑频磨。

岛屿星罗海接天，千帆竞逐白云边。亭皋似毯延疆幅，陆架如桥跨岸肩。衔石那堪禽立誓，伏波无奈将归田。东瀛击楫亡羊补，九箭随囊射日先。

公然独钓决输赢，孤岛如鱼俎上争。石不低头潮打岸，沙虽碍眼马衔缨。叩关先讨东倭罪，破房多征北府兵。一战功成天下戒，再无人敢动棋枰。

南疆自古属王旗，万里风波忍几时。联剑那堪蚕食叶，止戈何异虎谋皮。图标领土难防寇，岛缩沙盘敢誓师。犯我威仪无例外，必诛其远不迟疑。

黠桀如狐假虎威，水浑先手摸鱼肥。争桑岂止群礁占，鼓舌而随列国围。不屑醒狮戈枕旦，偏临卧榻匕雕徽。忍无可忍何须忍，绝杀天南一棹归。

藏南鸣镝警龙驹，雪散蹄花一蹴无。隔界山危多伏莽，毗邻民善尽还珠。䩺鞗伴解图兼匕，盾鼻横磨帅合符。旦夕烽烟何足道，恒河千里笑长驱。

夜郎西退越之南，坐井观天每不甘。剪径丛林螳斧举，决池平野鼠囊贪。恩难服远招仇报，威可降蛮拒妄谈。斩痛虺蛇何用剑，偏师十万破重岚。

雪原林海虎无踪，岸结冰花渡饿熊。推掌旧垣倾夏鼎，抱怀边土献冬宫。何时映剑重修界，几处鸣笳暗伏戎。警枕高尝勾践胆，徐图万里学飞鸿。

如此江山尚缺如，那堪痛史乙成书。式蛙于道牙旗密，剖浪而今号角舒。北定王师征代马，南图方略舍庄樗。一匡天下乾龙健，并世曹刘可自居。

杂诗八首

百川归海共潮生，灯火重楼不夜城。后至龙头才俯仰，先来马骨已纵横。顾庐当以虚怀就，投石何妨倒屣迎。吐哺广延天下客，一时云集五洲评。（赞上海优化营商环境暨贺进博会）

塞外孤城日照斜，投身戈壁许为家。胡杨愿忍愁千劫，弱水期承梦一涯。竖井朝天终放箭，登台点火屡飞花。穷边捷报云中信，举世皆惊更叹嗟。（航天城）

弱旅扬镳欲踏莎，虎威安肯让高坡。黑云压海图藏匕，白橄传边阵备戈。一战本非孤胆壮，十年曾为远谋多。怒蛙声聚烽烟起，天下而今共伏魔。（闻华为受制裁启用备胎未雨绸缪以期破局）

诧因扶老又蒙冤,所幸苍天未可瞒。援手纵遭蛇反噬,扪心岂效鹜旁观。世崇兼爱亲和易,人恨无良痛改难。陌路相逢防似贼,事非关己一声叹。(扶老人被冤记)

广厦如林挤似墩,车多不慎抵鞋跟。灯皆可爱红过夜,店各相邀晚闭门。沦落迪厅歌哭爽,沉迷吧座酒调浑。繁华梦里人生短,一掷千金胆气喷。(夜生活)

近来生计最煎熬,赁屋安身累觉遥。俸薄愧难供学进,年衰恐要为医焦。几番忍嘴街询价,万贯缠腰纸借条。归晚焉能略松懈,尚多公事理深宵。(沪上八〇后打工者现状)

时应嫁娶未抓牢,身似孤蓬逐汉皋。销夜或生愁脉脉,返家唯恐絮叨叨。不堪将就鸡同犬,无奈租教李代桃。一世缘悭非自误,可怜天意罚煎熬。(拟单身狗返家应付催婚记)

一蓬灿烂响如雷,衅启无端犯境来。水浒何堪成俎肉,鸰原怎奈筑烽台。击听桴壮淮樯聚,援待戈横冀马催。满目烟花销大疫,人间不许又多灾。(戏说鲁豫烟花大战记。春节前某日,有豫人向齐鲁境内田埂上发射窜天猴爆竹一枚。面对此"公然挑衅",鲁人厉兵秣马,打响了"守土靖边"保卫战。同时冀、皖诸地,出于唇亡齿寒之虑,纷纷发出"援鲁伐豫"总动员令,一时之间风云变色、烟花满天,不亦壮观乎? 此乃人心欢畅而借题游戏耳。)

杂诗一〇首

只手匡时弊,河山再造春。蜂衙廉雨涤,草野暖风亲。破局谋开路,殚筹领骈轮。五千年一梦,有幸待成真。(中国梦)

诡谲云波起,风声一峡秋。金瓯角还缺,白刃匣频抽。裔属同枝散,根归故土留。断鳌伸足处,中兴我神州。(辛丑晨起看新闻有感)

灶烟三五缕,老幼几人家。屋去攀高燕,街留落后花。空潭活无水,僻壤产唯茶。不忍抛荒久,如何得力加。(某地乡村空心化所见)

雾害京城久,天无几日蓝。尘昏楼渐隐,路断足先探。掩口求巾帨,逃家理药龛。唯期医病咳,最恨又难堪。(雾霾记)

竟无人性剩,拍案怒为诗。李代桃僵恶,天惊石破奇。过江多溺鲫,吸髓独肥貔。一髪冲冠处,凭栏啸又迟。(鲁地顶替高考事发)

让梨都为妹,分爨不关兄。所嫁缘重续,能劳力独争。挈家居陌路,怜子隔同城。一样红颜老,心平气乃平。(再婚女)

路退人身后,城迎客眼前。销金虽有窟,谋食竟无田。不夜灯流沸,难家

酒海颠。几多心事重，何忍月逢圆。(民工)

侧帽虽年少，招摇买醉街。千金销在窟，八艳猎从淮。梦与名俱灭，唾由谁自揩。事难生铁恨，本就废如柴。(闻某星入狱记)

些些血汗钱，何故把持宽。迹索天涯遍，财追窟数瞒。求人为狗易，肥己烫猪难。最是可怜者，尤须冷静看。(老赖)

薪酬盆聚浅，流水漏天天。家有为难事，兜无应急钱。搔头鬼疑惑，抱脚佛垂怜。似坐针毡上，如临绝路边。(囊涩)

世相速写 三首

山似僧趺坐，旁观奔走人。火中贪栗急，水下摸鱼频。止谤犹存木，弹冠共拜尘。不堪蛮触戏，何况假为真。

一窟歇尘热，风凉未廓清。城狐借威诈，林鸟为高争。爪攫嗟来利，涎垂骂出名。靦颜犹苟且，法眼认分明。

整暇斯文弄，衣冠集午桥。辙循前路骥，诗续古人貂。拾唾红颜妒，抟泥白髮饶。拊膺犹骂坐，不耻每招摇。

闻田警官长途追逃不辱使命欣然命笔 六首

一时侥幸又何如，公道从来不信无。浑水为鱼妨众目，终因落网罪当诛。
孤村野店路行难，铁骨铮铮铁面寒。只要人间有邪恶，一身风露不回鞍。
追逃一路入潼关，未试牛刀已胜还。宵小纵然多诡诈，擒来竟在笑谈间。
甘为捕快奋鹰扬，千里追逃满面霜。偌大乾坤嗤狡兔，凿成三窟亦难藏。
技兼神武一筹高，任尔深潜又远逃。出手如风风定后，穷途悍匪尽哀嚎。
誓师从警已经年，历险逢凶百又千。为庇一隅风气好，拼将重担负吟肩。

口占 五首

长篇废话耐心陪，呵欠连天力已颓。为免鼾浓惊一座，自甘献血贿蚊雷。(开会)
本应潇洒却沉沦，未老先贪美食频。席上垂涎难自律，要茶来管减肥人。(节食)
拽櫐扶犁细细匀，不辞长作垦荒人。一廛垒块来平定，心底无田却活春。(耕种)
梅子黄时苦雨来，良田处处涝成灾。辛勤竟似锄头铁，掘尽春泥不获材。(悯农)
不暇分身救急多，回生起死久传讹。世间忧患浑如病，纵是良医又奈何。(行医)

悼袁隆平

不吝苍生济,一粟何其微。大泽千秋在,再无筚路衣。

无题一〇首

人生失意妒犹狂,着急诗中自慰忙。几度酸肠倾吐尽,萤虫蜕变草头王。
识短偏还向壁呵,依稀怨妇又蹉跎。身无一策安天下,兀自钟前蹭饭多。
事不能为掉舌鸣,黔驴小技爱纷争。八行身价从来贱,偏要登堂赚一羹。
诗无大用自欺何,檐下贪鱼击铗歌。千古受穷犹未省,反嗔世道不平多。
满纸牢骚刻薄多,几疑天下负其何。无非一肚鸡肠小,故不能容四海波。
自矜腰直却频弯,袖舞金台不觍颜。马骨尚闻惊世价,可怜尘拜几文还。
托钵豪门获可怜,人前好演酒中仙。才高八斗如何表,不就区区几两颠。
蓬头垢面学疏狂,无事生非促狭忙。满嘴秽言犹鼓舌,天知世浊在何方。
暗斗无休骂坐欺,与人相比厚层皮。苧分三四狐朋聚,牛饮唯喷饭后诗。
水少差堪半桶齐,以为沧海仅如斯。招摇不畏天和地,贻误苍生更害之。

某些现象四首

千古柔肠绕再三,西窗夜雪话何堪。最怜天上冰清女,误堕凡尘猥琐男。
心不在营徒咏絮,身难由命自哀蚕。几多无奈无从劝,直恨人生寄蝶庵。(错嫁)

世事无常莫动疑,命由天定本离奇。猪脬能憋诗千首,牛粪敢鲜花一支。
地缩重山来对眼,泪倾横浪去相思。野情如梦还如蛊,害尽苍生再害谁。(畸情)

妄念丛生摆弄春,酸巾秃笔一肥身。诗如马尿养情种,梦乃狼牙馋美人。
厕纸每团风月夜,渴涎长湿杏墙尘。饥难择食频贪嘴,尚未偷腥胆已皴。(妄念)

本非尤物自怜多,弄舌吞酸搅一锅。何异败腥殃及胃,无疑玩偶蹭由魔。
俗肠搜断颜频觍,残粉倾空镜独呵。妄效轻颦长捧痛,满城逃处走头陀。(蛊惑)

无知者无畏四首

坐穿寒井渴分光,宵小窥天麿一方。蛇足竟充龙足画,鼠头偏学虎头扬。
可怜攀尾难追远,堪笑垂涎敢卖狂。斤两几何浑不计,水深留与浅眸量。

略蹭皮毛掩敞身,拾来牙慧拱如珍。一瓶庶可酸矜己,半桶偏犹浅晃人。

潮恐有心春作祟，海疑无眼路生尘。轻狂最是凡间草，纵许羹调不及莼。

　　轻浮一芥自夸壶，半泼愚狂笑鄙夫。睡虎黔山驴用技，过鹏辽海雀吹须。气粗唯剩撑肠胆，力薄终分凑数竽。滥调如泥扶不起，搓成妄语混骊珠。

　　索尽枯肠剩棘榛，诗皆蛇足画尤贫。百无一用徒忧世，四又三兼妄说人。狂丑嗜贪杯底物，薄庸欺敛指间缗。生憎鱼目隋珠混，可笑愚氓尚信真。（颔联从"说三道四"中化出）

卷一一

（五言诗一二八首）

心为一人疼(总结版)

序言五首

【此生不负谢相逢】三首

此生能不负,多谢一相逢。岁有深情厚,人无故事庸。杏花村贳酒,梅子雨潜踪。聚散真如铁,何妨铸笔锋。

小阁无风雪,瓶深不换梅。事过成既往,心抑任将来。一匣江湖史,千年玉镜台。怅然揩热泪,泪即鬓中灰。

落木风声慢,萧然拂一身。秋延过去路,天共未来人。古渡舟横泊,空楼画暗皴。可怜缘已尽,不耐话相亲。

【一言难尽只剩诗】二首

一言难尽矣,爱恨两关心。物是疑如昨,人非惜在今。横塘春水慢,斜伞酒帘深。抱膝听红雨,依稀若苦吟。

一言难尽矣,故赘百篇诗。手渺笺生薜,心堆梦住篱。亡羊销剩劫,浮蚁蚀归期。倚老湘妃竹,潇潇雨涨池。

第一部分 一九首

【往事不堪回首矣】二首

夜楼趺坐寂,寒雨勒花迟。旧梦无头案,今生本事诗。言难让人信,藏或被他知。左右频犹豫,茫然不展眉。

往事流沙漏,鱼书剩几何。人来水边老,愁去酒中多。玳瑁红亭盏,蒹葭白露歌。怆然难自主,徒教病折磨。

【往事而今终不悔】五首

错即由他错,相逢不悔曾。缘随八年尽,心为一人疼。小雨长街夜,重楼冷壁灯。虽难温旧梦,趺坐或犹能。

不悔曾携手,何期老共行。一生翻故事,两地解余情。雪涧红亭伞,烟桥白屋筝。断无消息续,枨触泪花轻。

不悔今缘了,来生认有谁。西厢落红外,碧水向东时。万里愁销否,千年梦任之。忘情与情绝,何必两猜疑。

踏雪长歌去，风衣裹岁寒。世棋千劫错，人海一逢难。不悔心如屑，何求梦作团。今生已俱了，相忘又相瞒。

事与人难道，从来限自明。梦团蝴蝶结，心领鹧鸪声。解语灯花剪，医愁酒药更。天涯虽不悔，只是不留情。

【往事而今已无奈】二首
事宜分寸把，一世做人难。为爱来迁就，因家去苟安。茶汤频兑冷，烛泪慢熬干。雪月风花梦，口头心底瞒。

决非心地硬，唯恐断肠先。强笑声频哽，佯聆泪暗涟。八年归大幸，一梦淡疏烟。聚散难为主，无能共变天。

【有些往事不能忘】二首
教箫人在否，明月古桥长。纵不如初见，犹难到老忘。红颜两涡酒，白紵一函霜。浅蘸清寥夜，徒医旧内伤。

小立风檐下，横塘水皱寒。若因逢我错，何以忘人难。佩抚心千结，囊充药一丸。采菱歌不在，倾耳雨珊珊。

【有些往事要相忘】二首
红情犹未了，忘却各江湖。雪养山头老，梅当路面孤。移妆缝布偶，取姓唤狸奴。岁月唯晴好，来生一遇无。

古城梅在否，风雪一人行。寺远山依旧，鸦稀路陌生。余香呵手散，冷意就怀倾。濩落天涯老，相忘莫记名。

【有些回忆最亲切】三首
大雪沧州出，灯楼五瓣花。香呵铺案纸，冷拂搭肩纱。软语犹倾耳，轻车或到家。相疼又相惜，一忆一天涯。

枯肠绮诗解，春雪美人来。茶嫩待虚席，巷深迎早梅。支颐鲁书壁，压手越窑杯。不语天将暮，盈盈泪烛台。

山屏兼海隔，朝夕共红尘。纵不长相忆，依然最可亲。腮香怜缓瘦，髪白认初真。万里图中缩，人疑近贴身。

【有些回忆最痛苦】三首
响雨空阶立，梧凋古巷幽。手分深爱夜，身许乍逢楼。此去诗难了，重来梦或休。相忘怕相忆，相忆要人愁。

碧海红尘判，参商各一方。如歌如又泣，不忆不相忘。缺砚磨身老，余弦绕指长。断鸿零雨夜,心就蜀茶凉。

别来琴剑抚,人老候江东。紫陌心如草,朱楼月并弓。拂弦哦匣燕,试石备香筒。往事何堪忆,情深一怄中。

第二部分—七首

【问情何物生死许】五首

几疑诗即谶,就烛不妨烧。事撮笺灰冷,情投墨夜遥。死生无所谓,爱恨最难销。抱膝蒲团上,倾听雪慢飘。

古今情一例,生死许因谁。雁共丘无悔,缨除座不疑。江南女儿酒,冀北霸才诗。仰面风云变,倾心故剑持。

死生相许易,久别不忘难。冷灶添双箸,空楼掩寡欢。纸皴鸦背墨,炉炼麝脐丹。一偈经年老,何堪慧剑弹。

艰难唯一死,况有更艰难。诺证三生石,心皈六祖坛。焚琴缘尽了,拄颊梦无欢。寂寂青灯冷,潇潇夜雨残。

饱受风兼雨,销魂北或南。蛛衰丝未绝,树老话何堪。后约爻分六,前生石合三。惨然歌哭外,兀自梦沉耽。(歌曲《三生石》听后感)

【有一份情最动人】二首

底事难如意,心凭一寸真。情须屡忘己,爱不略由人。月下花前酒,街边陌上尘。相偕或相别,依旧最相亲。

几度悲欢改,唯留不老心。诗濡头上雪,诺炼口中金。冷案销鸿印,空囊锁凤簪。茫茫人海里,难测是情深。

【有一份情最伤人】五首

路口当年树,风中现在人。不堪攀手又,何以望尘频。日落山垂老,楼空雁断亲。愀然心一痛,仰面独悲呻。

去年人似玉,今夜月如钩。冰解笛寒手,雪呵梅白头。拂巾难认路,扬袖枉登楼。九点齐州望,情深害两眸。

雪夜吹横玉,梅花窣满身。宛然过路客,不是去年人。故榭难搜句,寒溪罢问津。一支如梦令,迟约碧螺春。

令短如春梦,娇红独念奴。去年桃叶渡,今日杏花图。拄颊频聆雨,凝眸只恨乌。过桥五亭远,错往莫愁湖。

多年图褪色,不变在心中。宛转扬裙白,依稀掩面红。背人梧叶雨,低语藕丝风。故地重来日,谁还识醉翁。

【有一份情最伤心】二首

若非情转薄,何以不如初。屋漏兼梅雨,天遥绝雁书。一心灰尽碎,万念梦终虚。惨淡流年在,无人效捉裾。

物是人非又,迟来泪满襟。泉寒伤地脉,亭重压湖心。访雪难称戴,逢梅不姓林。古城留一日,从此废孤吟。

【世间尚有多情种】三首

浊世多情种,天教夜断肠。兰亭逢赵女,梅坞剩冬郎。破睡无关榻,横书有碍墙。徘徊团月下,消受一身霜。

浊世生公子,何堪累美人。裙题红友密,腹坦碧窗频。响屧耽前雨,吟鞭舍妒津。萧然一歌哭,断送几回春。

性本应潇洒,情多不忍来。湖山六桥笛,风雪一身梅。调已翻新谱,香还聚旧醅。悯然歌薄暮,谁共我徘徊。

第三部分 二二首

【几个红颜是知己】四首

相交满天下,知己独斯人。不见非因远,难分实为亲。留灯墨磨夜,载雪路移轮。一轴梅花瘦,如何错就春。

世无男子汉,知己剩红颜。力尽难为后,情深不语间。阴晴两城共,甘苦一壶闲。纵是长相别,犹期白首还。

四海知音少,平生一漫吟。白眉名士酒,红泪美人心。偶遇虽难得,相亲不自禁。暗香疏影夜,龙砚凤凰琴。

红颜三五个,谁肯为添香。窄袖笼吴语,横波溺庾郎。齐倾珠唾漏,共理鬓丝长。楚楚偎人夜,潇潇雨一方。

【今生你是我唯一】三首

茫茫天地大,唯一属何人。翠珥横波慢,黄衫浅笑真。赌茶央嫩约,投木泥前身。不尽相怜外,犹携弱腕频。

昵称听不厌,专属一人呼。俚巷深犹在,檐铃响若无。兰花指尖泪,梅子雨中珠。落落难倾尽,幽幽壁画图。

弱水三千好，临歧取一瓢。宁教心隐痛，不害泪徒浇。拾珮还于箧，窥园避到桥。拂襟长抱柱，只等碰头潮。

【生命中曾经有你】四首

本属天娇女，因谁累不眠。伴充司灶巧，勤熨浣衣鲜。呵手犹惊破，回眸倍见怜。情深如酒债，亏欠尚茫然。

小家生碧玉，我却见犹怜。枕手天星数，抽丝日脚牵。纸团遗珮浦，裙摆采菱船。一鸯频相扰，伴嗔太放颠。

水榭秋凉夜，风轻半卷帘。柔波漾杯滑，纤指破橙甜。案倚琴横搁，书堆枕略兼。相逢人海幸，比目作鱼潜。

朱颜犹未改，鬓浅半堆鸦。剪穗连团扇，分灯替落霞。檐瞻吴下客，壶沸蜀中茶。一盏春过手，留温是紫砂。

【前生或许即相知】四首

前生苦修久，今赚女人缘。冷袖花如蝶，空囊粉代钱。唯期书室静，最恐酒涡颠。欲谢犹心累，逃身不为禅。

与谁前世别，重遇后来身。落寞风陵渡，依稀雨巷人。青花伞犹小，白玉燕非新。只恨难相认，于今梦续真。

擦肩红半面，前世若相知。人影就烟没，巷声和雨离。拂衣香或剩，回念伞犹持。曲水斜桥外，年年我为谁。

如今已相遇。何用再生缘。惜玉存金诺，亲山伴石贤。稻花香外屋，梅子雨中船。淡淡年华老，携行续旧篇。

【人生若只如初见】三首

偶然相识晚，一见即钟情。路接初春雨，人来不夜城。低眉裙带叠，回首眼波横。几许心头话，无从细说明。

邂逅春三月，依稀似故人。虽疑妆有异，不改嘴还贫。笑我张皇久，怜其活泼真。欲将纤手握，唯恐忽生嗔。

一自相逢老，平生不复求。青衫容受露，红药管调瓯。箧烂吴歌在，琴焚汉珮留。天怜用心苦，何忍再分秋。

【人生何必要相见】四首

负气行天下，归闲谱石州。三生虽已誓，一面未曾谋。表白窗移月，垂青竹隔楼。嫩寒春寂寂，心事淡如沤。

平生已无憾,况动一人心。雅赋梅兰竹,闲调酒砚琴。不来非路远,相忍或情深。几度江南雨,潇潇各湿襟。

一面谋何必,泥途各不同。话探虚实后,人定去来中。市井邻苏白,楼台友蜀红。生涯浑寂寂,忘却雨兼风。

一诺题桥处,秋风起暗波。衔芦楼雁到,拂袖马尘过。泪为佳人绝,情非浪子多。此生难再见,再见又如何。

第四部分 二九首

【欲语还休心事瞒】二首

欲言还强止,情为一人多。脉脉堆心事,盈盈转眼波。独探琴吐凤,暗试髻盘螺。不敢抬头见,匆匆路错过。

欲言还止矣,心事本无由。白袷红枫路,蓝桥碧水秋。佩温防泪浼,诗冷戒囊收。落照孤鸦没,风霜八咏楼。

【似水柔情最唯美】四首

爱都难自主,一念定当初。话乃相交水,人同未见书。翻多惊意厚,涉久愧才虚。小聚虽三日,江南盼结庐。

寸心终有属,约指证情真。第六桥边柳,初三月下人。面如前世熟,话比老乡亲。不枉寻千里,来堪托一身。

月满西厢夜,花红酒盎然。横波倾到枕,软语抵偎肩。莫负今生梦,何期后世缘。一身拼却与,为尽一人怜。

浅拥春回暖,楼深月避无。蹙眉如忍酒,撅嘴欲亲壶。谢以分钗泪,来还合掌珠。一帘灯穗颤,隔夜落红酥。

【一霎梦回风雪夜】二首

壁灯烘似豆,风雪一程孤。念远车过冀,询多意在吴。薄宣皱夜白,小绝认笺朱。可惜人非昨,何堪望眼枯。

梦回风雪夜,一霎恍疑真。荐茗分无客,支颐念有人。路遥心不隔,灯暖话相亲。事过虽难再,何妨忆十春。

【坐倚层楼又为谁】四首

久客归无计,他乡远断魂。何堪乱蓬转,不耐塞蹄奔。瀚海风皱面,花城菜咬根。夜长楼独倚,星是泪残痕。

秋深楼独坐,心事与谁商。月淡窗移慢,簾沉夜隔凉。昵称缄口记,情史合书藏。久别无消息,瓶空嗅剩香。

独立层楼久,天涯共夜残。雨中黄果树,灯下紫罗兰。薄味三秋瘦,清声一巷宽。不眠犹不语,心事每无端。

绣楼风满后,心事动檐铃。掐笔兰花指,糊衾贝叶经。麝炉烟篆白,鸳枕泪痕青。对镜悲秋老,天涯念一丁。

【世间最怕别离多】五首

久别何须问,空阶夜独吟。疑心俱变石,恨诺不成金。枉剩花前月,偏焚壁上琴。茫茫人海里,几个属知音。

久别人何在,曾经共一家。竹窗连夜雨,棐几隔年茶。味耐壶倾剩,声延路去斜。几多心事乱,兀自壁涂鸦。

别久无相忆,秋深故苑荒。石封心已硬,花漏手曾香。结网容蛛疗,浮杯任蚁忙。酒痕兼病脉,如断似连量。

执手还松手,情多聚未能。紫貂留玉案,红泪献青縢。夜合盘肠路,山围赶脚僧。蓦然回首望,风雪一城灯。

远别平安否,年深未问津。江南风快岸,渭北树迟春。姜桂依檐老,签縢换酒贫。梦回相遇处,心事几多尘。

【聚散天涯难细数】二首

聚散从头数,相交几个真。不能同路者,宁作陌生人。雪夜灯抽穗,烟桥酒破春。流年难逆挽,何苦问原因。

踏莎行路半,春尽雨烟中。聚散天涯各,悲欢眼底同。纵然人未老,无奈事皆空。驻足听清呗,拈花对转蓬。

【在水一方剩伊人】三首

青丝匣中剩,在水一方秋。渡散双漂桨,芦栖独睡鸥。着霜衣色改,望路泪痕投。瑟瑟风潜近,疑谁去又留。

与山三面对,在水一方人。白露倾斜鬓,黄芦隐近身。櫂曾难歇浦,鸥已不为邻。忽忽西风起,飕飕退冷尘。

水一方如故,兼葭白露秋。情人可安在,知己更难求。岸候曾来艇,潮追已散鸥。奈何心力老,不敢话重游。

【家在人在情就在】七首

　　各往东西向,分飞共一天。情深难了却,心痛忽潸然。海外风波路,江南雨巷烟。归期几时近,人守小家眠。

　　小家依旧在,长待燕归来。解榻延冰酒,移筝就雪梅。未邮书献烛,曾取匣吹埃。耳鬓厮磨外,余痕剩镜台。

　　几多心事重,一念不曾移。缘尽天荒处,情留地老时。分钗期合燕,息旅累巢枝。故土家虽小,还容共读诗。

　　故地重来晚,唏嘘动老怀。江淘定情石,路断望夫崖。柱剩鸾衔佩,空教燕作钗。几多孤咏里,幽绪怎生排。

　　燕识园深处,楼迎我独回。匣封来日诺,茶恋去人杯。断穗凝灯泪,余香验缽梅。黯然春又雨,不似打门催。

　　几回曾路过,何忍独还家。案有之前烛,瓶无以后花。移筝红雨夜,漱石碧螺茶。远别经年又,相忘各一涯。

　　来思人已老,心未变流云。石径销前辙,禽言解右文。筝携一生候,笺注两城分。隐痛初春里,茫然若失群。

第五部分 三二首

【有种相约更惘然】四首

　　杏花天里约,红雨点青衣。到巷桡歌尽,过门燕影稀。事能随玉证,人未就船归。怅惘斜桥上,何期手绢挥。

　　忆曾周末约,郊墅赁为家。把掌中宵月,投怀下午茶。弄筝鸣袖玉,泼墨逗裙花。往事如珠数,何堪粒粒加。

　　陌路辞知己,重逢又困难。衣宽疑小瘦,茶好谢余欢。拥鼻蓝桥夜,留凭白露滩。一方秋水静,相约梦阑珊。

　　又约初三夜,园中六角亭。攀墙藤即贼,落草匪为萤。篁掩酡颜嫩,风生热泪腥。十年相别久,难得话叮咛。

【有种倾诉最感动】

　　几番倾诉我,犹记泪朦胧。不望成唯一,还求是最终。情深愈沧海,语软抵清风。誓约依稀在,人何去若鸿。

【有种叮嘱最款款】

欲别频叮嘱,勤来打扫乖。床堆一条被,门并两双鞋。物是人非喟,情迷意乱排。不疑相诺我,家在最萦怀。

【有种相誓属秘密】二首

啮臂曾相誓,言犹贴耳聊。听残一阶雨,倾倒半湖潮。柿叶裁为纸,芦根代作箫。江南歌子夜,叠叠寄廊桥。

昔昔盐赓续,声声慢欲怜。同偎绝情谷,相拥落花天。白璧怀中镜,青丝指上弦。将离无以誓,不老候年年。

【有种心事可理解】二首

为把情留住,曾攀臂咬伤。痛时难抚定,别后枉医长。下嘴知良苦,宽衣解内详。一圈心事密,不敢与人商。

每忆延津别,一壶心事潮。茶淹罗汉果,雨活美人蕉。独院春余味,希声路断桥。案前留不住,窗外又嫌遥。

【有种愿望很奢侈】三首

一生皆妄念,偕老远行能。水墨江南雨,风沙塞外灯。弄筝赓绮句,焚麝纳虚滕。不恨相逢晚,唯愁梦似曾。

恨不为情种,来供世上花。凝眸频注水,解语细催芽。五色脂翻土,三生石筑家。用心勤庇护,风雨任横斜。

不敢人先老,唯期路共长。江南烟雨渡,世外水云乡。种石支茶灶,移兰主屧廊。坐评新手卷,八米绘红妆。

【有种思念在梦里】二首

梦乃多情种,天为薄幸人。疏烟笼渡口,嫩水泥桥身。燕别乌衣巷,名留碧玉邻。奈何无一语,不解在初春。

梦里疑来错,湖西第六桥。柿分秋上火,梧蹭路留焦。踱步妨鱼唼,扶栏羡雀聊。纵然人未见,心已共朝朝。

【有种守候本执着】二首

注定难相守,何堪用尽心。人遭天妒老,梦被夜埋深。趵突泉边酒,菩提树下琴。商声虽慢慢,一味足消沉。

老街花乍落,曾溅泪痕深。贮夜频浮蚁,溺人偏入心。打窗秋雨痛,拈盏影墙寻。清冷一年又,不知谁不禁。

【有种等待或无望】二首

蹭寒衣裹紧，行远一鸿孤。雪解忘情水，泥封记事珠。市桥灯火没，关驿酒旗无。万里层楼上，谁仍候信符。

空阶雨如叶，零落又纷飞。野寺鸡鸣远，穷途雁到稀。凭无一生许，知不十年归。拄颊深寒里，江南酒力微。

【有种态度太矛盾】二首

爱不能兼得，心偏软在酷。平生半壶泪，往事一炉灰。夜减愁为炭，楼分痛到杯。似醒还似醉，将振又将颓。

明知相别苦，不若不相逢。相别千般念，相逢一霎浓。情生难有果，蛊种却无踪。伤在相逢夜，痛延相别冬。

【有种误会不争辩】二首

债从前世欠，还已到今生。面窘思无策，囊空剩有情。不干卿底事，都怨某之名。口舌争何必，由人费点评。

绝口何须辩，心寒吷雪中。天骄妒吴下，野语祸齐东。罪我非关唾，忘谁独转蓬。茫茫人海沸，赤子倦如翁。

【有种选择乃两难】二首

如来与卿各，相负两难中。未及衣牵久，频遭棒喝空。数珠期断念，分镜恐凝瞳。泪是忘情水，无辜洗烛红。

料非能所料，陌路忽迷茫。意苗无边草，心崩不倒墙。割疑刀断腕，挪恐石投荒。取舍难兼顾，徘徊夜一方。

【有种决定非本意】二首

绝情非本意，唯恐害红颜。架剩书千册，郊租屋一间。宜茶才就水，爱石故依山。任性何须改，沉沦鬓已斑。

话若投机少，何劳强续杯。人非同一类，事仅让三回。歧路擦肩去，流年跟脚来。相忘风雪外，冷落箧中灰。

【有种情绪最失落】三首

奈我迟来到，相逢已嫁先。一言终默尔，百感竟茫然。执手花盈把，抽身梦绝篇。江南凝伫夜，柔橹断桥烟。

风情万种浓，春梦一场空。煮海逃龙女，医愁累酒翁。沙淘眼横白，药炼壁题红。坐伴孤槐老，潇潇暮雨中。

断桥残雪处,终不共行吟。解袂皱于手,听冰碎及心。鸿痕凹瓦砚,梅影淡山阴。寂寞生涯老,随囊幸有琴。

【有种参悟怎解脱】二首

四谛何曾解,人存妄念瞒。孽尘妨目易,情海渡身难。数尽菩提子,医无般若丸。晓风残月外,扼腕断肠看。

一袭袈裟破,红尘合掌来。珠摩前世劫,偈验后身胎。锡杖挑沽酒,蒲团坐嗅梅。情多难顿悟,杯渡楚王台。

后记四首

命由天注定,人海一逢曾。孽重难为侣,缘悭乃就僧。木鱼红泪札,铁马白楼灯。不忍歌长夜,空摩旧麝朦。

平生无大获,所幸用情真。白髪相知者,红颜不弃人。海藏金诺贵,阁束研笺亲。何苦逢于梦,重来劫一轮。

石烂缘犹在,心恒命可更。守谁来世诺,还我此生情。恨晚非因见,伤乖竟为行。默然中夜坐,残月照双城。

无题诗百首,都为个中人。事被烟蒸烂,情遭浪打纯。归田三径老,忆海一船亲。乍暖还寒夜,重楼拂榻尘。

卷一二

(七言诗一七二首)

来我命中曾有你(小说版)

序言七首

事逐齐烟已散场,人难久共黑甜乡。诗分数卷非情史,诺改三生即药方。殢酒期能心病管,沾襟恨让泪痕藏。危楼昨夜风兼雨,燕子回时认错梁。

久不吟哦弃用笺,奚囊只剩梦如烟。凭栏酒赌三巡债,向壁花枯半面缘。易演今生容史记,书藏故事限词诠。留情每被多情误,再为痴情倍黯然。

落红无数水潺潺,半老人来写韵轩。往事难凭遥驾虎,初心不改久藏猿。尘吹玉案诗何剩,壁引蛛丝曲怎翻。一霎忧伤梅子雨,似疏还密更销魂。

屡屡怀人了夙缘,从今再不写缠绵。花间掷笔容辞席,几上横刀任断弦。所幸名无何用记,尚堪诗在或能传。飘然一笑江湖隐,紫竹林西雨似烟。

几番离合小诗频,个里红情最写真。曝石谁容虫慢读,藏梁我让燕详询。地分城角难圆月,心坐天涯不老人。往事张张还叠叠,怎能埋没在歊尘。

已把红情没雪泥,余生再不写无题。爱梅人换花于案,破戒僧沽酒在闺。味转心头耽浅醉,色分笔下厌沉迷。笙歌竟日诗萧索,独对残笺暗噬脐。

无题过百叙平生,半是模糊半透明。爱乞人间完璧少,梦销天下淡烟轻。坠珠楼问谁曾在,抱柱桥淹我未行。不悔不忘还不悟,只因难得有深情。

第一章二四首

【无题诗里是何人】一〇首

往事依稀不忍询,青鸾镜在久蒙尘。忘言各做来生梦,照面都成过路人。槐下煮诗虽易熟,花间步月竟难真。惘然斜倚墙东处,只剩如今抱憾身。

年头岁尾屡沉沦,半拂征衣动劫尘。牵手未成同路者,擦肩终属陌生人。红亭立雪梅看瘦,白屋堆烟柳忆真。寂寞江湖茶一盏,与谁倾诉碧螺春。

日久生情纵认真,一经疏远再难亲。期无客走回头路,忘有楼来送目人。梦好曾嫌春夜短,音稀已信世缘贫。天涯咫尺唯长叹,自古参商不比邻。

小山词外九衢尘,负笈南来累一身。本属消闲排闷事,终为落魄失魂人。流杯易渡愁过夜,采苇难浮梦到春。相遇不成先话别,再回头已各沉沦。

翠袖红巾梦未真,解琴还佩两无因。徒来蜀郡为过客,怎去齐州就故人。

断石拦偏江送目,横波溺错櫂抽身。天涯只影销魂外,一叠骊歌半路尘。

百年将半满身尘,邂逅江湖誓约真。前世如为用情者,今生不做负心人。诗题烛尽窗虽夜,梦入天荒草必春。紫竹林边桃叶渡,同船又见一篙伸。

迮径通幽石蹬皴,粉墙鸳瓦与山邻。五株门外抽青柳,一介风中咏絮人。来燕每呵吴语错,过溪难捧玉容真。惘然拢鬓浑如雪,手上余寒不化春。

蒹葭采采认尤真,白露为霜半拂身。千镇雨亭栖浪子,六朝烟水渡伊人。弄珠唯恨心如石,剖镜偏忧梦若尘。最不堪吟秋又暮,楚箫声外月无神。

独步中庭月半轮,赏秋还乞巧于神。后身潘果非罗汉,前世唐花是美人。曾引足绳铜雀系,已分裙蝶纸窗皴。风流不可无风雅,以酒为巾拭眼尘。

漫步红尘即受尘,爱莲亭远怎逃身。烟桥断似三更梦,雨巷延无一线春。扼腕东墙皆雅贼,伤心昨夜独佳人。情多每被情耽误,莫怨诗来认太真。

【无题诗外不忘谁】六首

江南二月雨如丝,乍暖还寒恐践期。天下不该曾遇某,命中无奈又忘谁。心疼燕老乌衣巷,手惜琴焦紫竹篱。往事难寻唯一喟,墉然风起泪盈时。

一身匪气一龙吟,不屑鹡鸰恋士林。天下有谁能夺爱,世间唯我敢俘心。合箫空谷溪投甲,联剑危峰屋爨琴。万幸梅花谱中字,居然笔笔解情深。

盈盈一水起微澜,语不分明睡不安。天下为谁深爱久,世间因我淡忘难。何愁白髮频催老,可惜红情又隐瞒。诗拙自由心做主,欲留欲送或无端。

西窗夜雨兴阑珊,玉盏银毫灺泪寒。天下我曾深爱错,世间谁又淡忘难。宁图半醉怀秋老,不肯孤吟面壁宽。寂寞生涯终是酒,墨痕徒洗每无端。

一身风露又秋时,满目萧然叹路歧。天下已无人是我,世间还剩客为谁。眠云独避回头雁,倚树同凋扼腕词。点检奚囊红药捣,几多心病不堪医。

老去江湖独爱鹅,离亭拂袖定风波。千篇唾玉心疑赝,一撮浮灰眼害多。天下本来曾有我,梦中从此不逢他。无边寂寞焦桐抚,断尽商弦子夜歌。

【无题诗后已销魂】八首

一场缘浅惜犹迟,事已如烟梦尚欺。何苦拥于相别处,最难回到未逢时。沧州驿雪梅看瘦,海域楼风竹画痴。人在天涯心远隔,黯然无计独留诗。

四季相思独自疑,扫眉人在镜前痴。朝逢乍暖还寒处,暮别将晴欲雨时。约臂金承灯下诺,玉搔头理箧中词。当初一纸莺啼序,竟未留名也未知。

待墨兰亭序未迟,八行留白意难知。小桥流水曾逢处,老树昏鸦又忆时。

退笔何妨弦掣肘,磨砖怎代镜描眉。瘦金心字如灰冷,一撮秋残了断痴。

负笈东来酒半持,桂花天里动相思。柔情化水凝眸处,妙语连珠唾手时。贻管为秋何必问,教箫因夜不须知。销魂最是霖铃雨,滴尽檐愁又别离。

好没来由忍别离,可能缘尽各随之。枫桥未系舟停处,栈道将迎马探时。筛酒荡肠醒恨早,撒屏谋面悟嫌迟。红绳错结双蝴蝶,一恋窗花一恋诗。

旧砚生尘积赙池,经年一别罢题诗。问津船在尚难信,呵壁梦无尤可疑。人立落花流水处,雁来零雨响檐时。销魂又为秋销瘦,纵是衣宽竟未知。

小苑疏梅折一支,黯然相赠约归期。香分缺月停阶处,影剩孤灯照雪时。何忍寸心愁打结,那堪长路劫行棋。秦关莫道能横阻,消息频来劝展眉。

不堪人事一如棋,何用无题冠艳诗。骨刺吞喉茵吐错,鳞书脱手驿传迟。尘埋镜缺磨圆面,雾隐林深捡冷枝。蹀躞空廊催旧燕,归来每叹落花痴。

第二章 二六首

【问世间情为何物】六首

百思难解倍茫然,乐极生悲夜不眠。何物是情能占尽,无人成佛可忘全。言犹在耳心疑改,路纵回头手罢牵。隔岸攀条风瑟瑟,荣枯一刹自年年。

断桥相别水东流,红药难医两鬓秋。立誓非他忘却痛,问情何物做成愁。刀裁纸马诗驮尽,砚种书鱼笔钓休。羁旅那堪闻夜笛,为谁斜倚赵家楼。

不忍回眸不忍歌,问情何物害人多。柔乡睡易逢吟客,孽海航难载梦婆。空许死生金柱试,罢谈真假墨徒磨。如山一念移歧路,竟让眉愁走错坡。

未忍伤人却负人,几多干系岂由身。红情纵害三生错,白屋犹连两地亲。无奈梦中厮守老,何妨笔下倍思频。心如匪石温如玉,来世为凭要认真。

饮饯都门罢抚琴,赓秋泪雨续商音。梦难随物夺回手,情易让人伤到心。枉自三生仍炼石,何曾一诺不销金。孤身本合孤山老,将就梅妻老鹤林。

幸承抬爱记于心,不敢情多恐害深。探路自来湖照面,擦肩谁与雁投林。风撩水袖笼唐律,念转霜珠缀越吟。怅触一年秋瑟瑟,满城黄叶满城金。

【一身情债怎生还】五首

前生不解欠何人,转世依然债一身。还尽暗香天下雪,尚亏疏影水边春。将诗补屋虽难久,以梦缝帷竟可真。无悔只今心意定,碧城东北共红尘。

孽起前尘止步回,债还今世那堪催。怀耘郑草仍如梦,钵换唐花又是梅。

红药错医诗里病,碧壶聊助酒边颓。依稀往事歌三叠,不出阳关调不哀。

情如债欠欲还难,不敢多加恐负天。书赔夜深茶鼎沸,镜磨春瘦药炉煎。销魂或为心依旧,惜命唯因老在先。歧路偶逢成一世,纵无相诺亦良缘。

早知今日悔当初,债不能还每怅如。瓷备青花长夜候,镜揩红粉小楼居。吟边境况都遗缺,望外形容独记余。憔悴此生难再会,到头才信梦空虚。

此生情债尽还难,诺守红尘杏雨天。虽为孽缘蒙眼久,不教人欲乱怀先。贝经夜管心猿闹,锦瑟春销酒蚁颠。合掌枯参前世罪,袈裟一袭住瓜田。

【几多心痛几曾经】二首

所幸今生已厌吟,绝非红粉即知音。几番牵手频分手,一刹倾心忽痛心。缘系夜深铃可铁,梦销天远诺难金。跏趺独悟诗中谶,免为风来再弄琴。

尼珠默数效头陀,子夜深窗雨打多。不痛决非伤愈合,无言或已事经过。悲欢世界难为侣,聚散生涯怎逐魔。一豆灯残心尚热,那堪灰掩旧横波。

【最是情伤欲疗难】三首

事非如愿已情伤,暗自天高地厚量。何苦雨宽平水韵,那堪炉冷郁金堂。一生行错头熬白,千古为难梦煮黄。人海有谁知我倦,响檐声外解宫商。

期从肘后借松针,夜灸情伤日补襟。揩泪不该留洗面,触痕何以犯揪心。书难捉蠹徒孤愤,笔可承蜩惯苦吟。十四年来楼十二,几番风雨下江阴。

何堪点检旧鸿踪,拄杖归来病倚松。心死乃知无药救,情伤不信有针缝。熬干烛泪闲调墨,数罢年轮懒打钟。一味萧然长独忆,江南那夜酒初浓。

【不堪情变起波澜】二首

屈指流年叹几何,忽于平地起风波。伞收桃叶渡前诺,船饯杏花村里歌。烦我事如春雨密,累人情比海尘多。歧途聚散唯红友,忍与残灯夜共酡。

事因何故一团糟,来日方长待苦熬。缘尽不干风乍起,劫生无碍鸟先逃。凝眸海市推波远,扼腕泉城积雪高。怅触那堪吟到老,再难相忆独拈毫。

【绝情何苦道无情】三首

半卷珠帘雨断丝,小茶当面一壶宜。曾经淡淡浓浓处,不复吞吞吐吐时。春别更无花解语,夜留唯有扇题词。绝情如此人犹念,卍字阑干玉影支。

些些懊恼不堪秋,枫落吴江水自流。无意本难存厚望,绝情何苦剩多愁。天翻冷脸霜迎送,路绕枯肠带放收。人瘦比花还可泣,一壶红泪夜西楼。

绝情如此已无情,白眼朝天错识荆。宁舍落花休恨水,枉留残句岂图名。

求签寺外鸦孤立,退笔坡前凤远行。寂寞谁弹三尺剑,要除阴影一身轻。

【无端爱恨又无由】三首

天生决绝又缠绵,慧剑情书载酒船。爱恨无妨忘事后,是非何用证人前。愁消眼袋鱼符缺,痛定心丘雁柱偏。风雨满襟挥手去,水云深处弃吟鞭。

爱恨无由半了然,焚书退笔正凋年。心随渡静竿闲钓,梦隐篱深酒懒颠。犹可菊天遥共月,最难葱海偶同船。此生还尽前生债,未许来生续旧篇。

柔乡退老验诗瓢,爱恨无端梦已销。留影到池疑月近,捕香归案避风遥。心非止水春难载,事即余灰泪妄浇。拄颊茫茫人海里,蓝桥断处剩红桥。

【无端歌哭是煎熬】二首

无端歌哭或无缘,锦帕留怀倍黯然。墨在犹难资鬓角,魂销怎可活杯边。听檐昨夜铃催马,扫叶今秋院响蝉。客里声声谁解语,长相忆处梦如烟。

煎熬最怕一年长,歌哭无端独感伤。盈泪眼中声抑郁,断弦人后意彷徨。罪由我受何须顾,事莫他知尽可忘。合掌遥求风住手,罢撩皤髪水之阳。

第三章 二二首

【那一场风花雪月】四首

一见钟情梦一场,相知恨晚各沧桑。眉分燕尾无须剪,酒晕桃腮不用妆。把盏矜持琴抱素,临风浪漫袖留香。而今执手成追忆,瘦与黄花共夕阳。

一点灵犀忽已通,心连不觉不知中。愁多只让灯明白,梦好都防耳暗红。曾许捣诗医我病,屡求辞酒记他功。柔乡几度情无限,羡煞花间月老翁。

山盟海誓结同根,地久天长验旧痕。手剪青丝帕藏匣,脚牵红线月过门。并禽畏有珠弹散,连笔期无墨搅浑。一点灵犀通永夜,此生不负即酬恩。

平生洒脱赚人缘,载美东归借一船。修史已无诗外圣,临江尚剩酒中仙。佯嗔以石坚初约,托醉将星聚小怜。白屋红桥偕老处,短裙长髪自由天。

【八年如梦一场空】一二首

八年相爱两情真,半路分襟各一身。来我命中曾有你,住谁心底已无人。梅溪嗅雪香如故,柳坞煎泉味不纯。坐老江南六朝梦,青花伞外字吟呻。

八年人事两轮回,数卷诗余酒一杯。梦已生烟堆在柳,情虽入土活成梅。攀条怎奈山重隔,顾影依然月独陪。小院无声无息夜,风来最怕竹门推。

八年如海渡犹难,一苇西来浪踏宽。梅子雨从心上湿,梦婆春到枕边残。

新愁未扫家何在,旧怨还缠事已完。收拾艳词频变调,离歌数阕为谁酸。

八年相聚竟相辞,隔海应无再会期。杯渡我身难缩骨,镜涵他泪易摧眉。先留兆在平时略,后续情从细处疑。往事如烟灰是梦,一抔一缕太迷离。

八年如梦一场空,万念俱灰不避风。灯灭案留诗志忎,月过楼剩泪朦胧。曾猜紫匣藏珠绿,偶取青梅煮酒红。惨淡生涯都是错,无情话在有情中。

八年如镜幻如真,一别而今碎作尘。讶为茶浓才续梦,愁因雨苦始催春。闻筝校谱难删谱,睹物思人更痛人。从此小楼多寂寞,再回头处已孤身。

百结诗肠渐渐枯,八年风雨退江湖。人寻枣径无关戴,客住梅村不姓吴。种玉为凭情抵税,炼金成诺命交租。死生相忆还相爱,后世重来共一途。

一箧诗荒半隐沦,八年茶候未归人。墨磨龙井无关炭,水渰桃笺别有尘。扫叶何堪春已老,荐杯难道味还真。长相忆里期同饮,夜雨西窗话入神。

共命鸳鸯各自奔,八年缘尽了无痕。碎看陈镜难修月,坠验唐钗易断魂。紫竹林中红豆馆,黄梅雨外绿杨村。行归一路尘衣薄,尚有何人为守门。

相逢不易别尤难,脉脉无言泪渐酸。两地梅花春谢早,八年心事夜吹残。筝凹岂忍翻新曲,画皴何堪验旧欢。半盏茶烟终淡漠,为谁飘散为谁寒。

相逢又别易悲哀,路似回文仔细猜。听雨驿边人抱膝,浣纱溪上石生苔。落花少被风吹去,好梦多因酒醉来。无奈些些洛阳纸,八年心事为谁裁。

情史应从痛史寻,再难相忆渐消沉。八年乱乱糟糟梦,两地明明白白心。为止愁时题出错,于删泪处砚磨深。参差旧版翻新版,枉对诗笺特别吟。

【两地凝眸几度秋】二首

往事如刀刻砚周,砑笺盈箧不堪邮。一年聚首难销夏,两地凝眸已立秋。枫落烛台红似泪,雨喧茶几白于沤。拊膺长恨人将老,独擘龙箫独倚楼。

老屋斜桥水抱流,几番犹豫怕重游。焉知物事都如昨,却信江湖又到秋。书绝那堪枫暗数,酒残何忍雨清讴。寒心一触无眠夜,尚未成刚已转柔。

【天意如斯话起因】二首

或猜天意本如斯,人海茫茫邂逅奇。深爱一回难得有,真情几许不妨痴。筝鸣异域声声慢,纸贵名都叠叠悲。风雨今年又今夜,也无茶话也无谁。

事发无端忘起因,恍疑前世本相亲。或从梅外识真我,偏在雪中呵美人。诗不作媒天叫屈,梦仍为丐夜嫌贫。殢云尤雨双城老,水隔山拦渐隐沦。

【乍情乍雨皆天意】二首

乍晴还雨久徘徊,往事填炉烛尽灰。紫笋茶寮三径竹,青藤画案半窗梅。帘低信可壶中隐,纸脆疑难枕上堆。诗老浅春人又瘦,悄无声息梦陪来。

乍雨将晴伞半收,一堤黄叶满城秋。才知寂寞凭空起,顿悟荣华转眼休。负我何妨诗独步,忘他竟肯梦同游。江南自古伤心地,柔橹声中罢倚楼。

第四章 一三首

【夜雨初逢共一隅】五首

低吟浅唱踏莎行,意外相逢雨未晴。人海擦肩虽一霎,市桥回首即终生。何妨缓定留和去,岂止详询姓与名。乱絮无边春漠漠,惘然长拥泪纵横。(壬午)

长街细雨九层楼,二月南来息倦游。公子债于前世放,女人缘自后生收。逢因恨晚才同路,决为疑难始共忧。往事如烟不堪忆,一壶红泪枉凝眸。(壬午)

身无长物仅诗篇,独候红颜不羡仙。雨夜谁倾一灯影,楼阶我立半城烟。客情似伞撑归路,心事如春卸下船。相见为何忘执手,只因凝目太缠绵。(壬午)

陌路初逢酒满尊,天涯莫道不销魂。缘如枣熟留全核,话比须长剃尽根。促膝唯忧灯碰壁,撞怀还讶梦推门。夜风过处分烟雨,一缕春柔一缕痕。(壬午)

夜倚层楼不觉孤,风尘洗尽远江湖。小茶偎膝推还就,薄酒开怀有或无。诗是美人归化境,梦如羁客返迷途。结缘何幸分春雨,我与他逢共一隅。(壬午)

【弱水三千独念奴】二首

老剩桃花认几株,梦中人面已模糊。何堪白髮三千在,不舍红颜一个无。春尽或忘零雨涩,路遥焉信断桥孤。过门重访当年事,送目居然是念奴。

短衣轻履退江湖,绮梦如花已尽枯。分席不妨三字罪,画屏何用十眉图。露凉中夜偏忘我,岁闷初春独念奴。横玉柱吹知已少,坐陪湘竹泪流无。

【为谁守候到天明】三首

落花天气动相思,昨夜春深候为谁。路上销魂亭立久,楼前匿影步归迟。曾经拥有虽无憾,以后偕同或未知。四顾萧然人怅触,裙衣拂处月斜移。(壬午)

夜不成眠梦不来,也无风雨也无梅。眼难共路延千尺,爱要随灯灿一回。望月下楼鸡暗唤,贴墙移步雀长陪。萧然独叹人憔悴,枉为深愁任浪猜。(壬午)

江南忆处验街痕,一领轻寒待酒尊。残露碧城容裹足,扁囊红药枉医根。扶墙误候愁过夜,倒屣难呼梦进门。清泪几多揩不去,两行刚好已销魂。(壬午)

【如此情深终不负】三首

迢迢万里客他乡,只为情深屈就长。几次回来么不忍,一声亲爱的难忘。枉凝眸处衣烟雨,最动心时鬓雪霜。濩落生涯谁可主,江南八载问吴郎。

雪泥香淡换新醅,一色红犹五瓣梅。即使有些人不见,如何没个梦能来。拥壶鲸吸图长醉,伏被鸳疲拒暂陪。万籁无声诗废处,孤灯夜半冷心灰。

小别难熬几日回,衡阳雁信不堪催。徒教绿蚁馋春酒,懒借青丝束墨梅。愁似水过心上坎,梦如烟散指间灰。疑听十二楼中笛,可是原先玉影来。

第五章 二八首

【心事一壶供慢饮】二首

小茶如女拥诗寮,秋水盈盈取一瓢。摘叶成眉何用画,连茎作带不妨腰。烛摇唯恐瓶倾露,炉沸犹疑砚涨潮。清坐忘吟金缕曲,落花无意共中宵。

梦住眉峰懒下坡,啼禽值守隔墙呵。檐挪雨脚追春脚,门定风波锁眼波。才子是灯提点久,美人如镜照看多。晨茶一碗亲于粥,慢饮闲书选碧螺。

【解琴唯我是知音】四首

浣花溪畔古琴台,可有冰丝演七哀。相爱一场回不去,各行千里忘重来。心曾剖璧连襟系,梦已生痈断腕裁。旧事何堪摊又破,商声比谜更难猜。

解琴难在合宫商,了断余音下指僵。苦恋如绳长自缚,多愁似刃暗他伤。楼医壁白诗为药,帐揭灯黄梦即梁。流水落花春去也,一生无奈殢柔乡。

骊歌数叠恐知音,匣里弦柔莫动琴。鸿爪抹平珂雪冷,桐身卧倒碧烟深。留髡枉试三生石,访戴难酬一诺金。绝唱江南红药采,为医春后槿花心。

悠悠只为爱青衿,宛转深宵独鼓琴。似水柔情流作泪,如秋岁月不成金。囊藏汉佩逢萤照,案换元瓷采菊吟。心底千般滋味改,有谁能解个中音。

【小楼留我不留筝】四首

最难倾诉是真情,几阕悲欢一锦筝。因我世尘还凤愿,为谁人海渡来生。镫音宛在空庭响,背影终随乱絮行。剩有鸿泥长夜验,深深浅浅不分明。

似曾相识遇今生,一霎倾心又远行。凡已所为都是债,若能全了决非情。京梅破雪天争妒,越鸟巢檐夜断鸣。最恨临歧犹共誓,不来不老不听筝。

十二年长即一生,小楼留我不留筝。夜非宜酒少来梦,诗要害人先用情。蜡泪镜前灯暗老,墨花窗外雨频倾。萧然默诵楞伽久,始有寒鸡断续鸣。

得失悲欢自洞明,不随流俗任风评。无情世界深情活,有爱人生大爱呈。何必托求身后玉,最应惜取眼前筝。匆匆百岁还余半,一榻云烟一地樱。

【旧梦如诗集在心】四首

不悔情深要寄谁,八行裁就断肠诗。已难相守天怜也,尚可同心佛佑之。隔海壶承红泪嘱,归田夜酿白头痴。今生一出销魂梦,演到来生是大奇。

剡纸檀笺剩几何,焚诗西阁冷灰多。拈毫梦里灯疑剪,枕石花间墨悔磨。心已替秋斜雁字,眼仍盈泪竖鳞波。八行留白无题处,最是相思不耐哦。

半拈彤管费吟哦,小篆如肠断几何。着色衣随云共皱,含香指与墨兼磨。兰笺种梦虽无土,菊盏倾情竟有波。一叠知音赓不得,潇湘馆外泪婆娑。

一生如墨尽情磨,老去删诗又为何。怒在愁时添酒浊,哀于痛处下刀多。前尘岂是风能扫,后约终非梦可讹。从此断桥残雪夜,再无人唱弄梅歌。

【一束玫瑰细雨中】四首

二月春初古镇东,轻寒恻恻柳随风。数声欸乃斜桥下,一束玫瑰细雨中。紫竹林深过社燕,乌衣巷窄认渔翁。依稀不改当年样,只是无人访钓篷。(丙戌)

手捧玫瑰一束红,与谁相约板桥东。宁疑巷尾灯迷雨,不信船头伞受风。流水账翻多问错,绝情诗就少求工。寒山寺外鸦啼破,断送姑苏酒半盅。(丙戌)

一束玫瑰接手香,卖花声里雨声长。乍寒乍暖情人节,非俗非奇礼物装。归借玉瓶存旧爱,种分泥钵验余伤。小楼春莫深深嗅,扑面窗风动别肠。(丙戌)

了错当初泪一瓯,节逢今夜枉凝眸。乂形津径玫瑰梦,卍字阑干芍药楼。与烛同焚皆隐痛,比沙难数是多愁。轻寒恻恻黄裳薄,熨尽诗痕百折休。(丙戌)

【悔因忙碌关怀少】三首

巧医春闷夜嫌长,肘后书经代药方。侍席鹦哥拖语病,剔灯鸦舅验神伤。梨花院落风无态,竹叶门阑月有芒。破睡非关金缕曲,只因人恐老柔乡。(乙酉)

如花倦怠倍欹歔,病在相逢半拥初。搁笔苍山圈砚海,横琴小儿卧茅庐。心中梦续连环画,鬓上秋添系列书。沦落那堪灯照瘦,满身风露冷裙裾。(乙酉)

一味曾尝苦似茶,坐楼西角罢涂鸦。随风入袖收诗草,让月翻窗采泪花。梦恐泥封炉未熄,情遭蛊下药难加。惜人都在秋寒外,病久何堪理乱麻。(癸巳)

【漂洋过海来看谁】二首

嫩约何时续绮歌,一年将尽梦婆娑。漂洋过海来看我,冒雪驱车去接他。絮语频忘梅抚瘦,朵楼深惜酒拦多。为谁心狠还心软,不忍嗔拳不忍诃。

拂袖东归水一涯,白围巾上落梅花。瓣香犹活孤山雪,萼绿难随洱海茶。呵手苦斋瓶汲月,扣盆长夜壁涂鸦。情深恨乏回天力,枉害人心乱似麻。

【誓石湖边忘也难】五首

金鸡湖畔石如鼋,一诺而今作妄谈。何苦寄身偏海外,最难回首即江南。唐花已替京花老,绍酒仍存御酒甘。半面酡颜论故旧,依然蹙额又娇憨。(癸巳)

指石为凭誓已空,留谁步屧绮罗丛。身经紫陌红尘后,眼放青山绿水中。荷盖最难遮地泪,杏笺偏不寄帘栊。流年几许姑苏梦,散入饧箫五两风。(癸巳)

三生石上誓奇缘,旧诺如铜值几钱。鼻忍微酸通到底,腕防长病断于先。焚琴莫管牛参透,覆水何期钵接全。金屋已空谁是主,一帘疏影替娇怜。(癸巳)

一诺相酬愧未曾,逃身拟学懒残僧。酒船江上载桃叶,茶灶雨前煨豆藤。蝴蝶梦回朱阁榻,鹧鸪声续碧城灯。惘然拈取眉头字,寄予延津怎可能。(癸巳)

一诺何曾两淡忘,于无人处独神伤。分衣露白和秋瘦,染指橙黄共茗香。心事不知杯溢满,夜情犹畏院生凉。徘徊缺月高风下,落叶婆娑背影长。(癸巳)

第六章 二〇首

【漂泊不定每奔波】二首

饯鄘难再阻扬舲,恨水东流不肯停。迟到断桥鱼误卯,懒归空宅燕留丁。茶凉半夏幽风绿,信绝三巴秋杜青。鼻兀何堪维蒜髮,赓歌对忆旧梅瓶。

扬舲万里赋诗酸,墨海生尘泪一团。金约指间情褪易,玉搔头上梦箍难。抛杯故宅扶秋老,破镜新亭补月残。纵是重逢犹不识,枫桥夜夜独凭栏。

【聚散无常话几多】六首

聚少离多客在途,如烟往事记无珠。枉凝眉处莫愁我,徒扼腕时偏念奴。梦为茶娇和泪绝,才因笔秃共花枯。前生或欠难还债,直向今生索旧租。

聚散悠悠莫再陪,天涯鸽哨已先催。半城墨色当初雨,一纸烟痕现在灰。花不薄情容我誓,伞无余力恐君推。眉尖数阕长亭怨,折叠相思第几回。

聚少离多路漫长,命由天定属寻常。看花雾海灯尤赘,折柳烟桥话未详。鱼钥把襟囚病蛊,麝媵垂带缚亡羊。无端一晌黄粱熟,卖与愁人酿酒浆。

聚散无常过一生,多情累我误鸳盟。市桥孤立星如豆,驿馆空磨墨似羹。书挂泥牛潜泪海,梦骑檐马叩愁城。临歧莫恨归期短,昨夜秋黄染古筝。

聚散无常一诺违,诸般物是却人非。露团游子箧中字,星灭寄奴琴上徽。

隐市深期龙北顾,移山远阻雁南归。吟鞭漫卷缁衣解,断续幽歌入翠微。

聚散无端息倦尘,一瓯茶苦倍提神。落花成药医青眼,剩墨为脂点绛唇。遥乞梦潜龛角近,饱看秋损鬓丛真。楼头几度团圆月,吝与斯人只半轮。

【相逢不易别犹难】六首

来如阵雨去如云,槛外酸风断续闻。不敢投怀向谁哭,那堪开口要人分。杯残恐引花间泪,话软疑黏凤尾裙。前世已难销孽债,今生何苦倍殷勤。(己丑)

依依不舍又何如,诀别天涯再见无。半路叮咛化为泪,一生眷念散成珠。漏收红匣孤楼坐,剩验青襟静夜沽。薄醉难眠唯默诵,几多心事慢倾壶。(己丑)

深深一瞥出高楼,午雨霏霏忍泪流。强笑如花难捧手,佯充是铁不回头。爱过虽短心知足,誓去还长影伴周。尽我余生频合掌,小家代为故人留。(己丑)

南辕北辙路茫茫,海角天涯各一方。纵解行縢难减负,仍封饰物不添妆。回头只盼低声唤,分手多疑旧诺忘。最是人生沉痛在,才知断尽几柔肠。(癸巳)

昵称疑似为还情,北辙南辕又两城。天意与他逢岔路,业缘随我了终生。灯深月夜诗灰散,梦老烟津锡杖行。寂寞人间徒唱彻,梅村一偈住无名。(癸巳)

月凉如水酒如潮,一去离亭一去桥。人走未尝心即死,事忘也许诺全销。可怜今日攀条久,所恨将来隔路遥。寂寞生涯两过客,匆匆各让夜风撩。(丙申)

【负我非他我负人】三首

一生唯恐负人多,偏负人多奈若何。爱到难分心隐痛,事逢当断手频搓。抽身不忍声声唤,望路无期步步磨。风雨八年诗百首,两行枯泪半蹉跎。(己丑)

难寻故剑向瓜洲,半理残笺燕子楼。非我不拦分岔路,是他相别最深秋。天荒梦共孤星没,石烂山无片羽留。心外小灯青夜夜,怎将阴影抹从头。(癸巳)

手颤难拈记事珠,鹭踪鸿影半模糊。三心二意何曾有,万语千言逐渐无。乱在忙时窗剪烛,安于困处夜描图。平生最恨非由己,竟让人添泪满觚。(丙申)

【一别再无人叮嘱】三首

惭无大用是书生,掷笔江东奋一争。别馆柔条虽绕指,临歧软语未妨行。细分携药忧微恙,频嘱添衣暖远城。相拥那堪将久隔,强颜欢笑恐迷情。

寒流一夜下江东,破晓窗拦窣窣风。雪剩檐沟滚边白,日骑云缝盖章红。已无人嘱衣多备,况有谁知病渐穷。熬药小炉熬粥苦,黯然将就忘情中。

已经难以话曾经,相守相依共对屏。原有谁来晨打探,再无人替夜叮咛。一身寒露犹回顾,半盏浓醪不独醒。珍重余生图后约,五亭桥上第三亭。

第七章 二二首

【别后匆匆已十年】六首

别久居然鬓已灰,中年况味不堪猜。情方百转千回绕,梦又颠三倒四来。人面昨逢桃叶渡,客踪今验柏梁台。春诗满把都如泪,撒向天涯共雨灾。(己亥)

久别谁知又几曾,一杯淡酒佐孤灯。春无蝶梦疑应可,屋有窗花种不能。描篆帐中书垫枕,落泥梁上月爬藤。衣冠散漫歌拖沓,往事依稀暗起承。(己亥)

经年一别太匆匆,又到春深感落红。梦是佳人虽独缺,心如释子未全空。平移苑石宽来路,远挂檐铃响受风。旧曲重弹音略校,小楼长候唾香绒。(己亥)

别后匆匆几度春,绮怀枨触梦沉沦。廊空叹剩诗题柱,灶塌吹除釜积尘。唾井燕过犹不忍,扫庭花散已难亲。依稀隔巷箫声起,断续风闻似故人。(己亥)

虹桥一别几时归,事不由人与愿违。临水病槐遭又雨,候船贞燕换无衣。春裁恨短书难就,路转疑歧帕错挥。望远何堪亭倚瘦,小茶凉手独长欷。(己亥)

披襟侧帽八风台,绝唱香尘动七哀。愁是可人须独享,梦非过客必重来。吟红泪为桃根断,镊白丝由藕节裁。枨触一生缘未了,京腔昆调两无猜。(己亥)

【无边寂寞寄人难】七首

香尘漠漠意萧疏,苦雨斋中月缺如。归去有心期以后,别来无恙话当初。案移鱼草根难拔,壁验鸿泥块易除。弄笛因谁吹断续,落红成阵独欹歔。(乙未)

冷金笺少箧中搜,晓倚晴窗午倚楼。难解绝尘频挂颊,妄猜归日独凝眸。磨人不赖三生石,卜梦何消一塵秋。寂寞如诗复如酒,低吟浅酌两悠悠。(丙申)

十六年留未了情,是非何用数分明。来逢馆雨春宵短,去隐茶烟暑病轻。裁扇但供鹅把玩,弄箫终放凤辞行。前身几许风流债,要在今生算缺盈。(丁酉)

烟桥雨巷短长亭,白屋红船黄叶腥。客里斯人独憔悴,秋中何物每漂零。擦肩伞影疑曾识,过耳吟声恨已经。十七年留诗帕验,昵称署尾墨痕青。(戊戌)

凤驿传书两蝶庵,参商远隔鬓毵毵。鸿虽滞沪犹亲北,雪不过淮免化南。白屋青衫铜笛屖,红炉玉案紫砂耽。长相思里长相忆,夜夜长随梦共酣。(己亥)

守于中夜盼相呼,往事依稀记用珠。逢我最迟缘尚在,念谁终老梦偏无。鸡窗叫白留茶冷,蝶几堆红掩泪枯。心上一痕春曲折,不堪千里走飞奴。(庚子)

斜风细雨忆偕游,誓石纫兰燕子楼。红泪疗伤疑是药,青衿拥瘦爱于秋。一丸情就茶煨热,半榻诗随梦访幽。相惜此生终不负,天涯独我每凝眸。(辛丑)

【蓦然回首不堪多】三首

蓦然回首不堪歌，众里寻他今在何。金谷遗珠荒径暗，碧城藏玉小家多。徒劳贝叶抄心字，漫引蚕丝伏眼波。二十四桥无芍药，且将春恨种东坡。

秉烛中宵百尺楼，不堪孤影上墙头。诗如枣核频倾吐，酒似桃江未断流。况味曾经匀苦涩，余音至此变烦忧。可怜一世长相忆，要缚何人瘦在秋。

花间倦坐不堪支，儿女情长乃自欺。心死剑南三尺水，酒温瓯北八叉诗。蜃楼锁燕难经久，梦泽谈狐错已迟。果有愚公勤运斧，眉愁两叠作山移。

【大约江南又冬季】六首

故园难聚客如蓬，小雪初晴冷在风。不尽孤吟千里外，几多真爱一生中。断桥书短螺杯续，老泪衣单麝烛融。天下只今还剩我，用情偏为待来鸿。

小雪初晴水一方，为谁跂立久彷徨。情多不敢来相见，梦老何曾许暂忘。返绿柔条攀手细，褪红寒蕊蹭衣香。江南自古销魂地，害苦诗人每断肠。

又是初冬小雪天，如茶一味煮流年。诺承红木案头泪，梦证青花瓷里禅。长恨炭难煨冷灶，独期泉可润柔弦。吟窗半掩人消瘦，最不堪时倍惘然。

路遥音绝久蹉跎，雪在深冬聚散多。曾幸拥怀眉浅画，再难张口手轻呵。余生保重因无我，来世交亲岂有他。抱憾楼头心隐痛，朔风吹处鬓斑皤。

一味深寒浅口尝，江南扑簌雪茫茫。路留鸿爪书何在，屋煮梅犀夜未央。今世若难为爱侣，后身依旧做童郎。绮诗盈箧充如炭，欲暖流年比梦长。

一年风雪倍寒楼，颤忍灯昏念旧游。心是过头路能返，事如出口话难收。虽知纸脆承情薄，不解冰坚裂镜休。人世几多缘与孽，本来无奈又无由。

后记一〇首

爱过疼了性还真，不枉来为一世人。似水柔情非祸水，如尘往事即心尘。天涯曾摘流星数，末路难偕幻影亲。长倚老檐听落雪，略无声息几番春。

生涯濩落似稀泥，每陷人于陌路迷。做梦纵能寻雨巷，忘情怎敢涉花溪。舫间故事鱼听老，伞外流年燕逐低。负手孤吟回首处，一声箫咽古亭西。

离歌聚酒即生涯，四季炎凉半路花。无数艳痕消共露，几多况味剩随茶。壶天校错红楼梦，海市淘空玉女沙。未老人来心已老，木鱼声外没烟霞。

相逢一握又飘零，两地传书系鸽铃。酒趣能同知己品，琴音不与俗人听。露凉心底无须白，草暖春初肯定青。算罢归期天或冷，潸然处怕数流星。

五湖行处遍传讹,检点萍踪错在何。来未肯亲因克己,去难关爱自由他。赓诗痛押船头韵,扼腕空淘渡口歌。天吝此生承一诺,要陪风雨共蹉跎。

　　最恨流年不倒流,几多人事怎从头。夜醒冰酒筝横案,墨养瓶花烛瘦楼。过耳余音和雨尽,袭身阴影上衣留。天涯一别无消息,独我江南管领秋。

　　老已无能赋七哀,莫愁湖外旧楼台。心藏事变茶烟了,夜起人听径雨来。獭伞疑追蝴蝶梦,兰灯怯引海棠杯。何堪一醉今生里,又害他生验劫灰。

　　梦若尘轻一撮酥,可怜心迹半模糊。春浓已兑忘情水,日久犹拈记事珠。凭几弄杯花剩有,卷帘吹笛燕来无。销魂最是门前柳,折尽青青不肯枯。

　　二十年缘去似风,为谁吟句雨声中。忘情水被春倾倒,记事珠由梦补充。能给那些还不尽,偏留这点忆无穷。江南自古多伤感,百结檀心一唾绒。

　　孽海扬尘二十年,小楼春嫩我无眠。情难结尾疑如梦,话未开头怕是禅。剩墨填墙灯漏少,残阶接地月投圆。茫然四顾风回处,旧味依稀淡柳烟。

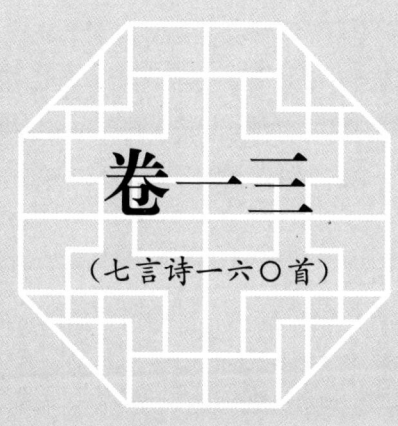

卷一三

（七言诗一六〇首）

未曾深爱已无情(电视剧版)

片头六首

【女】

　　杏花天里客来沽,小院深深独念奴。还是那些春故事,黄莺说了又青狐。

【男】

　　一蓑烟雨一支箫,人在江南第几桥。红友未逢初五夜,白蛇来请共谈妖。

【合】

　　浅醉楼头每不言,几多往事细分难。落红如酒还如泪,唯有余痕最耐看。

【女】

　　瓜田故事豆棚商,不许春来溺酒乡。野陌桃红烧上脸,杏花如火隔无墙。

【男】

　　曾因弄玉下蓝田,怅触离怀酒一船。情薄不堪分又送,再生缘了女人缘。

【合】

　　梦上巫山第九层,难逢月老系红绳。银河一勺忘情水,洗尽相思能不能。

第一集·远郊游春七首

【男】

　　自命雄才敌万夫,夺袍堂上不曾输。虎符拒受横箫去,廿四桥题八美图。

【女】

　　风平雨霁独游春,绣市茶寮好息尘。过往落花怜不尽,一身红粉太黏人。

【男】

　　步武花间厌热尘,封刀退笔许安身。风云再起无关我,不爱江山爱美人。

【女】

　　减春难在太劳春,纵许花飞也费神。何处可堪分一片,不知谁是识香人。

【女】

　　倩影依依水一方,柳条扑簌水风凉。撩人最怕烟桥下,不耐春柔是客肠。

【男】

　　烟桥吹笛摄羁魂,拥鼻行吟又一村。明日落花如落泪,最难揩去是春痕。

【合】
　　是根是叶忆当时,野渡将离话已迟。春好不堪心落寞,雨如红泪为谁垂。

第二集·渡桥初见 九首

【合】
　　水上江南雨气微,杨花乱杂杏花飞。轻轻一橹桥摇近,客到春深久不归。

【合】
　　春回渡口老船家,薄雾依稀淡润茶。才饮满杯愁未绿,又期人面灿桃花。

【男】
　　倚桡山外水云舒,尽献诗笺喂妾鱼。桃叶渡头春已老,不逢人面似当初。

【女】
　　六朝烟雨一船诗,载到江南送未迟。渡口初逢何必问,前生与我即相知。

【女】
　　手绾青丝背对先,为谁曾剪渡桥边。愁长一尺兼三寸,不系舟来只系缘。

【男】
　　髮梢斜抚背人前,一霎低头最可怜。近水游鱼莫相扰,远风移步要轻先。

【女】
　　雨巷遥收伞慢过,渡桥回首又如何。怅无春水能追石,敢载深愁是眼波。

【男】
　　盈盈一水雨潇潇,流放春红桨慢摇。渔唱数声天已晚,剩谁孤影立斜桥。

【合】
　　非因偶遇即良缘,只恐迟来又擦肩。十米诗长一生误,人间四月鹧鸪天。

第三集·心事纠结 一一首

【合】
　　一言难尽叹蹉跎,挂颊笺前墨未磨。紧锁眉头方寸地,防人夜讨债愁多。

【男】
　　酒船倾倒夜愁多,摆手先推梦上坡。心事烂如泥一地,纵生春脚也难挪。

【女】
　　一春容易动人愁,不料人来愁更愁。愁到那愁频结茧,依然自缚再生愁。

【女】
　　几多心事有谁知,指拗兰花引碧丝。纠结一团难理顺,枉然相怨又相疑。
【男】
　　夜雨如丝慢趁风,倚楼人瘦壁灯红。几多心事兼心意,尽在团团结结中。
【女】
　　八行涂抹乱如麻,揉纸成团巧作花。花纵可怜还可意,护花人却不跟家。
【男】
　　绿杨村里月初残,剪烛西窗话也难。留我那枚蝴蝶结,怎将春梦扎成团。
【女】
　　结有千千解不开,女儿心事最难猜。明知一剪能俱了,偏要衡量去或来。
【男】
　　沉吟夜半忽迟疑,忍笔行间免涉私。名不尾留笺不送,情多最怕有人知。
【女】
　　已然暗恋各知情,梦里无端唤昵名。所幸偷听唯有月,才教永夜不虚惊。
【合】
　　灵犀不信点通难,要谢神明祝福宽。风疾有肩皆体贴,为人分领倒春寒。

第四集·两地等待 七首

【合】
　　春容后约感飘零,眼接群山不断青。僻处从无知己到,半晴半雨候长亭。
【男】
　　小园临水午茶真,片石团香共出尘。三面置山还置树,预留一面候佳人。
【女】
　　镜阁茶凉就地浇,檐铃响处雨潇潇。何人误解春消息,不敢寻来路太遥。
【男】
　　浣纱溪畔石阶凉,抱膝人曾候一方。断续虫声如雨脆,听来感慨已秋黄。
【合】
　　虽无一诺亦拳拳,错候斜阳过几砖。终不忍闻鸦老处,妄将啼怨害人前。
【男】
　　八砖过日偶贪床,倦意频生返睡乡。都是好诗来作祟,教人昨夜不眠长。

【女】

江南雪霁近初春,一纸归心病在身。月上层楼来照顾,和诗共管不眠人。

第五集·心病难医七首

【合】

晓风残月水茫茫,两地迢遥各断肠。似病轻愁难治本,徒劳芍药作偏方。

【女】

月残山外水明楼,拥鼻含颦坐对瓯。红药一丸医永夜,美人如酒管销愁。

【男】

江南雪最净如情,错验鸿痕畏远行。心地受寒无药治,害人温酒到天明。

【合】

霏霏雨雪了无痕,独向花间荐一尊。难得醉春能救治,还魂未果又销魂。

【女】

半面缘深怨二三,两心俱为梦沉酣。若非梦死兼心死,纵有针医不指南。

【男】

诗非秘药不医愁,五味俱酸病似秋。强竭余生微薄力,来凝梦里美人眸。

【合】

半酌流年半炼诗,一壶甘苦一炉痴。平生所好催人老,妙句如丹夜自医。

第六集·北上重逢八首

【合】

青灯照壁解诗签,梦里江南雪积檐。情种扎根心地紧,爱如甘蔗倒尝甜。

【女】

残年风雪竹西庄,一路鸿泥淡有香。人意不堪生节节,要谁如蔗倒头尝。

【男】

残年四顾锦笺裁,半挟行縢半送梅。地大无边歧路远,漫天风雪一人来。

【女】

深寒昨夜拥炉来,肯把冬心就炭煨。一阕解红茶慢沸,雪中消息只关梅。

【男】

风雪年关酒满杯,拥吟唯恐梦难栽。二千里地人何在,楼外楼中一剪梅。

【男】

纵然摩笛有谁听,将就蒲团默念经。雪夜无妨梅睡去,暗留楼上一灯青。

【女】

冬心宛转岂无端,玉镜台空烛穗寒。掺入鬓丝都是雪,冷看眉萼向春攒。

【合】

雪花如纸贴芸窗,麝炷轻撩暖玉缸。为卜重逢几时吉,早将红豆数单双。

第七集·倾诉不尽 六首

【合】

欲语还休在初春,踏莎行处恐探真。情深似雀潜于树,虽已藏头露半身。

【女】

纵难当面拒怜花,欲语还休乱似麻。眼放秋波嫌太满,况添红泪又些些。

【男】

一身情债一生还,尚欠啼痕两袖斑。不是伤心流不起,泪多唯恐害红颜。

【女】

西窗剪烛夜羞红,最怕将离一愿空。情急说丢些许话,知他爱在不言中。

【男】

脉脉深情的的愁,不堪探试话幽幽。无端捅破窗花纸,再要人黏倍觉羞。

【合】

夜光杯里话无端,酒害葡萄尽一欢。倾吐此心长脉脉,半成红泪漾微澜。

第八集·历历在目 一一首

【女】

一春风雨又潇潇,庭院深深梦未饶。草矮何妨勤打理,短锄累断美人腰。

【男】

微风杂雨向春斜,小几移窗不出家。四面山坡三面竹,预留一面种兰花。

【女】

西风又起夜西楼,半拭菱花半畏秋。所幸霜无加害意,仅教清冷住心头。

【男】

风租五两许淹留,碧玉偎怀小径幽。怜取落红为额痣,教谁回顾到深秋。

【女】

月满西厢摊素帕,风来巧绣海棠香。一团思索穿过夜,那管针尖的确凉。

【男】

石如书叠许谁掀,可恨相思不立言。无数裂痕长点检,莓苔青处识根源。

【女】

芭蕉半展月残初,静室无风影照虚。手把秋毫嫌扇小,不知爱字怎生书。

【男】

坐怀伴醉画眉难,酒罢何如换果盘。手拈青梅分不够,多留几粒让他酸。

【女】

每怨鹦哥不易驯,背人偷学话音真。相逢爱字频倾吐,恨是天生太嘴贫。

【男】

夜长无事伴听筝,指下弦音断续生。一曲高山流水外,风花雪月属闲情。

【合】

地静非关音信隔,情多每被酒虫偷。心中在意频添醋,钵里无诗乱打油。

第九集 · 佳人如茗 八首

【合】

半壁湖山水墨融,小楼烟雨有无中。春来试茗浇心地,涤尽愁尘笑唾绒。

【男】

檀香桊几小泥炉,野水潺湲傍竹居,偏爱与茶朝夕共,谁知冷落五车书。

【女】

半生浓缩一壶茶,慢饮而今浅剩芽。纵是青青都不在,仍留余味与人家。

【男】

小炉煎雪夜无尘,一缕清香嫩返春。倾倒为谁心渐沸,噘来壶嘴畏人亲。

【女】

莫从壶嘴略分青,两勺横波荡楚舲。回首碧螺春尽处,山如雁齿欲衔星。

【男】

新壶似友无缘得,雨夜茶寮话莫长。倾尽一泓回味处,紫砂仍爱老泥香。

【女】

不羡哥窑昵紫砂,烦将呓语泼残渣。一壶心事尝深浅,旨酒原来逊小茶。

【合】

抱膝楼头歌未了,白衣如雪夜深深。诗心偶共红炉热,一把铜壶煮古今。

第一〇集·诗书生涯一九首

【合】

埋头晓案一灯青,瘦理银毫鬓已星。冬到岭南虽不雪,暗潜寒雨勒花厅。

【男】

淀山湖畔小亭轩,坐读梅花未觉烦。往事如书虽厚重,强从折角处回翻。

【女】

夜不催眠灯不乏,书从折角处重翻。一行生字难看懂,要请风来共探源。

【男】

折角书新枕下藏,续看寻到第三章。依稀记得红楼夜,旧梦曾过水一方。

【女】

晓窗重读第三章,红药难寻怎疗伤。书纵有声兼有色,却无人管梦青黄。

【男】

晓窗凉雨几时停,旧梦难温睡不成。趺坐涕全诗八句,用谁庚韵又重赓。

【女】

候雨西窗夜托腮,诗如不速客先来。几多惆怅何须解,一纸团成五展梅。

【男】

骤雨初停纳午凉,潺湲碧水满荷塘。赋闲人困书抛案,留与蜻蜓识几行。

【女】

书摊林下日移频,一霎风来近欲亲。掩卷与狸先换坐,不教花影上闲身。

【合】

背卷闲书意未穷,薄衫如雪野桥东。鹜潜秋水兼葭近,人在风清月淡中。

【女】

久废闲吟又到秋,小山词外意难邮。满庭柿叶抄残句,一捻初霜白上头。

【男】

夜半灯深独感伤,笔花盈把截犹长。西风不到西山下,却害西楼鬓满霜。

【女】

半卷珠帘夜不眠,擘笺盈箧贮流年。八行章草无心理,收拾灯花贴额前。

【男】

也无诗兴也无篇,懒取并刀小试先。应是夜长裁不短,竟教人恨又难眠。

【合】

一麈林下偶忘情,手捎亭栏句未成。秋在暮桥云水外,最难回应是蛩声。

【男】

昨恨柔毫未吐芽,今看铁树又生花。奇诗五出清还雅,半就芸窗半就茶。

【女】

风梭暗织八行长,路颤清弦叶脆黄。写韵亭中人在否,一程秋意一笺霜。

【女】

八行虽短路偏长,一管柔毫夜丈量。不尽心声难悉数,误删唯恐是沧桑。

【男】

数卷诗删剩未多,一函人事付烟萝。相忘纵在江湖上,各敛柔毫唱踏莎。

第一一集·岁月消磨 四首

【合】

请剑难成故剑求,延津不复有龙舟。蓼花红在残阳里,却让芦霜白上头。

【女】

不甘情退一如风,欲隐孤山共落红。梦验仍无仍有处,人疑若即若离中。

【男】

醉外何尝管睡绒,衔杯只爱女儿红。纵然风月催人老,尚念当初拇战中。

【合】

最难相舍旧诗筒,负重天涯累渐鸿。何似送归云梦泽,悲欢各在浅深中。

第一二集·五味杂陈 四首

【合】

似苦还甜又略酸,秋分一味总无端。引杯斜倚南窗久,泼湿芭蕉打湿兰。

【女】

撒于伤处痛心尖,往事咸如昔昔盐。纵把流年来淡洗,重调一味不能甜。

【男】

空亭昔昔雨如盐,满地微咸逼树尖。难把落花加一味,只因秋重不能添。

【合】
　　诉无人处卷无帘,永夜风咸梦似盐。清淡一灯尝错味,故教心字不回甜。

第一三集·聚散无常八首

【合】
　　跋浪归来纵远眸,倚栳人老百花洲。无情最是春江水,忍为东流不掉头。

【女】
　　聚散无常话别难,销魂一櫂雨声残。小桥如手拦腰握,水在春初倍觉寒。

【男】
　　聚散无常奈若何,柔情似水溺人多。兰舟误载愁沉重,竟压湖心碎作波。

【合】
　　已负相期枉殢秋,霜凋柿叶下矶楼。扬舲海角天涯处,路不回头即尽头。

【合】
　　教箫人别五亭桥,月缺依然照鹿蕉。往事埋如箧中镜,那堪重睹念奴娇。

【男】
　　飘然一苇去迢遥,孽海扬尘没六桥。乌鹊不啼烟雨里,只因声断续无箫。

【女】
　　离长最怕路迢迢,芍药红时梦退潮。二十四桥徒唤月,也无人到教吹箫。

【合】
　　吹箫桥上遇知音,可惜无缘诺以金。明月二分非不足,最难照看是人心。

第一四集·分手之际六首

【男】
　　何来隐痛倍伤神,病在心头不在身。无药妄煎诗满罐,也难医活绝情人。

【女】
　　缱绻深情不可询,小茶私语倍天真。但将红豆充红药,专治蓝桥薄倖人。

【男】
　　曾经啮臂誓为真,痛痒相关集一身。拂袖如能全不顾,多情人即负心人。

【女】
　　又是春寒不耐春,菱花瘦减月前身。只今楼在无眠处,曾倚吹箫弄笛人。

【男】

　　缘虽已了情难了，扼腕楼中睡不真。今夜一帘幽梦里，分明又是去年人。

【合】

　　吴箫楚佩誓难真，续不春回约洗尘。何处断桥横断路，莫愁湖上莫愁人。

第一五集·错非彼此一〇首

【合】

　　往事如珠漏采多，扬尘海上逐铜驼。聊将错爱长瞒住，勿与人知是为何。

【女】

　　梦草离离枕上栽，泪枯无计洗尘埃。心间自有留青处，只恨春风不进来。

【男】

　　多情反作薄情人，顾盼无言愤转身。从此烛窗须紧锁，梦回帘下莫疑真。

【男】

　　走后茶无酒亦无，小杯空饮梦模糊。个中偏有双蝴蝶，蹭上窗花不让扶。

【合】

　　决然相舍莫相怜，话到无情已了缘。还尽此生三百债，免留些许断肠篇。

【女】

　　小绝吟留却未留，旧痕如叶已凋秋。倚楼人在西风里，数点寒鸦一柏舟。

【男】

　　念奴笺字寄奴难，反怨青禽特地瞒。盈箧柿红多墨守，竟无流叶要传看。

【女】

　　纵然书与梦都无，不忍轻言不在乎。缘结一时成一世，要人歌哭要人扶。

【男】

　　平生爱恨总难分，断腕无刀怎断裙。愁起案头诗半皱，徒延梦尾不平纹。

【合】

　　广陵弦断悔尤迟，一诺终难试践之。绝唱留听梅雨后，绮怀从此不赓诗。

第一六集·不堪打击五首

【合】

　　当年何忍遽分襟，不料而今已碎琴。月下秋波圆满后，才知最缺是人心。

【男】

一角歧途惯见残,相忘未及忽重圆。月如拳握长奔袭,打痛心头不夜天。

【女】

别在歧途未两商,几多无奈又无常。绝情如手凭空袭,要让心头痛若创。

【合】

红情是纸不堪裁,错把伤痕乱展开。看断线装三四处,再黏旧页恨重来。

【合】

久在红尘作苦吟,青衫破处酒痕深。如能补到人知痛,不许留情少半针。

第一七集·又一年冬——一首

【合】

殊途一别忆无凭,独上西楼目罢凝。飞雪漫天皆硬气,错黏人即化为冰。

【女】

一冬熬半已艰辛,试笔方知手又皴。湿透迷途那场雪,为何还在冻伤人。

【男】

卷帘风外树栖鸦,远眺天南水上家。人意几多如雪冷,冻红何止是窗花。

【合】

一年容易又抛荒,煮雪南楼夜未央。心事几多封住口,紫砂壶怕漏沉香。

【男】

残年薄味淡如茶,慢饮江南水一涯。天济雪花三五片,掐来都代白兰花。

【女】

岁寒一味浅尝来,煖阁兰灯压手杯。泼尽余茶犹未足,夜磨红豆共心灰。

【男】

玉人何处未忘情,梦返湖西候夜声。廿四桥头一箫雪,分明就是月吹成。

【女】

抱寒高处不言愁,拒把冬心锁绮楼。感慨浮云都是梦,拨开无计让晴留。

【女】

朔风凛冽掖红巾,独立天涯忘自身。莫谓我如梅瘦减,雪来先白一头人。

【男】

偌大山河认已真,流年痛饮久沉沦。耸肩抖落梅和雪,我是匆匆过路人。

【合】
　　一袭袈裟半盏灯,消寒图里坐情僧。化缘天下钱为雪,往事如山压岁能。

第一八集·在水一方 三首

【合】
　　秋分露白上蒹葭,背向枫桥立半斜。水一方深深几许,载来愁做断肠花。
【女】
　　不相思处不相忘,那夜江南水一方。何苦借来风五两,力推他住我心房。
【男】
　　不相忆处忆江南,故剑无铭访蝶庵。求借藕丝风一缕,要拖春脚出泥潭。

剧终 一〇首

【合】
　　故园依旧又经过,一路春深在也么。门闭欲推心忐忑,落红唯恐是桃多。
【男】
　　窄院重来老泪揩,落花残照旧苔阶。荣枯几度难装下,强把牢愁赶进怀。
【女】
　　沟边泪洗旧痕能,隔院春深雨势增。难得朵红无意落,却教流水不堪承。
【女】
　　石径通幽覆碧苔,落花天里笪门开。温柔恰似江南雨,巧借东风扑面来。
【男】
　　那年门外赏花人,肯为吟香殢好春。今日不知花在否,重温一字一伤神。
【女】
　　执手天涯幸识荆,赓诗子夜付瑶筝。如今绮梦虽盈箧,不忍重温是薄情。
【男】
　　一钩残月梦深藏,檐马徐来响屟廊。纵有清风能识字,再无人共读西厢。
【女】
　　点检湘笺字不同,前生缘被泪匀红。而今泪尽诗难了,错与何人一梦中。
【男】
　　事若灰弹罢细论,指尖烟灭剩余温。重燃要等风方便,火借春回灼袖痕。
【合】
　　浪迹红尘数十年,恩仇已了反无眠。惘然扶壁沉吟久,一字难安贝叶篇。

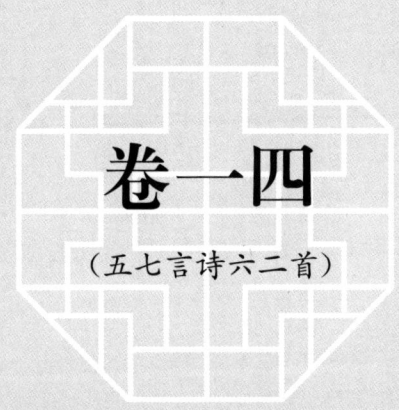

卷一四

（五七言诗六二首）

漂洋过海来看我(日记版)

【扉页题辞】三首

　　几番风雨又尘埃,为我漂洋过海来。缘尽八年悲喜剧,梦醒两地浅深杯。老街重走难相遇,故宅遥迁怎作陪。落寞京城不堪忆,歌吟一句久徘徊。

　　辞家去国路艰难,寄客他乡已暮年。根出一方黄土地,星分万里碧云天。逢秋阶立轻衫露,入夜灯温老友笺。涕泪遥瞻沧海隔,恨无杯渡故居前。

　　半老斯人半恻然,京华再入已无缘。长欷庙市荣枯树,厚爱城墙岁月砖。锣鼓巷深茶独呷,地坛钟哑目频悬。春回乍暖犹凉后,待为谁来理鬓烟。

前序·偕行天下欲忘难七首

【正文】五首

　　半路匆匆半路尘,天教邂逅一年春。擦肩风快追难及,碰面街昏认已真。来世那堪多惹事,今生最恐独思人。幽怀缱绻诗千百,写写删删倍怆神。

　　相忘远比绝情难,鬓影衣香梦半残。能给那些还不尽,且留这点理无端。笺堆子夜心依旧,膝抱寅阶酒尚寒。寂寞今生听落雪,梅花解语掌中摊。

　　二十年来万里程,那堪回味在余生。云笼孽海迟逢某,雨响空阶偶遇卿。怀旧本非心意表,动情何以泪波横。松醪浅酌诗焚剩,世事如灰扫幔城。

　　九千九百女人花,小朵如梅做小茶。分手已然成陌路,蹙眉何故恼冤家。情修外史楼生蠹,梦返中宵泪浣纱。一味苍凉频慢呷,于无声处备琵琶。

　　小令如茶隔夜酸,蓬头镊白上吟端。忆余朝暮虽非易,忘老江湖本最难。一诺坚无金石硬,两情疏或木绳宽。市桥灯火分携处,半剩梅花半剩兰。

【批注】二首

　　她携小雨约春初,为许同行暂结庐。解梦兼藏新意象,填词合用古情书。香焚鬓绿愁翻倍,酒助腮红烛剩余。墙上一痕疏影浅,入裁菱镜或嫌虚。

　　她在天涯信未通,危楼独坐雨随风。消愁一盏分春少,刻烛三更得句工。纱隔马蹄莲愈白,泪磨鸡血石才红。惘然缝就心头梦,再把金钗锁鬓丛。

壬午卷·人生若只如初见二〇首

【眉批】五首

　　人生寂寞各飘零,咫尺天涯聚一屏。未料缘随蝴蝶梦,始知春满牡丹亭。

花间怨我曾叨酒,众里寻他每数星。夜半风平灯暧昧,相期海上把茶青。

那年沪上晤君迟,缘分由来不足奇。双手键盘敲次第,一窗梅雨落参差。惭因事隐归于酒,错被情伤咎在诗。皱破眉头猜永夜,小楼玉笛为谁持。

独拥围城试绿芽,离骚易解莫怀沙。春江暖暖暖来雨,雨巷深深深到家。玉有瑕时花弄玉,花无缺处玉怜花。黯然叠罢眉头字,谁为销魂再八叉。

浅淡云烟障远眸,登高最怕只登楼。女因年少能同妙,秋为心亡怎共愁。抛币错猜诗正格,弄珠难测泪圆周。天然一节兰花指,柱对前尘点不休。(颔联离合)

未曾送目已先羞,少女秋心妙在愁。开口纵将名尽略,闭门偏让路长留。酒须如此红过脸,梦为何人白上头。地老天荒一生誓,再无风雨阻随舟。

【正文】八首

砌阶来雨偶相逢,玉立亭亭第几重。巧笑为花开口灿,活愁如漆点睛浓。香长有幸延高烛,梦短无辜断晓钟。深意一帘春约束,暗将心事久尘封。(三月初六日雨)

细雨无妨客到迟,相逢忽讶我如谁。三杯酒绿频浇夜,一豆灯红淡扫眉。呵镜始怜花解语,拥衾才怨梦缠丝。不堪沉醉春嫌短,袅袅檀香篆绮诗。(三月初六日雨)

漫叠罗衣一见初,两重心字隐诗余。怡红院采花雕酒,坠绿楼翻木刻书。春烂笔头杯引满,月焦琴尾曲听虚。天涯纵有相思药,不选当归总不如。(三月初十日阴)

匆匆一晤倍欷歔,未及相怜梦剩余。鬓角鸦支千里井,眉头柳捺八行书。分愁到枕春无那,剪烛临窗月缺如。枨触敏弦频破睡,断肠人候浣花居。(三月初十日阴)

偶趁熏风一路游,携谁四月会中州。雨过伊阙佛过眼,春满洛阳花满楼。水席才添魔芋软,河图已绣缂丝愁。骊歌数叠原无奈,不到虹桥不系舟。(四月初九晴)

清风入户渐徐徐,脉脉春残一夜初。开谢那堪衣卷剩,去来何忍眼看虚。背灯影与梅相似,过路人随梦不如。了却平生恩怨债,烟灰散处扫多余。(四月十七日)

与谁偕老本无妨,天悔多情雨渐凉。茶话半笙添茉莉,镏金一斛献槟榔。心连转轴门关梦,手捏封泥印盖创。痛定休翻流水账,迷楼尽处响铃铛。(四月

十九日）

独步京西雪满天,袭人花气淡梅边。过肩雀倦归巢晚,入眼车稀泊宅先。壶好且邀茶暖席,巷深聊借笔耕田。消寒为践图中约,九九冰心一指禅。（十二月十日）

【笺注】三首

曾将遗佩贮行囊,不料重逢水一方。椅就黄花梨叙旧,茶随紫竹调生香。倾壶月下冰心活,弄笛楼中玉指僵。拼却此身缘尽了,为谁歌哭为谁狂。

倾心一见惘然中,所幸投缘各认同。埋骨雁丘情未了,舍身鸳帐色难空。泥香塑砚磨脂粉,泪苦濡巾裹唾绒。长恨摽梅时不待,卷帘人欲嫁东风。

忽来奇遇尚疑真,执手分明梦里人。半路情长偏恨晚,一时囊缺不嫌贫。熬鹰沸鼎酥醪赐,煨芋寒斋绣虎驯。他日若能舒意气,先教我为揭红巾。

【华庭补记】四首

几处飘零几处家,相逢又别走天涯。花间醉我都因酒,雨后留君莫为茶。捉髮闲穿心似纽,停针懒补梦如纱。江南一柄钗头凤,欲引兰舟路退斜。

新巢暂借白云乡,爱到浓时恨转长。何必淡痕量齿孔,免教阴影入心房。棋磨黛玉三分紫,雨煮青梅六月黄。叮嘱晚风休孟浪,去来谁为惜花忙。

非因鲈美客江南,爱在深秋赖笔谈。亚字阑杆花影隔,乙形蹊径露痕参。消愁有茗淘龙井,记事无珠赠蝶庵。怅触一襟书枉撮,最难相识墨毵毵。

又是春来草复萌,抽青绮梦夜无声。逾墙未及抬头见,抱柱何能弃尾生。风下雁丘碑挂剑,雨回鸡塞帐移筝。天涯一亩伤心地,要让相思仔细耕。

癸未卷·小事难忘最动人 四首

【正文】二首

偶忆当初借小家,灯移月影淡窗纱。何须线绣鸳鸯枕,不必壶供茉莉花。累自镜心生气结,怜从扇骨验情疤。天长可许长厮守,再画新眉笔颤斜。

一帘风卷小窗临,心事阑珊夜不禁。落瓦轻花寻味远,过楼缺月咬痕深。斧修灯影笺添墨,壶锁茶香案动琴。弹到第三弦骤止,隔年诗好又低吟。

【圣约翰笺注】二首

一字加人一再加,天成你我二人家。偶逢雨巷梅初熟,久别春城燕各斜。梦也难哉何足道,诗乎多矣不妨查。真情拆到情真处,纸上无端剩泪花。

北往南来类转萍，可怜天意为留青。倦拖山脚听鹂馆，病捧湖心放鹤亭。拈笔那堪花窣飒，引筝无奈雨丁零。曾经一阕长相忆，唱到而今已忘形。

甲申卷·四处飘零不易居四首

【正文】二首

久别佳人岂恋家，无边寂寞半壶茶。门堆药屑忧天末，地扫诗灰验脚丫。残月独钩弦作网，冷屏空聚泪成花。茫然不觉风过处，又唤卿卿饭少加。

暇养何曾负眼前，小楼炊暖雪晴天。唤谁晨起休忘药，恐我冬来最爱眠。一语平常心惴惴，两情无限意拳拳。流年静好人知足，野果粗粮笋就鲜。

【锦延补记】二首

背水而行不恋家，每期偕隐到天涯。快晴轩爽临真草，苦雨斋幽话小茶。弄玉何妨萧史证，当垆岂止卓规加。多情最怕情来理，百结心肠乱似麻。

睡鸭香浓烛火温，鹍弦懒抚梦无痕。螺杯汲酒疑弓影，贝叶堆山验字根。吟瘦雪衣曾访戴，射偏诗虎偶留髡。心平不起图南意，独爱梅花满巷门。

乙酉卷·一生唯负故人多—三首

【正文】五首

竹栉斜梳一髪尘，晴窗冷阁坐深春。低眉略近支灯案，拄颊遥亲剖镜人。影缺如铜谁验错，书稀是玉我看真。清寥欲共难离处，五两风来又出神。

避迹于家不为何，怜谁竟日累成婆。诗题绿豆糕蒸软，髪割黄花菜剩多。淘梦每愁箩有隙，劝杯还讶酒无涡。心存一席温馨愿，巧笑当垆献酱鹅。

高卧庭堂纸帐残，暖香频度怯轻寒。一天月盖深情厚，半榻书堆老眼酸。梦好偏长因枕稳，身闲欲懒为衾宽。温柔夜夜雄心退，辜负青春泪暗弹。

黑甜乡里卧游奇，水榭风亭忽遇谁。解语花才就萧落，拉钩人已上桥追。挨肩似影长黏地，注目如蚕暗缚丝。最恨一声啼白早，醒来忘约再来期。

相逢陌路共私奔，为报前生点滴恩。髪白唯愁过雪岭，胭红最合住梅村。真情是石朝磨杵，软语如钩夜摄魂。一榻温柔乡里梦，醒来欲验竟无痕。

【蓝朝补记】三首

如烟往事做云堆，雁不南归字字灰。石为生根才断路，榴因结子始妻梅。关门欲解愁三味，堕泪宁留梦一胎。纵是情深难宥我，频倾旨酒夜光杯。

南来北往最劳神,辗转城西暂息尘。才劝巷留三月燕,忽惊花孕一胎春。翻书欲止风添乱,啮臂休催誓说真。红泪替谁灯下落,热情过处梦沉沦。

浅醉东楼夜问何,一番唐突负人多。相分岂可关连此,再见偏难道破它。心本暗通才合璧,梦因后待故横波。天涯信有真情在,各许轻愁共折磨。

【常德笺注】五首

安居此处胜京华,沪上名园是小家。风度绣帘花俯仰,心圆梦境月横斜。寒襄挂壁非关雨,古鼎堆厅不为茶。抱膝楼头筝慢抚,江南故事乱如麻。

名园地处似京华,贵买新居为小家。几上横琴风止语,窗前并蒂月浇花。半墙好字推高手,一碗清香属热茶。慢饮无妨翻旧信,托腮疑惑笔痕斜。

家在东隅我在西,一街通达转痴迷。游园石象藏林海,受雨窗花落印泥。等接客音筝送稳,画留天趣壁悬低。温馨不独红酥手,理尽流年扇再撕。

远行宁舍旧家乎,几许叮咛似托孤。爱日勤开窗晒被,嫌烟免点烛烧须。少疑惊梦耽红酒,每戒藏娇弄绿珠。待到明年春烂漫,齐眉举案再围炉。

家如弱柳挽留人,可惜人心已逐尘。山水缩图青入眼,酒烟熬夜白劳神。橱空错让书添页,梦窄难容月卸轮。一世情花凋不绝,逢谁又送半枝春。

己丑卷·天涯一别竟无期 六首

【正文】三首

秋凉管领一楼风,最忆当初烛穗红,临座眼波求共聚,隔衣心路促相通。甘言略腻情参半,旨酒微酣梦适中。夜短何妨留尺素,别裁诗草在帘栊。

秋寒倍觉雨偏斜,聚拥窗前莫卷纱。奇石缩盆山叠景,古书陈案篆描花。宁抛蟹甲匀冰酒,乍止筝弦试雪茄。一醉归来心更痛,轻烟散处即天涯。

临湖木屋坐愁怀,风把秋波暗送来。怜藻竟能承烛泪,羡鱼终不没尘埃。壶倾案角香犹剩,豆煮炉边苦欲猜。半日偷闲无绮语,情关数叠锁难开。

【金鸡湖补记】三首

盈盈一水隔花矶,半倚孤亭月在衣。告白人来十年后,眼前风物已全非。

不系舟横蓼穗红,岸风萧瑟月朦胧。只今唯剩忘情水,空载流年向鬓丛。

单衣拂处孽尘无,月缺终难赋遂初。半世炎凉秋水里,我非如子子非鱼。

后跋·来生再与卿同老五首

【正文】二首

旧赠围巾在,晴冬暖似春。手分无尽日,陌候未归人。(围巾)

体量知旧码,衫熨用余温。一别人何在,难平几折痕。(衬衫)

【补记】三首

多情容易绝情难,一世何尝负错天。让出曾亲心每痛,夺来今爱见犹怜。为谁风露中宵立,因甚楼愁末路延。歌哭已无灯泪共,唯将后句续前篇。

一尘望绝去如烟,欲赠回文了凤缘。山隔故人青眼外,潮掀驮雪白头前。断桥箫咽春吹老,落日松枯雁立偏。长候谢亭思退笔,此生何苦剩孤篇。

最怕图南老退闲,美人怀里即江山。苦填词浅销金窟,喜画眉横洒泪关。素羽为衣花剪影,胭脂代酒月酡颜。深情每在多情处,却恨情多不够还。

卷一五

(五七言诗一六八首)

一生知己是红颜(故事版)

前言六首

轻衫侧帽转横塘,一扇桃花两袖香。天下红颜非祸水,人间毒舌尽雌黄。烟桥伞引春收脚,雨巷诗抄燕递墙。往事几多探几许,前生我不是刘郎。

富贵由天气自如,水乡山镇久安居。一间白屋三余事,几个红颜万卷书。墨上指尖疑养茧,香添句尾爱邮鱼。温情的的心沉静,细雨斜风草不锄。

红颜几个五湖游,可遇今生不可求。软语如泥难拔脚,深情是坎罢回头。偕谁阁煮壶天雪,忘我亭笼泪竹秋。心事一团何必解,百篇诗里梦悠悠。

情归何物本模糊,七八红颜一斛珠。不舍决非图占有,难分或是惜忘无。眉山紧锁云笼月,茶话深藏梦念奴。半寸吟毫频透纸,旧痕新惑夜投炉。

何须暧昧暗伤神,自古红颜属可人。界线分明亲过友,心怀不乱敬如宾。几多垒块同浇酒,无尽迷茫替拂尘。默默偕行一生守,为谁悲喜最纯真。

莫逆于心一笑逢,此生为友路相从。某虽倚老称兄长,谁肯纤尊做个侬。无话不谈茶解闷,有愁难遣事寻踪。世间知己红颜在,进退扶行可挂笻。

故事一·从江南水乡说起 三三首

【梦里江南】三首

兰桡竹轿客谁家,梦住江南爱小茶。廊有眼缘揩蝶粉,寺无心意扫鸥沙。推图案外云乡远,卜卦帘前雨径斜。偏是那年梅子熟,泥人先学醉琵琶。

我是谁乎自问何,江南小隐悔蹉跎。十年百怪千奇事,一路颠三倒四歌。私慕陇梅能作妾,苦熬春梦已成婆。儒风漫卷黄裳薄,拂落灯花换玉珂。

踏莎行处忆秦娥,苏幕遮时子夜歌。拥鼻谁曾噬匣镜,扪心我欲赶诗魔。好春落户花无缺,往事随风梦有多。为谱江南三叠雨,重携旧伞访蹉跎。

【陌归云留】二首

陌上闲闲矣,花开缓缓归。桥斜就家近,河浅泊鱼稀。往事清平乐,行縢白衬衣。不知春又到,消息雨声微。(读《陌上花》若有所思。苏东坡《清平调引》云:"游九仙山,闻里中儿歌《陌上花》。父老云:吴越王妃每岁春必归临安,王以书遗妃曰:'陌上花开,可缓缓归矣。'吴人用其语为歌,含思宛转,听之凄然。而其词鄙野,为易之云——陌上花开蝴蝶飞。江山犹是昔人非。遗民几度垂垂老,游女长歌缓缓归。")

去来人悄悄,不带片云归。巷改门寻错,楼忘燕候稀。远途虽白汗,老树尚青衣。了却今生债,还他是与非。(一二句用徐志摩《再别康桥》诗"悄悄的我走了/正如我悄悄的来/我挥一挥衣袖/不带走一片云彩"之意)

【长亭短亭】四首

陌路相逢写韵亭,欲言而止各飘零。羡山成对伴如侣,疑雁落单分似星。梦破何妨浮大白,丝梦正好断余青。江湖老去风波恶,再见鸿踪已忘形。

一方风雨黯魂销,酒在红亭伞在桥。解佩令填吴语软,上河图绘宋城遥。歧途意马灯陪夜,往事尘缘鹿覆蕉。长唱不堪频送目,去而重返是春潮。

小雪初晴息草亭,珠兰茶好半忘形。偶观青史圈红粉,乍遇贫僧道苦经。野水就壶频夹炭,案炉生火略飞星。笑询乡里添杯女,奉客因何颤手铃。

劫生尘海话曾经,七孔桥头八角亭。何苦拉钩频立誓,不堪分镜各忘形。柱凝眸处云留白,恰擦肩时柳断青。锦字无多唯退笔,春衫点检酒痕腥。

【小桥聚散】一一首

第三桥上偶逢初,半面缘交水畔居。春醮小茶蚕雨嫩,席吹横玉麝烟虚。佳公子是难偿债,冷美人如未读书。默默无言诗味寡,且将杯盏作双鱼。

宛转离声九曲桥,小红歌好不关箫。兰舟载月湖心住,枣径停云渡口招。攀柳每期弹玉唾,倚桡偏恐弄春潮。随风一抑情无奈,断续昆腔感闽寥。

记否斜桥缓步行,相逢又别泪盈盈。心虽似镜难窥破,话不成灯怎点明。忘寄书多箱底压,消愁酒烈帐中倾。无边寂寞浑无梦,夜雨西窗四五更。

白衣如雪鬓如霜,小立红桥水一方。梅雨下船蕉打伞,柳烟堆巷竹扶廊。铭心话不随茶冷,入骨愁应比纸长。缘在此生无处避,梦中蝴蝶欲翻墙。

杏花春雨殢江南,小立虹桥瘦不堪。差可与鹦听旧馆,略难随蝶住新庵。千千结打心如网,六六鳞沉泪似潭。远径来风疑响屧,盼谁身后弄娇憨。

立尽残阳水一方,茫然四顾莫嗟伤。斜桥搦管眉收紧,歧路攀条面拂凉。久候鱼来听塞笛,遥期雁去认吴霜。秋风半卷人无悔,漫把相思续更长。

绪乱如麻理又频,六桥风露薄丝巾。无愁岂可销长夜,不妒何须恼外人。李下绯闻新续旧,枕边私语假疑真。欲离难舍一声叹,偏是冤家仍嘴贫。

生来莫羡教箫人,自领湖桥晚到春。厮混与梅成熟客,最亲同梦作芳邻。一塵心种诗何苦,五瓣灯分穗岂匀。合掌黄昏风月淡,木鱼声外备丝纶。

格格声中桨暗弹，心如活水起波澜。桥边芍药难医闷，屋外玫瑰敢夺欢。何苦教箫无梦夜，不甘遗佩绝情滩。孤舟一别天涯远，十里长亭冷泪残。

人间最爱古虹桥，弱水三千饮一瓢。醉死当求梅嫁鬼，梦生犹恨塔收妖。支机石硬残图刻，响屟廊空故剑招。衵泪淋漓春拂处，是谁无意弄心潮。

为谁无负白头吟，第六桥边我碎琴。今日既知裁别赋，当初何必动归心。鹧鸪天里长相忆，蝴蝶坟前冷不禁。了却平生难了事，孤山一角伴烟林。

【屟廊来去】二首

碧螺茶候侧门开，味煮深长费久猜。巷闪芳尘小风趁，廊移响屟远灯来。教箫宁屈兰花指，解佩难为玉镜台。一晌肩偎皆不语，泪如夜露共炉灰。

短烛成灰梦未潜，回廊独步懒求签。镜皆虚照心疑反，泪少横流耳怕淹。退笔花间藏墨玉，听箫月下卷朱帘。深深一瞥风过后，只剩秋黄满鬓尖。

【重过横塘】三首

那年相别在横塘，残月分明就菊黄。酒贮梨涡添已满，愁生指甲剪尤长。堆泥作马难驮梦，撮粉成诗不补妆。水上鸳鸯三四只，差疑一只与檀郎。

岸柳青青九折廊，吴歌婉约隔横塘。眼波杯渡送桃叶，胸臆石沉埋药方。琴紧细丝弦易断，烛融多泪穗偏长。从来不把归期问，问不当归各感伤。

时维二月访横塘，小玉无踪小筑凉。花气受风潜酒窖，春声杂雨下琴床。支颐苦解蜂腰体，拥鼻难谋麝脑方。妄念孤愁生暗夜，青灯白鬓即沧桑。

【伴嗔薄怒】二首

每于心底暗思量，最爱何人水一方。摇手不来招我怒，扭头而去与谁商。情疑是礼推还接，貌验如狐诈又佯。无奈此生难了却，且容红泪害刚肠。

怎耐相逢爱折腾，倏然一念又生憎。心难所共各归各，事与无关能不能。抽泣是刀伤软肋，垂怜即火化坚冰。投怀咬得肩痕密，那敢遮拦乱喊疼。

【往事如烟】四首

江湖一忘未，濡沫两人曾。事入吴歈隐，秋来沪渎兴。生涯勘眉目，天命卜模棱。最恨销魂处，风风雨雨灯。

点检舆图错，凉风暗入秋。横塘断桥夜，香草美人楼。话接重来路，杯倾不系舟。前生债方了，今又眼波流。

挟瑟红楼候，人如玉倚窗。酒旗灯古镇，花月夜春江。欲寄诗才半，当归梦未双。深深此心意，最怕就昆腔。

足尖分白露,野菊落肩黄。巷窄风过细,阶低雀踏香。沽诗疑酒漏,求扇笑人藏。古镇曾来处,已无林语堂。

【不堪怀旧】二首

倚楼辞赵客天涯,好个秋凉雁阵斜。才碧又枯怀梦草,乍晴还雨断肠花。诺金难赎歌三叠,唾玉何期夜八叉。不系舟归桃叶渡,小桥流水认无家。

七孔虹桥弄筱骖,吴头楚尾忆江南。石兄茶友减卿二,花妾月娥添我三。曾解泪囊先点检,已封诗篋少倾谈。孤山缺处茅庐僻,夏雨春风访不堪。

故事二·从南北双城说起——一首

【观影听歌】三首

一生大错竟如斯,到死方知最爱谁。陌路幸逢都已晚,天涯妄念各成痴。长嗟未了心余痛,远避难还债误期。风雨满城依约处,再无回首擦肩时。(《我的前半生》剧情:唐晶给贺涵留言:"你永远都不会知道,你错过了一个多么爱你的人。"卓渐清离开前告诉唐晶:"人的一生,有时候到死才知道自己爱谁。有的人呢,到死才知道谁爱自己。")

一南一北奈之何,两地生涯误会多。璧合无非顺天意,钗分或又起风波。如烟事淡难相舍,似石心坚不耐磨。千古最痴儿女泪,化为悲喜动人歌。(《双城生活》剧情:京妞郝京妮自驾来沪,沪男徐嘉惠坐高铁赴京,一对恋人为给对方一个意外的惊喜,不料阴错阳差,笑料百出。双城生活,由此拉开序幕。)

一年年叠几年华,绿鬓红巾臂系纱。留我但期逢海角,候谁相誓闯天涯。歧途快雪春亭冷,短棹横波夜月斜。纵为图南心力尽,也教歌灿木兰花。(听《闯天涯》曲)

【如梦如幻】八首

积笺同垒五言城,夜话天南海北情。指绕烟香笼印匣,心围画轴转茶罂。一门亲续兰为谱,半世缘悭石代兄。讵奈相思密如草,烧仍不尽剪还生。

一南一北一心真,一见钟情一世亲。兰炷袭衣知雅士,玉壶留月认佳人。闲赓小绮诗于枕,勤续深长梦到春。最是相期犹不语,碧城何处属红尘。

北州南国不同春,远隔天涯若比邻。冰挂白杨听虎啸,雨分红豆等鹦询。甘茶已润心仪地,烈酒偏交意会人。一纸无言留笥篋,迟来曲笔更清真。

寸长彤管那堪留,弱腕斜倾酒一瓯。扇市当年逃蛱蝶,屏山昨夜咏雎鸠。梦怀芳草虽成渡,画种幽兰怎代舟。若不相逢偏不老,要他先悔要他愁。

朔野西风起莽苍,一行驼队载斜阳。红巾拭笛歌初歇,翠羽投壶酒略尝。徒有直情延末路,竟无余勇解回肠。披襟大恸朝天问,怎不先逢共水乡。

　　负气江东面壁呵,六朝烟雨独蹉跎。招提寺近纫兰佩,敕勒川遥牧马歌。敢麾雅弦人未老,难求慧剑句犹多。黄沙粒粒如金漆,刷写横塘旧短蓑。

　　危楼习隐类巢鸦,半续诗余就小茶。鸾几久偎人意懒,麝膆高挂客踪遐。投怀梦里无多草,解语灯前不独花。风雨二更频劝睡,明朝暗寄六铢纱。

　　未曾相遇誓山盟,天意垂怜陌路行。孤独生涯唯自爱,薄凉人世各专情。事由梦尾冥搜忆,话在眉头少用争。从此悲欢浑一体,柔肠九曲绕双城。

故事三·从那场风雪说起 五五首

【雪夜响铃】三首

　　响铃半响起身惊,破睡因何夜涕轻。欲语还休猜不透,见怜乃止哄偏成。数般饶舌无非怨,一霎柔肠自是情。相隔奈分南与北,要人消受别离声。

　　响铃心事怎生瞒,掩耳人前路遁难。情纵变魔犹抱脚,爱非为贼敢刳肝。世间唯美鱼濡沫,天下纯真酒合欢。不弃不离偕老去,蒹葭白露楚江干。

　　雪夜熬灯水墨扬,案无红袖候添香。天难再有痴情女,世却偏生抱柱郎。泚笔曾摹梦中影,销铃忽散劫前场。风尘一遇都还尽,不负梅花半面妆。

【忆用蒸韵】一一首

　　事如糕字忆还能,韵逗奇才爱用蒸。两地诗书满楼月,一冬风雪半城灯。闲来揖石当为友,老去探梅不是僧。仰面长歌湖海上,回波尽处脉相仍。

　　每候中宵暗曲承,满城风雪一帘灯。楼生墨晕分蟾砚,案掐茶烟纳麝膆。心有梦随杯未共,话无人及笔犹能。绮诗如石情如海,最恐相忘在灞陵。

　　漫天风雪半昏腾,驿路徘徊念远朋。煎药有谁先试盏,拥衾无我冷偎灯。愁难梦托炉三足,话可心缝布一层。濩落生涯诗草草,不传来世不留凭。

　　一身风雪鬓鬅鬙,回首江南恨未能。呵砚屡忘窗影瘦,拥书轻抚枕痕疼。岂因深爱耽无限,竟在初逢誓永恒。心乱那年心是酒,消寒夜夜可还曾。

　　满身风雪去来曾,梵响天南塔独登。千古那堪逢倩女,一生难得做情僧。衔经玉燕帘前认,破壁雕龙枕上升。大梦如尘浑不定,我于人海久誊腾。

　　几番风雪碍行腾,往事难追每痛憎。人海我犹回首在,市桥谁又并肩能。羹调郑驿琴初试,桨管吴船佩暂凭。一叠天涯金缕曲,不曾心乱却心疼。

每逢风雪意腾腾,小句无多梦尚能。野史亭偿半生债,大明湖荡一城灯。虽来已不歌长恨,纵去偏难忘昵称。寂寞人间知己老,天涯许我独担簦。

小茶温手视如朋,不到泉城话亦能。风雪碍人拦在路,琴书嘱某验为凭。天无大错徒诃责,事有余波妄转腾。从此一泓东去水,已难杯渡哑羊僧。

一场风雪乍销凝,故地鸿泥踏不能。卜夜何劳催蛊术,囚诗枉费捆仙绳。纸随冰解筠窗薄,梦受茶煎蜡泪澄。仰面朝天空咄咄,愕然之外又蕾腾。

莽茫风雪莫生憎,一袭羊裘一麝䐈。抱膝沧浪亭到老,探梅蝴蝶谷为僧。许因还债犹赊账,或本忘情却送凭。瀹荈中宵诗意冷,再回头处梦频仍。

去年风雪此时灯,半了凡心半近僧。唯缺两摊情与恨,不盈一握瘦还疼。绮诗难解芳尘拂,冷凳堪支故事增。百衲衣如逃世屋,其中住我已忘层。

【忘老江湖】一〇首

忘老江湖不易寻,小城深巷坐花阴。一痕红雨三生石,半把青丝百衲琴。销日每疑诗即谶,送春何惜墨如金。荧然欲了尘缘薄,让与坊间说负心。

茶谈再不到泉城,聚散随缘各远行。徒叹慧根经地劫,可怜情种本天生。西楼雨断唐花换,北苑春回鲁砚倾。小句徐吟无旧味,一壶心事独闲赓。

梦回燕赵又齐州,物是人非酒一瓯。长疚此生频扼腕,苦熬来世再从头。弥天雪没蓝桥断,陌路梅枯白社幽。薄醉初醒诗八咏,声声慢里旧温柔。

心如槁木又经秋,小绮诗多不入眸。非我远招韩冢蝶,是谁频倚赵家楼。倾杯子夜悲星散,弄笛中年叹石浮。寂寞生涯歌半叠,声声慢里醉悠悠。

大明湖美未探春,六孔桥吹一笛频。回暖水曾茶煮响,消寒梦却画留真。梅披趵突泉边雪,雪隔咖啡屋外人。从此不来心痛地,蒲团坐破免沉沦。

未曾相见已相忘,一世缘无一岁长。流水账销茶渐冷,绝情书就墨徒香。风潜静夜陪花坐,雪拥禅寮与佛商。久厌红尘容痛定,何须扼腕避东墙。

纵不思量忘也难,此生无碍却相干。摘毫蜃市双钩合,煮雪梅关一盏寒。何忍掐痕揎袖验,那堪吟味费心瞒。天涯聚散终如客,或倚层楼或倚栏。

独来孤往两徘徊,十米诗焚一笈灰。到老江湖相忘渡,袭人风雪不关梅。边城野店中宵枕,剩水残山冷窖醅。怅触数声钟断续,青灯与我碰螺杯。

几箧诗随炭付炉,红情了却剩灰无。烟村玉管风声脆,纸帐金钩梦境枯。到老虽能同日月,相忘再不共江湖。天教一角伤心地,只种梅兰四五株。

爱不曾多即是无,紫箫红友散江湖。吹尘眼底诗名老,饮气心头宦意枯。

慎护梅留三角阁,敢裁兰上六边图。生涯寂寞兼闲淡,酷暑轻寒夜坐孤。

【何须分辩】四首

那堪天妒两相亲,事起无端假亦真。话信几回摇舌者,名担一世负心人。既然北辙南辕去,何必前因后果申。李下瓜田多暗雨,风吹不湿往来身。

删难剩易假还真,冷眼余笺付劫尘。知我不该先诺我,负人何必又欺人。拊膺篱角羊亡路,插脚墙头燕试春。风雨一楼歌一管,落红无意错沾身。

每为相疑气欲粗,面沉如水背人吁。三心二意何曾有,万语千言竟已无。风未避嫌波或起,鸦难洗垢墨偏涂。仰天谁替论公道,几许丝梦剪一炉。

意外频生每不安,几多心事蹙眉端。爱虽无罪可犹可,人要绝情难上难。流水落花容自主,殢云尤雨忌相干。诗成小绮如双刃,误已伤身费一叹。

【又是一年】五首

抱膝孤吟忽一年,倾心竟在未逢前。茶添子夜多如债,饼画庚泥薄似缘。犀管握空芳草梦,蜃楼听老野狐禅。无边寂寞歊尘外,剩有何人立雪天。

未及南行试系舟,一年容易又重头。古城风雪壶中落,小巷梅兰画外幽。茶养薄身耽险韵,炭销长夜炼清愁。无边寂寞人无奈,独拥狸奴独倚楼。

一年容易尾将收,点检鸿泥比雪柔。梅隔午桥难共路,月移丁厓可同楼。金笺不碍山中悟,玉笛何关水上愁。从此小茶长暖夜,为谁重梦到齐州。(久儿次韵:"水色山光夜未收,霖铃冬雨乍来柔。千章木落蝶铺径,一片霜飞人上楼。受我斯情非作茧,凭君此诺断生愁。江湖风月追陪定,琴剑诗囊十二州。")

一年容易感蹉跎,带孔频移鬓已皤。坠履寻无梅驿笛,拂衣归有兔园萝。雪消江左随缘薄,风起吴中任性多。昔昔盐如茶末苦,不医心病只供哦。

一年容易竟销磨,百感交集又奈何。画饼蜃楼心变冷,探肠鼠径事生多。天憎石烂虽无补,笔弃花枯怎独哦。纵是春回断桥处,已难听信旧时波。

【韵次寿诗】九首

亲疏几度未曾逢,手札依然锁屉中。团墨肖猪贪剩露,刹尘疑蠹畏来风。何求绮念行间活,最惜余才笔下穷。寂寞流年人见老,秋深冷阁独书空。

额手遥祈愿及辰,别来无恙不相闻。三秋桂子恩于我,一寺昙花负却君。杯渡后身空咄咄,发还前债每纷纷。黯然消受忘情水,怕又心平皱细纹。

碧楼横玉慢摩挲,子夜歌随雁别过。秋字欠谁心上错,云痕害我镜前皤。腔兼北土长追远,谱受南风旧爱多。一梦而今难再演,人间拍案枉然呵。

久久无言坐学僧，销愁未可恼还增。家忘客即梅移钵，路认兄为石置灯。彼岸深疑缘结果，此生难解水成冰。惘然一叹容浮白，大醉红尘又几曾。

不耐秋寒叶尽凋，红情濩落路迢遥。疑泉出谷徒听井，试茗开壶岂识潮。一面缘悭人抱憾，九章诗爱梦藏蕉。斑斑墨迹难为续，点检枯荣怨已销。

一秋风雨怎生禁，往事依稀费久吟。当可了清唯物理，最难明白是人心。识韩曾约桃源渡，问谢今来祇树林。偌大红尘如大梦，个中剩有几知音。

事皆徒变诧无端，璧未完归月已残。天造孽缘容梦老，佛收美色剩形单。悲秋或为身如客，遁世何尝意在官。一霎人生空感慨，忘情自古最艰难。

此心无愧避何嫌，游艺人间尺度严。唯美出墙虽目送，多情到水不鞋沾。频遭物议儒关破，偶累名闻佛窟潜。兴在欲醒仍醉处，自然身被是非兼。

再难回首谢情深，往事如烟许独吟。望岳客虽秋瘦骨，汲泉人不夜倾心。兰亭集序名笺注，雪海留香同陆沉。百味平生一坛酒，销愁暗访碧城斟。

【韵赓日记】—三首

拥书层阁雨纷纷，往事如丝绕指勤。不断秋来候长夜，再无人唤我为君。
（原诗："杯盘叠叠语纷纷，倾倒浓情相劝勤。满座音容人恍恍，偏于浅醉倍思君。"）

死犹何憾为当初，一刹风过半路疏。偏剩落红如落泪，背无人处共诗余。
（原诗："客里秋深寒重初，匆匆犹恐两音疏。堪怜相念还相怨，困煞情身爱有余。"）

月残檐角让星繁，小字如蝇笔上喧。蛮纸不堪承梦呓，劝谁心定好留言。
（原诗："灯火阑珊风露繁，一城车马息喧喧。年来多少无眠夜，俱是因君醉不言。"）

白露为霜满布衣，一方秋水送湘妃。莫愁山接山还断，子夜歌长绕甸畿。
（原诗："西风客路劝加衣，含雪初花宠玉妃。此日情丝长可测，江南耿耿到京畿。"）

竹枝词续许多愁，雁去蓬山已是秋。小筑茶凉人倚几，夕阳如沫泼齐州。
（原诗：倚车无语亦无愁，蓦入苍茫四野秋。报站前方心一动，为君风雪驻沧州。"）

画楼何故每销凝，四尺生宣隔夜灯。山水不分南与北，略沾春意又青能。
（原诗："冰花几朵爱初凝，千里书窗两地灯。我有薄愁清似水，供人一夜兑丹青。"）

薄情如纸一张轻，过手而撕未有声。争奈满池风乍起，误随春水荡愁成。
（原诗："四围灯海夜寒轻，坐听瓶梅裂有声。最是中宵教莞尔，江南铃报画初成。"）

深情是路没崚嶒，蹑屦人来敢共登。无奈石拦频碰壁，竟教头痛不能胜。
（原诗："惊看尺幅起崚嶒，水墨山高劝一登。又恐从今呼不应，小窗孤月不愁胜。"）

一生相誓竟无凭，嫩约迷楼第几层。最是阑珊灯火夜，满天星数错何曾。
（原诗："鼠标到处本无凭，亢悔楼高不计层。八百梅章吟到哭，未知肠断几人曾。"）

未曾谋面已心倾,白屋红桥候此生。一卷楞严销夜夜,灯花鬓雪任飘零。
(原诗:"屏前坐久泪如倾,读罢君诗白发生。痛惜当年生与旦,天涯劳燕两飘零。")

海北天南探碧城,可怜歧路不曾平。回头委屈谁将就,为我分秋小半觥。
(原诗:"温柔乡幻化愁城,回首八年湖海平。问世间情为底物,分明鸩酒在霞觥。")

最是情难戒或惩,海棠花下坐非僧。纵然绝色浑如梦,一样心猿意马仍。
(原诗:"风花缠杖绕来行,沧海滔滔是旧经。只道人间情可戒,逢卿一笑万愁仍。")

无端底事又关卿,不忍流言毁令名。东野晚钟西塞鼓,蓼花深处悼红情。
(原诗:"悲欢干汝复干卿,何事痴人痛莫名。同住红尘皆与类,此生一病是多情。")

故事四·从那些鹧鸪说起 三〇首

【鹧鸪飞处】三首

鹧鸪天里鹧鸪飞,北辙南辕与愿违。隋岸棹歌疑杜牧,阮林蕉扇逐崔徽。
衣经酒渍身偏瘦,眼被词填泪始肥。烟雨一鞭春去也,落花如梦怎生归。

不信无缘信有缘,强填词唱鹧鸪天。七条丝韧频伤指,五两风轻仅擦肩。
人海忆谁梅坞守,客尘忘我蜃楼眠。今生所欠南华梦,争忍来生续绝篇。

指间沙漏二三年,百阕相赓已了缘。心似死虫难活酒,梦如顽石不留天。
孤楼画筵春无蝶,野水停桡夏有莲。别后生涯甘寂寞,教箫桥下断商弦。

【如此巧合】

生同此日不同年,巧若天成即是缘。从古最愁人易老,至今唯恨事难全。
拈来白发思前辙,唾尽红绒入续篇。一纸轻寒秋一路,斜阳兀自落还圆。

【三年两分】二首

未满三年已两分,青禽从此不殷勤。山中山里人悬榻,天外天边客睡云。
投寺有钗还有镜,倚楼无笛竟无文。蓦然回首阑珊处,灯火今宵尽管焚。

三年一瞬挽难回,数卷诗残故纸堆。冬立水乡衣尽雪,夏辞山郡鬓全灰。
初寒已伐吴中柳,只影犹栖剑外梅。缘了不妨听绝唱,尾声如酒独倾杯。

【韵次绝唱】一一首

尚未相逢竟解盟,断桥无笛又无筝。春才插脚伤于驿,夜已抽身退出城。
十四年中蝴蝶梦,三千里外鹧鸪声。兰舟铁马青衣客,一担诗词独自赓。

满城梅雨六朝风,小立虹桥背向东。情绝合当无奈后,别多难在不堪中。
吴江水调拖金缕,蜀道山形褪石绒。将忆最愁轻一诺,直教相隔免相通。

横箫代剑唤云骢，一诺何期践一空。家在市桥灯火外，人来驿雨陌尘中。裁将竹胆量心节，殉为梅魂护鬓丛。天不可怜天自问，仰头谁又泪重瞳。

料难偕老却天真，病损诗脾枉用神。红药送医桥上客，绿萝牵走屋中人。三无望处云过目，七不堪时月满身。何苦步吟疏影瘦，惘然扶笛咉前尘。

戏言成谶悟偏迟，忍舐心瘢不用医。人去路遥天尽处，魂销石烂海枯时。徒修志异除川界，妄续传奇避越池。歌哭无端壶唾缺，梅花一剪旧相知。

销魂最怕赋琴操，北辙南辕第一遭。越馆情多还不起，秦楼意绝续徒劳。糊窗㕮剪人为纸，养砚频题梦做糕。千里已然风雨骤，要吟同调各煎熬。

别院深深隐翠微，碧城朝雨正霏霏。满壶茶煮风波响，几粒梅拈世事违。过坎有心鸡未警，试金无诺雁难归。小山词叠重重远，韵押江南错解徽。

爱字从来脱口难，死生相许又相瞒。面敷红粉一层薄，心退碧潮千里寒。吐凤栖春枯木活，摽梅消暑渴尘安。有缘终被无缘替，聊把余音拥鼻酸。

瓢中弱水取难匀，百味初尝一味真。疑为眼高才逐客，恐因心小不容人。梦骑亡鹿蕉拦道，夜浸迷鸦月上轮。何苦错追风五两，薄吹诗絮满前身。

十首诗成了夙缘，此生无憾已拳拳。虽然恨水难穿石，毕竟知冰可冻烟。天意不随人意好，月痕总比梦痕圆。从今面壁孤山去，要解梅花一劫禅。

已知难爱了余情，何苦逃禅隐一生。虽害冷香陪地远，但饶残月放天明。些歌离楚诗无谶，然诺归川梦有声。桃叶渡旁蝴蝶谷，不曾逢我不曾盟。

【韵叠绝唱】一一首

一诺难承解旧盟，商弦了断罢调筝。阑珊夜火沉朱阁，莽荡风波退碧城。骑鹤懒追眠柳影，听鹂枉拾落梅声。盈怀好句虽千百，惜已无人约共赓。

解袂虹桥逐绪风，可怜梅雨又江东。安排一诺心空处，失守千金力竭中。梦拔根枯雕作笔，情抽线断唾为绒。惘然重叠襟边韵，只恨灵犀点未通。

漫掷吟鞭任玉骢，销魂别路绮怀空。前盟有负相知处，后约无凭不悔中。诗与一人除寡味，佩埋三径记深丛。来生拒伴梅花住，怕又香寒损漆瞳。

奈何诗谶竟成真，诀别今生许忘神。独有林间吹笛女，再无月下折梅人。泪留红在珠前面，梦变黄为石后身。来世巧逢偏不识，擦肩而错散如尘。

病入诗怀酒浼迟，药方藏肘不堪医。风尘巷陌流连处，夜雨江湖淡忘时。情比网宽兜蚁穴，影如篙瘦立鱼池。无边寂寞歌三叠，梦出阳关雁怎知。

一阕销魂别鹤操，广陵人散叹周遭。歔尘弄黍难为乐，孥海扬槎不耐劳。

月捉滩头心断藕,秋登渡口手题糕。绮诗前后成双叠,绝唱天涯倍苦熬。

故我来思叹入微,江南雨雪又霏霏。人生若只如初见,世路原非可久违。拦水市桥僧独立,接山村舍客无归。青灯小小帘低卷,冷落琴心少一徽。

忆已无须忘也难,个中心事怎相瞒。砚容尘积身磨瘦,镜耐霜欺面拭寒。三百篇赓从此绝,五千言在或能安。栖惶夜夜云和月,梦断孤山路返酸。

了断灵犀五味匀,是非何必认成真。偏教去日辞知己,不肯来生遇故人。黄鹤倚楼心抱柱,红羊劫户命推轮。霖铃夜雨听油壁,一路梅花即替身。

再叠前诗已绝缘,何须一诺更拳拳。人虽有愿梅如雪,客本无名柳似烟。劈匣分钗难话旧,拈珠记事不图圆。天涯两处同沦落,忍为红尘学坐禅。

爱莫能成了此情,江湖忘淡两人生。稻香村外诗赓尽,梅雨天中话判明。水弱三千留石色,弦翻五十剩商声。雁丘无剑空承诺,来世真真属旧盟。

【奈何绝唱】二首

绝唱依然四韵成,题诗不复用情征。曾经沧海潮难弄,再遇关山石拒耕。缘尽枉留生死契,梦残何惜古今盟。伤心最是江南客,听断箫声又雨声。

绝唱因何不耐赓,七弦梅雨断无声。隔墙亭似耳双立,临岸棹如心一横。分错酒乡杯渡梦,闭严门户灶留羹。依稀冷径来孤燕,要践前生密约诚。

故事五·从渐行渐远说起 二八首

【世事无常】六首

左支右绌误歧途,太息焦头烂额乎。弱水求鱼缘有木,童山待兔守无株。嫌追月老绳牵足,怨避风姨夜念奴。二十四桥箫未响,一壶红药酒频沽。(颔联成语)

屋近东篱走马坡,懒残人爱换书鹅。花非上百成千好,酒必颠三倒四多。红袖欲扬心底扇,白衣休溺眼中波。秋风起处无油壁,独对衡门唱牧歌。(颔联成语)

一苇将归恐叩关,重温旧梦免开颜。身经北辙南辕后,心在朝秦暮楚间。无可奈何绳剪结,不堪如此锁连环。囊诗数卷前尘冷,短烛留红鬓已斑。(颔联成语)

重延梦尾月回轮,暗影香泥半壁真。砚似桑枯秋兑水,诗如石怪海扬尘。十年怒马鲜衣客,一夕蓬头垢面人。秉烛西楼风扁处,双桥独立晚来身。(颈联

成语）

　　凡鸟题门咎楚才,灵犀一点费神猜。我非惹草沾花去,事却拖泥带水来。蕉鹿逐春婆梦短,柳莺鸣雨女墙隤。潸然问及长生殿,那夜书缄悔拆开。（颔联成语）

　　满目萧疏满面尘,当年最恨太天真。秋无万紫千红色,世有三心二意人。亭外念奴容扼腕,寺前围棘许抽身。楞严数卷从头读,始信如来始信神。（颔联成语）

【一知半解】二首

　　忽然相别痛于心,点检前尘每不禁。长夜烛陪花共泪,老巢鸦拒月随林。焚笺易散香炉倒,剖镜难圆冷露侵。缘尽一知兼半解,再无需要费沉吟。

　　是非恩怨固然多,豁眼歧途定楚波。徒为纸鱼倾竹箧,不教诗虎溺梨涡。晴窗扇影红裳女,快阁茶烟白纻哥。残笛一声残照外,此生无悔咏蹉跎。

【余音无尽】二〇首

　　恐负人多不敢承,此心旁骛必天憎。来生何用再三诺,今世管教唯一能。送目墙东感于泪,落花江左惜为凭。惘然相欠难还尽,梦也无缘访慧灯。

　　或是无愁或寡欢,来时春暖别时寒。话楼未惜连床易,过海才知会面难。信里约归都错答,梦中遭遇只遥看。惘然轻抚瓶梅瘦,细数何堪瓣尽单。（梅花五瓣）

　　心事昏瞢剪乱麻,夜长消受一灯花。天虽抹黑还留月,树不垂青只剩鸦。应有梦时歌慢咏,恰无人处酒频加。楼头万里谁如我,自在窗前卷碧纱。

　　几经周折事如灰,故宅依然待燕回。诗与我人俱老矣,梦随他日渐忘哉。琴筝海外双声谱,风雪江南一剪梅。寂寞无端中夜立,睡衣犹记是谁裁。

　　终因命舛各天涯,所以缘悭未一家。身外唯留定情物,人前讳咏断肠花。窨藏无梦销长夜,杯渡难僧泼冷茶。寂寞经年忽垂老,几多往事半尘沙。

　　落红风起又愁予,一别经年梦恍如。错唤昵名防以后,深藏合照忆当初。啼痕怕洗轻衫曝,响屟疑来旧宅居。最是春残人意乱,为谁吟就箧中书。

　　又将梅雨访名园,老眼微潮形影单。半壁诗书来蠹蚀,一窗光景去人看。京筝棐几尘封久,越釉花盆架碰残。忍忆当初扶醉问,怎生如此不拼难。

　　短欢长痛路逡巡,一别经年未问津。念旧春江花月夜,望遥海市蜃楼人。笙歌楚楚听犹在,镜髪星星揽最真。红药桥边蓝尾酒,那堪久治病中身。

满城何处不伤心，旧雨难来夜怕吟。独对三生结缘石，那堪两地断纹琴。笺痕验剩销无酒，愿景期多隐在林。往事如沤浮或散，蜃楼我自倚而今。

风满楼中普洱茶，明窗近傍卷帘纱。念人野旷伤心草，感事春深溅泪花。两地知难衣共湿，一杯倾与日同斜。几多况味兼甘苦，不悔今生慢倍加。（颔联上句胎自孔平仲诗："细草伤心绿，余霞照面红。"下句胎自杜甫诗："感时花溅泪，恨别鸟惊心。"）

人非物是怎堪评，故地重来错记名。花不肯凋唯恋蝶，水偏要去久忘情。曾经巷口斜桥伞，以后楼头旧玉筝。春在似歌如泣里，身随慢雨晓风行。（颔联嵌"蝶恋花"和"忘情水"。）

行縢在手向郊坰，践约人来写韵亭。凝目雪山齐表白，接春烟柳略攀青。路迷错失乌衣燕，心痛难忘玉砚铭。又是一年长候老，不堪回首话曾经。

交逢陌路结缘迟，莫逆于心胜旧知。两地之间难促膝，三人以上可为师。宵来梦呓杯边了，老去形容镜里悲。最恐余生终不见，千秋绝唱鹧鸪词。

羁程千里近沧州，惨淡经年梦一沤。林影日中黄在眼，雁声霜外白成秋。归无几处花开陌，剩有何人笛倚楼。心事已残身已老，怆然罢咏别离愁。

强笑尊前酒半温，黯然檐下夜销魂。路增长痛非严罚，岁减相思属大恩。残月上衣寒旧柳，空园惊梦淡新痕。一函般若从头诵，我在人间渡劫门。

最难频忆况相忘，聚散经年各一方。山角指南风送雁，楼头侧北鬓先霜。于无人处花开谢，在有生时梦短长。凝目又盈愁似海，酒船不渡旧柔乡。

也无残笛也无鸿，独倚西楼髮乱蓬。窗改一年风物异，人分两地口音同。纸间如晤聊安慰，梦里相招奈变通。小朵珠花依旧在，不曾开谢惘然中。

满街黄叶月迟淹，海近城东齁似盐。今夜为谁风露立，此生因甚酒诗兼。秋中鬓影难灯解，域外啼痕罢镜黏。不忆不忘还不语，佛前合掌各抽签。

未曾淡没忽飘零，往事如烟又类萍。花月春江候箫侣，雪泥鸿爪验兰亭。而今不老面犹认，以后难逢歌怎听。伤感年年渡头草，为谁留尽一生青。

铁心铸错六州多，断简残茶烂剩柯。事到而今唯命矣，树犹如此况人何。白衣苍狗蓝桥约，黄鹄红亭绿绮歌。萧索一涯同地老，来生不敢再蹉跎。

后记五首

一榻春浓梦却无，梨花带雨入残图。石凹曾寄书横枕，瓷涩还收泪暗濡。梳字镜中饶髮白，问茶灯下卷帘朱。前生许是多情种，爱遍三江爱五湖。

点检奚囊诧劫余，一生唯剩绝交书。负人何诺仇难解，冤我因情债未除。心死烛前抽穗浅，梦枯弦上拂尘虚。天涯至此无相忆，懒向浮云问卷舒。

　　径行天下一身孤，幸遇知音恨已无。亲口诺从今日毁，绝交书为去年涂。风廊水榭难归我，雪坞篷灯莫念奴。疏影半窗心半老，再回头处梦全枯。

　　落照澄江沸晚潮，倚桡人不久攀条。昔年风岸收金佩，今日渔歌剩石桥。誓在终难三叠改，情无竟可一枚销。幽怀了却骑鲸去，独寄余生管寂寥。

　　此生唯一伴于家，人忌情多理乱麻。莫动春心徒画饼，敢伸雨脚必擒蛇。迷途伞外莺来凑，漏洞篱前竹去加。岁月寻常滋味厚，恰如销乏苦丁茶。

卷一六

（七言诗四九首）

仍为母子共来生(实录版)

前　言

往事如茶满一杯,夜阑留饮有谁陪。壶将春意都倾出,水就炉温暗献来。枯坐莫忘恩泽受,渴行应谢善根栽。人间五味何堪较,死别生离属极哀。(生死悲欢。母亲是传统而平凡的女性。她为家庭、为儿孙、为工作奉献一生,唯独从不考虑自己。在儿子心里,她永远是天下最伟大的母亲。如果有来生,请让我再做她儿子,陪她安享晚年。)

第一章·母亲和儿子 四首

姓居赵后与孙前,占籍川沙举步艰。素手持家因失恃,弱肩承命故无闲。哺雏愁瘁纹深皱,豫老谦恭鬓略斑。孝善门庭贤内助,克勤克俭仰慈颜。(我的母亲。母亲钱氏,沪上川沙人。幼年失恃,早熟自强。成家后尊老爱幼,克勤克俭,是父亲的贤内助。)

纵未成龙竟自宽,此生有子愿平安。才堪弄斧齐家易,力柱移山济世难。如蛊欲求皆蚀骨,似茶闲致独宜肝。从来知我何人最,除却娘亲半错看。(知子莫如母。母亲是世界上最懂你的人。无论平庸与否,母亲从不会嫌弃自己的儿子。母亲希望的是儿子一生平安,而非其他。)

最能容我是谁何,我最能亲又几何。虽子所求唯此矣,可娘难应奈之何。今生恩重还无处,后世缘深问在何。不尽哀哀堪绝绝,苦参禅偈忘如何。(世上只有妈妈好。母亲是世界上最容你的人。你最亲近的人也是母亲。母亲在,家就在。希望母亲答应,后世我们依然是母子。)

自慨凋年已看开,一言成谶不祥猜。郊游本近终难去,病发虽奇却急来。到尾从头月兼半,经生历死两遭灾。冥冥天意茫茫恨,合掌偏于事后哀。(一言成谶。清明祭父,是我家惯例。今年4月5日,我和母亲扫墓归来途中,母亲告我:"凡是年过七十五周岁的退休人员,明年不再安排郊游,今年是我最后一次。"未料一言成谶,母亲竟真的永远去不成了。当天回来,我们在盒马午餐。母亲勉强吃了一碗荠菜馄饨,除胃口不好外并无异常。4月29日我电联母亲,预约五一长假相聚。母亲告我:胃口不好,不用聚了,让我好好休息,别担心,她随后会去医院看看。5月3日她自行去医院一查,当即被收入住院,就再也没能回家了。我因重大疏忽,耽误了母亲病情,百死莫赎。)

第二章·生命的最后五十天 五首

手颤心焚乍半痴,状分生死判无疑。人沦水尽山穷处,事发天崩地裂时。

欲语何堪频左顾，强颜争忍永相欺。彷徨竟日犹难决，独背床前枉把持。（惊闻医判。5月3日午闻母亲入院，我在外急赶而至。医生根据CT加强扫描、超声波影像等资料，确诊母亲罹患胆管肿瘤，晚期扩散至肝区，导致肝内有多发性病变，乐观估算存活期在三个月左右。医生的结论：此病目前已无手术可能，也无化放疗的价值。乍闻此消息，宛如晴天霹雳一下把我击晕。我无法面对母亲，更不敢详告，只能强颜欢笑安慰。内心痛楚，难以言说。5月17日再去医疗影像中心复行PET-CT，结论一致。旋又央东方肝胆医院和瑞金医院专家诊断，意见也一致。）

　　求无妙手起沉疴，五十天中倍折磨。药石徒劳愁宛结，粥羹难咽泪滂沱。依言岂可身边弃，减痛唯于背上摩。悔未从医偏弄笔，终因乏术负娘多。（病程概括。从5月3日入院至6月21日去世，前后恰好五十天。日夜针药不断，未见起色。偶能食者，唯薄粥数匙、瓜汁数口及樱桃数粒而已，肿瘤导致全身疼痛难受，我所能做的就是帮母亲按摩后背，以减少久卧床榻带来的不适。无奈中，母亲说："宁可放弃治疗，早点走也好于受罪。"其言哀哉！）

　　病势如堤溃在望，求无肘后一偏方。引流期可消黄疸，介疗疑难续白藏。天缺善心徒问累，世余诚念且奔忙。不离不弃同携手，要劝慈亲勇试汤。（介入治疗。5月21日晨，转入以治疗肝胆疾病著称的瑞金医院。当日下午及22日下午分两次行ERCP介入手术，目的是引流胆汁，减低黄疸，改善生活质量，并辅以保肝、保胃、保心、抗感染、止血、利尿、补钾、止吐、增食欲等治疗，同时再造"输液港"。是夜，母亲因手术而一夜难受。）

　　病来山倒病磨人，睡不能安夜痛呻。愁易耳闻搓手急，恨难身代拊膺频。一匙米粥权充腹，几粒樱桃偶近唇。似此煎熬何忍顾，纷纷泪更浼残春。（病痛折磨。母亲因黄疸不退，导致胃纳极差。5月22日始，每天一瓶白蛋白。5月31日始，每日两瓶白蛋白。6月13日前母亲偶尔能喝几匙粥汤、瓜汁和吃几粒樱桃。虽很少，但已令我激动不已。6月13日后，母亲病势急剧恶化，已不能饮食，更兼疼痛难眠。我恨不能以身相代，情急之下唯有扼腕悲叹。期间虽使用美施康定等麻醉药物镇痛，但无法彻底止住。6月17日后，母亲神志逐渐昏沉，19日后进入弥留期。）

　　幸能为子谢娘亲，五十余年舐犊频。故宅如今留与我，乳名从此唤无人。恩还不尽心伤久，孝欠唯多梦愧真。最恨江南逢夏至，一场梅雨悼红尘。（夏至忌日。2018年6月21日周四中午十一点四十分，母亲因肝肾综合征，导致多脏器功能衰竭而病逝。是日，正值夏至，梅雨乍来还止。送走母亲后，随即办理各种手续。傍晚在母亲住处布设灵堂吊唁。）

第三章·后事处理 八首

　　香名却死返魂无，子夜灯明地泪枯。天不假年亲不待，世难同路莫难呼。已销劳瘁期行健，宛在音容许伴孤。梦里重逢犹似昨，一篮心意味何殊。（守灵首夜。《海内十洲记·聚窟洲》："聚窟洲，在西海中申未之地……山多大树，与枫木相类，而花叶香闻数百里,名曰反魂树。扣其树亦能自作声,声如群牛吼。闻之者皆心震神骇。伐其木根心,于玉斧中煮取汁,更微火煎如黑锡状,令可丸之,名曰惊精香,或名之为震灵丸,或名之为反生香,或名之为震檀香,或名之为人鸟精,或名之为却死香,一种六名。斯灵物也,香气闻数百里,死者在地,闻香气乃却活,不复亡也。")

中宵兀坐净无尘,隔巷跫音宛似真。雨去难忘几多事,风来代嘱至亲人。疑嫌梦短才缄口,恐害哀长故敛身。怜子可知莲子苦,为谁牵挂竟沉沦。(守灵次夜。是夜,往事纷沓,百感交集。恍惚中,似觉母亲回来,忧我哀伤,竟不现身出言相见。)

病忧拖累故辞先,鹤驾蓬山极乐天。求梦那堪熬永夜,伴儿何忍舍余年。身亲冷榻心疑热,目接空杯口恨圆。蹀躞萱堂诗代祭,两行皆泪不成篇。(龙华告别。6月23日周六阴雨转晴。下午一点四十至两点半在龙华举行遗体告别会。三点十分至四点三刻护送母亲去老沪闵路火化并敛收骨殖。是日,悲痛难抑,几不可支。入夜回家,一夜失眠。)

坐挨圆桌阖家亲,遍点周围少一人。分箸不忘添个碗,试羹仍嘱放些莼。杯先略洒空中敬,话慢闲聊味里询。难得聚全如往昔,恐因糜费又生嗔。(头七设供。中国传统视死如生。母亲虽然走了,但宛如从未离开,依然与我们同在。以往在外用餐,母亲总嗔怪我点菜过多,以至造成浪费。如今纵然准备再多,也无人来分享了。是日供九菜、三道点心和三道水果。晚按习俗,焚化衣物及锡箔。)

卜葬郊西枉自吁,死生一刹已殊途。凝眸碧海潮来罢,扼腕苍山日落无。梦里难逢期续尾,人前不涕转依隅。几多哀痛如虫噬,隐忍残年倍觉孤。(归葬西郊。6月28日护送母亲去松江天马山陵园,与父亲长相厮守。这是沪上很少几处有山有水的地方,母亲生前每年清明都要来此祭奠父亲。正式安葬预定今年冬至,目前先寄放。)

问天何故绝情能,抱憾终生我欲僧。掌合菩提三善道,经抄地藏十方灯。前缘脉脉恩辜负,净土遥遥梦式凭,不尽哀伤如蜡泪,共谁垂续夜蕾腾。(法师开示。在皎玺法师开示下,始诵《地藏经》并积功德回向母亲,希望母亲早日离苦得乐、往生净土。母亲太辛苦了!)

月残楼角一灯青,合掌低眉夜诵经。龛献宝香祈救度,壁瞻遗像共参聆。今生已了诸缘累,彼岸应成正果醒。留我念珠摩到老,慧根修处为忘形。(夜夜诵经。《地藏经》乃佛经中的孝经。诵经,也是行孝。这是我现在唯一能为母亲做的事。同时立誓四十九天素食、废止娱乐以积功德。)

亲难待养力难争,命不由人忿不平。纵是阴阳暂分路,仍为母子共来生。孤灯夜雨经长诵,老屋檐铃梦浅赓。一袭莱衣空自拂,再无片语嘱前程。(祈求来生。今生已矣,尽孝不能,听嘱亦不能。是故夜夜诵经,唯期来生再为母子。)

第四章·铭记教诲 三首

殷殷付嘱少抽烟,事到临头夜失眠。犹可强撑于逆境,不堪重负已中年。衔恩最恨儿难报,垂诫应尊母至贤。歧路遥遥风雨骤,一灯如豆忆绵绵。(关注中年。儿子是母亲始终最关爱的至亲。母亲一向担忧已步入中年的儿子,面临压力大、工作烦恼和亚健康等问题,故经常提醒。母亲希望儿子,能自觉保持良好的精神状态。)

如沙往事那堪淘,絮语殷殷坐近聊。睡不能迟烟必戒,食犹须杂味应调。每逢境逆先心定,偶受人非速气销。浊世安身唯慎独,传家最忌子孙骄。(改变坏习。抽烟、熬夜、挑食、性急、易怒、宠子,一直是我的坏毛病。母亲殷殷付嘱,感人至深。)

今生聚散太匆匆,往事依稀怎悟空。跪乳恩难抛脑后,负荆痛必隐心中。诗多作祟眠宜早,话少伤人气莫雄。遗训如痕铭在座,一回一味泪濛濛。(转变方式。母亲虽然支持公益,但不赞成我陷于诗中,为此影响睡眠、健康或与他人发生无谓的争议。)

第五章·人间遗憾 三首

浮生若寄予谁论,燕雨槐风旧宅门。所憾终难陪子老,不甘犹未待孙婚。跫音绝响三春喁,背影深潜一路恩。此去天涯缘岂了,江南剩我梦寻根。(母亲的遗憾。母亲生前最关爱两个人。一是儿子,一是孙儿。她的遗憾是:一不能长陪儿子,提醒儿子;二是无法亲见孙儿成婚。为此母亲特意做了安排,从她的积蓄中取出相当一部分留作孙儿的成婚贺礼。我懂母亲心意,已将母亲所有遗产全部转入儿子名下,并告诫儿子,这是奶奶对他最后的关爱了。)

愧受深恩报未曾,回天乏术泪腾腾。试汤虽为开颜可,负襁何求啜菽能。难待长孙婚口嘱,剧怜爱子事肩承。几多无奈如春夜,一去惟留梦与灯。(儿子的遗憾。儿子的遗憾有二:一是母恩未报,二是无力挽回母亲的生命。《二十四孝·亲尝汤药》:前汉文帝,名恒,高祖第四子,初封代王。生母薄太后,帝奉养无怠。母常病,三年,帝目不交睫,衣不解带,汤药非口亲尝弗进。仁孝闻天下。《礼记·檀弓下》:"子路曰:'伤哉贫也!生无以为养,死无以为礼也。'子曰:'啜菽饮水,尽其欢,斯之谓孝。'")

久约游轮海外行,何堪一病愿难成。离礁浪共心俱碎,过雨天随泪半倾。每咎无多闲暇伴,长嗟不再后缘生。茫茫世路惟留我,夜夜经参到薄明。(孙儿的遗憾。如今唯一可告慰的是,您孙儿今年工作已顺利解决。他原计划工作问题解决后,考虑您腿脚不便等因素,陪您坐邮轮海外旅游的。可惜这已经不可能了。这也成为孙儿一生最大的遗憾。)

第六章·儿时回忆 五首

蹒跚学步每咿哑,脱口先呼是姆妈。扶壁偶能容放手,泥人偏不许离家。

一眠三起频惊夜,百宠千呵细润芽。恩泽若春长化雨,至今犹为我倾斜。(第一声叫是姆妈。据母亲生前回忆,我学语较迟,然开口第一声是叫姆妈。儿时的我,非常调皮好动,但又特别黏人。母亲每晚都要起床数次,防止我蹬掉被子受凉。)

　　幸蒙天赐获麒麟,拂逆从来不易驯。书敢弃囊犹隐忍,课偏逃席乃生嗔。鞭臀慢数疑心狠,拥首轻摩就脸亲。痛到将愁将悔后,两行热泪一家人。(打在儿身痛在母心。童年拂逆,贪玩厌课。故虽受罚,但痛在娘心。)

　　生于厄岁倍心揪,养大成人病痛留。每忆描红曾把手,还期镊白再从头。天涯濩落家何在,夜壑萧寥梦未休。无尽感伤经一卷,最难参破即因由。(含辛茹苦。我出生于"文革"年代,母亲含辛茹苦把我养大,自己却累出一身疾病。我幼时习字,母亲手把手示范握笔方式。及长,常戏为母亲拔除白髪。)

　　持家教子一身兼,纵使劬劳苦亦甜。提瓮遭途急眉解,唾绒长夜巧针拈。生涯有限恩深种,岁序无穷泪慢淹。踯躅鹤林惟太息,树犹如此况愁添。(身兼数职。母亲性格要强。父亲长年出差在外,我又年幼力弱,故一应重活皆由母亲独自承担。母亲心灵手巧,常为我编织各种款式的毛衣。)

　　蓼莪哀咏念劬劳,鞠我何堪弃一朝。皲手织衣天欲雪,柔肩负重路归遥。笃亲门第寻瓜验,克俭家规折荻描。往事几多犹历历,最难回顾立中宵。(母亲的毛衣。儿时,母亲常赶在入冬前为我改织毛衣,下班回家大包小包提着家常用品,不辞辛劳。《诗·小雅·蓼莪》:"哀哀父母,生我劬劳。……父兮生我,母兮鞠我。"《古事比》引:冬月,母病思瓜,王荐至深岭,仰天而哭,忽见岩石门青蔓,有二瓜,摘归以进,母渴遂止。《宋史·欧阳修列传》:"欧阳修字永叔,庐陵人。四岁而孤,母郑,守节自誓,亲诲之学,家贫,至以荻画地学书。幼敏悟过人,读书辄成诵。及冠,嶷然有声。")

第七章·母亲二三事 八首

　　事不求人利不叨,一生居俭倍辛劳。倾囊竟献心相济,侍药何辞苦共熬。忧在达时常虑远,安于困处少谋高。殷殷嘱托深深意,告诫儿孙谨记牢。(资儿侍夫。我大学毕业,几乎身无分文,母亲倾囊资助操办婚礼。未几父病,缠绵病榻四年余,皆赖母亲侍药照料,无怨无悔。)

　　大恩如土护根深,一木撑天为后林。怜媳少忙三地事,抚孙多累九年心。从无片叶分些露,尚有余材馈比金。掩面何堪长涕泪,攀条处剩白头吟。(怜媳抚孙。妻大病初愈,母亲为减少她几处奔波辛劳,主动承担起照看带养孙儿的任务。孙儿从四个月一直带到小学三年级,期间辛劳,非语言形容。)

　　梦犹携老负行縢,重下漓江已不能。象鼻山期迎熟客,燕窝楼待认新朋。

徒凭合影流年溯，漫理前尘乱绪增。一念差于惟笃懒，乃教人悔少陪曾。（桂林携游。母亲生前，我带她出游不多。印象比较深的，有一次我曾和母亲在退思园坐了一下午，聊了很多。可惜那一次未留下任何资料。其他几次也只留下一些照片，没有录像。目前唯一保存的是2011年10月16日至20日去桂林旅游的录像，现在弥足珍贵。从桂林回来后，母亲就腿脚不便了。）

由来任性罪频添，恃宠而骄管不严。曾有百般乖谬在，今无一语絮叨嫌。负荆阶下容长跪，堕泪碑前乞痛砭。忏悔余生难自赎，青灯黄卷隐珠簾。（母亲的唠叨。我在溺爱中长大，一向任性。纵有百般不是，也嫌母亲唠叨。如今母亲已去，想再听一次母亲的唠叨竟成奢望。）

声声慢里唤娘回，纵不怜儿何忍推。攀膝若能拦路劝，挂冠庶可住家陪。书留续读谁还在，梦绝重生事尽灰。一念如痴难自主，拊膺唯恐又闻雷。（看书消遣。2002年我购置新居后，就与母亲分开住。母亲不上网，为解母亲孤独，我每年至少为母亲订阅十几种报刊。母亲晚年，闲时常去社区图书馆看书以遣孤独。母亲走后，我和儿子特意赶去社区图书馆，想象当时母亲看书的情景。《二十四孝·闻雷泣墓》：王裒，字伟元，事亲至孝。母存日，性畏雷。既卒，葬于山林，每遇风雨闻雷，即奔墓所，拜泣告曰：裒在此，母勿惧。）

老去生涯倍寂寥，楼空独念旧痕凋。布娃偎枕如孙伴，文馆翻书似客招。悔不曾多常面见，恨犹难再忽心焦。薄风疏雨依然在，路尽头疑背影遥。（床头的布娃。整理母亲遗物时，忽然发现床头有一个我儿子小时候留下的布娃娃。母亲一直放在床头。刹那间我泪流满面。我知道，这一定是母亲思念小孙子，把这个布娃娃当成一种寄托，每晚陪伴她。如果我能早点发现，也许就会抽更多时间陪伴母亲了。同时也会让儿子多陪陪奶奶。现在后悔也来不及了。）

膝下承欢有几何，流年似水去无波。倚门非怨儿探少，游宦焉知母盼多。体弱为谁开灶爨，心忧劝我戒烟哦。可怜终老难安享，一病居然百折磨。（母亲的孤独。儿子长大分开住了，就苦了母亲。晚年的母亲，其实非常希望儿子多回家。但儿子并不理解，总以工作忙为借口拖延。）

福难消受命如斯，七十余年一涕欷。与己何妨留剩食，为儿不吝置鲜衣。少扶梁待巢同护，老倚门期雁自归。冷落生涯多苦闷，竟无人察病些微。（一生概括。母亲享年七十五岁。她为儿子慷慨大方，但对自己比较节俭。日常总把好吃的推给儿子，自己吃剩下的。年轻的时候，她协助父亲支撑家庭。晚年独居一方，天天期盼孩子们回家。在她心中，永远只有家人而无她自己。）

第八章·无尽的思念——首

料无人接尚天天，电话依然拨睡前。铃响七声销指末，心生万绪堵唇边。

问安应许愁如故,解闷何求事必全。默嘱今来多暑溽,遮阳伞莫忘携先。(再无人接的电话。灵堂拆除后,我把母亲住处恢复如初,一如母亲生前原样。我依然每晚一个问安电话,待铃响七声后再挂掉。也许我会永远如此。此举虽然近乎痴愚,但我愿永远这样打下去。)

奈何生死不由谁,却害心伤独自知。刻木高堂难奉母,画麟虚壁枉称儿。两行泪浊柔毫抹,半世缘悭永夜痴。合掌朝天长兀兀,雨声如叶偈如诗。(永夜伤心。《二十四孝·刻木事亲》:汉丁兰,幼丧父母,未得奉养,而思念劬劳之因,刻木为像,事之如生。其妻久而不敬,以针戏刺其指,血出。木像见兰,眼中垂泪。兰问得其情,遂将妻弃之。)

枉为人子愧终生,反哺无能睡不成。倾海大恩长沸夜,断弦孤咏最宜筝。天悭与寿灯虽灭,梦活从头泪尚盈。梅雨一帘家在否,却难迎我下厨烹。(永夜失眠。以往每次回家,母亲都要下厨为,为我做"妈妈的味道"。如今还有吗?)

诀别依稀十日余,因何一个梦都无。夜倾梅雨若留墨,楼剔麝灯空泣珠。响屐每疑提物至,抠衣犹待进门扶。可怜天不从人愿,故设鸿沟隔半途。(希望有个梦。母亲离开至今未曾梦到。母亲不喜网购,常会提着我喜欢吃的东西送到我处。我担心她劳累,不让她送,但屡劝不止。其实我心里明白,母亲是以这种方式表达对儿子的关怀。一如她,常会烧点菜送过来一样。如今这一切都不会再有了。早知如此,当初我为何不倍加珍惜呢?)

故楼重返那堪居,物是人非一梦嘘。床垫薄绵浑似昨,灶堆残烬不如初。卷帘疑夏延春短,寻伞防风碍雨疏。寂寞难销空太息,欲留还去立阶除。(物是人非。母亲住处的房子,我保留原状。即便空着,也不愿处理或出租。因为那里有母亲熟悉的味道。那床上叠放着母亲入院前盖过的被子、灶台上的灰烬母亲来不及清理掉,窗帘还拉着防止夏天的阳光照进来,母亲的遮阳伞也藏在储物柜中等等。)

病磨人去竟无方,仰面呵天涕泪长。憾抱今生终郁郁,誓求来世或茫茫。解衣轻抚针痕密,伏枕惟期梦境详。何忍蹒跚犹似昨,路遥为送一餐忙。(睹物思人。我成年后,基本不再穿毛衣。但我珍藏着母亲给我编织的一件毛衣。想母亲的时候,我会穿一下。慈母手中线,怎不教儿心肝寸断?母亲晚年腿脚不便,犹不时烧点我爱吃的菜肴,坐公交送来。)

再无人为我凭窗,小巷深深夜吠厖。扶月到家惟恨缺,拥灯向壁不成双。甑尘犹杂蔬遗味,茶筅曾拖水唱腔。一掬哀哀儿女泪,至今难载梦浮江。(谁为我凭窗。母亲走了,我每月回母亲家一次。不是为了交付水电煤电话等各种费用,而是为了再去体味一下那个生我养我的家。那里有我熟悉的菜肴的味道,有我熟悉的煮茶声音。)

梦回故宅认鞋痕,久候无人雨应门。眉不锁严容泪进,事难推净用心存。献芹代馔珍于席,寄语为茶暖到樽。天妒一家安乐好,强分歧路那堪论。(谁为我应门。我以往探望母亲,很少买东西。因为我不擅长购物,所以总是强塞给母亲一点零花钱。以为给了钱,就算尽孝了。其实母亲并不缺钱,她需要的是我陪伴。可惜我疏忽了。偶尔我带点东西给母亲,母亲都很珍惜,念念不忘。)

跪承经帕每悲嗟,断织当年事未赊。惭比孝乌应罪己,恐无慈竹怎齐家。空阶久雨檐垂泪,冷灶残烟案剩茶。梦固难逢期一拜,来生再养寿天涯。(儿子的忏悔。儿今生行孝有亏,有负父亲嘱托,罪不容恕。《古事比》:张讥母亡,得母彩错经帕,每对之,哽噎不胜。汉刘向《列女传·邹孟轲母》记载:孟轲少时,废学归家,孟母方绩,因引刀断其机织,曰:"子之废学,若吾断斯织也。"轲因勤学自奋,师事子思,遂成大儒。)

踽踽而来探旧踪,雪泥抟处感重重。萱堂或断忘忧草,尘世仍余不老松。脉续宗祧恩永济,根繁苗裔誓遵从。心怀一孝何须梦,自有深情动晬容。(永远同在。母亲福薄,年事未高而突然辞世。但她永远和我们同在。)

老来最怕病销磨,欲去难留莫奈何。缘共韭生横割短,事随书揭倒翻多。探庄邮梦天无址,坐夏吹尘夜有陀。寂寞人间一声唱,报恩咒即断肠歌。(报恩不尽。母子一场,往事历历在目。儿尽一生犹难报答。)

尾　声

七七诗差百半成,偏留一首不言明。今生久挂心头念,后世遥闻路口迎。期有福缘延决绝,祝无愁病碍通亨。茫茫自在天荒处,雏凤仍随老凤行。(留下一首在心里。七七四十九天内,每日一诗,不计工拙,只为母子对话。四十九首诗,差一首就满半百。这相差的一首,我留在了心里。未来我也要离开尘世的那一天,我会把心里的那一首用作母子在天堂相认的凭证。)

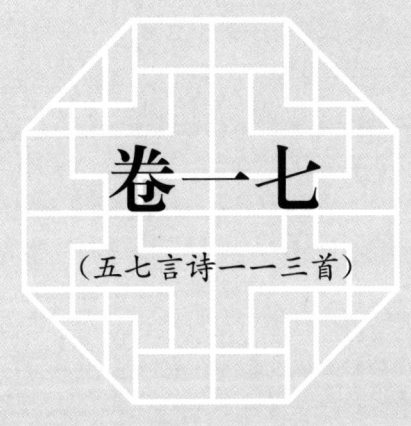

卷一七

(五七言诗一一三首)

自传(年谱版)

【乙巳(1965年)出生】三首

◎十月初五(公历10月28日)戌时生于沪,生肖蛇,星座天蝎。落地称重五斤六两,左足散排七粒胎记。时逢祖父六秩,摩挲而叹曰:"隔吾一甲子,天赐也。惟愿其身具修齐治平之质,悟平常安愚之道。故定其名曰平,譬之乾象,处中正之位,怀惕惧之心,行不亢不卑之事,家门幸也。候其长,责以亢悔楼为其治学斋号,以戒轻忘。"又传黄帝与正妃嫘祖生次子昌意,传至舜,居姚墟,因以为姓。

债疑前世只今还,十月秋生阖府欢。足踏七星胎纪实,重超斤五面容端。久期雏凤啼犹贵,幸获聪麟惜在难。何以报恩天不待,几多迟悔梦阑珊。

舜之苗裔或南迁,不夜城居近海边。星宿位分天蝎座,地支轮序肖蛇年。憾非生子兼生女,幸得养才犹养贤。游艺世间崇大道,寸心无垢故超然。

姚墟得姓倍殊荣,大任为名寓治平。家教从严经世用,身修在独免人轻。愧全忠孝何能顾,惜少才情未敢鸣。亦士亦民书久伴,粗茶淡饭耻逢迎。(首联用魁斗格嵌姓名)

【丙午(1966年)一岁】

牙牙学语恋慈亲,左右蹒跚路逗人。身倒尚追衔米雀,手撑还拒代行轮。忽遭面吻何堪辱,暂失心欢必较真。哈欠连天偎膝下,未曾怀抱梦频频。

【丁未(1967年)二岁】

语未能全暗拔苗,恐因偏宠更生娇。浅嗔慢哄心操碎,迟落长停尺待饶。软硬无方三代乱,急愁难解一头焦。小爷如棘争松手,始得闲娱偶弄潮。(小爷:沪语"小少爷"之意,非北方等地语境中之衍生义。)

【庚戌(1970年)五岁】

生在申城属独孙,歙南乡里认其根。趋庭始受经兼史,跪乳难忘义与恩。三尺让墙修士节,一支争秀出宗门。身无长物惟书剩,不辱家声脉续存。

【甲寅(1974年)九岁】

九岁熬鹰始启蒙,盼无日过八砖红。晨哦平仄千家解,夜演纵横四史通。论及小鲜烹走狗,悟来深禁用雕虫。命由天定勤于暇,步武歧途不在雄。

【甲子(1984年)十九岁】

少年能识几愁何,一味如今苦涩多。校外青梅唇暗触,雨中红伞鬟厮磨。叶裁心字书还我,匣送菱形笔欠他。不料将离仍未忘,街边啮手唤声哥。

【丁卯(1987年)二十二岁】

◎是年实习,蒙楼、江诸师青眼,参与四角三方谈判,并独立出庭办案。

八方风雨会中州,承让前雄避一头。卓尔不群温似玉,洒然为伍爽如秋。座叨虚位何曾傲,酒败难关况已收。入世初明人在外,要潜草莽要登楼。

【戊辰(1988年)二十三岁】

◎是年大学毕业,旋入职场,走上社会。

历久寒窗负笈遊,题名雁塔志难酬。无多益友拏云聚,有几宗师立雪求。腹笥能赢三十里,胸襟更摄五千秋。茅庐初出牛刀试,舍我其谁眺帝州。

【庚午(1990年)二十五岁】九首

◎是年成家。

不肯轻相见,惟愁暗动心。背窗衣角叠,偷眼坐中寻。月送移阶影,门拦入耳音。惘然忘一问,何日再来吟。

手轻伸背后,遮眼让人猜。不许摇头躲,惟容使劲陪。和衣皆笑倒,相拥再重来。四处娇嗔逼,投降我活该。

破涕翻为笑,含颦半怯羞。可怜惟妩媚,难舍是温柔。世剩真金诺,天生小玉留。纵然春缔约,偏爱嫁于秋。

掌上明珠宠,何曾近灶厨。颤锋伤玉指,颠勺砸瓷壶。不辨葱和韭,难分鲫与鲈。一锅端杂烩,强咽再欢呼。

厮缠怀里坐,提耳问无端。紫陌花何好,红尘意可安。破颜因受宠,捧泪乃含酸。不忍相欺告,移情实在难。

厮缠怀里坐,软语向人央。未识柔身段,才嫌硬气场。千篇摄心术。一碗醉魂汤。摆布由他后,居然面色僵。

横排数盅酒,赌我必先输。不服来张口,无能别丈夫。怒从心上起,勇就席前趋。醉倒犹牛饮,谁知已换壶。

髭长多碍事,当免惹风波。每每期亲热,深深受折磨。不如容我刮,也算得人呵。可恨听相劝,唇流血似河。

凑趣来相伴,银屏战火燃。将盘将带际,一乍一惊先。击柱拧人鼻,攻门掐我肩。强撑过夜半,伏膝已酣眠。

【癸酉(1996年)三十一岁】

◎因祖母有落叶归根之念,五月遵父嘱,回徽州故里置寿穴。归来后,每生望乡之情。

一身萍寄已经年,风起高秋倍索然。云水苍茫举头处,目光比雁到家先。

【丁丑(1997年)三十二岁】

◎是年晋秩。初,父辗转病榻,祖母又病笃。某来回奔波,疲累至极。数月后,祖母溘然长逝。三年后冬至归葬故里。

日短频兼夜,熬多不觉长。负山撑到累,连轴转来忙。蚁躁因情急,牛勤奈病伤。可怜无数汗,粒粒养家粮。

【庚辰(2000年)三十五岁】三首

◎小儿童言,颇多奇思妙想,如"草是山的头发""月是门的把手""星是夜的眼泪""云是天上的雪人""彩虹是人的跳绳"云云。大惊之余,代集为两律备忘。

课吟三五岁,七步敢庭趋。草乃山头发,星为夜泪珠。忙多烦解惑,聚少忘调雏。悔不频搪塞,难陪共墨濡。

童言句句有诗味,出口天然意趣诙。一把月充门手握,几团云作雪人堆。如绳系足虹随舞,似发遮山草待煨。自古男儿应记取,桑弧为矢射星魁。

◎得子如斯,夫复何憾,因成一律诫之。

得子如斯幸,趋庭属晚成。力当匡社稷,行不害苍生。酒色身经误,权财手过轻。冲谦兼大气,风雨任纵横。

【辛巳(2001年)三十六岁】二首

◎年初晋秩,口占二绝。

白眼朝天任壮游,风云际会下丹丘。三千客战花间醉,一剑谁横十四州。

矢志拏云竟未酬,击壶弹铗愤登楼。眼观沧海吞残日,要逐人间第一流。

【壬午(2002年)三十七岁】五首

◎岁杪,新居装修毕,欣然而吟。

一间精舍六层高,洒脱生涯足自豪。移石不妨充尔雅,赌茶何用解离骚。钱如狡兔无心捕,话是恒沙尽兴淘。疏影暗香闲散夜,白衣红袖共周遭。

萧斋最爱是萧然,棐几唐花淡麝烟。良友似鱼求木上,好诗如兔守株前。壶听夜沸涛声脆,壁拭晨修月影圆。扶笔许撑身七尺,举头孤咏未成篇。(颔联成语)

半生忙碌始安居,棐几闲支夜静虚。放雨进窗先润钵,推风出户少翻书。心传雁字灯参破,袖蘸兰香手散余。一笑皆禅尘世远,小楼之外悟真如。

锋芒暗敛百忧无,一箧诗余被酒濡。避客先挪官帽椅,闻香另就鼻烟壶。曾摇扑满空储雨,乍警呼卢错采珠。最是江南宜小隐,逢秋只爱四腮鲈。

水乡之外即魔都，剪韭生涯且自娱。嘲有赋闲田舍子，羡无缝破陆家姑。日高衣与书同晒，灶急诗随粥共糊。难得一方容静养，玉兰花下数尼珠。（上海，世称"魔都"。玉兰花为上海市花。颔联下句典出《唐书·张巡传》："巡有姊嫁陆氏，为巡补缝行间，军中号陆家姑。"）

【癸未（2003年）三十八岁】一〇首

◎年初，乔迁新居，题名亢悔楼。

　　匾题亢悔即斋名，坐对新居细点评。拜石深雕龛卧佛，拈针慢绣柳闻莺。民间白璧无关赵，釉下青花独属清。公暇最宜书搁几，晚风过处送群英。

　　屏窗忽启见春颜，抱膝萧斋候客还。半目劫材消指上，一壶心事饮花间。蠹侵画案残图补，风揭书衣剩句删。入世无求方脱俗，悠悠岁月养清闲。

　　关门谢客少知音，独领轻寒费苦吟。鲁壁访经缘在世，习池掬月悟于心。三分浊酒窥深浅，一注闲茶饮古今。躲进西楼无睡意，聊将旧曲付瑶琴。

　　厌逐时流慎独居，关门谢客是非除。雨跳枰角活棋眼，烟袅指尖看篆书。蚊不受风何用扇，诗能哺我乃悬鱼。心平舍得琴闲置，一口新茶话自如。

　　围寒不忍选青娥，矮几熏炉就近挪。眉蹙乙纹催画稳，鼻扛丁字拥吟多。帘疏似漏风吹袖，梯陡如推梦上坡。沉醉一壶梅子酒，较谁先让脸微酡。

　　千金散尽未心甘，玩物堆厅嘱戒贪。兵俑暗生茶样绿，酒船偏爱海之蓝。铜雕镜缺妨眉画，笔架山凹耐手谈。一枕青花瓷上梦，都随五两古风酣。

　　难能静处任清闲，竟日携行玩物间。矮几垫书嫌瘿木，华堂置石爱奇山。兼评粉本心无色，另拓原碑手有斑。除却旧痕三十页，催人半箧未曾还。

　　舒展形骸任自由，青衫一袭瘦于秋。关门课子心常静，掩卷调鹦室更幽。炼字壶中诗兴煮，看山画外雨声收。闲多不理风波事，剪取灯花月并钩。

　　小楼深锁始平安，一种生涯羡也难。赌石欣能赢宋玉，供花悔不换朱兰。钵春蒜白诗嫌辣，锅煮汤黄梦泛酸。自足襟怀皆浩气，坦然先领倒春寒。

　　深居闹市喜开颜，一进围城似闭关。摹画挂墙钱未借，索诗堆案债难还。弦张古意除茶涩，石坐新禅课子闲。且退雄心归淡泊，杯中有酒是江山。

【乙酉（2005年）四十岁】四首

　　四十人无少小狂，心平独好酒如浆。起承日月江山稳，转合春秋草木黄。坐石谈棋闲打谱，听经挂印懒编筐。念奴故事浑忘却，谁把悲欢贮背囊。

　　年方四十酒难除，事杂心烦不自如。手有余钱妻炒股，家无长物贼偷书。

每惊商海多欺诈,久厌官场只务虚。世上功名何足道,此生得子可安居。

年过四十倍辛勤,宦位诗名值几文。镊髪减秋霜半两,移肩增担石千斤。荆封路窄容先让,牍积山高懒细分。参破世情非合俗,坐谈茶道夜香熏。

四十年余不惑迟,沉浮几度有谁知。花因可爱黄于手,草为将离绿及诗。拈扁佛珠原罪略,熨平鸳帕旧情遗。倾杯坐任天河涨,万里风波忍一时。

【丁亥(2007年)四十二岁】

◎携儿赴京过年,宝兴表哥宴请并陪游。

北上何曾觉夜寒,偶来叨食未心安。蒜因频剥案嫌辣,香为久闻盆种兰。最喜枣蒸诗骨老,每惊杯碰酒肠宽。主人豪迈自牛饮,饶我热茶同尽欢。

【戊子(2008年)四十三岁】

◎是年返歙,祭扫祖父祖母坟茔毕,回宾馆遥望不及,哀思无限。

老树栖鸦落叶黄,潇潇苦雨共迷茫。秋过旷野人何在,迹遁空山路已荒。抔土未添悲孝缺,短碑难抚叹恩长。无边寂寞深寒里,忍泪楼头久眺望。

【辛卯(2011年)四十六岁】

◎是年末,受宵小构陷,转谋他处,此人生一大转折也。

几多宵小是谁欤,点检周围漏未除。阴暗在心频作祟,颠狂到齿顿生蛆。揎唆人后双拳勇,鼓噪堂前一沫虚。仰面何曾向天问,世间公道信非初。

【癸巳(2013年)四十八岁】二首

◎是年奉调,口占二绝。

深宵独立难圆梦,我自披衣抚古筝。欲借苍天星一粒,凿成扳指拨秋声。

不眠今夜罢谈兵,甲帐挑灯盼解缨。十六弦翻杀声伏,一秋风雨共筝鸣。

【甲午(2014年)四十九岁】

十八人中敢占先,抗声曾动九重天。心无大愧销余劫,事未全功待后贤。老去何妨竿自备,闲来尽可酒同颠。醉翁亭外风云变,一榻鼾雷一钓船。(何映梅《蝶恋花·甲午秋末寄无名生辰》二阕:"落叶题诗应细数。岁岁生辰,梦在秋深处。鱼雁一行云未阻,画楼人望江南路。◎两字平安须认取。菊后梅开,好制相思谱。纵使吴山相对暮,愿君长向花间住。"/"绝唱何曾真绝俗。一叠阳关,两叠回文曲。三叠琴心还再续,为君合掌须遥祝。◎蜀水吴山同在目。许个诗盟,寄个西窗烛。留个长情犹未足,白头青眼仍相属。")

【乙未(2015年)五十岁】一三首

◎于网上创办"天下精舍"诗词课堂,普及诗词常识。

一间精舍聚研之,吾道东来解惑疑。校管育人尊奉母,门收立雪僭称师。

探真面目风神雅,匡谬言诠律髓奇。笺展八行天地大,金针所度乃根基。(题"天下精舍"。颔联双钩格嵌"母校师门"。)

◎十月生辰,自寿九章,一时赓酬者众。

五十年来一梦非,徒留绮句话依稀。才凌塞外催鸿阵,力尽江东验蝶衣。白屋黄杨烽火暗,红桥碧井柳烟微。孤怀老却惟怀旧,半展残书半涕欷。

五十年来举步艰,能知我者剩红颜。高天铩羽煎茶疗,平地兴波劝钓闲。倦卧深宵肩代枕,奋扛大鼎手相环。含情脉脉难倾诉,抚颊惟怜髮已斑。

攀条橄下感于秋,暮色苍茫北固楼。千古事功堪袖手,一时人物枉凝眸。名如马影鞭难及,梦是鸿泥爪不留。来去此身终伏老,柳营之外草堂幽。

独步蜂衙战夏虫,半生书剑阮囊空。谋于创始甘衔命,败在垂成枉用功。草莽英豪潜海外,风云子弟散江东。抽身大啸凭栏掐,岁月如痕验醉红。

矜才负气敌龙蛇,老叹身疲似暮鸦。曾请伏波偏伏枥,已归鸣橹又鸣笳。心灰不渐矛头米,齿冷犹容璧上沙。懒卧东林闲课子,青山绿水一壶茶。

修齐未必治平能,负俎烹鲜试几曾。才尽泣鱼空誓楫,力余围鹿妄携绳。咏瓢穷巷家存瓦,弄舌危邦纸就灯。最厌雕虫频自得,百无一用效游僧。

浮生若梦几经秋,夜雨何堪八咏楼。少可冲天期鹤立,老难填海忆龙游。归舟世外莼羹美,退笔山中竹径幽。闲抱药书医俗眼,懒残人爱是沧洲。

又增年寿惜流光,何必烦神不老方。来日具书邀白蠹,去今消劫赶红羊。登槐事业浑如梦,食柏生涯竟似糖。细味其中甜与涩,终无半点动吟肠。

借山高为寿多增,九首诗还叠叠仍。非我独贪泉可口,因他未解足连绳。心存一念门难候,缘结三生诺必承。拄杖江东风雪夜,青衫白髮嫩红灯。(韩林坤《鹧鸪天·乙未深秋为无名寿》二阕:"一叹而今鬓已皤,英雄果已惯蹉跎。濡毫偶托离亭雁,弄盏低吟击角歌。◎风缱绻,雨缠磨,半生情债负人多。鹧鸪声断声犹续,闭目无闻莫谓何。"/"堪羡攻书似拔城,堪怜尺幅夜深耕。闲谈惧听将衰矣,独坐长忧太瘦生。◎从露白,至梅蒸,看他缔得浅深盟。秋风百鸟从兹尽,却为何人涕泪横。"久儿《寿人九章》:"相谢生涯许一逢,此心冰雪月明中。千灯熄罢眸成海,半夜眠无影在风。入梦猜皆深浅意,读诗罄尽去来踪。佳辰岁岁君遥待,人字横天雁破空。"/"开到菊花人寿辰,遥遥语笑断相闻。情分异地频劳雁,岁入深秋独念君。触指心弦筝戚戚,漫天思绪雨纷纷。生涯何地教相认,儿女江湖掌上纹。"/"愁来无字供摩挲,念里光阴不易过。袁虎自矜诗一蹴,潘安我惜鬓初皤。题红描黛风流足,弹铗衔杯怅恨多。万感芳心如叶碎,谁人捧向掌中呵。"/"一庭霜露堕枝轻,怅望江南秋水增。恍惚人过风弄影,铿然梦去月悬灯。怎生挚爱教添泪,抵死温情解化冰。坐断长宵诗未竟,青丝忽讶雪来曾。"/"粉黛秋花日渐凋,此情何忍转身遥。千秋独白寥天月,万里相思沧海潮。手足缘修前世劫,诗文债欠百年劳。筝弦又断愁无绝,袅上双眉久不销。"/"流世光阴怅不禁,为谁此夕一沉吟?何求婉娩千千阕,相报芬芳岁岁心。四海声名推橡笔,廿年风月盛默林。伤怀惟是痴情者,读罢君诗痛失音。"/"秋风瑟瑟起愁端,触目芳华取次残。冀野而今名马老,蟾宫终古美人单。饮空酒窟因逢客,坐主书城可谢官。嚓呐一声惊座久,翻调锦瑟解来难。"/"长恐才高天要嫌,自来格律亦精严。一朝诗史名标右,百尺书城人面南。白眼情怀同阮籍,沧洲身世近陶潜。从今不许君言老,合掌相祈福寿兼。"/"年来恩意赋秋深,谁解中宵倚壁吟?风月虹桥当日梦,蒹葭白露此时心。诗成九祝仙椿永,雁到一声天籁沉。岁岁今朝须记着,清樽相劝更相斟。"/梅如是《乙未深秋为无名寿》:"乙未年光莫自怜,已将心事楚江边。尘嚣八面渐行远,静好一方惟惜缘。但有襟怀陈纸上,想无风雨落君前。生辰再把平安祝,知命何须更问天。"/梅心竹韵《金缕曲·贺无以为名生日》:"君岂无名耳。望申城、繁阴覆户,书香门第。少小即修尘外课,此慧谁人可比。终不负、来年春会。涨绿吟笺金缕促,料仙翁含笑云端里。思与共,桂华美。◎樽前莫忆前朝事。只须将、锦心交付,涌泉词笔。雅趣风情常小试,更有良宵堪倚。重九过、骍骝天赐。青女捧圆秋夜月,掬千江之水当醴醴。举大白,为君喜。"/贺兰吹雪《水龙吟·次稼轩韵贺无名兄寿两阕》:"闲来屈指吟坛,谁人真是高叉手。草堂初识,华亭订约,一逢如旧。明月当空,群星流野,人间仰首。想兰亭雅集,西昆酬唱,当年事、还记否。◎漫有光华射斗。喜今宵、彩灯初昼。转蓬生计,雕虫事业,乌飞兔走。罗马蛋糕,奈良红烛,兰陵美酒。倩小玉传杯,织女擎桃,为无名寿。"/"古今倚马奇才,吟坛第一雕龙手。红桥风景,白宫人物,桃符翻旧。六步构思,八叉酝酿,期年千首。算诗体新裁,风气重开,肩中担、卿知否。◎枕上乘槎访斗。梦醒时、月明如昼。凭栏俯视,茫茫大地,蚁奔蝶走。蜗角功名,纸间富贵,何如饮酒。愿君身康健,诗思敏捷,与南山寿。")

◎九章诗成,意犹未尽,赘补三首。

五十年将老,依然半俭贫。钓鳌徒负气,聚米漫劳神。今古争桑事,江湖跋浪人。不知东野外,能避几多尘。

五十年虚度,才非所用叹。牛刀擘笺易,螳斧斲轮难。赌墅娱于酒,调羹疗为肝。可怜人已老,何况每辛酸。

五十年经历,波澜不动心。红羊黄卷校,苍狗白头吟。福祸由天地,兴亡换古今。老投藏剑阁,一味入茶寻。

【丙申(2016年)五十一岁】四首

◎是年,自觉身体大不如前。眼昏、忘事、腕痛等,麻烦不断。

病蚀中年腕力微,钓鳌无术挟竿归。六朝烟雨柳如是,百劫风尘花若非。燕骨漫嗟金易贱,楚冠空拂獬偏肥。匣鸣灯帐书横揭,不读春秋读披闱。(腕痛)

已然憔悴问多余,纵是衣宽莫久嘘。肘后求方医病眼,心头割肉卖闲书。车稀燕巷双桥末,梦熟桃门四月初。自愧才庸弹铗倦,春风送我息茅庐。(眼昏)

酒阑珊处夜阑珊,灯火桥边屋靠滩。人老喂愁填饱易,事忘寻梦要医难。

蓼花零落红于泪，烟穗模糊薄似纨。开户欲醒风几许，奈何宿疾怯秋寒。（遗忘）

◎是年，始发福，自嘲已成油腻中年男也。

大腹便便五十余，奈何人物已非初。陪妻苦练流行曲，与子频争动漫书。降压药灵先戒酒，养生茶好少开车。闲来手玩檀珠亮，一触钱囊气顿虚。

【丁酉（2017年）五十二岁】九首

◎十月生辰，自寿九章。

已知天命更从容，万事无争一笑空。身处市桥灯火外，气屯丘壑雨烟中。支琴石勒沉浮史，相马经谈得失翁。小院兰花认禅友，与人参透世间风。

百年如寄一尘风，胜败荣枯转眼空。梦老春花秋月下，人迷海市蜃楼中。今朝有客当浮白，异地无家莫唾红。满腹牢骚删剩半，悔留其半害冬烘。

半生书剑共羁穷，一撮尘缨了断红。人立晓风残月下，梦回疏影暗香中。忘形最爱无聊事，带醉难为不倒翁。寂寞乡心湖海远，竹西佳处试雕虫。

是非成败本匆匆，半世为人一唾空。心倦虎丘花影下，梦回鸡塞雨声中。窃符安肯从侯计，射日无须仗羿弓。此去天涯勤惜羽，征尘尽处结群雄。

天涯沦落或相同，路问无名比醉翁。亦侠亦儒书剑外，能歌能哭性情中。狂来似雨阶敲破，雅去如风院守空。不信人间秋意好，还留一叶绿江东。

一江春水一程风，偏载深愁又向东。送目船潜山峡后，回头渡退雨烟中。潮痕是酒揩犹在，鲤影为书代亦同。漫忆何须频絮语，不归谁敢老成翁。

飕飕昨夜雨兼风，步屐晨郊望断虹。过往才情称稷下，近来身世问芦中。小鲜烹不干吾事，大道归能启众蒙。点检流年人半老，卖花声外卖油翁。

在乎山水爱天工，两袖归来友醉翁。得失情怀随物外，恩仇意气限杯中。春拈蓍草诗参谶，夜读鱼书屋济穷。淡泊生涯非绝俗，汲泉修栈笑称雄。

豁怀消受破愁风，自许抽刀漱墨翁。故纸斜堆三馆外，新硎薄发五音中。天留舌在平蛙怒，世废名无治蛊聋。小立窗前难袖手，山楼欲雨望江东。

【戊戌（2018年）五十三岁】二首

◎三月十八日（公历5月3日）母病入院，五月初八（公历6月21日）午时病逝于沪。某斋戒四十九日，日咏一律以祭，集成《仍为母子共来生》一卷。

◎六月犬子经面试正式入职。犬子生于癸酉七夕已时，自幼爱好动漫，擅长涂装，其作品极为精致。

蹒跚学步手相扶，岂料经年变迥殊。乃父如根亦如友，斯儿为种又为徒。淘沙自待风头浪，打铁何消室内炉。五味生涯一程远，要人行正莫萦纡。

此生无憾弄璋迟,香火绵延有所期。兼总百科虽逊父,专长一业不如儿。雏声渐亮家门幸,老气频舒福泽私。余暇待来多备酒,笑谈曾赖几招棋。

【己亥(2019年)五十四岁】二首

◎重阳日,追思双亲,百感交集。

登高怯追往,别后又重阳。鹤驾迷归路,蛩机织断肠。露随诗宛在,琴与梦俱亡。悔不趋庭对,何堪舐犊忙。

◎十月贱辰,得知己寄赠一百单八粒砗磲手串,裁句以谢。

不耐秋兰瘦镜台,一年容易夜徘徊。天遥绣阁鱼笺叠,月满雕窗麝炷栽。用点情怀从现在,留些念想为将来。砗磲百粒犹添八,消我余生病与灾。

【庚子(2020年)五十五岁】一四首

◎年初,儿入职未久,临危受命,参与社区执勤月余,疲惫不堪,为父心疼不已。

年方弱冠出茅庐,杜渐防微为疫除。客尽详询疑或漏,餐惟外买食无蔬。朝衣受雨纱蒙面,晚巷抽身步代车。累到未眠先梦呓,喃喃竟似背医书。

◎五月,儿又赴浦东机场值守。偶见其身穿防护服之小照,遂题诗以志。

少年英气仵眉棱,守土危关第一层。不负趋庭父之教,何劳掠阵子犹能。民忧在室将心比,国难分肩尽力承。虽是匹夫无大用,卒添微汗马前增。

◎十月生辰,自寿九章。

大道将东酒数巡,击壶声壮鹧鸪春。诗成尽署无名氏,意会惟留有识人。敛手河山刀未老,运斤堂庑胆犹真。落红如雨衣如雪,匹马孤舟万里身。

千金散尽性情真,浊世恩仇一窖尘。多少无非身外物,去来都是局中人。登楼得月三分好,拍案听书几则新。闲养不妨杯在手,管他深浅碧螺春。

庚子年过老此身,湖山退食不生嗔。虽叉覆雨翻云手,已是承蜩斫鲙人。垒块歌销三馆酒,觚棱梦剩五都尘。拂衣林下重调燮,气宇依然倍有神。

百年将半性情真,阅尽荣枯满鬓尘。天下已无奇女子,世间惟剩坏男人。抠衣幕府容长舌,退笔纱厨许洁身。囊薄幸能温又饱,苦茶甘酒免沉沦。

孤吟久废意沉沦,浊酒何能浣劫尘。路角楼头半残月,天涯岁末未归人。活盆文竹留于手,落枕灯花累及身。从此梦来无处寄,一杯冷漠管疏亲。

浅醉推杯率又真,斜扶壁影问前身。宁为白社蓬头客,不做红亭热眼人。风露一襟秋兑墨,雨烟双屐路逃尘。梧桐树外山南处,晚菊相陪酒更醇。

袖手江湖半退身,履冰歧路每逡巡。难防物议虚惊某,不读情诗反误人。

热泪危楼檐马响,冷肠良夜鹿门邻。萧然独抚囊中佩,已忘流年第几春。

一壶风月济清贫,大隐城隅罢斫轮。棐几书移山退远,篆炉香聚鹤来亲。问梅多属关心事,止酒终非负气人。摄养江东诗渐老,幸无酸垢积头巾。

铜琶牙板遣萧晨,草莽偏宜弃置身。求谱子亭衣受露,采歌丁部袖盈春。声声令滞销魂客,昔昔盐医抉目人。往事如烟弹指灭,天池洱海净无尘。(梅关雪贺诗:"无限风光亢悔楼,琴筝花月夜吴州。抛书捉笔成文曲,看剑回灯动斗牛。此夕婵娟千里共,今生块垒一杯休。佳辰更乞人题句,万叶横山赤不流。")

◎是年晋秩,口占三绝。

意气当年酒一卮,夺袍堂上不迟疑。心雄敢较书千卷,最绝无如咏剑诗。

倚门弹铗不胜愁,老去歌鱼两鬓秋。枉把锋芒都弄缺,恐无余勇战沧州。

开山幸有运斤风,不与龙蛇沉潏中。前路敉平留一处,老来容作种瓜翁。

【辛丑(2021年)五十六岁】九首

◎元旦开封归来,寄陆咏歌律师。

庭争舌战为纾忧,指点河图謇共游。半壁风云归上海,一生兄弟会中州。术精不屑贪蝇利,业广无忘跨国谋。吐握晨昏心博大,力匡正义聚清流。

◎正月初四打理母亲旧居,潸然泪下。

久无人住暗尘生,故宅重来扫未清。上线蛛能互联网,爬墙蚁敢自由行。书曾解闷堆于榻,酒已忘年剩在罂。往事几多浑是梦,潸然泪下恐言明。

◎二月廿三日(公历4月4日)清明扫墓。归而整理丁忧期祭诗,得三首附录。

一年容易又衔哀,别后何堪夏至来。梅雨欲黄坟上土,萱风仍绿梦中苔。佯提电话愁难告,每近家门怕独回。阒寂无边惟叹息,声声是泪夜相陪。(己亥)

天涯鹤驾去无踪,剩我人间怎适从。揩泪只因衣可受,分愁那管梦难容。故楼雨响丁宁夜,初夏窗听窸窣钟。忍不心酸偏痛骨,呻吟兀自又扪胸。(庚子)

死生乖隔已殊途,往事难忘梦却无。怜子睡迟唯恐扰,怨娘心狠不来呼。慈容一帧灯看瘦,故宅三年夜候孤。又是江南逢夏至,泪如梅雨仰天吁。(辛丑)

◎年末华东医院检查,血糖和尿酸均超标,日服药八种,感慨未老多病。

冷街灯濩落,梧雨滴阶音。膝卧猫醒醉,方抄药古今。年华一吴醙,况味几辽参。抱恙蜗居夜,闲难戏五禽。

一病难言勇,何堪髀肉生。编年髪间史,了账梦中名。世路无花果,尘氛不夜城。洒然汤药煮,将就苦茶评。

◎因抱恙,故谢绝邀酒。

偶因微恙免相邀,赚得清闲息药寮。骨气随秋仍硬竹,心情共雨或残蕉。寄檐不屑三千客,弄马惟宜廿四桥。淡泊生涯风味在,小吟何用玉人箫。

◎一百五十余平方米居室,积藏数千册书籍,几无容膝之地,奈无余钱改善,徒然一叹。

稻粱谋不易,何处可安居。天上封神榜,人间逐客书。售租房有价,病老力无余。两代勤劬久,依然窘似初。

【壬寅(2022年)五十七岁】九首

◎清明暂停祭扫斯夜忽有所梦。

路雨飕飕未准来,令行禁止独鸣哀。已经故事浮沤灭,曾在亲人合眼回。栩栩梦长春旧貌,幽幽灯冷夜今灰。可怜两隔犹关切,一世缘深痛九陔。

◎居家检测,习以为常遂口占一律。

蹲低掀罩半昂头,一队长河次第流。吞气敢来探虎口,吐声巧抑抵莺喉。硬竿碰壁沾些许,纤指凌空旋几周。间隔频频消杀毒,不教遗害免人忧。

◎小儿连续在单位工作两月半,思子心切遂成一律。

时延两月半还增,隔在同城见未能。国有大灾儿力及,家难后顾父肩承。危崖独立经霜木,快雪纷飞搏兔鹰。垢面蓬头长忍耐,一杯归饮话心疼。

◎居家四十余天,就茶读书,团购互助。

一春慵懒闭吾庐,睡起轻抛四库书。日影过砖软磨足,茶声出灶湿黏裾。行难户外携黄犬,坐可缸前访锦鱼。人似楚囚心在野,百无聊赖又何如。

徙薪岂可斥忧天,事到临头始一叹。雨活枯鱼供辙窘,窟逃狡兔守株难。捉襟幸有众援手,度日惟求群购团。门外疫氛虽恣肆,逆行人不解征鞍。

◎下半年自闭懒于交往偶作。

大雅难为大道沦,诗多败味厌声尘。素交东野无贤达,肉食南皮剩鄙人。袖手杖支墙可靠,枕肱窗隔雨相亲。萧然一屋书千卷,懒与攀谈秋与春。(颔联上句胎自刘峻《广绝交论》:"斯贤达之素交,历万古而一遇。"下句胎自《左传·庄公十年》:"肉食者鄙,未能远谋。"颈联上句出自《晋书·庾敳传》:"参东海王越太傅军事,转军咨祭酒。时越府多隽异,敳在其中,常自袖手。"下句出《论语·述而》:"子曰:饭疏食,饮水,曲肱而枕之,乐亦在其中矣。不义而富且贵,于我如浮云。")

◎岁杪忽病,来势凶猛,经查肺部略有感染,月半渐愈。

骤拆围堤半壁沦,几家辗转夜熬频。余瘟依旧殃诸国,此疾应非仅寡人。天缺良医谁掉舌,世无灵药病扛身。死生由命不由己,况属羁途一客尘。

　　左支右绌已三年,虽未清零亦未闲。逃世何堪经久后,中招只在刹那间。剧谈纸上言为戏,潦倒床头病似山。将信将疑且将就,遍搜神药渡难关。

　　岁尾年头疫势危,满城风紧怎逃之。异株分化流行处,同病相怜渡劫时。备有土方心放稳,抱无佛脚药求迟。缠绵七日扶床坐,庆幸春回合预期。

卷一八

（词一五三阕）

鹧鸪天·韵次幽兰静雅五〇阕

大喝平途为我开,群山俯首两边排。呼鹰事业销三恨,屠狗生涯赚七哀。◎徒用武,已忘怀。一鞭风雪就诗裁。联章叠句无穷尽,只是人前不咏来。

铁笔盘如护手钩,钓诗东野一隅愁。潮来勒战龙门鲤,日落寻归海市楼。◎歌未歇,事偏休。懒排残稿作方舟。横流只剩英雄泪,愧与红颜话虎头。

偌大河山每独行,剑箫何用壮豪情。龙湫滚雪鸦过险,雁塞流沙马陷惊。◎淹旧迹,剩余声。拂衣歌哭忆征程。天涯老树凋梧叶,一霎秋寒夜半生。

斫地长歌勇自殊,巉肩烧酒座中孤。雄心未许封千乘,浩气犹能养一壶。◎悬锈剑,掷奇书。夜听楼雨打黄芦。声声急似攒蹄到,欲跨无鞍缀铁珠。

敌手当年狭路逢,惺惺惜在不言中。麦城同掬英雄泪,葱岭齐争猛士风。◎歌寂寞,泪朦胧。问君何故竟无踪。一麾天下重征战,胜负如今早看空。

敌手如林狭路逢,半生争战气犹浓。负芒而勇无心异,执戟能诚不党同。◎伤历历,嫉重重。风波几度泪交融。怆然回首人垂老,牧野孤鸦落照中。

战雪高天铩羽时,独无鸿肯抱低枝。身何畏涉图南险,口不甘衔末路悲。◎寒影没,朔风驰。城楼一笛送行诗。云笺朵朵空裁尽,未抵人家血泪衣。

水一方遥久退寻,十三徽隔海潮音。荆台偶试垂纶手,钿匣空存吐哺心。◎弦执滞,夜深沉。大风歌罢不堪吟。英雄豹隐天涯老,却害何人泪满襟。

万里风尘一骑烟,老归东野意阑残。命分星座为天蝎,策演茅庐理匣弦。◎歌永夜,忆当年。金尊玉勒每昂然。险关疑阵浑无惧,捷报频劳雁羽翩。

老马犹嘶再战尘,郁孤台上赋雄文。一时人物虽星散,千古风流不逐云。◎听角鼓,备晨昏。布衣如甲亦威神。纵无余力重扛鼎,破阵依然慑敌魂。

老树凋秋病顿迟,归来解剑虎丘池。冷看鸡犬相争处,懒管风云再起时。◎红友约,白衣期。一壶心事有谁知。高檐不许铜铃扰,扼腕吴中竟已痴。

老注坛经去剑池,落花成阵笔横持。风吹古巷轻如点,雨散凉亭断尽丝。◎心痛定,悟嫌迟。晚钟声外不相思。江湖几页英雄气,曾为红颜化绮诗。

膝搁金刀拭以纱,坐门歌啸爱烟霞。山因我入名初显,世被人争路尽斜。◎三顿饭,半篱花。野猴来去自由他。几多尘事浑忘却,一屋西邻水一涯。

退迹江湖意渺绵,宝刀封匣结词缘。红巾拂管胭脂滑,白露凝珠咳唾圆。◎龙井石,虎跑泉。小茶吟共墨兰边。几多心语填箫谱,最忆当年月满天。

解甲扶筇过午桥，一身伤病气全消。江山是纸登楼赋，事业如尘逐絮飘。◎人已老，酒休邀。闭门趺坐静听潮。依稀半带秋风怒，害我无眠又整宵。

　　自解戎衣大悟前，恰逢风雪不缠绵。移盆案种皋兰雅，泼砚茶聆野水潺。◎能石揖，罢尘牵。小楼深院享清欢。闲哼北调南腔凑，了却心情夜已阑。

　　八米雄才路阻长，七星曾踏渐心凉。登楼未逐齐烟迸，入幕徒呵歙砚香。◎怀白璧，剩黄粱。一生无奈感苍茫。蹉跎事业残阳外，不与人言偎月堂。

　　愧负微名弄绛纱，一间精舍隐烟霞。大音希处清流聚，吾道东时古栈斜。◎调玉轸，茁灵芽。掀髯管领笔生花。英才几许能相伴，老慰孤怀遣有涯。

　　肘后无方疗恨多，一生慷慨渐销磨。风生石漠难鸣橹，酒溺云庵乃结萝。◎悲岁月，老山河。忍教椽笔画眉波。两行红泪诗巾皱，夜半谁赓击铗歌。

　　伏莽经年累豹姿，猎无余勇望南枝。瓜庐退老调鹦语，竹坞消闲理凤丝。◎人影独，带围移。四山烟雨每看痴。茫然兀坐窗前久，正是秋来未觉时。

　　不废江河几度春，冷看过卿弄潮频。一船争演齐竽曲，四野空销楚璧魂。◎声啧啧，叹纷纷。倚栊难盼浪淘新。飘然罢与中流合，独做鹅池洗耳人。

　　世故深微略洞明，去来潇洒性难更。肯骑闲鹤量天目，罢与狂葵判物情。◎循正道，度平生。心无暗昧自安宁。人间或有风和雨，不就飕飕一二声。

　　事已曾经莫赘言，一灯焚尽浣花笺。纵然灰冷随烟散，毕竟心诚趁火还。◎衣胜雪，雪如绵。独行人隐烂柯山。世间何物为棋局，劫到忘时月自圆。

　　落拓江湖悟已迟，不堪轻镊镜中丝。格桑花共身携帕，敕勒川望驿寄梅。◎人渐老，誓难移。板桥烟渡候相知。流年似水空长叹，九转柔肠贮小诗。

　　命也由天五十知，爱书从不作书痴。满楼风响闲听雨，一管毫长懒测池。◎多意会，少神驰。鸭炉焚尽鹧鸪词。春深小巷人深隐，倚几惟吟木客诗。

　　似泣如歌意未阑，呹毫叉手夜无眠。案头诗草消灯泪，窗外樱花颤雨弦。◎忘不易，舍犹难。几多春恨簇眉山。重重或比南墙厚，要隔人于梦会前。

　　拥鼻层楼四月天，豪情绮语每投缘。披襟不忌壶敲缺，枕腕无妨墨蹴圆。◎甘酒烈，薄缣妍。一帘风雨动心弦。西窗久倚灯摇曳，远眺山如佛睡莲。

　　燕湿乌衣下半空，落花庭院雨轻红。水拦村口留桥窄，寺扼山腰受雾浓。◎春寂默，眼溟蒙。赋闲人老倚墙东。一瓯茶煮诗潮响，淘去乾愁味不同。

　　硬语盘空赋暮春，故乡花落忽纷纷。屧声依约过廊远，山色萧然到眼昏。◎人绝迹，路残痕。几多心事又重温。一卮清酒诗哦老，最怕风来带暗尘。

锦句题笼护碧纱,一瓯清酒即生涯。西安塔侧槐望老,北固楼头雁去斜。
◎过雨巷,隐山家。赋闲人种墨如花。几多心事堆于夜,暗把封泥慢慢加。

散发披襟占酒楼,一坛诗烈半斤愁。引杯呼影从墙下,拍案推笺接雨流。
◎檐滴答,雀啁啾。似醒还醉梦悠悠。人间万事难如意,鼾卧何妨抱枕头。

拇战中宵客在庐,奋将余勇用殊途。唐花压阵杯犹满,徐榻观俘兴渐疏。
◎鸡叫曙,酒停呼。一身狼藉厌江湖。推门自去天涯远,不必留人道别书。

把盏低吟未许听,近来诗涩滞秋声。孤村有酒桥头访,冷径无人雨脚行。
◎留字壁,醉翁亭。萧萧落木散苍冥。茫然仰望鸿飞去,心事无边怎道明。

大漠黄云雁背秋,西风落照几多愁。数声羌笛枯杨偃,一路驼踪细砾留。
◎身倦矣,老归休。挂弓林下牧童牛。吟鞭懒举惟趺坐,七卷楞伽读白头。

野水横流各弃船,再无留恋不关天。一身风雨兰亭序,半壁诗书竹坞禅。
◎城北角,寺东边。呢喃燕语任陶然。低眉默数珠垂手,自笑忘情已几年。

野渚残矶水一方,秋风飒瑟夜苍茫。媵盈芍药随船远,岸偃兼葭受月凉。
◎心匪石,鬓如霜。望江楼上久彷徨。烟波万里人何在,落木声中别绪长。

负手东归雪满身,围炉旧阁性情真。十年心事分余味,满座梅花代一人。
◎倾薄酒,拂香尘。珠灯昨夜共温存。醒来太息浑如梦,对镜犹疑验枕痕。

独候江南夜所思,漫天风雪客迟迟。枕堆梅萼三更梦,心合灯花一剪词。
◎香胜茗,软于诗。几番回味有谁知。惘然重理囊中句,幸未糊涂错解之。

又抵年关四顾频,满城风雪近黄昏。楼呵瓦砚闲磨句,手蘸兰香久出神。
◎烟袅袅,意纷纷。一帘灯瘦暗销魂。天涯此刻同孤冷,也有凭栏某个人。

去日难留恨已迟,几多无奈且由之。水云楼上评完画,风雪途中赋及诗。
◎心陡变,事差池。前缘了尽未详知。人生一笔糊涂账,要算分明恐太痴。

薄雪如绒积屋楣,古松修竹掩郊扉。煎茶可养心除垢,弄笔难摹月皱眉。
◎人或倦,愿相违。世无知己叹龙媒。几多萧瑟诗俱废,一盏流年独忆谁。

独抱冬心蹭岁寒,梅花坞里雪初残。拥书虽占藏娇地,弄笛难留做梦天。
◎音已绝,泪犹潸。小山词外万重山。纵然鸿雁曾飞去,不料而今不肯还。

剪剪风轻一路寒,古城精舍雪销残。出头山被云腰斩,落脚人蒙客见怜。
◎情未了,叹无端。与谁重聚午茶烟。红炉慢煮皆心事,建盏窑光变旧欢。

恍若前生即有缘,灵犀一点梦相连。巡檐鸽证初三约,暖夜茶倾第二泉。
◎心志忑,话缠绵。离多聚少袖难牵。天涯海角人何在,锦瑟空翻五十弦。

记否江南一面缘,小桥流水杏花天。偶过茶榭曾闲坐,不料门帘忽错掀。◎杯慢续,兴将阑。满街黄叶已秋寒。临窗暗数人来往,最恨今非是去年。

　　邂逅金陵赠缂丝,个中心意可曾知。通经只为灵犀点,断纬皆因旅燕离。◎人去远,梦来稀。不难相忘却相思。落花如雪诗如酒,痛饮深宵最冷时。

　　纵是情多不狷狂,卖花声里忆红妆。借亭为伞曾亲近,擘雨成丝忽断长。◎春有脚,陌无桑。去来心痛怕思量。远桥依约船斜泊,渡却无人水莽茫。

　　若个人遥若个边,再无消息两憎怜。鸿沟弃笔嫌多事,雪窦移花怕冷妍。◎租木屋,隐壶天。狸奴伏膝意缠绵。手承银盏邀同饮,尚未能干醉在前。

　　水复山重一念牵,却难归好似当年。蒙尘镜裂虽留匣,退炭炉空不汲泉。◎茶冷矣,髪蟠然。解琴虚抚已无弦。徒歌只在心中唱,最动人时了孽缘。

　　了断风前幸未迟,一生何苦弄多姿。坠于尘刹宁埋骨,飘向天涯不恋篱。◎虽濩落,可皈依。相忘最好免相思。残红点点春如梦,小雨过庭夜涨池。
（落花）

【附】刘燕（幽兰静雅）《鹧鸪天》五○阕

篱下黄花次第开,高天雁字不成排。风来溪畔菊无色,霜满中庭木落哀。◎人已老,忆伤怀。甜酸苦辣自心裁。纵然再有闲词赋,昨日青春唤不来。

冷冷清宵月似钩,中庭高树挂轻愁。窗前碎影思行客,梦里残香拂小楼。◎情未了,念难休。五湖烟水寄扁舟。遥遥万里云山外,可有共依吟白头。

梦里江南载我行,一花一叶总关情。秋冬春夏岁流过,冷暖炎凉天不惊。◎云有影,水无声。苍茫何处是归程。萧萧烟雨长亭外,共个兰舟待月生。

流尽年光世已殊,伤心触物觉身孤。愁吟眉上皱千叠,离醉胸中酒一壶。◎依旧阁,伴残书。时时独饮闷葫芦。微醺可解相思否,落絮飞花洒泪珠。

绿柳红桃溪上逢,嫣然含笑夕阳中。清香阵阵浓浓酒,幽韵飘飘细细风。◎花绰约,水朦胧。寻词觅句踏芳踪。不知何事诗情去,草草无成望远空。

又是街头别后逢,茶寮小聚对愁浓。无言难向人前诉,百感皆知事后同。◎心寂寂,意重重。几回幽梦梦消融。黯然一去天涯远,各自沉吟顾念中。

已是更深夜静时,一轮明月上花枝。含颦不语深深叹,对镜难容黯黯悲。◎如梦里,又情驰。漫将别句入新诗。东风不解心头曲,独倚阑干未拂衣。

今个天涯好梦寻,高山流水觅知音。聊将杯酒消卿倦,不许芳颜动汝心。◎尘漠漠,夜沈沈。清词一阕付歌吟。玉山倾倒人犹笑,月满江南风满襟。

曲水岸边柳若烟,暮云煦煦日将残。心随短棹推轻浪,人对残霞调素弦。◎伤往事,叹流年。潮来潮去也悠然。有情尽付闲诗句,一任心潮纸上翩。

笔走丹青扫俗尘,时邀好友助题文。山间夕照情无限,霞接苍天变化云。◎庭月下,几黄昏。窗前花影费精神。无边风雨同船渡,足慰今生一画魂。

窗外蝉声已渐迟,几番秋雨涨秋池。老荷风里守残日,新桂枝头待发时。◎常念忆,似难期。寒寒暖暖两心知。东篱独秀斜阳下,一曲流连真个痴。

云掩红楼入小池,冰弦欲抚意矜持。边城叫雁今无影,曲柳吹绵昨有丝。◎风啸啸,月迟迟。天涯万里寄相思。千回百转人难寐,独对孤灯夜赋诗。

何处琴声透薄纱,几番缥缈入云霞。冰弦三弄钟期杳,浊酒千杯夕照斜。◎心底月,镜中花。真真幻幻任由他。朝来渡口流连处,沧海茫茫可有涯。

正是巴厘热浪绵,今生一见似前缘。风吹滩畔飞花乱,水漾礁丛落日圆。◎摇秀屿,捧灵泉。茫茫万里望无边。良辰美景难忘却,夜夜凭栏忆海天。

消息春来到石桥,玉阶残雪已全消。花枝偷折溪边立,柳带乘风水上飘。◎途迥远,意相邀。柔情万缕逐江潮。相思一叶轻舟泛,辗转难忘是那宵。

又忆对吟灯烛前,春风化雨思绵绵。小桥柳映桃花发,断岸舟横溪水潺。◎三月遇,一生牵。何时携手共清欢。世间多少浑如梦,赖有诗情唱夜阑。

一盏孤灯秋夜长,小楼风雨伴凄凉。雨催落叶疏疏下,风送残荷淡淡香。◎调绿绮,忆黄粱。远天归雁叫苍茫。来年腊去春回日,可有煌煌花满堂。

宿雨无声透细纱,朝阳播散满天霞。梅消残雪冰魂远,燕蹴春泥野径斜。◎开柳眼,绽芦芽。细桃乍现一丛花。于今乘兴邀诗侣,携手东风到海涯。

惆怅宁丁夜梦多,几番风雨渐消磨。可怜塞北无萱草,又念天南傍翠萝。◎思往昔,望江河。时时心海起微波。寒山烟树危桥下,落日徘徊送棹歌。

碧水盈盈泛柳姿,风来絮满小蛮枝。庭中静洒涓涓月,心底纷萦袅袅丝。◎魂梦远,意神移。相逢无语竟如痴。今临水榭君行处,怎忘当年携手时。

霜夜寒风未似春,敲窗瑟瑟响频频。帘声到枕竟无梦,烛影含花欲断魂。◎梅落寞,雪缤纷。茶樽独对几回新。抚琴弦伴沈香袅,一曲茫茫寄远人。

西窗挑灯剪不明,诗吟无味到三更。梅花与我傍凉月,玉雪携香避俗情。◎设樽酒,酌平生。萧然一室爱清宁。时时醉里流年度,几笔疏疏夜有声。

搁笔凝神却忘言,小窗宿雨湿红笺。诗魂一点随风逝,心债三生着梦还。◎人缱绻,夜缠绵。翩翩雁羽度关山。相思苦我柔肠断,吟废神思月不圆。

雨雪纷飞春意迟,山风柳扯万绦丝。江南袅袅杯中绿,眼底苍苍塞外梅。◎幽梦里,岁华移。情深情浅与君知。缘来已结同心愿,不为红尘只为诗。

骤起遐思谁与知,千丝万缕倚栏痴。一帘绿影凝兰苑,几度红残落月池。◎书未寄,意先驰。轻敲雁阵觅新词。春风沐我层层韵,梦到天涯幻作诗。

灯火昏昏夜正阑,银杯绿绮共无眠。芳心略兑楼中酒,玉指斜挑座上弦。◎三叠恨,万重难。关山之外又山山。何时化作南飞雁,一路寻秋越水前。

水岸长堤三月天,迢迢万里赴心缘。清风习习吟春早,晓梦悠悠待月圆。◎留瘦句,画清妍。与君阑夜较琴弦。今宵且把轻舟放,欲去灵河共采莲。

逝去韶华总是空,落花流水水流红。冰弦一曲天涯远,浊酒三杯暮色浓。◎风细细,野蒙蒙。清辉无语小楼东。溪边只影销魂外,对月心思谁与同?

柳绿桃红又一春,花飞花落雨纷纷。离魂已逐星辰远,别梦空随日月昏。◎来有限,去无痕。杯茶谁与话寒温。人生百味须尝尽,留得冰心不染尘。

乍暖还寒臂系纱,一春消息问天涯。梅溪立影空山静,雪窦留香连径斜。◎风进院,燕过家。卖花声里酒如花。低吟浅唱无人管,半盏诗情默默加。

澄澄秋光到小楼,冰丝漫理欲消愁。凉风吹叶轻轻过,碧水环城细细流。◎云霭霭,鸟啾啾。海天遥望路悠悠。南行雁字晴空远,携我同心天尽头。

三月杨花过我庐,扑衣缭乱向迷途。飘摇万里心难驻,断续孤鸿迹未疏。◎长自醉,少朋呼。悠悠魂梦寄江湖。时光荏苒如流去,夜对青灯一卷书。

疏雨滴檐默默听,轻风断续似离声。寄言行客莫相忘,我伴飞花独自行。◎望远浦,立长亭。无边烟水黯冥冥。扁舟一叶飘飘过,雾湿人衣晓月明。

谁道天凉好个秋,秋思片片钓人愁。十番风雨身经历,百种千端心底留。◎生有限,念无休。滔滔相望羡牵牛。鹧鸪一曲催人老,满目芦花摇上头。

几世修来共渡船,有缘莫叹奈何天。水中星月虽空幻,心底云霞无限禅。◎烟雨里,小堤边。红桃绿柳可依然。与君细说沧桑事,一别春风又一年。

水天苍苍各一方,暮云暗度向茫茫。横波美目迎春绿,拂体罗衣纳晚凉。◎横塞笛,点吴霜。漫天白浪意彷徨。相思怜我期尚有,昨日弦歌入梦长。

朵朵云霞拥护身,飞花蝶幻辨何真。相逢邀月长酣醉,不作倾城寂寞人。◎风雨里,避红尘。含情总是语温存。一枝独秀超然处,最爱兰心不著痕。

吹笛梅边月下思,嫣然未语落花迟。缠绵韵底千重意,寂寞风前一阕词。◎歌仲吕,赋新诗。曲高和寡慰相知,只缘流水环山绕,我有柔情未遣之。

遥望长空过雁频,已无消息又黄昏。听风未识落花意,对月方知负酒神。◎音渺渺,忆纷纷。且将旧曲慰痴魂。浮生夜半南柯梦,都是天涯落寞人。

雁字南天来已迟,无眠长夜欲何之。小桥流水待明月,落叶随风作小诗。◎曾邂逅,已差池。满腔心事有谁知。想来世上多情客,与我同怀难了痴。

风绿门庭过我楣,真言如水扣兰扉,烟霞似砚耕云地。笔墨沉香惹黛眉。◎心搁浅,梦相违。一宣淡淡谢花媒。今宵又赋多情曲,天上人间又为谁?

风卷珠帘生暮寒,征鸿叫得菊花残。一杯茶忆江南味,万木霜飞塞外天。◎秋瑟瑟,泪潸潸。心随雁阵越关山。轻呵冻手摩书案,诗债何时方可还。

细雨惊风入袖寒,纷纷落落惜花残。心随春老思无歇,情逐尘香谁与怜。◎收眼底,上眉端。不堪往事付云烟。蹉跎岁月吟边过,诗里寻尝欲尽欢。

几世修来翰墨缘,云窗书阁两流连。风轻夜静天边月,语净词清涧底泉。◎情眷眷,意绵绵。关山万里手相牵。纵然花落春归去,不再心头寂寞弦。

百事随缘即是缘,恰如阴雨复晴天。丹枫十万风中谢,白发三千镜里掀。◎灯欲尽,梦犹阑。海天飒飒夜风寒。月圆花好听何处,句句人生有限年。

梦杳懒梳烦恼丝,一腔愁绪有谁知？门前丛柳惊风乱,壁上孤桐恨久离。◎云气重,鸟声稀。残花飘落尽相思。尘缘未了春无奈,又是绵绵烟雨时。

邈邈艳阳春意狂,桃红柳绿弄梳妆。一川烟雨流年逝,几度浮云绕梦长。◎思往昔,感沧桑。朝花夕拾漫衡量。相逢未必曾相识,载入山河云水茫。

谁立盈盈一水边,惘然久久可堪怜。如眉弯月牵魂去,似锦夭桃入梦妍。◎杨柳岸,杏花天。双飞燕子语缠绵。关河独望凭栏处,聊寄心音到案前。

幽梦同谁一线牵,相思无意忆前年。多情墨润杯中酒,自在花飞心底泉。◎无憾事,自恬然。高山流水共鸣弦。休云尘世知音少,至谢诗书赠我缘。

欲寄鸿书终是迟,为谁平仄写清姿。桃林碧水流华岁,竹影青宣漫素篱。◎心淡淡,月依依。我怀烟雨遣相思。神魂入驻山巅里,云海行舟到墨池。

鹧鸪天 一〇〇阕

白眼朝天许自雄,薄名何幸冠江东。吹篪偶尔狂歌外,映剑时常浅醉中。◎千户巷,六朝宫。石城灯火映山红。无边寂寞凭栏望,落叶肩头不畏风。

恨不逢时乱世生,枕戈怀刃待东征。淘沙易聚群英会,裂土难连五霸盟。◎围海煮,钓鳌烹。射潮千里破倭城。牙旗漫卷樱花落,击缶歌吞尺八声。

奋以青筇作鲁戈,一麾南下任鸣珂。江山半壁涂鸦乱,草莽千年逐鹿多。◎功未赏,鬓先皤。解兵秋唱大风歌。书城百尺伴奔袭,用武居然战睡魔。

志在图南不可移,取而能代易城旗。兵藏北府潜龙处,将陷东窗缚虎时。◎曾赌墅,却修篱。退耕无奈最悲凄。鸦锄笠影残阳下,一亩江山独把持。

志敢拏云足自豪,此生多舛梦煎熬。攻书易克欣投斧,斫地难平愤淬刀。◎鹰铩羽,马肥槽。仰天长啸雨潇潇。孤灯半照谯楼上,倒检弓衣泪涌潮。

负手高歌唾缺壶,少年豪气出茅庐。封疆不羡三刀梦,伐国何劳半部书。◎龙战野,马嘶途。一身肝胆寸功无。戎衣暗解蓑衣换,独钓寒江獭祭鱼。

负手东来解甲鍪,满城风雨一身秋。弓桥倚马伴横槊,箭径追雕错射钩。◎人渐瘦,事难酬。拊膺无那梦如丘。销魂不集花间句,握髮还登八咏楼。

力不从心饭尚能,宝刀虽老气难平。呼鹰有幸巡葱岭,走马无方避麦城。◎笳角缺,帐旗腥。疗伤灯下理雕翎。悲歌一阕风云变,卷土重来又请缨。

斫地悲歌悔自雄,尽忠全孝两难中。封侯事业争如梦,易主江山困似笼。◎朝逐兔,暮藏弓。古来良将命相同。逃身莫住磻溪上,独钓花间号醉翁。

隘塞危城敢独攻,莫将成败定英雄。晋鸡啼曙窗争白,宛马驮秋汗出红。
◎天有道,世无公。劝舟回棹避江东。桃花坞里宜垂钓,细雨斜风笑醉翁。

枉向穷途轼怒蛙,匹夫无力怎抟沙。龙城久陷征飞将,燕垒初修剩落花。
◎刀偃月,酒流霞。一枚薪胆握如瓜。秋风脆响戎衣裂,点检创痕未结痂。

纵有雄图少霸才,尚期磨盾戍轮台。蹄声暗杂乡音去,雁影难还旧貌来。
◎心匪石,梦如霾。落红残照望夫崖。狼烟未灭家何在,细柳营中寄绮怀。

跣足科头北固楼,射潮无箭退江流。百年过半徒扪虱,一念当初误解牛。
◎人已老,梦如秋。匣鸣中夜弄吴钩。腥风到处难修月,窗割浮云补缺瓯。

一篑功亏解战袍,十年尘马倍辛劳。黄龙府外难违令,白虎堂中错献刀。
◎三鼓气,六军潮。誓旗横指下城壕。天教朽骨经霜白,满目凄凉野草高。

解甲林泉厌笔耕,戟衣频晒血难蒸。兵书盗匣掀髯获,酒阵投壶唾手成。
◎檐下露,帐中灯。抚琴听似鼓三声。江山缺处无秦鹿,纵有乌骓战不能。

射虎东窗箭暗磨,望湖亭畔起风波。贪功猛将全身少,受宠佳人薄命多。
◎三字罪,一言讹。阋墙无处止干戈。何如退种南山远,叫卖瓜田莫响锣。

九点齐烟满面尘,一囊书剑久随身。分金济世交荆侠,卖饼忧天学杞人。
◎鸡塞出,虎丘奔。匹夫投匦不沉沦。长风万里中流誓,击楫犹充踏白军。

道不相同不共河,弃舟官渡避风波。生难小试回春手,老尚孤吟正气歌。
◎林放鹤,寺潜鹅。庾尘虽大奈人何。幽诗数叠青襟撮,字字如珠记事多。

傲物矜才每不拘,一鸣天下出茅庐。聊陪末座嘲颠酒,幸拔头筹愧滥竽。
◎椽笔重,白眉枯。只今人老似黄珠。归来业海扬尘外,挂印方知六国无。

箭袖弓衣尺八箫,去来湖海忍清寥。何妨向壁鸣孤掌,怎肯逢人折半腰。
◎云断栈,雪埋桥。负诗驴背路迢迢。梅花自在山深处,欲识寒香不必邀。

与世相违每自嘲,不遭人妒忒萧寥。金针透穴宣豪气,铁笔撑肠助直腰。
◎廷折槛,路分镳。夜光杯底剩红醪。推松要去云间卧,大梦如烟隐鹿蕉。

笑踏鸿泥满畏途,倚门弹铗梦如初。松生着急虽嫌老,竹立从容不觉孤。
◎霜染鬓,药投炉。抱怀天下注兵书。西风漫卷凌云笔,落叶题秋字字枯。

铁铗空弹恨倚门,拊膺长啸蹙京尘。郊寒苜蓿风催马,水响兼葭月逐人。
◎心寂寞,事纷纭。一程秋又动吟魂。题襟巧借双声字,不到淋漓不与论。

泪洒沧洲掩面行,解刀何忍话生平。徒开绝路犹贪黑,枉补迷天不见青。
◎年半百,事为零。奈无余兴再争鸣。埋头独校兵书误,八阵图中马卧听。

逆旅天涯奋戟髯,试刀无路挂云帆。投书在水鱼逃北,聚米为山马放南。◎花一径,月三潭。玉笙吹彻酒沉酣。扶墙独解题桥句,领悟离骚最不堪。

敕勒川前牧马行,引弓何忍射孤鹰。乘云助羽三分白,踏草黏蹄一寸青。◎山跌宕,意纵横。野风吹面氅衣腥。胡笳数拍声声慢,最动人时莫涕零。

腹有诗书不足持,百年过半竟难为。邯郸梦与黄粱熟,敕勒歌随野草低。◎三凤尾,五羊皮。世无青眼许栖枝。投荒每在云深处,演易图中劫胜棋。

饭尚能多酒一壶,醉将金印换莼鲈。胸襟未必输豪杰,手段如何及老夫。◎矶懒钓,院勤锄。美人蕉下晒兵书。当年射石弓犹在,礼送邻家得子初。

映剑衔杯鬓已皤,拊膺长恨总蹉跎。江山北固登楼赋,岁月西安入幕歌。◎灯懒剔,砚闲磨。老听风雨落花多。声声断送秋无那,点检心灰剩几何。

镜镊霜髯罢拊膺,老投花县久埋名。天难补石期无缺,地可摊书校不平。◎檐马响,酒旗腥。与谁怀旧醉翁亭。江山万里曾连袂,一骑春风错踏青。

老未能闲又一麾,碧蹄声脆钓璜溪。抽竿作戟鱼门戍,解带为旗虎帐支。◎威尚剩,力犹疲。数茎华发续传奇。封侯事业非关我,射石天山趁意归。

老隐蓬门罢扫尘。科头跣足率情真。书多久砌墙围我,菊淡迟移院种人。◎衣带减,酒痕皴。为谁怅触又沉沦。无边寂寞黄昏后,一管骊歌点绛唇。

姓与名都莫较真,百年过半幸安身。深藏气度为闲客,妙解风情属可人。◎红豆馆,绿杨村。笑悬陈榻独关门。茶诗数盏炉中煮,淡定斋心拒受尘。

血性消磨乏又疲,百年将半竟无知。乘轩左道勤梳羽,伏枥东山懒奋蹄。◎梅雨瘦,豆灯饥。女墙残处不题诗。闲来管领花如海,个里红情满竹西。

记事珠如雨打篷,最难清点夜航中。鳞寻菊水疑过鲫,爪洗莲泥判去鸿。◎书簏满,宦囊空。几多无奈又无穷。沉吟不语萧然坐,四野秋生鬓角风。

一事无成又若何,此生潇洒任蹉跎。关情只为投缘久,作祟皆因得句多。◎杯未渡,剑休磨。赋闲林下懒锄禾。添香自有梅妻在,教子偏称鹤小哥。

画阁凌烟好卧游,命由天定不封侯。牙间吐凤难栖木,肚里撑船错学鸥。◎身尚健,鬓如秋。菜根香聚钓诗钩。闲将块垒充甘饵,自信无须再用谋。

表里陈情许上书,吏才无用即前鱼。羞分鹤料供茶灶,悔戴猴冠聚酒垆。◎船压石,岸还珠。一江春水洗鸦锄。归来学种瓜三亩,喜换幽诗半担余。

二十余年未解鞍,一身伤病七奔还。虚名浪得如鸡肋,况味难尝似马肝。◎蝴蝶谷,鹧鸪天。老填词隐小山间。归来只管江南忆,忆到江南又放颠。

不必留名害美人，白衣如雪去如云。传杯九牧倾豪气，舞篦三更起战尘。
◎歌敕勒，誓昆仑。一鞭东指古盘门。桃花坞外丘埋虎，独伴英雄拟檄文。

雨打蕉衣石径凉，一鞭投隐午桥庄。题门戏凤何须怒，铸剑屠龙不必忙。
◎晨抚髀，夜牵肠。最难消受是秋黄。闲来拇战东篱外，醉把花骸贮酒囊。

挂席江南悟未迟，小桥流水远山低。浇花事业扶苗正，卖炭生涯炼句奇。
◎牛背笛，井边篱。布衣桑屐雨声稀。闲来略酌春多少，五两风添一两诗。

抱膝东山友竹林，食无鱼处一竿寻。羊皮咨赎难归璧，马骨空堆妄费金。
◎天冷眼，烛寒心。鬓丝抽白续嵇琴。弦边绝唱何曾识，只恨人间不解音。

抱膝楼头拂庚尘，烛花为仆月为宾。心除百怪千奇梦，耳禁三言两语人。
◎琴缺匣，酒空樽。欲歌还哭最天真。题襟不必江郎笔，倒薤书成自有神。

竹杖芒鞋白袷闲，翠微深处度流年。陶庐采菊堪盈把，孔壁传经不缺篇。
◎三径窄，八砖宽。换鹅无扇结奇缘。相逢只恐难相别，短笛声声最可怜。

马骞蓝关雪变泥，冷风如刃铲犹迟。离鞍未忘行前嘱，拄杖难消别后疲。
◎人纵远，路虽迷。最长牵挂是情丝。天涯口占诗千首，怎抵囊中旧䙝衣。

逆旅平生话不堪，一瓯残茗涩如盐。尨屯歌哑难留北，趵突泉枯怎济南。
◎龙破壁，蝶投庵。绮诗删就许掀髯。红尘十丈休回顾，独把冬心仔细缄。

劫后江山草木零，杜门趺坐许推枰。消愁只合交红友，识趣何如学白丁。
◎心结结，鬓星星。一灯灰烬剩诗名。而今自处风波外，幸有危巢暂寄生。

濩落生涯两袖尘，木筝铜砚伴萍身。闲来叠韵嗤名士，老去留情累美人。
◎瓜摘蒂，菜尝根。浣花溪畔竹为邻。关门吮笔龙睛点，破壁休追日一轮。

独挟琴箫退碧城，米家山水任勤耕。闲云欲雨杯中渡，老树能花笔上生。
◎狮石阻，鸭炉蒸。念奴何日践前盟。扬尘梦里听沧海，一榻如舟竟夜横。

退养何须肘后方，馈诗为药幸先尝。芭蕉扇借消肝火，枸杞茶煎济目光。
◎三五首，百千行。不求工拙任雌黄。平生玩物无如此，只字教人拍案忙。

刻烛吟窗罢署名，有情偏要似无情。芭蕉枉受全身雨，芍药难医满鬓星。
◎人落拓，梦零丁。幔城深处忆西泠。山间一角吹残笛，不是知音不动听。

窄韵相赓逞楚才，八行将就慰羁怀。诗征雁队楼头去，墨点鸦兵夜尾来。
◎囊有镜，匣无钗。几回魂梦下章台。垂杨半折柔肠断，一路青青赋七哀。

带孔频移得句工，霸才扛鼎换诗筒。青衫昨夜烟桥露，皂帽今晨雨巷风。
◎天闭眼，地扪胸。半池秋水溺蛟龙。柔乡怎比沙场好，色字刀头枉逞雄。

掷笔兰亭酒一卮,那堪歌哭五云溪。才穷不济如人老,梦好难延似客稀。◎徒呕血,枉凝眉。此生辜负剩无题。残春几朵笺边落,点检风前尽是痴。

苦学丹青半月余,恨无师教乱翻书。皴成岸石呼人钓,晕就村烟谢客沽。◎宣纸折,弱毫扶。附庸风雅老来娱。天生满腹诗才剩,自借三分画墨猪。

半展茶旗嫩绿飘,满壶心事雨潇潇。春喧古井妨龙卧,石迸甘泉赖虎跑。◎花几矮,竹窗高。细听炉煮古今潮。冯唐已老扬舲去,一盏沧桑话六桥。

水调歌头酒满樽,五湖烟雨最销魂。心为谏果秋初剖,梦乃哀梨夜半分。◎青石巷,绿杨村。去来游屐验苔痕。幽风宛转人无赖,一字留题风上门。

老厌欢场酒一樽,结庐人境免留髡。空庭草定无情种,绝壁松生不俗根。◎烟雨聚,水云分。短篷孤笛两销魂。江南旧梦如蝴蝶,怕上心头又探春。

有幸无缘怎强求,一炉香茗话沧州。经秋叶不青于眼,为雪山能白到头。◎桥系马,水停鸥。往来人又上僧楼。蒲团坐破难禅定,向壁先赓四韵酬。

老返沧州了旧情,雪泥鸿爪抹难平。余生独悔迟而已,陌路重逢冷不丁。◎观疥壁,候旗亭。以诗为证互通名。当年一袭黄衫客,竟是如今杖锡僧。

丽水东南一屋求,买山惟爱此间幽。风推树影移些地,院进蝉声响个秋。◎人渐老,事方休。杜门悬榻写银钩。临碑习帖浑无意,只管抄经送野鸥。

蹑屩休来泽畔吟,漏窗松影下墙阴。疑针是剑伤于手,恨水成冰冷到心。◎连史纸,断纹琴。写经弦外悟雷音。人生一梦浑如土,作践燕台市骨金。

访戴人归不姓王,卧游偏爱白云乡。山撑越界拦天姥,地缩黔疆问夜郎。◎鸦翅月,马蹄霜。一程诗赘八行长。秋来意兴阑珊处,剩有灯红比稻香。

古镇春晴好豫游,薄衫轻履下樊楼。花甜逗蝶先张口,柳密妨莺偶探头。◎桥折远,径通幽。寺因灵隐半山收。逢僧借问碑何在,饭后钟催妙句留。

误入桃源探路斜,避秦山里有人家。千丁聚族延三世,二酉传书试八叉。◎柯已烂,梦还赊。问庐休为故侯瓜。西窗剪烛风兼雨,要起龙蛇共酒茶。

劫后秦灰满石渠,匹夫无胆尽为奴。文华殿上肥书蠹,笔架山中活墨猪。◎真莫辨,俗能娱。舌功争美在歧途。人心散比沙难聚,醉死甘埋秘戏图。

蛊毒危邦祸万家,苦无公道戒昏邪。诸天洗劫驱人魃,寸土留焦载帝杷。◎虽苟活,不雄夸。一枚肝胆伴胡笳。兴亡尽在悲歌里,独对铜驼送暮鸦。

钵外春秋付梦婆,老归山寺诵伽陀。魔肠绕路禅关窄,佛手通天法雨多。◎灯草刘,木珠摩。最难杯渡劫中波。拈花一笑鹅先悟,跳出红尘自放歌。

少小疏狂老更颠,寄书桃下寄红颜。词兼北宋南唐味,笔误朝秦暮楚缘。
◎三径展,六桥船。梦无痕验似茶烟。秋来一盏忘情水,冷落江枫叶叶残。

尺五情天隔断崖,奈何长调慢词裁。心疑字在云中灭,梦想人从雾里来。
◎真若见,怨还猜。是谁迟到不应该。寒香自古惟争雪,始占春先一树开。

老柳依稀认未真,树犹如此怎堪人。根离故土心难活,叶下高秋梦易皴。
◎吴巷雨,灞桥尘。策驴行处剩吟痕。奚囊九叠声声慢,纵是无情合断魂。

落叶题襟满幅秋,断红无那趁江流。双螺盏托鱼传意,独木桥拦马负愁。
◎书暧昧,梦绸缪。几时归橹最轻柔。西窗剪烛怜风露,点检单衣怨不休。

眼为何人久看青,一泓春水若无情。东流不载愁同去,后续偏浮梦独行。
◎渔火淡,晚歌停。系舟谁与话生平。曾经采荇瓜洲渡,忘约归来赠佩缨。

最是情多累个侬,那堪春老宋墙东。藤因互错难分绿,豆为相思耐嚼红。
◎缘未了,梦成空。一辞容易失萍踪。巴山楚水云深处,可有猿啼送箬篷。

孑立空阶叹此身,几经沧海几扬尘。缘如玉缺非关命,诺比金廉又负人。
◎弦易断,酒难温。葬花无那葬诗魂。天教半亩相思地,只起心头一尺坟。

聚散无常楚佩留,杜鹃声歇一鞭投。梨花院落初三月,橘子洲头十二楼。
◎题扇箑,弄筚篌。懒残天末为谁愁。枯肠似剑炉中炼,百折千回绕指柔。

紫竹林西燕子楼,有诗无酒亦无求。珠帘倒卷风随入,黛瓦斜倾雨任留。
◎心介石,梦浮沤。聚欢离恨不同俦。从来嫩约难相信,一扇桃花一榻秋。

寂寞生涯未足奇,雨轩相候有谁知。频惊梦泽朝沽酒,屡破书城夜获诗。
◎人渐老,路犹迷。抚襟长恨是当时。桃花扇上双蝴蝶,一下江东一滞西。

一别人如远去鸿,雪泥痕爪辨无踪。山因断脉难连上,水为消愁不向东。
◎书积箧,酒盈筒。倚阑花下夜朦胧。今宵玉笛听三叠,叠叠江南忆个侬。

小院无人候未归,半遮珂伞向门偎。梧桐左右听秋响,孔雀东南带雨飞。
◎心志忑,梦依稀。去年何处画蛾眉。如今妙笔随身健,却恐难逢在绣闺。

小院深深别墨娥,苦无纨扇字题多。花黏袖角亲如妹,石蹭裙边蠢若哥。
◎愁宛转,泪婆娑。忍将筝柱绕丝萝。声声慢处听犹断,一夕秋凉雨打荷。

冷径谁来探未逢,一春消息有无中。宜梅最是关山雪,助笛还须野水风。
◎香隐约,月朦胧。白衣人去剩鸿踪。茫然拾得吴笺短,半页天书半页空。

未敢相思未敢忘,倚楼无赵笛吹凉。星残看替谁垂泪,雁瘦听陪我断肠。
◎南浦竹,北城杨。几番春绿与秋黄。闲来细数归期误,恨掷回文又一筐。

对酒花间月半明,一衾红粉一身腥。难分只为频回味,易老都因太动情。
◎心事乱,笔痕零。那年留错掌中名。而今夜夜呼非我,却害何人不忍听。
　　两地书多尽是诗,个中滋味恐人知。卿还未见安能老,我总无眠注定痴。
◎青玉案,白縑衣。落花时节雨声稀。长街一角楼台上,让与尘蛛暗织丝。
　　恨不相逢未嫁成,定情诗里定来生。心头化蝶追无梦,鬓角堆鸦避有灯。
◎金诺许,玉笺赓。浣花溪窄似红绳。长牵一路兰舟至,只认刘郎是阿兄。
　　少不知情老大回,浣纱声里雨霏霏。齐腰竹马寻何处,约臂金鸾瘦为谁。
◎愁似墨,梦如灰。欲言还止夜衔杯。人生自古多无奈,一醉诗留烛下煨。
　　梦里销魂忆水乡。长相忆处忆尤长。横波已溺投梭女,野渡曾逢拾佩郎。
◎萍梗散,酒衣凉。一船渔火一竿霜。归来廿四桥边问,谁教吹箫教断肠。
　　欸乃声声杏雨红,蓦山溪上蓦然逢。盟交蜀帕鸥双宿,酒载吴船蚁独钟。
◎桥断后,水长东。一灯诗草睡如绒。推窗最恼谁多事,梦被啼残榻又空。
　　未及通名半面初,惘然分手各歧途。桥边芍药开还谢,槛外芭蕉卷又舒。
◎风拂尽,雨听无。最难重下莫愁湖。兰桡倚断春何在,野渡依稀认鹧鸪。
　　手织青巾四尺长,唾绒灯下怨檀郎。秋高怎可夸身健,地远尤须警露凉。
◎针补角,线抽行。几多心事寄西塘。今生纵不能相守,也要围他共梦乡。
　　往事如烟一缕青,撮唇吹处烛灰腥。天寒莫放梅归谷,雪好偏堆月到庭。
◎醒梦续,绮怀惊。与谁相誓却无凭。徒留绝句虽盈箧,误读春来第几声。
　　往事如烟画不能,为谁留白髮鬅鬙。传书鸽少疑迷路,殉火蛾多悔放灯。
◎缘可了,错难更。市桥风露立来僧。袈裟一袭花纷落,暗纳残秋入古筝。
　　往事翻如一卷书,尾无悬念似当初。连行不信人分错,断句惟愁梦折孤。
◎灯影淡,泪痕疏。笔花难落亦难枯。沉吟子夜梅安在,采朵清幽作墨珠。
　　一念当时误断然,一生从此不堪言。秋黄北苑茶摊冷,露白西楼笔架残。
◎龙烛短,茧衣单。海棠花下共谁眠。余香吝与人分享,一缕初心一缕牵。
　　自诩多情反薄情,了无心处也留情。红楼未断红尘梦,紫陌空埋紫玉情。
◎遗佩债,寄书情。为谁拖欠一生情。相知最恐长相忆,刻烛西厢枉用情。
　　欲语还休泪有痕,鹧鸪声里路难奔。瓢收弱水辞鸳侣,石筑愁城害马军。
◎情未了,梦重温。一生行处写回文。何时再寄枫桥夜,要让吴侬读断魂。
　　百阕频啼是鹧鸪,杏花天冷雨稀疏。因承一诺才飞牒,为誓三生始奉书。
◎情剩有,梦赓无。小山词苦字模糊。留谁夜夜凭栏读,第八行中悔弄珠。

数百赓酬未忍删,蜀笺湖笔记尘寰。愁中月减三分瘦,劫后风消五两寒。◎生死诺,古今缘。鹧鸪啼破奈何天。春来访剑延津上,可有横波涨此间。

【附】何映梅(梅如是)《韵次无名鹧鸪天》一〇〇阕

偶有闲情一览雄,男儿特立在江东。诗醇似酒分庭上,名响如雷贯耳中。◎新乐府,旧离宫。阑干十二漫题红。才高自古狂歌处,戏马台前拜下风。

乱世文章应运生,梁州匹马叹孤征。路连边草仍为旅,身作黄沙已背盟。◎蚕自煮,梦难烹。寸心抽茧缚寒城。谁家尺八西风外,万里长歌水隔声。

弃甲中宵未止戈,江山入梦厌朝珂。至今逐鹿幽人少,从古埋名杰士多。◎心欲老,鬓添皤。夜深雅奏缺壶歌。风波定处成何事,四屋藏书倍着魔。

砥柱中流岂可移,图南路近拜星旗。鲲鹏振翅怀归日,云海扶摇去国时。◎携菊酒,卧东篱。晚来拊缶共空凄。江山吟罢秋风起,一派宫商不自持。

出语多奇已俊豪,孤灯照夜却煎熬。联珠未失拿云手,游刃犹余切玉刀。◎携彩笔,拨檀槽。沈楼飞雨听潇潇。漫题红叶三千曲,不到钱塘也弄潮。

痛饮何须击玉壶,莫如人境结茅庐。放舟江左听渔唱,醉卧山南避诏书。◎回老马,忆穷途。少年豪气一愁无。论功勿用朱衣列,自解三刀校鲁鱼。

江外扬鞭不解鞿,西风倚马意横秋。新诗拔萃能投笔,老气盘空敢射钩。◎君叠唱,我当酬。狂歌一曲已知丘。感怀须用沧浪句,八咏楼前正上楼。

鸿志殚心抱不能,杜郎才笔调清平。仕途多舛循归道,情路无绝唱渭城。◎容豹隐,挟龙腥。去随琴鹤更梳翎。扬州自古逃名地,十里春风暗解缨。

剑舞花间醉亦雄,江山独钓酒杯中。溪船叶叶逃名利,蝶梦翩翩出俗笼。◎朝射虎,夜雕弓。春衣秋菊赏心同。向来功业难千古,失马须知属塞翁。

千仞书山岂易攻,敢将飞笔傲群雄。无涯诗思雕龙隽,有秩文心剪烛红。◎违众望,笑诸公。一朝埋剑楚江东。扁舟万顷沧浪水,且向烟波作钓翁。

坐马无宁坐井蛙,河山眼底正淘沙。穷途昨梦难为恨,薪胆今尝不是花。◎朝饮露,暮餐霞。胡涂流水好浮瓜。丈夫何必真豪杰,剑贮金瓯忘嗜痂。

未话雄图已异才,卧龙曾咏柏梁台。麒麟共叹从天至,琬琰相看自古来。◎诗落笔,句除霾。西风绝唱越云崖。山河夕照兰烟里,绮梦如熏入壮怀。

何限沧波北固楼,文章千古竞风流。唾壶壮气冲霄汉,舞剑虹光射斗牛。◎吴地窄,楚天秋。江山不赋月如钩。美人情重翻新曲,长使英雄忆击瓯。

笔落诗成敢夺袍,功名至此懒尘劳。叶间题字休持斧,石上敲吟许捉刀。◎留汉佩,待秋潮。鱼笺遣寄护城壕。才多何忍将身累,不入时宜只自高。

志在林泉许返耕,归鞍汗血已霞蒸。五更钟鼓听无厌,一亩诗田看有成。◎三尺剑,十年灯。此时身退动风声。避秦人欠江山债,驻马邀功未所能。

身后功名不琢磨,瓜田坐啸远风波。解鞍函谷当时近,饮马龙溪此后多。◎金甲卸,宝刀讹。菊花黄处静干戈。佳人有约南山下,射虎邀卿一打锣。

云海苍茫渺劫尘,齐烟九点自忘身。弃鞍何止双全法,击楫犹堪独立人。◎如凤戢,似雷奔。中流转道厌沉沦。莫辞诗国存书剑,竹马重来建一军。

弃马江东不渡河,伏龙难与世同波。林泉隐去挑灯立,竹寺吟余拔剑歌。◎闲弄墨,醉呼鹅。衡门题凤又如何。青衫往事嚣尘外,一角湖山走笔多。

乘兴东来本不拘,青云跌宕起茅庐。咏怀自信谐音律,报国何烦听滥竽。◎论曲直,问荣枯。蛟宫直入探骊珠。功成投老篱门闭,红叶黄花未可无。

归路饶歌待凤箫,寒香在袖夜寥寥。人逢俊客堪思咏,士遇梅花肯折腰。◎云外月,驿边桥。雪藏幽径望迢迢。去来诗箧三千卷,行尽深山与见邀。

放浪湖山自解嘲,人情转看倍无聊。云边日月须贪梦,世外乾坤可屈腰。◎难驻足,易扬镳。西风自可共秋醪。吴鸿一去无行迹,宦辙真同鹿覆蕉。

弹铗归来悔仕途,壮心惆怅不如初。雅风敲竹蛩声早,鸿笔挑灯对影孤。◎星易落,梦当炉。云中雁足已无书。人随宦海浮沉定,剑气沉江秋水枯。

饮恨何堪倚一门,不应弹铗为京尘。马嘶颍水悲歌士,月逐湖山击筑人。◎宁失志,厌纷纭。人从寂寞纵诗魂。正逢秋径黄花满,醉倒淋漓幸可论。

风雨相催莫夜行,穷通似梦意能平。路迷驹隙连天黑,刀解牛山举眼青。◎时落拓,久飘零。向来孤兴最难鸣。百年心事浑无奈,泪洒沧洲试一听。

剑折锋芒断鬓髯,五湖开浪举归帆。鱼沉秋水知何处,马识家山在楚南。◎寻竹径,避龙潭。犹禁薄酒半醺酣。寒花自落风难扫,拾起遗香七不堪。

牧马谁堪向北行,难随羽猎得霜鹰。胡笳落泪千秋恨,塞草连天万古青。◎经坎坷,见纵横。关云带雨挟龙腥。野风征雁还须去,琴剑东来不拾零。

诗寄烟波好共持,丹青在手任施为。吟成雪唱梅花白,画出云山日月低。◎寻北郭,访南皮。犹思凤鸟宿鸾枝。无端梦向邯郸道,一枕鳌图自赌棋。

何独花边醉几壶,千金沽酒便思鲈。天生慷慨旧家子,心有是非真丈夫。◎谋在野,带经锄。追游翰墨不中书。闲来试剑南山石,犹记弯弓饮羽初。

搔首西风鬓欲皤,朱颜易老易蹉跎。韶华无限红楼梦,花月有余长恨歌。◎千万事,尽消磨。浮生空白转添多。未知今夜秋声里,剩有心灰是奈何。

独领春风已伏膺,一生诗胆早知名。补天余石投闲去,修月开秋卧海平。◎鞿马铃,过龙腥。江山今在赏心亭。壶中天地留人醉,踏曲林衣叶叶青。

老亦何妨赴指麾,天山勒马望磻溪。谋臣北向云千叠,射石东来箭一支。◎无所畏,也知疲。谈兵虎帐阵尤奇。功成不说封侯事,数亩诗田尽可归。

雨过黄昏不洗尘,无边寂寞辨还真。酒痕未醒菊边梦,衣带已宽花下人。◎凝露重,履霜皴。一杯秋思伴沉沦。离襟满袖萧然意,冷落西风忍点唇。

世事百年看渐真,幸无嚣垢染微身。习家风月能藏拙,野客襟怀自解人。◎桃叶渡,杏花村。踏青时节亦题门。去年庭榭应犹在,问宿闲门好避尘。

伏枥频年已力疲,半生缘在幸相知。投林谁共销尘迹,逐鹿唯君息马蹄。◎鸿鹄倦,凤凰饥。疏钟促韵急寻诗。眼前十里寒花径,便拟携香度竹西。

心事如何类转篷,此时相问惘然中。一蓑烟雨寻鸥鹭,八尺兰舟逐雪鸿。◎湖海梦,未曾空。青山云水望难穷。遥看秋色依然好,三径黄花不待风。

踏雪探梅知几何,五湖来往竟蹉跎。逢君恨晚非关远,伴我情长不觉多。◎人未老,梦重磨。孤山脚下好栽禾。溪边月底曾相待,自识逋仙是阿哥。

台阁丹青作卧游,百年今换几公侯。人如知命观题凤,生亦由天逐狎鸥。◎山一色,事千秋。乾坤梦里好沈钩。月窗高枕江声远,造物难量贵善谋。

读破豳风七月书,诗田三亩岂求鱼。闲行蝶径题新句,偶着青衣访旧庐。◎云合璧,水连珠。花明春事又开锄。买山犹记南山酒,归去来兮思有余。

弹铗公门久驻鞍,马疲何日病身还。功名末路张诗胆,情义归途软铁肝。◎朝暮雨,暖寒天。酒添幽绪在花间。江之南岸离愁起,人在心头梦也颠。

自恨英雄累美人,无名心事入浮云。纵横笔阵非长策,浩荡诗情绝软尘。◎金镞箭,玉昆仑。一杯相属扣青门。满天白露衣如雪,醉向莲花听贝文。

石径西风一味凉,青衫仕隐卧云庄。屠龙野水卿相和,饮菊陶篱己不忙。◎将梦笔,解诗肠。楚乡秋晚任花黄。苔阶莫扫留题处,满山红叶拾入囊。

流水生涯不厌迟,一帆江阔觉天低。八行书落尤知味,五两风来总出奇。◎凭海鹤,破樊篱。扫开三径见人稀。种花忙处春如在,更去津桥百咏诗。

无意东山赋上林,相如称病老侵寻。求凰一曲人如凤,绝唱三终韵似金。◎鞭在手,梦萦心。秋风倚马佐鸣琴。竹西佳处歌吹缓,最不能忘候玉音。

雄笔纵横绝后尘,春风一马傲王宾。曾为西子湖边客,犹是江郎梦里人。◎溪百转,酒千樽。吴山铸剑忆来真。云间看取挥毫处,七彩如虹迸出神。

归去逢秋好赋闲,陶家采菊记当年。一时携酒过三径,七步赓诗到几篇。◎襟韵合,地天宽。溪山已结此生缘。花边短笛应相醉,五柳门前岂不怜。

万里横戈扫雪泥,蓝关此去不妨迟。一鞭鞍马身虽远,千首情诗意未疲。◎人有约,路难迷。相思婉转逐游丝。心期莫道天涯隔,回首风尘识故衣。

古调今悲两不堪,遗音一曲似牵盐。高山流水犹分北,狭路风花但指南。◎谁作伴,结茅庵。虎跑泉畔数松髯。难相知处难相语,欲诉心期口自缄。

书剑还家一涕零,江山几换看楸枰。风烟吹野寒将至,草木摇霜冷不丁。◎迷望眼,白秋星。应知劫后更忘名。青灯自叹心灰尽,半局残棋任死生。

破壁辰光散作尘,龙睛点出健吟身。留情本自宜才子,叠韵何妨夺锦人。◎传妙笔,结灵根。闭门梅竹幸相邻。风来两袖寒香满,坐待云窗玉一轮。

何事秋心到碧城,情田一亩怅难耕。屏前风雨伤今日,笔下诗书痛此生。◎酬唱罢,泪相蒸。怕于苔网独寻盟。念奴楼上离声咽,漠漠愁烟肆意横。

应是养情真有方,正须红药待君尝。拈花煮酒软心性,摘叶煎茶磨岁光。◎千百味,四三行。佩囊诗草间苍黄。书香一剂还堪玩,七字似刀裁割忙。

剪烛三更不可名,西窗于我总关情。离怀惜别同吟醉,诗鬓经秋共染星。◎怜只影,叹零丁。来年心事更清泠。孤山此夜芭蕉雨,一曲知音两处听。

梦窄情多困俊才,诗称八斗总关怀。志从天末拏云去,爱到秋深寄雁来。◎三叠曲,一枝钗。镜中人在凤凰台。珠玑灿灿谁相照,七步吟成莫可哀。

扛鼎江东见化工,珠玑满斗倒诗筒。笔端元有千钧力,袖底还添五两风。◎凭骏骨,拓心胸。弹冠意气欲屠龙。此时怀抱催行色,渡水云西独逞雄。

且遣清愁入酒卮,未须追梦到耶溪。云笺在手湖山阔,醉墨点襟心事稀。◎抬望眼,记扬眉。知君才笔可留题。几多风雨几多泪,花落何妨笑蝶痴。

自顾诗才剩有余,丹青复读十年书。村烟点画犹堪访,水墨濡毫未可沽。◎风有态,笔能扶。夜描花鸟足相娱。兴来拈起勾云笔,染就东山犬与猪。

夜雨江湖几度飘,风窗听竹更潇潇。分茶心事缘琴引,过隙光阴在虎跑。◎泉影落,碧云高。水流今古泛诗潮。一壶幽绿销春昼,沧海扬舲已断桥。

合向五湖倾一樽,豳风起浪动诗魂。去来烟雨皆如洗,长短离亭总不分。◎桃叶渡,荻花村。潇潇江上冷秋痕。当时水调谁家唱,今夜扁舟入蜀门。

合向溪山傍酒樽,何须访戴始留髡。梦因愁重才生草,情为痴迷不断根。◎香一缕,月三分。舟行此际自销魂。探梅犹恐花期晚,已误江南第几春。

未必缘悭不可求,含情每欲往沧州。秋期已是蒙青眼,魂梦犹堪许白头。◎无偈语,有盟鸥。牵吟雪月水边楼。一身形影逢僧处,欲问兰因自献酬。

莫向当年悔薄情,诗痕足可慰生平。雪留鸿爪曾游地,苔印梅碑旧识丁。◎残碣事,半山亭。重逢此日怳难名。流连故往沧州路,一袭黄衫寂似僧。

心有溪山不必求,树摇灯影一方幽。荼縻花了才经夏,贝叶风来又探秋。◎方欲语,却还休。衡门坐见月如钩。半窗光景清如水,便可携诗共入鸥。

泽畔秋深事莫吟,题诗不在此松阴。水涯行尽翻为恨,针石穿空懒问心。◎钟子耳,伯牙琴。悟来弦绝是知音。于今马死无遗骨,未见燕台再筑金。

江路行吟识竹王,直须平步五云乡。兴来访戴思佳客,棹去寻诗住夜郎。◎风弄月,志怀霜。溪山着眼意何长。卧游深处南图在,占断灯花一卷香。

好在溪山结胜游,问碑灵隐宿东楼。春风千点落衣上,粉蝶一双来眼头。◎张柳密,梦花幽。石桥莺韵句中收。疏钟催暝逢僧处,每有诗情共逗留。

溪口梅花傍水斜,竹枝歌里欲归家。笛声依约成三弄,诗手从教似八叉。◎人易醉,酒先赊。许将遗佩报投瓜。明朝若共西窗下,一剪寒香以代茶。

胸臆别藏临石渠,难投意气与书奴。避逃秦火羞屠狗,遨步儒林且牧猪。◎人独乐,影相娱。尚须金马访前途。生逢劫后应无恙,醉梦归来另有图。

事说兴亡擅一家,民生在念贵无邪。能将梦笔收吟箧,敢捉诗刀剖帝豝。◎名不屑,口难夸。铜驼落日动悲笳。此时肝胆何刚烈,拒送乾坤万点鸦。

大梦何须问梦婆,醒时花雨自磨陀。禅关一宿乾坤渺,诗酒三杯渡客多。◎参佛法,诵那摩。红尘俯首定风波。归山不计春秋事,游目凭高咏以歌。

意马心猿梦自颠,不妨朝暮俱开颜。六桥都是相逢地,三径何多未了缘。◎陈巷客,米家船。行看秋水落云烟。半江枫冷诗中画,只有浮舟一叶残。

怨我无须独望崖,清词已是用心裁。吴笺未见前尘灭,蜀水空流倒影来。◎人若见,事难猜。梦魂畏客恐应该。情天一树花如雾,却向春风化不开。

此去经年记不真,何堪树亦老如人。灞桥怨别新条改,红药题诗故叶皱。◎虽有梦,已成尘。情埋宿雨岸留痕。记曾来处吟怀绕,剩有溪声慰断魂。

十阕商声一夜秋,盟言宛在水中流。江湖纷落离人泪,鱼鸟相忘独客愁。◎方寂寞,转绸缪。吴舟系岸梦温柔。最牵情处西窗晓,风露侵衣怨可休。

只为个人双眼青,行舟不解记多情。水连渔火还应远,梦宿春江久未行。◎南浦晚,暮云停。一泓寒碧竟难平。当时夜话知何限,月上前汀思濯缨。

亦写多情寄阿侬,巴山楚水隔西东。晚窗诗就三分绿,夜雨灯残一剪红。◎人未见,梦连空。后期同访武陵踪。心头莫问当年事,信有溪藤系断篷。

对冢休伤病里身,北风吹恨乱前尘。难堪宿诺深无语,未了尘缘苦杀人。◎碑见在,泪余温。知君淳孝醉吟魂。酒成觞咏交冬至,莫向心田自起坟。

楚佩曾为楚客留,楚江江水望悠悠。有情人隔三千里,无赖风吹十二楼。◎迷楚梦,忆箜篌。楚天天阔总成愁。长歌一曲谁能续,百结回肠寸寸柔。

可是香残燕子楼,春风已向梦中求。帘边梅影尊前碎,竹外桃花扇底留。◎双痛饮,一浮沤。今番嫩约更谁俦。当时聚散回头看,写尽鸾笺半世秋。

蝴蝶前身入梦奇,惜花心事恰相知。花间起舞惟耽酒,梦里狂歌自咏诗。◎虽寂寞,亦沉迷。一尊浓睡晚凉时。醉魂应逐春风去,飞过西洲更向西。

起向楼头听断鸿,青山别后守孤踪。一声长笛三更后,几点寒星五岭东。◎封锦字,寄诗筒。夜深微有月朦胧。蜀笺书得江南曲,往事寻思忆阿侬。

五里徘徊未忍归,双双孔雀向人偎。秋生河汉连天雨,院落梧桐满地飞。◎门巷冷,信音稀。一支才笔暂开眉。昔年欢笑应如梦,心事老来犹在闺。

小录秋声记墨娥,旧题诗处字犹多。蓬门空对常无客,尘箧满盈惟有哥。◎风淡荡,树婆娑。半生踪迹隐烟萝。轩窗昨夜耽吟久,凉雨三更起听荷。

谁探花回念再逢,白衣犹在梦魂中。落梅声里春回雪,横笛影边香度风。◎人寂寞,眼朦胧。惊鸿无处不留踪。情长但恨吴笺短,迢递雁书来半空。

情到两难难两忘,凭栏两望两凄凉。笛声何处吹成雨,竹泪风前滴断肠。◎楼上景,岸边杨。恍然如见旧衣黄。流年词话千千阕,雁字南来恨满筐。

夜冷青灯事不明,一窗疏月粉花腥。那年诗味行将淡,今日吟怀别有情。◎思往昔,记清零。几多心意已无名。虽成绮语三千句,寄予幽人枉动听。

情寄云端合咏诗,书凭雁字两相知。不来宁让君难老,未忘元知我更痴。◎今日意,昔时衣。个中应有梦依稀。心期如在楼头约,只许檐蛛生网丝。

独守寒窗七字成,情诗一卷遣今生。春风未嫁心随蝶,绮梦难圆影对灯。◎声共倚,韵同赓。浣花溪水细如绳。小姑居处人来少,盼系兰舟只阿兄。

竹马犹堪追一回,小来风月袅霏霏。既然约臂何妨问,到底铭心属与谁。◎情未老,兴难灰。生怜长大又倾杯。诗寻旧梦人吟醉,自酌青梅向烛煨。

相忆江南困梦乡,横波千里与愁长。觉来楚馆思神女,别后青衫叹沈郎。◎风送雨,雨生凉。梧桐听彻已秋霜。此时谁在天涯望,一管箫声两断肠。

杏雨朝来望眼红,可能云水有相逢。挑残灯火人何待,看尽烛花情所钟。◎幽梦里,断桥东。绣窗风影幻如绒。蕫山溪句难为和,料得吴船酒已空。

残梦依稀四月初,兰桡去后两迷途。断桥花雨春难驻,歧路风波绪不舒。◎三叠了,一言无。深盟字字落西湖。不相忆处还相忘,各自销魂听鹧鸪。

手理乱丝愁渐长,恨将绒线系萧郎。万端幽绪青灯冷,一寸秋怀白露凉。◎情断笔,怨成行。病魂飞不过寒塘。指间空绕千千结,何限伤心困梦乡。

一盏寒灯郁郁青,素衣今夜染花腥。梅香漠漠临深院,雪色轻轻落小庭。◎诗绪乱,梦魂惊。情笺开处算难凭。离觞短阕谁藏箧,但有琴风怕倚声。

奉和君词我不能,凉生朝雨发鬅鬙。新书昨寄市桥影,往事今迷歧路灯。◎风绕袖,露知更。青衫除却恐秋僧。欲言还止难相问,旧曲曲缘谁未断筝。

百阅鹧鸪过眼书,知君我已不如初。天机识破情宜独,尘念消停意更孤。◎诗笔倦,唱酬疏。罢题风月与荣枯。江湖秋水烟波阔,惟有老梅难弄珠。

相误今生不偶然,须知一念是常言。已开青眼情难辨,未见尘心梦易残。◎诗思远,夜魂单。笔头风月奈无眠。烛花频剪三更后,作茧自缠何事牵。

莫是于她未了情,一生情债又生情。寄书天远添长卷,遗佩年深薄旧情。◎曾失爱,或留情。多情何事道无情。难为她处难相忆,缘我缘她怕问情。

弱水谁分几泪痕,瓢倾幽恨阻同奔。一生怀抱难为别,千骑行尘不赴军。◎人未去,梦犹温。马头歧路寄回文。鹧鸪啼处花如旧,已冷梅香正返魂。

九九天长远鹧鸪,惟将一诺系情疏。何多世事难援笔,只有梅花伴读书。◎残夜尽,半诗无。隔窗风雨两模糊。八行音信三千里,雁过云中恐散珠。

检点酬章无一删,鹧鸪词里叹尘寰。独留青眼犹搜句,老向孤山但忍寒。◎朝暮雨,去来缘。深心反复已由天。古今惟有悲欢事,契诺转头离合间。

鹧鸪天 三阕

万里浮云过眼轻,攀条处有路纵横。箫吹桥上人何在,酒渳溪边话几曾。◎秋月缺,水痕腥。只今街剩树如灯。梧桐瘦到无眠夜,纵有西风不忍凭。

小雪初晴二月春,一枝梅好最销魂。溪边拥鼻哼平调,石上支琴验断纹。

◎香似篆,梦如尘。几番涕泪拭无痕。披襟抱膝空山下,剩不商音动路人。

雪没平桥故迹寻,寺钟依约转商音。千年渡候三更月,两岸梅揪五瓣心。
◎风凛冽,意深沉。皂裘轻拥夜赓吟。无边往事浑如韵,步到神伤泪湿襟。

卷一九

（词二四九阕）

忆江南·江南怀古 一三阕

江南忆，野史或曾经。三祖石龙归禹穴，八公山鹤出华亭。茶话一灯青。

江南忆，半壁护乾坤。南渡马嘶文正气，后庭歌断岳英魂。残照六桥春。

江南忆，剩水又残山。十里荷花堪立马，三秋桂子欲投鞭。难得久偏安。

江南忆，夕照旧平芜。城破竟然齐解甲，国亡何以独沉湖。歌断后庭初。

江南忆，一剑淬光寒。州领越疆虽十四，幕藏吴客竟三千。花醉满堂前。

江南忆，膝上弄青娥。折屐非因棋赌胜，射潮偏让弩连多。千载烂无柯。

江南忆，兵火越雷池。鞭碎楚尸无葬处，抉空胥目有开时。忠孝莫能移。

江南忆，烽火几兴亡。抉目吴门潮罢射，眠薪越馆胆休尝。歌舞战雷塘。

江南忆，霸业若无痕。衢室卧薪攻木渎，瓮城藏甲护盘门。兵火祭亡魂。

江南忆，草莽荡胸襟。胯辱休争如一粟，饭恩终报必千金。名刻古碑林。

江南忆，往事溯成因。风可借东添五两，石难匡北贡千斤。无意指迷津。

江南忆，才子不堪评。楼梦鹤携终薄幸，井词莺序太多情。杯浅换浮名。

江南忆，牧笛晚吹还。乌镇酒家唐面目，锦溪香冢宋衣冠。牛背杏花闲。

忆江南·江南寄兴 七阕

江南忆，侧帽踏槐花。湖不瘦西潭映月，楼能固北酒流霞。豪放手横叉。

江南忆，立马板桥西。风下虎丘扬竹剑，雨倾龙井浣茶旗。叉手赋奇诗。

江南忆，书剑任昂扬。贝叶经参甘露寺，桃花扇绘远香堂。名士美人双。

江南忆，侠骨更柔肠。深巷落花衣卷瘦，断桥残雪剑吹凉。歌哭下苏杭。

江南忆，拥鼻背灯青。虎跳溪刚秋一叶，鸡鸣寺已雨三更。无句壁留名。

江南忆，拾屐下邘桥。鹭立烟波勤击楫，鸦栖暮树暗听潮。豪气不曾消。

江南忆，回首议平生。满座风流诗助酒，一襟潇洒弟当兄。沧海任纵横。

忆江南·江南古镇 八阕

江南忆，古镇最迷离。屋为通河才竖架，桥因对路乃斜移。船进院门低。

江南忆，古镇最流连。楼巷酒旗千顷浪，市桥星火六朝船。烟雨鹧鸪天。

江南忆，此地最销魂。龙尾砚留桃叶渡，马头墙隔杏花村。春水涨篙痕。

江南忆，四顾叹临歧。鹦鹉洲前桃叶脆，鹧鸪天外杏花稀。弦断竹枝词。

江南忆，老屋傍耶溪。坡为缓舒添草毯，路因长裸换苔衣。游子梦如泥。
江南忆，微雨燕双飞。河面不宽桥九折，路腰过细屋三围。遥唤踏青归。
江南忆，梦里独凭栏。村划井形容巷接，水行之字让桥连。家在竹林边。
江南忆，风定燕来稀。雨脚停檐玲绊响，井心通海石拦低。空巷转迷离。

忆江南·江南水乡 九阕

江南忆，碧水涨高秋。移屋作船难卸梦，断桥为桨总拖愁。从此枉凝眸。
江南忆，流水小桥低。伞打青花斜杏雨，手招红帕隐桃溪。相唤莫嫌迟。
江南忆，深巷几人家。水上灯浮红雨淡，岸边船系绿杨斜。丝竹续春茶。
江南忆，碧玉小人家。船采嫩菱湖试镜，岸分微雨伞旋花。心事乱如麻。
江南忆，枕水一方多。船可侧过桥似洞，轿须横渡巷为河。无处不烟波。
江南忆，懒钓下渔矶。苔占古桥春脚滑，柳拦低岸水声稀。何异隐桃溪。
江南忆，退隐梦沉酣。明月二分亏越水，熏风五两补吴帆。渔唱湿林岚。
江南忆，欸乃櫂歌催。三泖荷风张可久，一川梅雨贺方回。鱼艓避山隈。
江南忆，鱼米满舱多。日贩湖光归巷陌，风赊酒气下堤坡。扶醉柳婆娑。

忆江南·江南园林 五阕

江南忆，园小爱闲游。缩地移天须巧借，裁溪凿谷莫多留。真趣在通幽。
江南忆，谁与坐同轩。三十六鸳鸯馆外，曼陀罗十八花间。为政拙归园。
江南忆，十二绝峰多。宜快雪时消块垒，恰杭亭处少风波。留醉伴烟萝。
江南忆，近水抱山凉。摩石壁间吟丽藻，濯缨亭外采沧浪。微雨绿池杨。
江南忆，豫老小园中。三穗点春延阁雨，万花开径借湖风。斜倚玉玲珑。

忆江南·江南传奇 一一阕

江南忆，烟雨淡青灯。楼不粉妆欢喜佛，寺皆灵隐懒残僧。钟打夜潮生。
江南忆，天堑筑情关。蝴蝶梦中宁共穴，牡丹亭外不游园。生死叹无缘。
江南忆，鬓雪印游踪。檐马响春奔雨巷，塔蛇消暑上雷峰。扶醉笑秋翁。
江南忆，青眼向天开。塔立无情蛇镇住，峰飞有意鸟驮来。风景不妨猜。
江南忆，驿路响檐铃。流放庾愁先借水，寄存王序偶归亭。萍迹印西泠。
江南忆，细雨湿炉烟。斗鸭栏围鱼化石，碧螺春注虎跑泉。楼外访楼船。

江南忆，二十四桥分。雷打笋尖先破土，雪封梅萼晚开春。相候弄箫人。
江南忆，醉卧旧楼台。山养慧根无念去，水资情种莫愁来。风月胜秦淮。
江南忆，不系石如舟。桥被雪埋疑断尾，月因潭映恐低头。梅下笛斜愁。
江南忆，载酒钓诗船。堤饯白苏牵柳坐，渡逢郊岛倚松眠。春暖碧云天。
江南忆，绝壁栈桥排。金铸寺山无水漫，雪封觞窦有僧来。鹅换晋书怀。

忆江南·江南旅梦一一阕

江南忆，烛点鬓鸦红。山隐寺深寒打夜，客眠舟小响听钟。霜降梦边松。
江南忆，一梦不堪猜。何处雨深花落去，几时人约燕归来。独坐拂琴台。
江南忆，雨巷爱重游。鞋底抹平过路影，伞尖钩破擦肩秋。徒把旧痕留。
江南忆，小巷薄纱灯。风解麝膰香满夜，雨停鸳瓦悄无声。何故梦难成。
江南忆，草偃晓风腥。瓜架立鸡啼夜白，豆棚牵马踏郊青。相约醉翁亭。
江南忆，残月晓风凉。柳弱能扶青到岸，酒多难劝白浮廊。无力解柔肠。
江南忆，相约板桥西。雀躲林梢听水调，日移亭角蘸花溪。春意倍痴迷。
江南忆，落叶满空阶。廊月半钩疑响屐，路尘双璧恐萦怀。愁向酒中埋。
江南忆，雨霁远郊晴。燕羽重来乌巷窄，菱花略拂镜湖平。蕉鹿不堪鸣。
江南忆，物是却人非。青玉案留鱼钥印，紫罗囊剩麝笺灰。何处有家归。
江南忆，蒋径匿修名。山恐立孤梅养老，水疑回暖鸭浮轻。心与白云平。

忆江南·江南情话二一阕

江南忆，紫陌验香尘。油壁载苏车小小，板桥拦郑梦真真。相唤玉堂春。
江南忆，缺月最难全。花港有鱼追梦久，蝶丘无剑证情坚。厮守后生缘。
江南忆，闲话善和坊。何幸一颦邻效丑，不期三笑客偷香。金尽合欢床。
江南忆，懒几净嚣尘。撕扇本非投束女，补裘原是浣纱人。何故目微瞋。
江南忆，柳巷雨如珠。红豆馆凭青玉案，碧螺春注紫砂壶。诗寄可人无。
江南忆，灯影并人斜。错染胭脂衣换镯，误听名姓扇描花。徒让梦生芽。
江南忆，针短绣丝长。并烛台供红芍药，对襟衣叠紫鸳鸯。多少女儿香。
江南忆，邂逅浣纱溪。梦若湖丝偏易断，情如窖酒总难辞。长恨错当时。
江南忆，秋水似秋波。窥子下船羞掷果，念奴当户恐投梭。知否用情多。
江南忆，湖上采莲歌。怯见渔郎伴弄桨，恐教鸳眼乍横波。羞到两腮酡。

江南忆,软语嘱鹦哥。岸叶追舟邀越女,烟花退渚访曹娥。空候半山坡。
江南忆,吴语软如棉。晚径鹦哥招独宠,午亭风信杂幺弦。心字半连环。
江南忆,薄袂拭春容。扫雪旗亭风曳帚,司花箭径月张弓。眉蹙两青峰。
江南忆,下指试雷琴。燕锁吴楼啼软语,鳞潜越坞寄真心。烟雨一帘深。
江南忆,亭坐在湖心。花已碰头留月扇,梦先焦尾送雷琴。知己最知音。
江南忆,拄颊罢低吟。蝉鬓不禁秋受雨,燕钗难忍夜穿心。梅坞怨焚琴。
江南忆,脉脉独心伤。蚕引屎丝连断藕,蝶传花粉济枯杨。相遇在横塘。
江南忆,镜阁悄无声。花谢以前休盼雨,夜来之后乃思灯。心系卷帘绳。
江南忆,执手下谯楼。酒里青梅难止渴,桥边红药不医愁。肠断白苹洲。
江南忆,梦断艳阳天。梅恐煮青难解渴,柳嫌攀绿易生寒。人下木兰船。
江南忆,留梦不留痕。鹅换席边斑竹扇,句题桥上石榴裙。知否我何人。

忆江南·江南美食 九阕

江南忆,莼菜煮鲈羹。半世飘零俱梦老,一船流放共潮生。难舍是秋成。
江南忆,料峭晓风疏。燕蹴云泥埋剑笋,鹭巡春水捉刀鱼。三月客姑苏。
江南忆,天雨好留髡。豆带茴香浮酒蚁,桃含水蜜饷河豚。沉醉绿杨村。
江南忆,幸在水乡居。豆腐羹调三泖蚌,花雕酒佐四腮鲈。深巷醉休扶。
江南忆,美食羡天堂。鲍肺汤浇莼菜滑,螺头肉沁韭花香。休管蟹无肠。
江南忆,蟹粉小笼香。葱爆鳝糊犹种绿,蛋蒸虾米不添黄。陈酿腻如浆。
江南忆,野店藕丝风。奥灶面翻鱼肚白,酱缸油染鸭头红。炉火暖瓷盅。
江南忆,风味半沉迷。爽口糟蛏宜夏粥,生津醋蛤利秋脾。闲话古桥西。
江南忆,得月小红楼。芡实糕题苽苴梦,芝麻酱做海棠秋。帘卷一灯愁。

忆江南·江南文化 六阕

江南忆,天宝物华丰。良渚有琮虽朴素,太湖无石不玲珑。闲话馆娃宫。
江南忆,长笛一声秋。茶配越瓷清友伴,帕裁苏绣艳词留。楼外倚岑楼。
江南忆,何处教吹箫。名士若风轻扇坠,女儿如酒暖花雕。潇洒古枫桥。
江南忆,雅俗不相同。天种美人金屋外,地耕才子竹林中。红袖读书风。
江南忆,窄袖短裙斜。绵若黄弹能击絮,布由丁纺竟飞花。砧杵水之涯。
江南忆,断狱屈难伸。西席笔如刀宰肉,右军书似鬼通神。檐下不由人。

忆江南 一二阕

休相忆，相忆不如忘。词里鹧鸪声断续，笔尖蝴蝶翅衡量。无力趁春光。

休相忘，相忘共江湖。红伞绿烟归隐约，白衣黄石访模糊。山坐一方孤。

休相望，相望水之涯。独任伊人歌白露，徒由逐客走黄沙。千里泪如花。

休相爱，相爱未曾亲。千里拒为承诺者，一生求错绝情人。无那屡消魂。

休相诺，相诺莫能多。只字如糕频咀嚼，千金若饼渐消磨。秋瘦本无歌。

休相问，相问枉凝眸。歧路探梅何用折，要津追月那堪留。人下木兰舟。

休相见，相见悔当初。梅坞啜香春试早，鹤林扶影夜陪孤。知己去来无。

休相许，相许本无期。秋老肯容双眼盼，海枯难得一瓢知。天意各东西。

休相怨，相怨与谁言。梦瘦春腰裙角折，情荒字眼笔痕弯。萧史竟藏山。

休相待，相待或因谁。风露昨宵疑物是，水云今日叹人非。怅触又暌违。

终相别，相别不曾逢。日久难将生面改，言多易被冷茶冲。从此若他侬。

终相弃，相弃了恩仇。与伍方知皆不屑，离群始信本无由。何必去苛求。

浣溪沙·七字位移格 七阕

乍与言欢却又分，雨催油壁去无尘。可怜秋已乱心神。◎卿乃一方过路客，某非千古绝情人。只因缘浅梦难真。

廿四桥边不系舟，二分明月最温柔。那时人约作盟鸥。◎虽某酒醒难入梦，为卿心痛不关秋。落花深处枉淹留。

驿路相逢对面猜，半生沦落似花骸。冷风零雨下江淮。◎诗尾某无名可署，案头卿有泪难揩。一笺秋薄不堪裁。

落叶秋黄子夜歌，小楼横笛泪婆娑。此生谁与共蹉跎。◎知己是卿宁可少，爱人如某不曾多。已经沧海又风波。

又是倾情一路追，数声残笛雁南飞。宝钗楼上剩诗堆。◎天不玉成卿怎奈，事虽金断某犹为。几多心意怎生推。

聚散天涯酒一壶，赌诗亭咏坠楼珠。八行将就梦偏无。◎回首再望非某也，擦肩而去是卿乎。两难相忘话江湖。

漠漠红尘幸识荆，一秋浓处瘦伶仃。有心难道怎分明。◎天下可人惟剩某，世间尤物不如卿。为谁吹笛在柯亭。

浣溪沙·寄妮子二五阕

茗坞琴台未了缘,几多歌哭本茫然。去来人意两难间。◎衣度雨凉分岔路,袖笼香远落花天。一江春水不回澜。

故地楼高认亦真,十年相别两销魂。再难回首梦如尘。◎草木今秋伤感物,星辰昨夜立看人。不堪风露薄衣皴。

八载听筝第六楼,商音宛转断于秋。从今不敢为人愁。◎海隔东西无渡苇,梦延朝暮剩浮沤。来生再作上京游。

冷落空楼雨半晴,八年春事付瑶筝。旧痕新绪总无名。◎花被去人看未败,燕于来日认还生。风铃响处泪盈盈。

桊几茶烟散又凝,天涯露白叶黄仍。一方人已验分明。◎藏有旧衣防认错,用非新表恐无凭。欲言还止只心疼。

大醉当初记未全,陌归时节紫罗兰。二三蝴蝶一啼鹃。◎因我怎生愁似海,为谁何以鬓如斑。相逢最怕负红颜。

往事尘封箧剩书,戏言成谶恨当初。与谁忘却在江湖。◎秋雨送愁杯续满,夜风推梦榻迎无。不眠人对一灯孤。

白露兼葭水一方,与谁彤管话忧伤。可怜今又倍秋凉。◎指共墨磨灯觉痛,口含茶漱梦销香。夜来消息怕深长。

玉盏红茶各一方,人间况味本无常。不经意处泪迷茫。◎雨慢秋声阶滴脆,树低风力叶凋凉。夜来心事与谁商。

物是人非大醉醒,再无风月偶抄经。墨痕如夜就孤灯。◎梅悟镜花终向佛,萍浮孽海未随僧。各将今世践前生。

十四年诗或数千,竟无些许动人篇。只因情未涉悲欢。◎长别每期桃渡梦,偶逢才信鹊桥缘。可怜心事向谁言。

烛影摇红左右斜,锦鳞难裹梦如纱。于无奈处墨涂鸦。◎茶苦夜煎罗汉果,庭深雨打美人花。八行心事付琵琶。

最恨模糊了不清,话留知己却难明。几多烦恼几曾经。◎心软怎能怜小玉,泪沉偏又破坚冰。奈何生就太多情。

席上留诗不署名,旗亭赌唱酒痕腥。人生最恨是飘零。◎秋入五言生傲气,花争一眼赚痴情。再难相聚泪盈盈。

冷雨潇潇客水西,一支烟写一行诗。旧痕新迹判云泥。◎横玉倒吹湘竹老,瘦金斜衬宋书奇。为谁伤感为谁痴。

一卷回文酒一尊,低吟浅唱又沉沦。十年离散暗销魂。◎白鹭洲边桃叶渡,红莲寺外杏花村。吴烟楚雨了无痕。

错为情多嘱短笺,可怜无处寄长篇。那些浓墨逊珠圆。◎香阁榻遮黄曼帛,琐窗盆种紫罗兰。不眠人恐雨潸然。

剪断虽难理更难,乱麻成结又成团。一生无奈怕心烦。◎曾约我偏忙到底,未逢谁敢老于先。各随天意各随缘。

锦瑟何须五十弦,骊歌断续雨缠绵。惘然相约莫潸然。◎木带横枝拦路近,花生倒刺袭人先。两行残辙验当年。

纵是天生易动情,此心终为一人倾。莫愁湖上莫愁行。◎秋水望穿鱼志忑,古楼封锁燕零丁。蓼花红处悼浮萍。

心事已灰灯已残,四更风雨渐生寒。落花何必怨相瞒。◎送别诗如秋略涩,忘情泪比酒微酸。再回头处独凭栏。

冷意如刀万念灰,几番歌哭几番痴。最难回首浣纱溪。◎留客梦中非为酒,画人图上岂关诗。五更风雪一墙梅。

本就无辜似中邪,罪凭三字妄相加。是非难辩独长嗟。◎伤我到心能少点,害谁成病莫多些。怨来愁去各天涯。

信为前生赎罪迟,用情今已不堪支。将离未别总迷离。◎三岔路斜花散尽,四周春熟梦来稀。枉凝眉外且由之。

久别无书每不堪,御沟红叶免深谈。奇缘幸运两难兼。◎蝴蝶泉茶宜可梦,琉璃瓦雨响丫檐。人间绝唱一瓯添。

浣溪沙 七○阕

百八砗磲数未停,欠谁多少匣中情。南天北斗夜双城。◎秋立有风悲木落,信催无雁候鸡鸣。第三桥下约三生。

夜半铃催画半成,与谁先睹许忘情。一冬风雪两楼灯。◎山水擦肩终有憾,鹤梅分路竟无声。而今笔墨不堪评。

自署无名不必知,箫声剑气落花诗。与谁歌哭酒楼西。◎命里频遭群小妒,世间难得美人随。五湖风雨去来兮。(述怀)

不唱阳关不念家，半生蓬转向天涯。星星鬓外雪莲花。◎落日驼峰秋大漠，断鸿楼角夜残笳。酒囊探处梦流沙。(述怀)

海北天南画外音，羽毛空惜恨无林。葡萄酒外默如金。◎和雨慢倾皆世味，比秋先冷是人心。一杯难测浅还深。(述怀)

袖手天涯气未颓，几多萍迹验城隈。十年人事与心违。◎下野鸿抟泥即雪，过关月认友如梅。一程书剑夜光杯。(述怀)

独爱萧闲罢咏怀，海藏身小等浮埃。轻衫短帽斫新柴。◎风满鹤洲花半落，袖扬槐陌雨初来。竹枝歌动古琴台。(述怀)

肘后无方疗不平，金刀断席各劳生。怒蛙喧蚁一嗤轻。◎填井眼波徒泄愤，扫尘心气必修诚。风云以外共飞鹏。(述怀)

峡气萧森水向东，倚楼无笛侧如峰。后来人到叹飘蓬。◎鹭上高天涂点白，枫凋大野褪些红。一秋兴起杜诗中。(峡江)

坐钓江边独倚桡，流年起伏恰如潮。白芦红蓼半藏礁。◎网破频筛鱼漏众，水争先觉岸移高。几多清浊暗沙淘。(峡江)

绕屋溪如玉带长，雀罗门外菊篱旁。坐闲人就午茶香。◎水续流言端盏稳，泥生定力塑壶方。秋来一味倍苍凉。(乡村)

背靠青山面对溪，远村空巷燕来稀。倚门人或老垂垂。◎花雨济春茶树活，薜衣分露鳜鱼肥。回乡致富恰逢时。(乡村)

石砌砖栏井满盈，春泥带湿懒勤耕。日移深院落花轻。◎梧影薄摊供客席，篱纹密织漏泉声。索居闲爱午茶烹。(乡村)

掬墨拈花九曲廊，虫声断续动枯肠。别裁春事涩如浆。◎岁月徒销杯底债，江湖尽产草头王。一篷烟雨水云乡。(乡村)

志在图南万里程，联镳接武放歌行。一时人物各纵横。◎爱浅终非真水性，求平岂有好山情。壮游天下话曾经。(旅次)

旅次他乡汗漫游，阑珊意兴独倾瓯。冷风萧瑟满层楼。◎江面浪花开上岸，渡头诗草踏成秋。落霞孤鹜白苹洲。(旅次)

落木萧萧不耐凉，两肩行李薄衣裳。南辕北辙别横塘。◎今雨岂能如旧雨，他乡不必比家乡。最难人意一程长。(旅次)

扑面凉风一路迟，炊烟起处老鸦啼。夕阳西下古城时。◎河揽水腰从左转，草抓山脚到秋衰。故人相见鬓霜丝。(旅次)

磴滑坡斜举步难,汗衣风皱不曾干。一时人在白云边。◎溪窄是床容石卧,岭高为枕荐禽眠。怕惊春困歇亭间。(旅次)

快雨初晴释闷怀,踏青难免小诗裁。一堤芳草野花开。◎柳影拦鱼河上走,春声领燕巷中来。旧时庭院遍莓苔。(旅次)

挟瑟驮书换酒钱,踏歌声里望长安。斜阳古道草荒残。◎衣白若云过雁塔,柿红如火耐霜天。深秋气象在河山。(西安游)

误戴儒冠话杞忧,与谁相会古瓜洲。两三星火望江楼。◎健笔争持难砥柱,希声郁抑罢随流。一壶风露一巡秋。(瓜洲古渡游)

四望无人剩有舟,荷枯柳败水边楼。忽然伤感不如鸥。◎落木争空风助阵,冷泉冒地雨交流。湖山半合一城秋。(忆某年秋游济南大明湖遇雨。刘凤诰题大明湖小沧浪亭联:"四面荷花三面柳,一城山色半城湖。")

酒气当年敢一嗤,笑谈天下棹横支。白樊楼下绿杨堤。◎乱水频争归海处,残阳忽恋出山时。满头霜发半攒眉。(游开封白樊楼)

半世萍踪倦远图,横秋老气药煎炉。岐黄术好代兵书。◎流叶让鱼争去水,落霞由雁负归途。江南一角是吾庐。(退居)

老病归来理药方,半生人事一坛凉。远郊深巷午桥庄。◎拔地山生泥土气,经秋水带桂花香。坐闲篱落拂衣霜。(退居。张宁《资圣古杏楼》:"老我重思曲江院,是谁今卧午桥庄。")

濩落江湖等一尘,也无眠处欲抽身。草堂茅屋好为邻。◎明月浣花盆浅漾,冷香呵砚手先匀。此间潇洒自由人。(退居)

怕赘微名客避稀,空庭夜半理琴丝。满头风露不关谁。◎落叶声中江左调,兴秋酒后剑南诗。此生萧散月相知。(退居)

院落深深寂寞闲,梧桐树老不知年。独依墙角向秋残。◎人立雨中黄叶上,句成阶下冷风前。那堪憔悴忽凄然。(退居。李煜《相见欢》:"无言独上西楼。月如钩。寂寞梧桐深院锁清秋。"温庭筠《更漏子》:"梧桐树。三更雨。不道离情正苦。一叶叶,一声声。空阶滴到明。")

一角空斋半坐忘,去年茶淡不如霜。那堪倾倒旧吟章。◎飘院叶知秋渐冷,打门声续夜悠长。黯然人意就灯黄。(退居。张伯驹《浣溪沙》:"落叶打门声似雨,残灯支枕夜如年。")

紫笋茶兼石斛兰,药师经诵朵云轩。蒲团竹几一炉烟。◎蝶恋花凋过眼

事，莺啼序引养生天。静无尘俗独超然。(茶)

集句花间酒一壶，我先来处月眼无。不堪沉醉线装书。◎天暗劝鸡啼慢慢，夜长骑蝶梦蓬蓬。富春山里卧遊图。(酒)

午倦抛书汲一瓯，过门溪慢爱清流。落花时节漱闲愁。◎风静竹廊茶小雅，石移兰径院深幽。二三虫语注春秋。(读书。嵌"幽兰静雅"名)

侧点斜皴手罢停，游于艺处每忘形。袖风掀纸压茶经。◎池小砚凹形似璧，水纯杯薄透如晶。差堪玩味向丹青。(书画。嵌"小水晶"名)

野雀争归树不安，厚云如墨半堆天。最无人处楚江边。◎声比浪高先上岸，力随风大渐移船。沉沉雨脚赶来前。(欲雨)

旅次湖西避在廊，雨来三月觉微凉。回身巧遇紫丁香。◎一霎低头风窸窣，几番凝目水深长。五亭桥上石栏旁。(偶遇)

独倚斜桥望出神，静无声息久逡巡。晚来风湿眼中春。◎鱼嗅落花流水岸，雀疑寻佩问津人。浣纱溪上旧时邻。(偶遇)

巷口斜桥缓缓坡，一船风信未蹚河。卖花声慢客无多。◎春换地衣红雨染，岸披林带碧烟拖。比人先到是澄波。(偶遇)

窄巷深深小玉家。碧螺春献雨前茶。盈盈一水漾窗纱。◎无梦不劳衣选蝶，有年何止墨涂鸦。卖花声里满楼花。(偶遇)

独忆江南访客家，围炉夜话烛红斜。最难消受苦丁茶。◎药选花间词漏片，愁箍马尾辫分丫。那团心结乱如麻。

矫首城西风略凉，蓝桥紫伞白衣香。去年人候古横塘。◎云影下天难落脚，水声拖橹易回肠。曾经欸乃倍悠长。

迟雨空阶何必迎，不期而遇伞同行。小园深处落花轻。◎茶献绿来心地软，髮垂青到眼波平。者般相对最盈盈。

窄巷相逢伞让先，雨花难采手难牵。暗留追忆在心田。◎倒叙金陵钗十二，斜倾玉海酒三千。为谁无悔又无眠。

乙径惊鸿一瞥疑，丁廊玩月独归迟。桔灯红处许相思。◎砚滴二三平水韵，壶开七八小茶旗。屏间管领海棠诗。

手采山芽倍觉青，耐看前事对湖亭。心波一概送浮萍。◎柚木窗前催雨鸽，兰花指上响风铃。个侬来处不通名。

暗径虫声亮到溪，水穿桥孔束如丝。浣花天气捣春衣。◎难数墨痕防夜验，不留风味害人疑。芳心一幅怯题诗。

为逐箫吟三五波，廊桥二十四回过。不堪随月半残多。◎梦似田荒耕缺雨，情如屋塌补无萝。黯然春去免赓歌。

竹坞花丘石径潜，闹红深处雨微蓝。半斜风带半春酣。◎乳燕差池逢第几，雕栏宛转候初三。断桥无碍水之南。

濡笔镜湖宣纸蓝，寄笺难到唤鱼潭。一痕残醉梦微酣。◎井雨霖铃迷柳七，篱花扑簌负苏三。玉堂春老夜江南。

酒受灯红饮未昏，拼将天意誓无痕。江南那夜杏花村。◎梦好皆酥如豆瓣，心寒独苦似芦根。半尝人怨半尝恩。

琴尾微焦殃及桐，晚歌无调抑帘栊。再难厮守画楼中。◎谢讶遗螺司北灶，周惊化蝶借东风。那年灯火不堪红。

红药管医诗病不，捧心依旧到西楼。那轮明月瘦于秋。◎研梦成灰难代墨，截烟如帐且为囚。一身枨触一生愁。

一枕生涯记鹿蕉，悼红轩外雨潇潇。不堪回顾旧斜桥。◎裙似伞圆提手湿，巾如帆薄透肩娇。那年相遇避船艄。

剪烛无端逐梦婆，琵琶半抱送秋波。鼓楼西面隔银河。◎指捺烟青山补断，鬓沾灰白露凝多。吟边水调不成歌。

吹笛那堪长倚楼，也无人处最温柔。去年音色不关秋。◎风抢梦边残叶剩，雨过心界败花休。一番狼藉独幽幽。

欲说还休事事空，捉襟留佩大江东。无边落木怨随风。◎墨为磨人宁肯黑，灯因照路不甘红。一囊诗就一程中。

拦水一方曾共船，奈何遗佩碎难全。蒹葭剩处雁横天。◎零雨沥青襟上字，朵云飞白指间烟。八行秋恨种眉边。

雾隐苕溪十里幽，水声拖沓石拦舟。落红无那肯随流。◎栈断鱼踪猜去向，林藏鸟影动归愁。一竿风冷满山秋。

此去如船不掉头，此身如水只东流。此心如客送随秋。◎篷漏那堪偏受雨，路遥何幸可归楼。竹西佳处梦悠悠。

久别居然忘酒船，心潮不湿落花前。独留秋冷让人怜。◎蝇字小笺鱼贯箧，蜃楼长笛雁行天。此生难耐是无眠。

我命由天枉费才，恩仇到死抵尘埃。一抔肝胆壮观哉。◎风戾乃驱王气散,水寒休送侠魂来。几番歌哭为谁哀。

　　眼缩群山不断青,惜无余子并肩行。踏莎深处鹤孤鸣。◎歧路九回勤鼓翼,逆风千里倦梳翎。夕阳楼外笛吹横。

　　破睡春初驿寄梅,一宵争辔令衔枚。恐留心事被人追。◎鸡塞有诗鹰攫去,虎丘无梦蝶骑回。最无聊处不堪陪。

　　话到家常淡也浓,笔花休再为留红。过来人懒管鸡虫。◎船可肚撑心始大,井惟蛙坐眼才空。笑他沧海一尘中。

　　枲几斜凭半解襟,指间灰共夜消沉。独听钟摆对人吟。◎掉字何妨糕堵口,调羹不为灶操心。满城梅雨一灯深。

　　懒斗炉香懒弄筝,小楼花影半斜横。动帘风雨慢声声。◎断续余灰春已冷,连绵况味夜还生。三千里外旧江城。

　　弱水无情自在流,天涯几个可偕游。蒹葭尽处剩横舟。◎酒减盎司金不换,愁增克拉钻难求。一身余债欠于秋。（新词语运用）

　　仔细传杯为莫愁,青灯绝对上红楼。也无人处梦悠悠。◎落后花随风活动,提前雨被夜分流。灰心破坏一函秋。（新词语运用）

　　击节依然好汉歌,小楼杯酒定风波。可怜人事两销磨。◎快递春秋经眼老,美团山水到窗多。病归休养放牛坡。（新词语运用）

　　伴手诗如礼送先,午茶楼上聚清闲。儿时小友旧跟班。◎风物闪存元宇宙,乡情只剩内循环。说来亲切又潸然。（新词语运用）

浣溪沙·咏物_{一二阕}

　　破壳风中蜕变身,优游紫陌与红尘。扑高黏近最销魂。◎不惜勤为传粉事,何妨屈作探花人。一生无负沁园春。（蝶）

　　水面清圆荡碧魂,一湖风举出泥身。亭亭不肯总淹沦。◎倾倒几茎疑断骨,结交双蒂验同根。雨跳珠迸响纷纷。（荷）

　　簇簇风前泊野禽,古桥望处列森森。有谁相识抱丹心。◎何忍为江添意冷,不妨如火灼秋深。晚钟声起动霜林。（枫。张祜《枫桥》:"唯有别时今不忘,暮烟疏雨过枫桥。"杨万里《题山庄小集》:"向来枫落吴江冷,一句能销万古愁。"）

　　破土而生秉性刚,争高志在节持长。受风何惧又经霜。◎有骨能教身影正,无花不碍泪痕香。潇湘馆外话青黄。（竹）

一寸相思一寸量,替人垂泪在身旁。奈何生就热心肠。◎穗续鸡声熬尽夜,魂销火焰殉为光。余灰或可暖寒窗。(烛)

纵有雄心仅寸光,何堪应急始登场。与烟迷处共炎凉。◎命里辉煌争迸发,人前气焰敢嚣张。一生燃尽弃无妨。(打火机)

亘古生成一节凭,象雄瑰宝世传能。雪山孤寺共昏灯。◎观照十方开九眼,参空五蕴达三乘。手摩身佩认如僧。(天珠。即古象雄朱砂阴刻九眼天珠。)

韵押今朝选七阳,句题重九续糕香。登山一咏寿增长。◎豫老莱衣承桂露,念亲针线密萸囊。人间有幸是安康。(重阳。《易·豫卦》:"豫,悦豫也。"疏曰:"谓之豫者,取逸豫之义,以和顺而动,动不违众,众皆悦豫也。")

叫绝魔都不夜城,万商云集各纵横。敢先天下领头争。◎车沸水流淘过鲫,人攒蚁队识来鲸。百川求纳会群英。(上海)

一斗催诗百余,千金散尽我才孤。与谁愁断共江湖。◎杯底月偏留鬼捉,酒中仙不待君呼。人间搁笔鹤飞无。(李白。李白:《将进酒》:"天生我材必有用,千金散尽还复来……五花马,千金裘,呼儿将出换美酒,与尔同销万古愁。"杜甫《饮中八仙歌》:"李白一斗诗百篇,长安市上酒家眠。天子呼来不上船,自称臣是酒中仙。"章甫《和韩无咎使君吊李谪仙》:"骑鲸捉月知何在,太白光芒夜夜新。")

抱病横刀拂袖红,血花凄美淬偏锋。死生成败两从容。◎天下几人堪敌手,局中无个不英雄。金风细雨暮楼空。(苏梦枕。温瑞安《说英雄谁是英雄》小说中人物,"金风细雨楼"第二任楼主,人称"梦枕红袖第一刀"。)

负手朝天奋欲飞,图南舍我剩其谁。奈何人事与心违。◎倾柱力扶频破煞,阋墙谋败独歌悲。一生愁尽不甘时。(白愁飞。温瑞安《说英雄谁是英雄》小说中人物,冷静桀骜、手段狠辣,在众叛亲离时带着"想飞之心,永远不死"的不甘,被亲信暗算而死。)

浣溪沙·韵次幽兰静雅九阕

一事无成愧黑头,老将仓石压归舟。税居渔采五湖秋。◎竿下劫波忘在酒,舌尖余唾拒随流。藕丝拈断莫名愁。

老去才知愿未成,黯然封匣去无声。抛琴请剑忆豪情。◎天上白云频聚散,雨中黄叶忽枯荣。那堪消受此人生。

笑借江风敞薄襟,秋来气度未销沉。摘毫代笛水龙吟。◎不舍如斯归大海,岂能强半负初心。淘愁洗浊射潮深。

岸柿经霜气色浓,夕阳争与满江红。鸣榔响处鹜凌风。◎歌废五噫难兴尽，身浮一叶未途穷。倚楼遥望忿擎盅。

恻恻轻寒怯夜风，浣花笺掩面酡红。某人名字未书空。◎句脚留痕防漏眼，心声杂雨怕鸣桐。几多无奈不言中。

软语轻歌伞半斜，小桥流水几人家。竹西佳处玉兰花。◎老屋泥炉天下客，素裙深巷雨前芽。一杯深浅验生涯。

水寺烟桥晓月凉，半生蓬转去程长。攀条不忍树成行。◎镯玉留人垂袖蹭，髪丝分我贴身藏。黄裳一袭白兰香。

木几梨纹爱浅黄，兰花指拨一炉香。袖风撩处细生凉。◎烟断去南游屐路，梦回留北养生方。漫天秋叶下东墙。

聚散炉烟款款轻，已凉茶话不堪听。漏窗秋雨抑虫声。◎歌断小楼频犯调，梦拖长夜慢熬灯。抚琴人老海边城。

浣溪沙·韵次梅花梦事—四阕

不耐消寒九九中，一枝先破月朦胧。蓦然春信已开封。◎茎弱尚承无悔雪，瓣柔偏受有情风。几回厮守为芳容。（花发）

似麝如檀淡有香，袭人花气结冰窗。月来帘隔一轮光。◎荒径步幽书倒背，断桥吹倦笛斜量。足尖风度早春凉。（冷香）

雪霁寒消未预知，一株红绽恐延时。问津深渡半催之。◎呵冻手圈愁互叠，舐香心结影相思。解人花语向谁提。（雪后）

月进篱栏淡又疏，地拖斜影壁间扶。不堪泥雪太模糊。◎痕扁揭穿宣纸薄，物空参透藏香虚。怨他难在辨真如。（梅影）

默许东风坐满怀，盎然红蕾雪难埋。报春无忌到天涯。◎根拔地愁须斧斫，树封天意不刀裁。来年心事已看开。（释怀）

月浸花香尚有温，去年残雪验余痕。小园依约候来人。◎幽径已封锄后路，旧篱重筑续前因。一生亏欠是春恩。（归来）

与雪前生暗结缘，故将花语代春言。一株听任瘦穷年。◎无那梦回和靖处，不堪妆点寿阳边。最难忘却月陪眠。（妄言）

执手相逢在断桥，一襟残雪五更飘。不堪和泪抚梅箫。◎将别眼波临梦谷，欲归心筏待春宵。黯然今夜暗香消。（旧约）

隐约殷红一树多，仰头盘点泪婆娑。个中冤孽未消磨。◎何故把杯篱外

忆,几曾横笛月边歌。恨无前世可重过。(前身)

失足凡间不恋家,一抔冰雪种生涯。凛然无愧报春花。◎羞与月蟾分冷露,耻随塘鸭步寒沙。最先开处色无邪。(无邪)

以雪为泥苗苗生,向春先绽算还情。眼前风土渐回青。◎将谢只求池载骨,欲枯还约月连盟。返魂香处梦幽清。(出尘)

一纸轻寒写不休,一丛梅朵寄春愁。有无回复最担忧。◎灯豆小时吟味剩,笔花枯处恋情留。几多心事上眉钩。(离忧)

秤取梅香做寸心,落红三弄错琴音。惜无人共苦查寻。◎舟访戴归心已冷,酒留髡醉梦还深。可怜双鬓雪先侵。(苦寒)

梦若湖丝卷上帘,个侬心事五更缄。一封春信忆江南。◎梅影已潜桃叶渡,雪痕才没杏花潭。怪他沉默总难堪。(收梦)

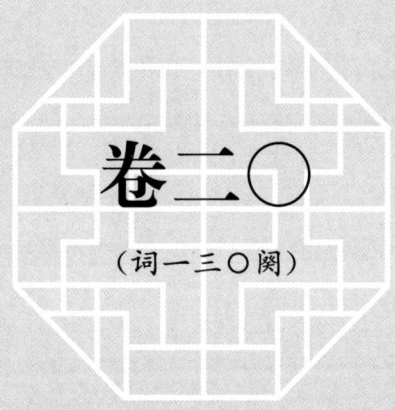

卷二〇

（词一三〇阕）

临江仙·韵次孤梅馆五阕

石坞香痕何处剩,归来点检河东。雪消春水橹声中。燕衔花骨瘦,鱼唼月魂浓。◎独木舟横芳草渡,孤山谁又能从。几多枨触一程风。落红吹暗角,疏影绝晴空。(寻梅)

壁有回音琴有韵,听聆心底波扬。载来愁绪浣红妆。夜阑弹烛泪,风湿皱罗裳。◎记否前生相遇处,一枝拈紧思量。清香软语荡回肠。梦随春熟早,人走影延长。(忆梅)

一树冰清兼玉洁,因谁倾倒虬枝。相思似雪耐相知。不堪呵冻蕾,何必用心吹。◎暗影横斜风月冷,岂能中夜徘徊。独吟残句恨春迟。短笺曾约定,难道又无期。(问梅)

最爱人间香雪海,梅花何幸能居。怆然春殉一年初。素颜虽尽萎,寒骨不须扶。◎莫憾平生知己少,个侬为汝留图。梦中痴笔实还虚。谋成先酒祭,心痛已途殊。(葬梅)

破睡难忘沉睡里,冰心只许心埋。雪花如枕忌尘埃。冷幽生气傲,清雅逆风开。◎每忆孤山曾伴鹤,同游明月亭台。抱香吟影即生涯。要将春意占,先向梦边栽。(梦梅)

临江仙四阕

我老江南烟雨里,因谁遥睇齐州。百思难解意相投。未曾谋半面,偏已怨三秋。◎笥箧无多书一打,小茶青上西楼。月来移影梦中游。扇追蝴蝶谷,杯渡木兰舟。

那夜横波倾注久,淘来多少鲛珠。最难相舍各殊途。板桥鸿雪验,椒阁麝笺摹。◎殉火非因蛾不惧,痴情何吝微躯。一生如炭献于炉。梦回烟径冷,魂断草庵孤。

麝炷初分香一缕,重帘低亚今宵。褪红窗下烛花摇。吮毫沾谢絮,横玉弄韩潮。◎宛转因何罗带解,回文题满鸳绡。为谁曾候赤阑桥。野篱留芍药,微雨损芭蕉。

尚未相忘偏记错,相逢何地何时。那年风雪夜迟迟。画堆青玉案,铃报四行诗。◎墨短如情磨到昨,茫然生变才知。竟无消息解人疑。是非何必问,心已不能期。

蝶恋花 四阕

半卷珠帘心一动,夜雨潇潇,最怕秋搬弄。落叶敲门浑似梦,却无人至陪吹凤。◎未忘当年期诺重,执手亭皋,欲语还相拥。若得今生长与共,片帆何故天涯送。

每被羁牵难放手,不忍将离,不忍频回首。地泪虽红寒意透,玉壶倾尽愁千斗。◎永夜如刀时趁酒,划碎人心,又把人裁瘦。一袭青衫留与某,那堪余暖供怀旧。

陌路相逢非算早,雪满城头,反道斜阳好。晒尽啼痕情未了,为谁扶帚蓬门扫。◎纵有鸿泥曾印爪,捉笔为镰,刈尽愁如草。小艳诗多难打扰,我陪梅与卿同老。

梦也无些安慰我,夜夜难眠,独把相思做。烛剪窗花三五朵,泪来何忍分真个。◎最是模糊揩未果,帕上回文,欲寄犹疑妥。小字如丸多少颗,自医心病应差可。

一叶落 一五阕

一叶落,蓬漂泊。海涯望处两离索。纸投许愿瓶,来生重相诺。重相诺,记得人如昨。

一叶落,今如昨。不堪又向断桥索。短篷岸并双,凫来偏成各。偏成各,在否天涯泊。

一叶落,心无着。惘然独上旧楼阁。玉瓶不剩花,囊琴偏相托。偏相托,换取今生诺。

一叶落,城之角。雁过只影笛声弱。为谁倚故楼,何堪青丝握。青丝握,检点流年错。

一叶落,人还各。为谁拄颊倍萧索。匣轻往事封,红情如笺薄。如笺薄,莫道当时错。

一叶落,心寥寞。剩无妄念此生略。韧条大路攀,人来肩曾错。肩曾错,只恨尘缘薄。

一叶落,秋风作。衬衣破旧未嫌薄。水边白露凉,人心何曾觉。何曾觉,可惜身相托。

　　一叶落,诗难作。别来不敢口中诺。小山叠似愁,何堪愁还索。愁还索,夜雨西窗酌。

　　一叶落,梧桐剥。响阶冷雨与谁酌。夜长壁影孤,杯宽无从托。无从托,所以还漂泊。

　　一叶落,茶凉薄。只今味不再如昨。月从缺处陪,秋疑杯中获。杯中获,点滴忘情药。

　　一叶落,单衣薄。几番忍耐几离索。小园壁字残,江湖风波恶。风波恶,最恨船难泊。

　　一叶落,秋痕索。不堪点检是今昨。指随墨共磨,诗长红绡薄。红绡薄,负了谁相托。

　　一叶落,风声作。断桥野店莫求索。故人不再来,林疏霜云薄。霜云薄,雁下天西角。

　　一叶落,人无着。泛舟弱水怎依托。远乡梦里寻,诗随心漂泊。心漂泊,最怕秋声作。

　　一叶落,山中阁。月残独挂在帘角。烛摇画上人,依稀还如昨。还如昨,向壁难同酌。

一剪梅 八阕

　　一剪梅兼一阕词。冰雪笺痕,水墨瓶枝。柔毫圈点女墙残,香湿罗裳,冷月来迟。◎不是幽欢总可期。泪浣金釭,梦捻青丝。鸣廊无那坐吟春,前度刘郎,已在耶溪。(周邦彦体)

　　月上寒枝疏影低。香雪埋阶,萼粉糊篱。故园春早燕来稀。三径风红,吹皱鱼池。◎底事干卿休质疑。点检花间,记否冯词。满裙题错旧相思。人在江南,心在山西。(吴文英体)

　　林燕无端剪落红。魂销鬓雪,恨上眉峰。与春一别老帘栊。不耐愁浓,更怕重逢。◎渡口归帆饱受风。似曾相识,鹤影鸥踪。来寻楚佩水声中。管住银盅,误会焦桐。(卢炳体)

　　一角黄昏水咽香。风也斜长,月也斜长。比他清瘦更衡量。生在横塘,怨在横塘。◎零落如泥兑酒浆。独自流觞,暗自流觞。去年客在白云乡。春本

无常,春已无常。(张炎体)

断送春红晚弄潮。鱼躲停桡,莺唤过桥。蓬门开半袖疑招。人面如桃,鹿梦如蕉。◎愁返迷津问酒寮。空为悬瓢,难助吹箫。东风无处访新巢。真个遥遥,想个朝朝。(蒋捷体)

纸上闺情写薄愁。正面相思,反面相仇。难将两面一般同,既是怀春,又是防秋。◎寂寞春过转恨秋。菊娶黄垆,燕嫁红楼。那堪分别错因何,莫管亲疏,只管刚柔。

腕绕鞭丝早春还。檐马催奔四角喧。夺门拥紧梦中人,尽管无嗔,偏解心酸。◎雪夜当初别最难。梅花争为客斜攒。一襟酒与泪同痕,香结帘钩,愁拍栏杆。(曹勋体)

独与梅花约子亭。残雪平郊,朗月稀星。斜拄玉笛吟香处,自有寒心管别情。◎已是早春梦未停。青抽堤柳,风绊檐铃。红尘一骑待归迎,先浚词源,再拔愁茎。(赵长卿体)

八声甘州一一体

倦摇湖海一橹风波,腥沾钓矶边。怅霜皤衰鬓,烟酸齇鼻,老泪成滩。几度沉浮无定,不下孝廉船。瓜渡芦花白,冷月凋残。◎意绪阑珊秋末,剩渔灯豆小,涛响雷鼾。正沙鸥惊处,虽掩耳难眠。向囊中、频投草稿,让五噫、密送到孤山。梅魂杳,旧时篱落,一样幽寒。(苏轼体)

甚难熬竟使有情人,欲忘又相思。候枫桥槐径,斜倾纸伞,低掩风姿。一叶飘零袖角,拾起泪如泥。蕉鹿曾惊梦,辛苦蛾眉。◎怅取芸编缄札,问断槎肯往,尘外天池?怕松烟熏墨,辜负了无题。奈之何、探囊分豆,认作凭、圆扁略相知。时常数,把猩猩色,撮入心期。(柳永体)

正晚风断续落花先,踏来是秋声。听凭匣吟三尺,句呕三升。休把栏杆拍遍,惊动满天星。楼外点鸦没,灯影伶仃。◎尚记掉鞭紫陌,候君山走近,献尽青青。恨贪泉缺眼,不识路边荆。向烟波、投竿去矣,钓一壶、船上梦如醒。人伴醉、借诗肠周折,牵绊余生。(刘过体)

记唾壶击缺坐高歌,横膝逗姣娥。醉秦淮一晌,陈蕃一榻,蚁梦南柯。放浪烟花深处,画舫作行窝。不让中流住,短楫空摩。◎柱有剑眉扬举,向沙盘戟指,偌大山河。竟龙潜虎困,偏任冷蝉呵。最难容、草丛螳斧,对东窗、暗自

动干戈。心灰尽,捧青灯去,色诱头陀。(张炎体)

可能乎、抽刀断东流,休教送愁多。云烟两散,鳞光四折,一橹荡渔歌。听到岸花零落,才解笠和蓑。收网钓矶外,不管风波。◎似此生涯淡泊,效平沙下雁,野渡归鹅。候孤帆远去,斜个梦先过。又断桥相遇,换书留佩,夜话蹉跎。春江瘦、峰青无数,亭立难挪。(萧列体)

剪些些、以柳代青丝,燕来莫迟疑。怕兰亭雅客,梅园淡友,先折柔枝。堤上春风漫卷,桥下小船移。没远山拦住,去去难追。◎偏忆当初,明月下、回廊拈管,笑赌唐诗。兑画桃扇面,红落浣沙溪。片片如、御沟流叶,把看真、都字字写无题。推敲错、朦胧一味,婉约相思。(姚云文体)

隐郊南、楼就小山低,竹立半坡斜。放野溪过眼,游鱼唤住,伴我吹筎。一拍春声跌宕,听落满身花。摘笠难承接,漏指如沙。◎流送残红何处,远津暗问,王谢人家。恨当初燕子,只识有蜂衙。斗米安能腰折,挂中堂、囊印逗巢鸦。吟鞭响、青衫卷入,林下烟霞。(李好古体)

伴青筇拾级,让苔衣、高褪一身秋。眺半山茅舍,乱云覆没,残雨勾留。仄径羊肠盘绕,尘念皆休、回首过来处,溪响林幽。◎倦隐蓬门瓜种,换二三斗酒,分与邻猴。怕窥鸦暗妒,特地杯投。叹霜红、沁同枫色,向吴江、先冷落乡愁。何如我、莼羹无厌,栗粥无求。(汤恢体)

叹英雄老去,恨年年、弹铗倚朱门。让千金剩骨,燕台堆砌,依旧如尘。梦里尚能加饭,无力再弩云。天地虽宽大,夸父难奔。◎记得茅庐初出,趁射潮心气,鹰战昆仑。奈锋芒迟收,触痛到山根。但西走、牛刀渐朽,何用封匣自从文。吟毫秃,蘸青梅酒,不碍题裙。(郑子玉体)

把杯随客劝,吸如鲸、豪情一干空。笑酸丁瞠目,狂徒缄口,满坐惊同。递箸依稀横槊,伴醉赋诗工。叉手无人赌,谁敢喁喁。◎羞与鹓鷃为伍,叹巢枝恋晚,不舍林丛。莽原千里远,举翼亦难容。正苦雨、霖铃听断,又檐流、长滴唾壶中。凭栏处、问剑吟何故,漫舞西风。(钱应庚体)

懒操觚捉管,换银壶、西楼贮愁浇。对峰留青眼,湖听私语,襟泪如潮。僻径苔腥嗅累,野雀立朱桥。船没秋痕浅,风满亭皋。◎将雨将晴参半,问雁程剩几,陇笛吹遥。恨传书难到,枫落最萧萧。冷红埋、心塍深处,让一抔、泥与梦同消。天知道、伴浮云卧,何等无聊。(吴文英体)

行香子——阕

城垒敲枰，湖海颠舟，奈如何一逞奇谋。乌骓辞岸，细柳经秋，叹男儿泪，英雄血，霸王头。◎佳人卧膝，金刀横肘，纵平生豪气何求。歌壶犹缺，画楫偏收，况少年梦，酒徒债，匹夫愁。（晁补之六十六字体）

如此江山，无那衣冠，偏难换、旧日心肝。插刀两肋，负笈双肩，为弟兄情，亲朋义，女人缘。◎萍踪曾检，泥途何觅，不堪因、聚散而酸。灞桥风雪，隋岸尘烟，忆西窗烛，东门柳，北溟船。（苏轼六十六字体一）

拇战茵车，拳蹙蜂衙，问谁来、亲轼瞋蛙。十年磨剑，千里淘沙，剩歌如梦，心如墨，泪如花。◎匣鸣未竟，鞍勒难挛，叹樽前、髀肉些些。射潮濡笔，击鼓传芭，幸人虽老，才足用，勇堪夸。（苏轼六十六字体二）

牧野鞭风，瀚海擒虹，盼何时、酣卧银盅。梦烹走狗，衾掩良弓，让湖舟浮，岭庐结，馆娃逢。◎笔阵书峰，纸帐灯篷，认依稀、犹在平戎。拔须檐下，杀字墙东，耐诗焚炉，带移孔，愤填胸。（秦观六十六字体）

枼几唐花，竹壁湘纱。坐鸣廊、吹散灰霞。字随帕皱，笺就帘斜，认诗如潮，月如艇，客如茶。◎颊敛余霞，鬓点寒鸦。又凭栏、愁管琵琶。蟹鱼为友，社燕无家，叹梁生尘，罤倾蚁，梦浮槎。（秦观六十六字体）

凿砚田耕，汲井壶烹。退墙东、蜗角无争。晓风帐影，残雨檐声，羡花为奴，竹为友，石为兄。◎历久秋赪，数尽春荣。悔当年、棋劫围城。一麾横槊，末路鞭征，笑蓝关诗，玉门马，楚营盟。（秦观六十六字体）

壮气消磨，老气容留，问何人、顾影中州。星辰昨夜，风露今秋，怅路迢遥，心懒倦，梦沉浮。◎南浦鸿沟，鸡塞西楼，忆当初、解弄吴钩。扬镳自荐，连辔相游，趁力能为，事能举，局能谋。（韩玉六十六字体）

掀髯映剑，扼腕封棋，归隐在、松岭花溪。让晚蝉惊榻，容孤雀巢枝，崖然矣，门阻石，犬拦篱。◎数茎吟断，几穗灯迷，朵云衔、雁齿参差。立枫桥远处，待梅雨消时，天地大，进围鹿，退闻鸡。（杜安世六十八字体）

柯烂衙斋，食字嗟来。笑书生、只解愁怀。夺袍西席，晒腹南台，是佯狂，是负气，是矜才。◎雨响空阶，风战长淮。问谁曾、践踏萍苔。虎跑有迹，龙井无涯，手中茶，鬓中雪，袖中钗。（赵长卿六十四字体）

夜雨江湖，投棹歧途，恰汀灯渔火模糊。乌篷半解，茶酒皆无，叹奔波忙，流离远,客零孤。◎萍踪万里,风云过眼,忆山盟海誓当初。青丝一尺,暗系来书,料指拂些长,泪洗些软,梦养些枯。(李清照六十九字体)

闲蹭名场,懒掌花房。向丘亭、晚唱沧浪。石鳞出色,水脉沉香。愿一竿诗,一船酒,一蓑霜。◎鬓角丝长,眼底鱼忙。问罾中、几许炎凉。月潭梦老,云峡神伤。恨世无情,天绝路,泪残浆。(瞿佑六十六字变体)

南乡子五体

坐想忽联翩,弹指花间雨作弦。声似念珠频断续,从天,分散浓春一挂烟。◎还在忆当年,雨未霖铃及眼前。却有泪花难捧住,无缘,错把真真唤绛仙。(冯延巳五十六字体)

无那雨潇潇,依旧西湖第六桥。桑屐问蚕,蕉衣访鹿,迢遥,抱柱谁还候信潮。◎断渚剩兰桡,可念将离最殢娇。紫帕一方,青丝一缕,相邀,来日重听弄玉箫。(黄机五十八字体)

雪调冰弦,几许悲欢谱绝编。枕上琵琶听不得,无眠,只为心头月未圆。◎梦又凋残,梦又随波下指间。弹指一挥如梦令,溪边,流放深秋是酒船。(欧阳修五十四字体)

灯影颤萧疏,凝注依然不自如。狼藉眉头,何故泪模糊,洗去风尘尚剩余。◎相问咽呜呜,叫我词穷二月初。冷冷未回,青又在歧途,没个安居柳燕孤。(王之道五十六字体)

懊恼有谁知,当初未了,还累今时。抹去创痕重熨帖,离奇,一样心头痛到痴。◎都是暗猜疑,回文曲折,满纸无题。搜尽乱肠难点检,参差,那段忧伤怎把持。(赵长卿五十八字体)

夏日燕黉堂二体

鹧鸪天。向莽原半揖,谢绝春缘。千里负手去,忘却要留言。风如宣纸吹无字,一行斜、雁足难牵。纵雄关末日,边城苦雪,休计来年。◎弹指裂蛮笺。曾孤怀抱旧,都付松烟。木筝铁笛,谁了我悲欢。天涯或许长相忆,那朵云、飞下心弦。伴落花覆榻,坠珠藏匣,不检何难。

朵楼偏。正梧凋冷树,惊走寒蝉。声断那夜,认响屡廊边。炉香满把胭脂褪,强分些、沏湿茶烟。叹碧螺心事,红羊灰劫,一味经年。◎不料又无眠。让唐花活眼，人见犹怜。真真唤错，愧留画成全。壁间灯影空裁剪，寸心量、如此拳拳。为月残眉杪，风斜衣带，怎可潜然。

如梦令·荷季六体

零雨蒙蒙湖馆，夜滴小荷心软。撑起伞亭亭，偏把话头先按。惊叹，惊叹，珠泪忽然圆散。

半卷半舒闲过，一角湖心偃卧。守住水中根，不理浮桥灯火。由我，肯么，波面暗痕看破。

轻雨跳荷声落，疑有舟来践诺。曾是伞中人，相遇一晴难索。天错，地错，错莫错如前约。

清圆宜雨逗凉，风吟欲与谁商。深浅水中语，一吹满口沉香。掂量，掂量，话到子夜相忘。

波皱绿痕几缕，不负莲亭期许。根托淤泥中，茎采夏秋情绪。何据，何据，无那乌篷暗雨。◎一钓堤朝渡暮，归隐枫桥渔浦。闲把酒三杯，洒遍水云深处。无故，无故，休问旧时啸侣。

仰面荷随波涨，落日下湖泛漾。舟已不同归，却把渔歌向往。渔歌向往，灯火阑珊偏亮。

如梦令五阕

如此沉吟难断，知否一生将半。埋剑虎丘西，烟雨几曾消散。桥远，船远，人老燕楼桃观。

谁肯江湖同老，惟有我心知晓。鸣橹夕阳中，秋水一泓刚好。鱼闹，鸥闹，休坏渡头凄悄。

些许阑珊心事，何苦以珠相记。风露一身凉，来去野村萧寺。颓矣，慵矣，删尽剩红余翠。

如梦令中无梦，何必再三调弄。弦断不堪听，辜负水轻山重。伤痛，心痛，将就与谁相共？

终不与人闲话，那夜有梅如画。柯笛一声来，明月可庭高挂。香雅，歌雅，忘了昨冬今夏。

清平乐 六阕

叶凋如纸,下手题秋字。误触晓霜惊闪避,冷意已然伤指。◎五湖船去难知,六桥灯会无期。心事半枯犹活,害人不敢生疑。

烛红残照,壁影难怀抱。独自相思人易老,若不相思还好。◎那年吹笛枫桥,只今弹泪兰桡。最是销魂无奈,黯然蝴蝶来招。

雨来今夜,溅朵窗花谢。十二阑干人似画,听任春声倾泻。◎采词珠玉阶前,验曾罗袜婵娟。几点苔青难了,让谁无奈无言。

问津何处,绿水青山路。又见蔷薇开一度,一度尘缘难谱。◎为词摊破琴心,坐杯横渡相寻。醉里春声如雨,断听弦外之音。

髪青如缕,暗剪分携处。问是留凭留恨否,不在行前倾诉。◎溯鱼西至岷江,断鸿南下衡阳。一路萍踪难定,可怜牵挂柔肠。

断桥红伞,又为谁斜半。欸乃一声船渐远,更远莫如双眼。◎采诗堤下沙腥,种愁江上峰青。秋水已然秋涨,况还苦雨霖铃。(李煜四十六字体)

撼庭秋 五阕

一襟风里吹起,竟放怀如此。散花为婢,呼鹰作友,入秋庭砌。◎檐铃警枕,苔钱赊剑,凛然生气。奈英雄垂暮,穷途曳尾,不堪书记。

拔刀敲几伴醉,恨佛门难倚。杀青旗角,销魂马背,暴残花季。◎丘埋纸雁,台空铜雀,尽归天意。叹平生余勇,还能一战,酒中秋思?

不期湖海而遇,又一槎来去。汉皋留佩,延津誓剑,几时重聚。◎诗潮暗射,灯花闲剔,夜阑珊处。纵扬眉叉手,空庭独步,与谁联句。

落花曾受残雨,害一鞭吟绪。捉刀开径,投棋赌墅,梦回无据。◎秋生鬓际,尘吹心境,旧痕何处。让鱼书潜砚,狼毫补箧,剩些茶语。

一生缘结何事,怕佛难欢喜。闭门趺坐,抄经悔过,赎秋寒气。◎鱼惊叶坠,花随风落,水流无题。奈瓜田投足,东墙送目,薄情如纸。

虞美人 二阕

江南诚是多情地,梦里犹牵记。小桥独倚雨烟茫,不觉薄秋如伞已撑凉。◎单衣漫卷西风散,古渡箫声断。晚潮冲岸百千重,只要一瓢倾注在心中。

情痴何苦偏情绝,竟让人吟别。小楼十二燕横斜,乱蹭旧泥糊纸做窗花。◎风吹雨巷轻如梦,只向眉头弄。望中春水放兰舟,一路小山倾倒几重愁。(李煜五十六字体)

乌夜啼 二阕

秋来蚁蛀槐庭,梦凋零。打点残红无数与吟灯。◎雁字瘦,兔毫就,正三更。砚贮一池明月冷于冰。

芜城最是苍凉,立残阳。古道西风疲马没青黄。◎折柳处,落花误,错商量。悔让雁程千里到桐乡。

浪淘沙令 四阕

秋本害羁人,殃及林魂。霜枝偃亚褪青痕。叶落只求泥共老,未必思根。◎陌路冷风皴,何处容身。小山词里许留髡。心事一端休剖白,添数年轮。

杯酒与谁盟,心事如坑。愁无息壤可填平。梦里绮诗裁纸马,误了归程。◎破睡发髼鬙,慵对秦筝。扰人情绪不堪听。春雨一帘垂到地,拦住窗声。(李煜五十四字体)

山水两关情。渔唱樵声。悠然只爱醉翁亭。花坐满怀推不忍,一梦杯轻。◎况味赋闲烹。沽老今生。了无歌哭已心平。沙渚草堂栖燕处,垂翅梳翎。(李煜五十四字体)

夜宽月瘦。风声徐皱。秋痕检点轻纱旧。算而今、究竟惜否留否换否?◎安于薄处心凉透。况还霜凑。几番拦住尘和垢。纵无言、怕伴久看久嫌久。(咏窗帘。宋祁五十四字体)

剪春丝

傲屋南山下,与五柳、平分尔雅。坐怀惟酒,烂醉了莺春蝉夏。只饶我、采青梅一打,换枯藤七尺余长,缚心猿意马。◎奈何有渔樵闲话,最懊恼、半真半假。前缘未了,敛眸盼、个侬休嫁。佩在手、证相思满把。害桃花留扇题红,向风流要价。(张台柱八十八字体)

卜算子

天掀一角蓝,透片晴刚好。芳径斜摊手卷长,涂写春红妙。◎负笈午桥

庄,为躲流莺扰。许是书香太可怀,才遭粉蝶轻轻咬。(无名氏四十六字体)

醉花阴

嫩水潺湲成一绺,断送花还有。无意要伤春,恰巧春娇,竟把春伤透。◎烟桥别后香依旧,怎没人来嗅。不是不归来,应是愁来,来了人消瘦。(李清照五十二字体)

醉花间

身无主,梦无主,归宿当何处。蜂要占花房,不肯留春住。◎芳郊桃叶渡,一斛珠辜负。拈来泪未圆,分与人如故。(毛文锡四十一字体)

醉公子

一惊还一乍,泥人休要怕。软语媚如糖,偏他不敢尝。◎轻饶先暂且,好生陪我耍。花尚嫩春墙,尤须多捧场。(尹鹗四十字体)

好事近

风皱浣纱溪,烟雨一篱花木。春要做些红绿,领黄莺来宿。◎相随唯恐扰清幽,将就枕茅屋。不料打门催起,有野猴求粥。(秦少游四十五字体)

后庭花

不甘厮守瓜洲渡,又随春去。但恐相依成怨侣,把泪倾注。◎一身情债重、莫能追数,久拖无据。梦里惭将金屋许,没个人住。(孙光宪四十六字体)

河渎神

帘卷琐窗低,何用灯花解疑。那年错送小山词,读来都是相思。◎拄颊蛮笺摊破处,风雨潇潇如句。管甚短长情绪,让他胡闹春暮。(孙光宪四十九字体)

念奴娇

东临碣石,叹扬尘海上,金瓯犹缺。请剑眉峰听虎啸,隐忍碧城长映。烛地烧春,诗余填砚,双鬓纷纷雪。苍凉回味,老夫依旧不屑。◎誓楫击缶当年,美人怀抱,几个真豪杰。踏白兵提千里远,辜负楚营风月。纵是情长,何妨威武,肝胆偏如铁。拊膺休恨,一船渔唱兴灭。(苏东坡一百字体)

拍阑干

凭阑破睡,帘衣半卷风声脆。远天一钩眉月味,淡入吟笺,竟把回文兑。可怜青鸟难连累。旧梦春回,蝶要征花税。◎寂寥楼上灯无穗。不似当初,韵次相陶醉。偎人桊几雷琴配,那个知音,料在断肠之内。(陈维崧七十六字体)

早梅芳近

小星疏,新月耿,别院深深静。空阶留白,是我拖来我身影。转嫌些许瘦,踏恐无须正。纵孤单此夜,莫坏了心境。◎杏花稀,柳絮定,回首三三径。黄裳银镯,邂逅红廊坐烹茗。不劳烦雀舌,最爱吟龙井。味如春,乍暖还乍冷。(周邦彦八十二字体)

菩萨蛮

蓼花洲里鱼肠剑,屠龙无处尝肝胆。投老识江湖,死心成钓徒。◎竿量深浅水,尺五天边醉。欣与野鸥盟,闲听风浪声。(辛弃疾四十四字体)

声声慢

鳞争湖海,羽闹沙汀,秋收一网涛声。踏岸渔歌,往来错答风声。人家傍桥枕水,共烹鲜、推倒杯声。灯火漾、伴乌篷闲话,倦卧鼾声。◎投隐沧浪亭外,月虽明、谁与分享箫声。叩桨当年,怦然而动心声。蒹葭那方尚在,怕回头、流露无声。桃叶渡,不堪听、抽泣数声。(吴文英九十七字体)

一落索

梦若香泥酥软,泪浇春旱。种盆诗草奈无根,青涩他心眼。◎漏读当初留柬,如今愁半。不知眉字怎生舒,人比天涯远。(无名氏四十四字体)

谒金门

檐如盖,遮掩片时无碍。阶窄休将身影害,乱移墙上改。◎春抹一痕聊

赖,独向横塘所在。搀起落花浑不解,是他风使坏。(韦庄四十五字体)

忆余杭

庭院深深,玉燕钗尖飞不到,才教片月下邮亭,嫩约柳梢青。◎似曾灯火阑珊夜,一瞥蓦然令牵挂。悔因羞涩忘通名,只好唤无名。(潘阆四十九字体)

个 侬

叹个侬何苦,为相爱、轻生轻死。丘雁埋滩,林花凋岸,梦断处,黯然秋气。船泊霜桥,钟鸣烟寺,乍逆旅回眸,数峰青起。远别无凭,后缘难续,一诺在、诗中而已。片纸投鱼,不堪收、聊供獭祭。从此水月圆乎,江流去矣。◎当初默契。忆咳唾、联珠频寄。弹指琴悬,破颜酒送,欲共约、逃名逃世。捕蝶周庄,骑驴梅坞,羡故剑坊求,荆钗案记。雀影潜窥,鼠痕催洗。恨未决、阑珊心事。旧壁吹尘,向风前、尽删愁字。休管响屎廊空,雕栏独倚。(廖莹中一百五十九字体)

金缕曲 二阕

小院风兼雨。怕听残、梧桐树下,叶凋些许。秋老江南人消瘦,终殢深情浅绪。况旧梦、连丝牵缕。不尽低吟箫尺八,向阶前、管领西窗暮。轻与别,为何故。◎偕行诺定同心谱。恨当初、偏难识蠹,一时之误。笺上毫间频侵扰,贻害无穷痛苦。更可恶、欲除艰楚。纵是词多焉忍顾,每迟疑、触目皆他诉。删又剩,是谁赋。

相忘江湖矣。纵前番,相濡相呴,亦无关矣。歧路依然风浪恶,一棹任沉浮矣。船,小仅我容身矣。怅未有伊人伴坐,水一方、空剩蒹葭矣。露华白,是泪矣。◎那年秋色苍凉矣。记虹桥,步韵吹箫,有缘共矣。携手听花零落处,只恐梦如花矣。谁料到、言成谶矣。抵死妄争愁数朵,叹柔茎寸断难缝矣。雨似针,刺心矣。(林正大体,仿楚辞体)

水调歌头·广癸巳中秋词意

月满每三五,非独在中秋。只因秋易凋梦,才借月分愁。月相盈亏往复,梦境悲欢变幻,怅触几番休。天要人明白,人愿莫奢求。◎全或缺,聚还散,岂无由。种瓜种玉随意,何苦种秋眸。凝望西楼规月,生怕如同湖镜,风揭裂痕

留。捉月难缝合,秋水漾眉头。(周紫芝体)

西江月

得月楼堆灯穗,消寒酒劝笙丛。一年将尽撞诗钟,成就春联寄送。◎梦褪西山痕白,豆藏南国衣红。冬心如雪不禁风,谁为余生隐痛。

学小女生饶舌一〇阕

雨随风到小桥斜,人同伞共斜。不堪斜处雨偏斜,还教人更斜。◎人就雨,伞如花,难分雨与花。可怜虽有伞如花,只能遮雨花。(阮郎归)

搁久花瓠另换花,只爱鲜花,莫管残花。奈何春早少些花,没有桃花,将就梅花。◎疏影依稀各自斜,雪上低斜,月下横斜。一篱先剪一枝斜,半是茎斜,半是根斜。(一剪梅)

未及留春埋怨雨。落花雨、轻如雨。替天下红颜还泪雨。这滴雨、多情雨。那滴雨、无情雨。◎已尽春欢曾自苦。梦转苦、茶皆苦。换壶里冰心仍觉苦。休辨苦、泉清苦。休问苦、人凄苦。(酷相思)

情未了,何必暗中私了。千结心头先解了,笑过才罢了。◎不忍当年旧好,莫信如今新好。天下再无人可好,只因曾独好。(谒金门)

话随愁半,合一成春半。另剩半春容梦半,一夜艳情藏半。◎不堪衾角留香,岂能家外偷香。情惑每因情滥,害人随意怜香。(清平乐)

霞舫顺流,鳞书趁流。一江春水东流,送相思并流。◎花凋易愁,蝉鸣渐愁。小楼秋雨生愁,害卿卿共愁。(醉太平)

隔水照来人,错认伊人。伊人最是绝情人。二十四桥拦不住,独少何人。◎一口月牙真,一夜当真。情疤验罢梦非真。梦里吹箫应管住,别再天真。(浪淘沙)

楼连楼处看楼,楼外是红楼。玉石不宜楼,金钗可即楼。◎良缘前世定,佳偶此生休。难得梦方休,始教烦恼休。(玉蝴蝶)

膝上摊书分左右,人心在左诗题右。从左不妨先及右。诗许右,与心相左才删右。◎寄到新书灯下就,短诗无律心迁就。只恨诗随心未就。心若就,以诗谐律容轻就。(渔家傲)

隋柳青青青几许,山色倾湖,烟水深如许。折赠一枝三尺许,为留人忆应

容许。◎长引春愁能几处,川北江南,难绕无愁处。梦里灞桥逢断处,问谁知否维舟处。(蝶恋花)

他侬我你 四阕

乍喜还惊邂逅他,居然就是梦中他。敢将天妒全归我,偏把芳心暗许他。◎非仅此,又其他。几多花语解明他。春芽嫩绿休轻采,庭院深深守候他。(鹧鸪天/晏几道体)

不悔今生为个侬,将愁做眼认同侬。梦回鸡塞先瞒汝,心乱羊城最害侬。◎虽算那,怎知侬。者般天意错成侬。如烟往事吹纤指,摽粒青梅或属侬。(鹧鸪天/晏几道体)

那日相逢休怨我。秋水盈盈,载去多情我。桃叶渡遥偏问我,茫然未觉将离我。◎梦里何尝还有我。分手经年,不记如今我。蝴蝶一双留与我,天涯错让他陪我。(蝶恋花/冯延巳体)

十字街头羞见你。佯作无知,不答追来你。行错一程难怪你,而今又害伤心你。◎欲说还休辜负你。虽有柔肠,只合相思你。缘在那时曾误你,何须再误痴情你。(蝶恋花/冯延巳体)

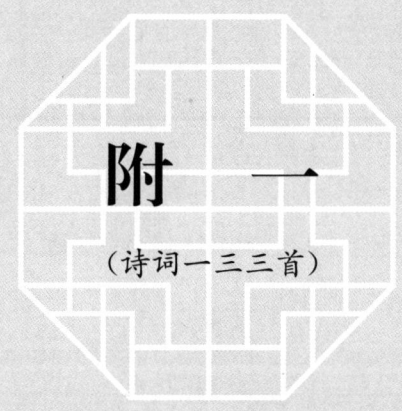

附 一

（诗词一三三首）

拟五言诗用挟声句三首

慷慨天下行,何曾负此生。路斜山脚勒,波恶岛肩撑。解带忧鱼贱,投荒拾芥轻。一廛诗共老,留手不留名。（拟苏颋《经三泉路作》诗起句用挟声句入韵）

四民白黄黑,三国中美俄。谋可安居稳,争难破局多。不辞肩负担,唯厌口悬河。大势纷纭变,流年自琢磨。（拟孟浩然《送卢少府使入秦》诗首联上下句用挟声句）

路遥一人到,天尽古城长。饮马验余窟,举烽摩剩墙。帜收前代改,戈止外蕃商。夕照登临处,老怀仍激扬。（登长城。拟方回《冷泉亭》诗首联无韵句用挟声句）

拟七言诗用挟声句四首

江南江北春色宽,楼高禁足踏青难。去腥缺酒茶相替,解冻无姜鱼罢餐。艾焙对门熏我咳,疫防邻里恐人瞒。依稀记得才沉睡,催又声声查核酸。（拟少陵《见萤火》诗首联拗对起句用挟声句）

深居多日未经惯,最难老小同屋挤。一隅碍脚钵花密,几度碰头书架低。抛戒卷烟舒旧肺,食求生菜带新泥。无聊慢数窗前雨,些许春声雀远啼。（拟韩偓《三月》诗首联拗对下句用挟声句）

疫来门闭人不安,一箧医书搜读残。楼茶润肺灯资目,乡杞供厨食保肝。飕飕雨外疑听闷,侧侧春中怕问寒。熬夜漫长惟踱走,浑无困意睡犹难。（拟少陵《即事·暮春三月巫峡长》起句用挟声句入韵并两用拗黏）

鹰飞骥伏何日休,江湖还剩烟雨楼。冷官一例阙稗史,花阵四围称隐侯。身已陌归春缓缓,药于炉炼事悠悠。暇余徒续未成句,依旧味含无尽愁。（拟罗隐《重九日广陵道中》诗首联拗对上下句两用挟声句）

诗格之问格三首

梦下巴山第几回,一窗风雨可曾来？烛寒还肯添诗未,多少青笺已变灰？（四句设问格）

问他何处是家乡？万里桥西旧草堂。憔悴不堪花径扫,才教蛱蝶梦偷尝。（前二句问答格）

二分明月满湖春,芍药花开水调真。邂逅桥头名借问,弄箫人是教箫人？（后二句问答格）

诗格之对格 三首

半因花落半因秋,偶为情多偶为愁。徒把绮诗交待雁,寄无人在绿珠楼。
(起联叠字对格)

负手江湖独洒如,不持翎扇不持书。春深拥帐亲铜雀,雨霁流杯逗木鱼。
(后联对句格)

一间茅屋一瓯茶,半簏蕉书半榻花。拥鼻当吟风起絮,披襟罢数浪淘沙。
(四句全对格)

诗格之句贯格 三首

雪后梅花爱逗春,横拦驿路验来身。风吹满袖香如故,准是梅花又袭人。
(首尾两句相贯格)

满城梧木忽凋秋,地接青黄叶叶愁。愁到为秋分又合,寸心零乱没来由。
(第三句贯头两句格)

一春花雨满身红,雨最撩人花亦同。花若不能随好雨,要花要雨两难中。
(第四句贯头两句格)

诗格之字贯格 一〇首

第六桥拦六六鳞,托他消息不瞒人。当年那首圆圆曲,已送真真也姓陈。
(第一句叠字格)

屏山叠处梦迢遥,月下回廊步步娇。春睡海棠人意懒,恼他花影又来聊。
(第二句叠字格)

心如薄月味朦胧,六出春寒管领风。独坐独行还独问,为何梅影要羞红。
(第三句叠字格)

乌衣巷口检苍苔,燕迹无关旧诺猜。依约一篷秋露白,莫愁湖上莫愁来。
(第四句叠字格)

打窗疏雨夜听迟,夜雨灯红一穗疑。三五粒珠浑似豆,任人来串是相思。
(前二句叠字相贯格)

访泊天涯月半明,寺楼钟断数红英。红莲寺外红楼梦,负了如来又负卿。
(中二句叠字相贯格)

栀子花前散酒醒,携无弱腕罢调筝。一生难得红颜许,却害红颜又一生。

(后二句叠字相贯格)

　　手把霞舫目送舟,霞舟似鹜落潮头。落霞飞去潮留住,偏要人听拍岸愁。
(前三句叠字相贯格)

　　暖风过手接芳尘,半落春城半拾春。春好不堪春又去,惜春人即送春人。
(后三句叠字相贯格)

　　眼波回暖做春波,强载春愁重几何。只要春波能载动,春愁再重不嫌多。
(四句叠字相贯格)

诗格之其他二首

　　一身情债虽千百,半世知音只二三。相伴少花还少月,剑南行处忆江南。
(起联数目字对格)

　　止水无波怎溯流,歧途斩棘舍扁舟。陈仓若不难私度,何苦公然栈道修。
(后联散用人事格)

诗用四平四仄格二首

　　嫩寒隋岸静,烟柳返青初。离群避风鹤,结队弄潮鱼。箫能桥上教,僧未塔边居。二分明月梦,千古瘦何如。(瘦西湖。四平格)

　　宿醉人初起,开门满院秋。日脚过砖数,榆钱落地收。井赗蛙缄口,盆倾水就头。自笑难为勇,从今不应酬。(宿醉。四仄格)

诗用独韵体

　　长相忆处忆何人,最不堪言属此人。疑采绿珠为物主,错攀红袖作情人。天宽断送回头客,梦窄收容失意人。金屋旧藏梅子酒,可曾温暖眼前人。

诗用檃栝体二首

　　浅笑梨涡满是春,去年桃面忆真真。蓬门未锁当垆女,陌路才逢落榜人。杯渡碧城江有浪,梦推兰渚月无轮。而今自问风潜处,可剩崔诗绝一尘。(檃栝崔护《题都城南庄》:"去年今日此门中,人面桃花相映红。人面不知何处在,桃花依旧笑春风。")

　　晚坐题秋壁认真,壶天雨霁了无尘。松间漏月猴分色,石上听泉鹤出神。逃世不充弹铗客,浣衣偏送爱莲人。空山一角茅庐结,幸有云深护倦身。(檃栝王维《山居秋暝》:"空山新雨后,天气晚来秋。明月松间照,清泉石上流。竹喧归浣女,莲动下渔舟。随意春芳歇，王孙自可留。"）

诗用童谣体

天成一对受人夸，记否当年丑小丫。我背布娃呼宝宝，哥骑竹马过家家。拉钩非得事前哄，分枣无须哭后加。不料因何忽羞涩，低眉欲躲乱如麻。

诗用数目字 二首

年当四十气平和，一把沧桑鬓上过。五六个红颜恨少，二三瓶白酒嫌多。闲裁七律添诗典，懒对千山逐睡魔。百尺楼台观九岛，八方风雨引长歌。

孤身爱买五湖舟，四十年来四处游。枫落半江红似火，露潜一夕白成秋。二三个梦如何续，千百重心不必愁。万里星寒猜六七，八行书向九天留。

诗用语气字 四首

那年风雪又重来，一样浑茫两鬓摧。人不如初难问咋，事都因此只能唉。消寒有酒诗分韵，值夜无香梦凑堆。天下我虽长念远，远于天外字成灰。（咋、唉）

缚身何苦动情丝，死亦无妨活亦痴。梦恐难延随口噢，缘惊可及劈头咦。将疑却信多愁里，似是而非久候时。不尽绮诗赓永夜，蜡灯垂泪有谁知。（噢、咦）

邂逅天涯惜已迟，似曾相识本离奇。抽身不忍三呼喂，掩面何堪一句呔。舌巧充簧难以拒，心伤害药怎生医。于今梦也无些个，只恨当初错见疑。（喂、呔）

深闺倚几不胜娇，漫展茶旗缓缓飘。哇也一声疑有鼠，哼哉半晌恨无猫。卷帘香沁窗花嫩，绣袜针穿巷柳遥。闲极弄毫题小扇，却羞人晓爱如潮。（哇、哼）

诗用反切字

风微雨霁与僧行，解字林间趣味生。山切师闲容向浊，水分韵止摄归清。登天岂是鹡鸰意，受火偏成蜡烛名。人事几多参破后，无非一欲总难平。（山：师闲切。水：止摄。）

诗用离合字

偶把字端详，居然悟一场。补篱难弃竹，移木怎亲杨。石出头为右，田加共不黄。人间若崇朴，贵贱本寻常。（中两联）

诗用藏头

兀坐谈天井底量,日全如象摸难详。羊头纵挂何须验,马脚频伸怎尽藏。草败杏坛柴未济,水充笮席口偏狂。一嗤无畏还无赖,负贩雌黄半桶光。

诗用叠字

高天忽忽起寒流,落落冬心的的愁。树领风多全瑟瑟,街分雪少一丢丢。疑车慢慢腾腾滑,举足深深浅浅投。咋咋呼呼相遇处,人人笑指白当头。

诗用夺胎换骨

一廛清静柳移栽,小楷题襟伞半开。宽窄巷中神女入,短长亭外醉翁来。疑山几可环滁也,问水何能忘蜀哉。檐马莫鞭零雨断,抚箫吹笛两难猜。（颈联）

诗嵌人名五首

柳外鞭丝四尺三,俨然骑蝶梦沉酣。赵天生翼浮瓯北,陆地游诗冠剑南。握髮横濡楼雨怒,拊膺低蹴砚泥惭。五千言换花间酒,吾道非孤趁手谈。（赵翼、陆游）

桃花坞里菊花篱,代谢红黄各一时。东道月潜陶主酒,后庭灯煜李歌词。倾囊鹤料嘲鸡肋,逆水龙鳞贵豹皮。散漫生涯浑自在,何须半折累腰肢。（陶潜、李煜）

柳遮花港蘸鱼鲜,坐饮西湖懒抚弦。堤是苏修真小小,曲非陈唱恰圆圆。山中山采茶青后,楼外楼看雨绿先。窗角过船呼未及,不期而遇定情缘。（苏小小、陈圆圆）

郑板桥头戴笠无,醉翁亭记放翁呼。浮槎北海人追孔,采菊东坡我避苏。石不安王疑介石,儒能害李畏坑儒。闲多且进刘伶酒,少种屯田柳五株。（郑板桥、戴笠、欧阳修、陆放翁、孔北海、苏东坡、王安石、蒋介石、李儒、刘伶、柳屯田）

幸有桃源问子房,少游村外避秦王。黄山隐谷难春米,白石煎汤可代姜。种玉无须违宋意,望梅岂敢损兰芳。懒看周易虞翻注,每笑乾隆不及唐。（张子房、秦少游、黄山谷、姜白石、宋玉、宋意、梅兰芳、虞翻、乾隆）

诗集词牌二首

词填一阕剪春丝,序让莺啼字字痴。灯点绛唇深在妙,案磨青玉瘦为奇。

霖铃雨尾山形变,欸乃歌头水调疑。总是花间不堪醉,念奴偏错最娇时。(剪春丝、莺啼序、点绛唇、青玉案、雨霖铃、水调歌头、醉花间、念奴娇)

休为前缘解旧爻,偶将醉眼隔帘挑。一丝风促声声慢,半幅裙拖步步娇。月替花愁端正好,春经梦托黯然消。眉头皱破诗沟浅,欲递回波怕怒潮。(声声慢、步步娇、端正好、回波曲)

诗用现代语汇六首

巍然山势大,古木活如初。地厚千斤顶,根深八爪鱼。受风盘剥叶,临壁勒留书。寂寂同朝暮,相依傍隐居。(山树)

落坐山端正,临江树傍居。岩层五花肉,水影四腮鱼。径断无归客,船过未寄书。一身秋瑟瑟,风起独欹歔。(欹歔)

催婚烦已久,肯为脱单忙。梦画黄桥饼,途逢白眼狼。不贪才与德,惟爱票兼房。美貌天生在,何愁慢考量。(剩女)

宴集虽同学,杯盘五味多。鸡雄唤宫保,豆贱笑麻婆。位以官衔就,财将焦点挪。觍然惊羡处,垂首默如陀。(同学宴)

内卷风尘苦,羁程佛系餐。躺平山不肯,倒逼路为难。破败撩骚阁,洪荒集美滩。叶黄犹尬舞,任性一秋寒。(内卷一代)

打卡网红镇,停车累不堪。落花家剩女,碎石路渣男。虽抖音过百,仍圈粉再三。至于风物异,何必与人谈。(网红地打卡)

诗用现代语汇一四首

自驾车停手已分,落花楼市夜绯闻。余情不限流媒体,往事都成数据云。路演诗中人失业,风投酒后梦留群。无边郁闷难高管,合伙红茶共忆君。

雪如麦片薄还轻,那夜人分不夜城。心做市场销往事,耳填渠道阻回声。停车位左梅花树,游戏机前薏米羹。一念电传难克制,烟圈吐尽泪长征。

一生动漫又传奇,酒店相逢半展眉。梦纵期权难套现,情如创业可融资。无花果涩咖啡伴,不夜城忙夹克宜。把手层楼思密达,两心快递入场诗。

最忆当年梦预期,远郊分享定情诗。满庭兰比欧莱雅,一墅梅如香奈儿。心搭动车加速共,诺留呆账打包随。可怜世事难风控,再补流程已觉迟。

今生不会再相干,一去无踪路自宽。贴息诗多分派尽,背书情错兑支难。

楼闲破费茶消耗,雨活听凭瓦阻拦。小叶紫檀罗汉椅,坐谁常把佛经看。

几多风物没香尘,青眼何由及此身。茶赌难充草包肚,琴撩偏择木头人。笑而不答红过脸,猜且犹疑白费神。最是女儿心事密,至今只管独含颦。

耽于两地享荣华,会所销金别墅赊。梦不公租周五夜,情难社保小三家。攀岩必凿前程石,退市还怜后院花。李下瓜田鞋湿处,泪丝如雨乱如麻。

邂逅红颜上酒楼,小资情调一匙愁。心如桌布衣掀角,口似餐刀话截头。花拒国营宁受雨,梦逃城管不禁秋。霓虹架亮灯桥处,可有豪车载远游。

自贬房奴作仆人,打工钱买画楼春。面包微笑骄于色,皮具欢颜老在神。豆腐心凉愁点卤,芝麻事大梦吹尘。明朝有酒须先醉,地主如今不客身。

围城窘困倍辛劳,蚁族纷纷世外逃。职位难期油价稳,薪酬不及考分高。愁追地铁求双轨,梦跳天楼避五毛。无福托身成富少,安然啃老也矜豪。

负笈西游拔幼苗,海归无奈趁回潮。环评吏演双簧戏,国考人过独木桥。幸可拼爹书罢读,苦须劳舅礼先烧。个中多少潜规则,一一分明任叫嚣。

似水光阴伴物流,强迁心事出湖州。花难乐活回头路,梦不廉租烂尾楼。增发旧诗书记略,减持清酒网聊休。无边寂寞同车载,急刹天凉好个秋。

往事埋单审计忙,一秋盘整鬓如霜。血拼城管是非地,功退国营名利场。打黑心头查内幕,搅黄梦尾煮高粱。蜗居养老诗为药,自救余生不骂娘。

独上层城感慨迟,卖萌秋色有谁知。仓储世事曾通胀,质检人情每透支。蚁族跌停楼板立,粉丝延退气场移。吐槽心似云程序,白领清愁一抹奇。

诗用网络流行语一〇首

大梦如风逐北游,春红独上绿珠楼。飞来蝶后翻情醋,占去花魁打酱油。壶煮八行三字熟,箫吹六孔五音幽。天涯本在销魂处,不到分离不觉愁。(打酱油)

每遇歧途借酒浇,身难自主倍无聊。摊书膝上诗嫌贱,伐贼心中妓放刁。三窟几时烦蝈蝈,五湖何处躲猫猫。问天从不容商略,却送风尘过断桥。(躲猫猫)

跨鹤常携酒满尊,烟花自古最销魂。才离滇北情人谷,又入江南艳照门。馆泪于今流涩味,宫砂隔夜验欢痕。可怜一段圆圆曲,毁尽精英与草根。(艳照门)

懒与官商再斡旋,有空难得作神仙。花间月缺支琴近,柳下怀宽坐子先。匣锁汉钗休管燕,窖藏越酿不差钱。深深一院风来巧,恰为翻书到末篇。(不差钱)

厌学雕虫厌学耕,青衫散漫即平生。书鱼食字横删节,壁虎爬窗俯卧撑。莫

信竽吹逃燕几,何堪履堕结鸳盟。深深一等黄粱梦,可筑春愁十二城。(俯卧撑)

畏有缠绵自觉乖,黯然看破向天涯。四更雨话三生愿,一剪梅分两股钗。刻烛难题山寨版,流沟错赠御词牌。无端意绪都无奈,可恨清风赶进怀。(山寨版)

晒腹无书晒肚脐,牢骚一点解难题。干卿鸟事容檐雀,污我牛刀宰肉鸡。如少欲时花作仆,是多情处笔为妻。诗风不识春真相,误把云心卷太低。(宰肉鸡)

探春偶至古城东,隔岸兰舟不系中。延我一程同路梦,还卿五两错肩风。云藏别致书翻白,水洗相思豆采红。毕竟余香灰细碎,何须问字泪朦胧。(灰)

依约春来会故乡,不堪回首独彷徨。船过彼岸帆垂直,雾隐伊人水立方。验佩曾疑腰属楚,流愁最怕梦归唐。杏花深处重相认,断了吴歌又断肠。(水立方)

久别春城想到迟,桃花人面两无知。街长让屋排查处,燕小容风送验时。填海已抛心垒块,拔山才用骼腰肌。悲欢自古都同样,说甚平生信或疑。(骼腰肌)

旧词新衍 一○首

梅花开也末,一一问过江。岸远舟行独,风斜燕别双。与春争早信,和雪就晴窗。往事寒如梦,重温酒满缸。(问江路梅花开也末)

一水分南北,群山派入秋。马归茅店近,牛卧板桥幽。落日红过脸,浮云白上头。旅尘都是梦,衣洗不干愁。(何日归家洗客袍)

坐采窗前梦,帘缝一角青。月明移暗巷,天满减繁星。漉酒频浇砚,拈花略试瓶。夜深谁弄笛,春语响空庭。(夜月一帘幽梦)

泪如标点断,心漏五言多。互嘱书安在,相求梦为何。蝶魂难返枕,蝇字错投箩。不忍春深里,全无绿泛波。(书纵远如何梦也都无)

一千年旧梦,二十四桥边。柳带风过岸,波摇月下船。紫箫留有续,红药管无眠。莫负春如故,相逢话偶然。(二十四桥仍在)

日蒸云海沸,峰障四周低。断栈过无虎,平林散有鸡。寺开求佛路,庐结浣纱溪。直钓风难定,炊烟半入迷。(平生况有云泉约)

滚珠花受露,红绿一肩挑。犬守门拦客,鸡鸣巷诵谣。结篱移石碣,培土验泉浇。满院春浓处,相看灿若潮。(种花事业无人问)

独坐孤舟上,徐行锦绣间。涨春蓝一水,生草绿三山。鸟借斜风勇,云偎古渡闲。落花流尽否,东去莫愁还。(春水船如天上坐)

北出扬镳路,孤山夕照红。草迷鹰落伍,泥陷马行空。一箭伤春外,千金

买醉中。莫愁家远隔,平野绿相同。(但斜阳暮霭满平芜)

一抔秋积厚,空谷骨埋枯。月白松潜鬼,丘黄石坐狐。抚碑寻古穴,悬剑叹殊途。野火迷离夜,如何梦竟无。(明月夜短松冈)

故事新衍一〇首

才堪了了学诗赓,七步如雏吐凤声。要立人间风雪里,却无门户姓为程。
(程门立雪)

曾因立雪盼投春,一入程门害己身。戒尺从头敲不止,读书人即受伤人。
(程门立雪)

纵是程门肯树人,偏无后学事如亲。奇书读破虽千百,一样难修有用身。
(程门立雪)

破帽鹑衣立雪中,乞来羹冷闭门空。一文难倒英雄汉,不怪师贪只怪穷。
(程门立雪)

赠鞭投隐一身孤,冀北群空不识途。纵是金多难贵买,只因风骨价都无。
(千斤市骨)

尺把青丝剪又生,钗头凤立女墙横。心求一字无题处,纵有良师改不成。
(一字之师)

入门桃面认尤真,宛若当年李下人。一别无心歌小雅,天涯最恐又怀春。
(门墙桃李)

四时花木各相宜,篱落闲吟得句奇。何必菊兰为益友,最须松竹作良师。
(良师益友)

扬蹄仅此最招嫌,物大庞然自大兼。驴技为何猸獗久,只因孩虎已亡黔。
(黔驴技穷)

执笔为刀大丈夫,五车书愤唾歌壶。江山不向纹枰取,却用笙诗演易图。
(一掷乾坤)

后格律·夜吟六首

莽撞诗潮特别流,怎堪压抑独抬头。雪真优雅风堆放,歌好深沉夜吸收。与我协调先进酒,向谁暗算未来愁。提携一坞灯如梦,节约梅红寸寸柔。

懒调粉墨扮斯文,无以长歌怎敢云。一等凡心安两处,半轮明月让三分。忘情水做春眉目,落魄花藏梦手筋。大势由天难顺我,空将浊酒涴诗裙。

百无一用是穷奢,自许才狂不足夸。月有饥寒灯喂养,秋非饱满酒添加。放宽字缝吞残墨,收紧眉纹夹落花。仅此般般随性处,因何耿耿掩微瑕。

数十年来此一身,于今不复守天真。牵连本色曾遭罪,勒索余才每济贫。心底埋香灯反映,酒中查账梦平均。可怜几处风云改,如卷西装半幅春。

眼底深沉为几何,西风作乱涨秋波。追加夜幕封琴匣,递减诗才入酒窝。忘我时无真相丑,失踪处有伪装多。茫然一等禅钟响,聚散梨花放逐歌。

预约无期问不休,江南海北梦悠悠。几封信访传奇夜,一出花招写字楼。沉默是金应为忍,淡然如水在乎流。轻轻满面皆风度,递减诗愁换酒愁。

后格律·春声秋梦二首

春初渐觉雨纵横,洗劫山川又一成。水不平安鱼检讨,风非正直鸟批评。串联草莽腾空绿,流放檐沟落实清。无奈桐心将息后,有谁代表滴声声。(春声)

可是霜初的确愁,终于淡化藕花洲。移交白石高升鹤,委托黄昏快递秋。无月支持山变态,有风领导水开头。完全一洗金陵梦,理解蓑衣不脱钩。(秋梦)

后格律·登楼二首

倦隐诗名任意游,何妨映剑独登楼。解除赤胆维持酒,联络黄花掩护秋。山远处无灯照顾,夜寒时有梦交流。盈盈一斛江南泪,洒向京城不是愁。

可是秋波泛滥深,江湖九月不消沉。梦多合并难规范,花太缠绵易面临。破坏瓜红浓似酒,填充露白冷于心。一方人在孤楼上,几点寒鸦涉密林。

后格律·退隐三首

安居习惯坐如僧,少为晨钟乱折腾。推理酒中禅有味,接风楼外燕无能。一流露白还原雨,半举春红省略灯。概括人间皆作秀,何妨托故避高朋。

焉用牛刀逼一鸣,鸡窗透露半天晴。放怀少为春拖累,握手多能酒斗争。次第风头扶梦去,轮流水面落花生。不堪浪荡声名废,那管歧途任我行。

不堪顾问是从前,拖累寒衣盖酒边。入手花随风跌破,过头月被梦包圆。路难克服高低雁,秋好调停远近船。打击霜钟真寂寞,声声懊恼互关联。

后格律·候客二首

落后斜阳绝对红,形容一反不相同。安排熟菊繁荣院,借用深山活泼风。

扼腕那堪秋代表,交情怎被酒填充。跟踪雁影无邀请,直接来由我作东。

得一知交问再三,何时伴我两相参。月来满足窗留白,茶尽排除菊泛蓝。推及竹心方重视,置于龙舌只高谈。古风短路春连接,替换秋云破不堪。

后格律·心高

总是心高骂活该,奇诗数叠鬼偷猜。蟹无指导横行去,情不怀疑直接来。半路相逢霜暗示,一秋比较菊长开。幽州自古多豪杰,敢仗西风独下台。

后格律·壬午寄妮子 一○首

天涯不等晚来禽,为我相寻故事深。半路山分成敌态,一时水稳作知音。柳嫌有碍长过手,春恨无常枉费心。多少碧痕依旧在,可怜换取梦亲临。

深林掩护鸟张罗,寂寞群山起伏坡。花不脱离春好色,雨非颠覆夜吞歌。一生梦想留成少,万里风波决定多。比划楼头重叠恨,如何劝解客经过。

十里长亭又短亭,一帆高挂柳青青。水因风活添生态,山为云深出造型。开口鸟无春郁闷,点头花在雨飘零。相知最怕还相忆,渗透天涯酒半醒。

最是兰亭不敢忘,流杯一托梦浮香。无边雨细谁分解,过度春浓我测量。路窄唯嫌花拥堵,天宽或许鸟奔忙。此生可在吟笺外,团结清风卷更长。

马上琵琶怨别离,声声只怕雁来迟。心无着落花崩溃,梦有关联月质疑。留一巷风妨碍伞,篆千行印混淆诗。去年数点屏山泪,流到今年始觉奇。

离歌未抵楚山平,感以吴波渐动情。一串蟹黄传染酒,半篱秋白改装橙。疏棂格外风潜伏,满月当中菊发生。私有命题谁泄露,欲言还止不争鸣。

了无资格枉深情,梅子原来结不成。后果那堪春渴望,前尘只为路超生。一帘梦缺填充酒,两鬓心酸腐蚀筝。坐落天南长感应,风头出没雨纵横。

西风紧急每追求,感动寒霜两鬓秋。于酒淡时花样改,是情深处泪痕收。制裁竹简翻看夜,推荐蒲团打坐楼。无奈此灯长点破,不缝心碎枉低头。

美人一叹泪盈盈,几个英雄不动情。酒兑诚心容受罚,花销恶气免批评。仰天示爱和谐月,背地传真薄幸名。用尽流年知退步,于无细处有言行。

局限围城恨作风,天涯半卷月真空。反常菊损正常白,异样心焚同样红。楼不进深难锁梦,话如稀释好装聋。二千里路无余地,清算尘埃一恸中。

后格律·浣溪沙

抗战眉愁剑莫攒,柳营兵演忆当年,奈何人老吕梁山。◎游击砚田分八路,整编弦网晒三湾,钓鱼台上赋余闲。

后格律·夜半乐

为何特别苍白,那轮满月,难以坚持住。用一点圆心,在无人处。欲量窄梦,犹嫌少露。让天如此亏空,怎生回顾?但落得、盈盈自辛苦。◎个中或有主意,解放扁舟,不该耽误。风散漫、桥头交流而去。菊诗追溯,莼歌克制,可怜十五才过,又期相遇。是新酒、分明漉秋土。◎种罢伤感:剑草吹愁,莽原生怒。正几许离离阻行步。怕前程、还把野火烧残暮。留半角、削尽西楼树,候他祈月频倾吐。(中秋)

后格律·定风波

月底关怀合约楼,花头揭露散装秋。分别那堪争执手,长久,一番忘我太温柔。◎梦窄宽容风进步,何故,方程难为夜停留。多少水平山近似,排比,不归心系不归舟。

后格律·蝶恋花

腐败如秋霜作恶。满地伤风,草草皆离索。扯断关联今若昨,黯然接手过帘幕。◎一角深寒难得乐。颠倒鱼书,怕寄吴江约。缺月长停星没落,莼香散处诗频错。

后格律·虞美人

为秋何故真生气,自与秋关系。一方风险露分摊,空白芦花无力向人残。◎寒流的确难回绝,滤尽西江月。黯然撞破楚山魂,不许悲歌随我入荒村。(本意)

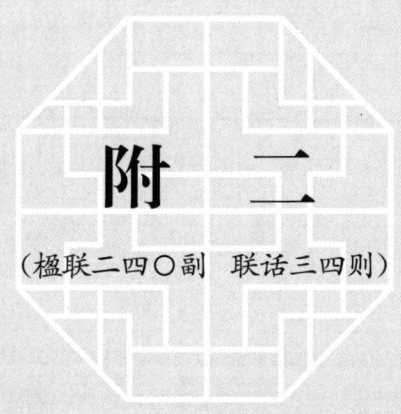

附 二

(楹联二四〇副　联话三四则)

亢悔楼诗钟选编一三〇联

山·水一至七唱 三八联

山为争高能用劲，水因蓄势不分流。（凤顶格）
山为羡高长引颈，水因谋逆屡回身。（凤顶格）
山不厌高云拜下，水难奔远石拦前。（凤顶格）
山似手伸疑碰月，水如眉皱恐流沟。（凤顶格）
山借密林才养壮，水推低岸始增宽。（凤顶格）
山受风磨棱角锐，水遭渠损脉声微。（凤顶格）
山梳野径盘头顶，水抱孤村坐臂弯。（凤顶格）
山因地限难移步，水遇城拦可掉头。（凤顶格）
山瘦似僧持钵坐，水柔如女浣纱来。（凤顶格）
山地接痕花木掩，水天连线岛礁浮。（凤顶格）
山空不必花填壑，水暖何须鸭破冰。（凤顶格）
山移树绿全堆顶，水蘸霞红不补边。（凤顶格）
水吐忠言虽逆耳，山屯浩气不低头。（凤顶格）
水难争路竟从下，山敢逼天非畏高。（凤顶格）
水减半江难润土，山留一柱苦撑天。（凤顶格）
水奔扬起千重浪，山裂开通一线天。（凤顶格）
水如回暖竟还弱，山不出青仍是童。（凤顶格）
水蓝疑是天成就，山绿惊非雨带来。（凤顶格）
水汇龙潭平若镜，山围凤谷厚成墙。（凤顶格）
水本温柔如软玉，山因厚重比高人。（凤顶格）
水因能闹频冲坝，山为难防略掩关。（凤顶格）
水借唐风延帝脉，山屏汉月绝胡尘。（凤顶格）
青山浑厚难知重，碧水苍茫莫测深。（燕颔格）
遥山受雾松先润，近水淘沙鹤独游。（燕颔格）
临水放愁提慧剑，就山寻药治心经。（燕颔格）
拔地山生泥土气，经秋水带桂花香。（鸢肩格）

地种山多移不走,风推水急去难回。(鸢肩格)
抱树山犹偏爱绿,承花水不敢贪红。(鸢肩格)
雨跳山崖斜似板,风推水浪陡如坡。(鸢肩格)
天贵水稀朝北减,地承山重往东倾。(鸢肩格)
天压水平连一线,雾藏山瘦立千寻。(鸢肩格)
风掀水竖如墙硬,雾煮山空比面酥。(鸢肩格)
嫌挤一山才独秀,爱缠双水乃相交。(蜂腰格)
万丈云山过眼后,一泓春水弄潮先。(蜂腰格)
礁生怒水潜于下,地缩群山拥向西。(蜂腰格)
峡窄多因山对峙,堤高少让水横流。(鹤膝格)
爱浅终非真水性,求平岂有好山情。(凫胫格)
为祸岂能都恨水,不平无奈各愁山。(雁足格)

临屏一至七唱二三联

话柄留人称作把,情丝缚己视为团。(一唱)
风老巷中扶竹瘦,雨黄篱外替梅酸。(一唱)
兰可送香宜久处,竹因生节必高看。(一唱)
握竹多疑汗如泪,推松不畏叶成针。(二唱)
为柳呢喃惟燕婢,害花沦落是风姨。(二唱)
五两风清吹水袖,一斤花重压香肩。(二唱)
甲披灰烬偏蓝处,刃炼烟光略白时。(三唱)
徒有白丁陪一座,奈无红友话三更。(三唱)
酒后行歌延战局,枰间步武逆收官。(三唱)
未死灯花能活梦,错来窗月怎圆人。(三唱)
墙就影高先竖直,洞教光聚每收圆。(三唱)
梦如冬雪吟成絮,影即春泥抹上墙。(四唱)
心定若僧无特别,眼高为士不平常。(四唱)
云未抱雷轻又薄,雨因来电颤还斜。(四唱)
幸有浮尘填海浅,愧无奇石补天高。(五唱)
卧榻安容人共睡,悬琴只许友随听。(五唱)

竟在初逢身已许，每应深爱手先分。（五唱）
断箭如钗穿发紧，残阳似血画眉深。（六唱）
江活在春全赖月，酒醒于夜独怜花。（七唱）
长难及手才牵柳，痛不回心乃葬花。（七唱）
枯肠未腐应浇墨，秃笔难荣怎借花。（七唱）
痛起心头惟强笑，情忘梦尾却伴痴。（七唱）
投荒最喜三杯可，服老休嫌一饭能。（七唱）

合咏四联

以春为饺月为馅，将兔代灯梅代诗。（元宵节）
连起一茎虽断骨，结来双蒂总同根。（莲花）
翅薄负春疑赚客，粉香留路爱黏人。（蝴蝶）
魂还火焰犹生色，血做胭脂更动人。（蜡烛）

分咏六联

身外物难留鬼用，酒中仙不上船来。（钱财、李白）
尚有头颅难避刃，若无齿舌怎宜文。（理发、袁虎）
撩客意堆烟色里，倚楼人到笛声边。（杨柳、赵嘏）
纷开灼灼收于手，独立亭亭爱及莲。（桃花扇、周敦颐）
失手佯嘲雷震胆，推枰大喜草成兵。（筷子、谢安）
贬去凡间争国色，老回故里带乡音。（牡丹、贺知章）

分咏一七联

吞吐指间皆气象，转停台上各风情。（香烟、舞蹈）
留意每关身后事，吐圈偏套眼前人。（遗嘱、香烟）
指点人前皆气焰，潜藏幕后各心肠。（打火机、宫斗剧）
擀成之后无须煮，掸满其中不复燃。（方便面、烟灰缸）
风生火散先探路，诺炼金成每套人。（流萤、婚戒）
心眼转偏难入户，掌纹推顺可消灾。（钥匙、算命）
深入最难清死角，久忘何苦验生涯。（耳勺、回忆）

移孔自知肥或瘦，画圈谁管是和非。（皮带、批示）
一线连来能续命，三餐断去未收腰。（充电器、减肥）
十趾修停还趁手，两肩分落恰齐胸。（修脚刀、吊带衫）
如疑脚底生层茧，却爱人前隔片纱。（鞋垫、面膜）
攒多只怕难藏久，吃痛才知错捅高。（私房钱、马蜂窝）
窝小暗藏尘垢浅，脚长频踏铁轮轻。（肚脐、自行车）
三代史因人传说，一方晴为客撑开。（夏商周、伞）
裹起长巾头顶白，吹来短竹底端黄。（帛、簧／兼用离合）
山水可亲都拉近，妪翁无势共推尊。（望远镜、长辈）
兄来答可称愚弟，夫跪疑因畏悍妻。（竹、搓衣板。上句出卢仝诗《竹荅客》："竹弟谢石兄，清风非所任。"）

分咏——联

决非池物难称大，纵是身泥可抹清。（小龙虾、搓澡巾）
粉妆眉目频呵雾，水沸心肠巧获书。（照镜子、鲤鱼烧汤）
一度笃专仍渐弃，几番熬剩竟重生。（失宠、回锅肉）
无尽鼠争仓内米，几多蝇逐路边摊。（污吏、臭豆腐）
途迷恨未联通网，案辣疑曾捣过泥。（导航、蒜）
熬熟竟然分厚薄，看穿何必说东西。（粥、世故）
难忘或因尝尽苦，不糜何以剩无多。（咖啡、支付宝）
客倒无能浮大白，潮来有信验初红。（酒、卫生巾）
无可减衣惟剩裤，再难添盏已胡言。（称体重、醉酒）
惟剩口中封冻在，不知天外引燃无。（冰棍、流星）
刀解几多鞋内紧，气留些许齿间甜。（脚指甲、口香糖）

分咏二三联

能用每疑天下少，所求都属世间难。（人才、愿望）
游走满城投物急，忸怩余暇见人频。（快递、相亲）
啼索满怀犹未足，喜开空口或无穷。（哺乳、说大话）
论及出身非正道，算来推手是旁门。（剖腹产、阴谋）

宽紧或于封口处,顺难终为出头时。(口罩、孕产)

松口怕还留活路,擦肩疑又失行踪。(避孕套、机会)

坐卧难安羞出口,沉浮不定拙谋身。(痔疮、命运)

忍辱犹撑船在肚,紧身偏挤乳成沟。(宰相、文胸)

欺天莫许频摇舌,吸汗何堪紧贴身。(谣言、内衣)

落地难分前后脚,探人尽在浅深池。(跑步、游泳)

求官恨又黄粱熟,养匪疑因黑土肥。(做梦、东北)

犹难手挽因他去,不可言传故自通。(时间、房中术)

何以靠边清远近,那堪摩顶认荣枯。(扫地、脱发)

行孝不惟身畔子,代劳还有世间男。(女儿、三八节)

命里千金心上惜,人间万象掌中聊。(女儿、微信)

殉火从来非惜命,临歧自古最销魂。(飞蛾、别离)

宁有种乎如复制,不相干也可详探。(双胞胎、亲子鉴定。《史记·陈涉世家》:"且壮士不死即已,死即举大名耳,王侯将相宁有种乎!"王充《论衡·问孔》:"智与仁,不相干也。有不知之性,何妨为仁之行?")

我亦无他惟手熟,人偏为此或身亡。(打油、财。欧阳修《卖油翁》:翁曰"以我酌油知之"。乃取一葫芦置于地,以钱覆其口,徐以杓酌油沥之,自钱孔入,而钱不湿。因曰:"我亦无他,惟手熟尔。"康肃笑而遣之。《增广贤文》:人为财死,鸟为食亡。)

憋屈无非来受气,成真定是去求情。(呼吸机、结婚)

应幸不平才苟活,可悲虽小反难容。(心电图、第三者)

病纵无方犹力挽,师虽不擅尚亲为。(抢救、网课)

生也未穷偏易误,避之虽远总难安。(欲望、病毒)

薄戒官于前线黜,深忧祸自外邦来。(免职、输入性风险)

开封游分咏八联

引斧声销登极处,上河图展卧波时。(龙亭、汴水虹桥)

雄起一隅容负俎,广兴三市赖登门。(羊双肠、礬楼)

指间经纬难匡宋,铡下奸邪只惧包。(汴绣、开封府)

此身不就差高度,那口无非好热流。(武大郎、灌汤包)

三省殖财歔聚散,七都移鼎演兴亡。(山陕甘会馆、开封古城)

庶可乱真持戒矣,尚难除恶畏刑乎。(大相国寺素斋、开封府狗头铡)

代木以砖称作铁,由官而寇扮成僧。(开宝寺塔、鲁智深。开宝寺塔:前身为木塔,被雷火焚后,于宋皇佑元年仿木塔式样,以砖重建。因塔身通体镶嵌琉璃砖,色褐如铁,故元代后民间称为"铁塔"。)

面壁无烦窃符事,临河不渡卖刀人。(大相国寺、州桥遗址。大相国寺:北齐天宝六年建寺,原名"建国寺"。唐延和元年,睿宗李旦为纪念其由相王即帝位,敕令更名"相国寺"。相传此寺原为战国魏公子信陵君故宅,故上联用"窃符救赵"事。州桥遗址:始建于唐,名汴州桥。五代时称汴桥,北宋更名"天汉桥",习称"州桥"。《水浒传》中杨志卖刀,怒杀泼皮牛二的故事就发生于此,故下联用"杨志卖刀"事。)

天下精舍诗友网名联一八联

梅关雪◎过关月认梅为友,下野鸿抟雪似泥。(勾股格)
小水晶◎砚凹池小形如璧,水结冰坚透似晶。(鼎足格)
雪少◎苔枯路面嫌青少,雪积山头恨白多。(蝉联格)
幽兰静雅◎风静竹楼吟小雅,日移兰径爱清幽。(碎锦格)
紫竹飘香◎飘尘受日疑烟紫,握竹无花验汗香。(碎锦格)
向着阳光◎着眼湖光明若镜,向隅松影静随阳。(碎锦格)
安蓝雪儿◎红雪落时思远客,蓝田安处课佳儿。(碎锦格)
墨指含香◎指共墨磨微觉痛,口含茶漱每生香。(碎锦格)
雪舞梅香◎絮舞春郊难拟雪,香潜夜阁不关梅。(碎锦格)
落花满袖◎风满燕楼花半落,袖扬槐陌雨初来。(碎锦格)
早稻田夫◎苦作农夫才种稻,早成木匠不租田。(碎锦格)
无为◎无意与花争可爱,不曾因雪话难为。(魁斗格合咏梅)
若非◎若能手上掂轻重,怎会人前道是非。(魁斗格)
幽篁◎幽径一头通水寺,小园三面簇烟篁。(魁斗格)
静轩◎山静最宜听社雨,径斜无碍走轩车。(鹭拳格)
景风◎窗窄尚能看点景,林深何以漏些风。(雁足格)
田飊◎三人合力思于飊,十口交心聚在田。(雁足格)
舞蝶◎何苦舞戈征漠北,不妨骑蝶下江南。(三四辘轳格)

六分半堂戏以"枕头岭"为题制联二四联

枕头为岭登无梦,壶口难言倒有愁。

酒烈如潮春溺易,枕高成岭夜过难。
溪是窄床容石卧,岭如高枕荐禽眠。
枕手闲看云陷岭,抽身懒率雁征天。
修月代灯能养眼,拥书为枕可安头。
篱间采药医贪酒,岭表藏篙备枕流。
岭非高枕能销乏,江是宽袍可脱愁。
枕中消息无关梦,月下缠绵有负花。
雁齿桥红僧扫柿,枕头岭白客看云。
安必枕头高似岭,老须扶手硬如筇。
缚虎麦城非勇士,枕戈葱岭是英豪。
岭烟熏墨容沾指,枕草添灯莫掐头。
斜枕岭南梅树下,独斟庵外雪花中。
疑因落枕容头侧,信为悬金拒眼斜。
楼风暗助书翻遍,岭雨遥闻枕垫高。
楼隐纵留书面语,岭居难起枕头风。
岭上云生遮月色,枕边雷滚杂鼾声。
愁比岭高和夜枕,爱如灰冷与诗焚。
岭煮黄粱槐独枕,庄来紫蝶日齐飞。
头枕每疑游在岭,手谈惟盼憩于棠。
枕畔柔乡频殢酒,林间野老偶赓诗。
栈枕岭崖鹰畏上,路潜云壑马难行。
巡岭倦时书代枕,返途迷处洞为家。
扑面雨吟江左调,枕头风带岭南音。

六分半堂临屏二二联

柳影拦鱼走,坡形限水回。
岸低过水浅,芦偃受风多。
渲天霞落淡,点水鹭飞孤。
褪叶林偏瘦,鸣鸦路更幽。
路有莺啼序,庵无蝶恋花。

落霞由雁负,流叶让鱼争。
路遥逢雪没,风硬碍人行。
雁骑风似帚,松挂雨如鞭。
鸟过留暮色,萍盖合江声。
点枝桃欲破,黏水絮难飞。
陌疑花去紫,山等雨来青。
湖心因雨乱,柳眼为春青。
离群鲸吸海,结阵雁征天。
贞筠高节硬,盲雀杂音多。
咬日非天狗,逃尘属地龙。
雨响琴台近,秋枯剑阁高。
读瘦天边月,拈枯雪后花。
下海心为岸,登天梦是梯。
出墙红是杏,破土绿非苔。
影进临街宅,声翻隔院墙。
磨人秋似墨,伐夜笔如刀。
夜从窗口剩,话到碗唇无。

六分半堂临屏二一联

深情涨眼犹能引,往事投怀不忍推。
害我每疑因苦恋,磨人最怕是柔情。
少必能亲才尽兴,老虽相对也销魂。
解恨无须频甩手,回心只要略留情。
白髪虽于一头镊,红情却向两腮匀。
半途动念归因果,一刹钟情定死生。
与梦相连仍是梦,为情而断决非情。
话脚收时缘止步,念头过处梦忘形。
终无梦自今生别,或有情于隔世逢。
心被泪淹难救活,诺因声竭不求真。
言少或知缘易尽,泪多休怪梦难长。

话到甘甜疑不实,情于苦涩恐成虚。
屈指将逢碰头日,凝眸未忘负心人。
回首不堪曾聚首,擦肩何苦又齐肩。
情归淡薄休疑伪,话到平常反信真。
未改依随仍眷恋,况成牵挂更缠绵。
虽已抑沦于绮梦,不曾辜负是初心。
情至几时相害少,意于何处可疑多。
缘尽不须情浪费,恨无何必话徒劳。
往事无穷无尽外,相思不楚不清中。
不见偏来回首处,无愁却爱蹙眉时。

六分半堂临屏 一九联

才如漏税征收尽,句是逃兵斩获无。
本事诗多随蠹食,古装书破共狐谈。
衣经酒浣身偏瘦,眼被词填泪始肥。
活在孤山非采菊,游于苦海免追鱼。
火烧平野龙酣战,土掩亡魂草暗生。
心如地大难收马,眼比山高可放鹰。
梅含粒粒飕飕雨,蕉掩徐徐剪剪风。
山取石形填进土,树生风力借来花。
花如气短才嫌瘦,秋为霜浓始变寒。
掌托银壶亲嘴浅,花投玉案袭人多。
涵露叶知秋已冷,用情人恨夜将长。
一方荒土惟宜匪,几处行窝尽属官。
炼句凡间求舍利,渡人浮世证菩提。
岁月徒销花下客,江湖尽产草头王。
忘形最爱无聊事,带醉难为不倒翁。
贪酒客磨三尺剑,爱梅人送八分书。
老怀仍有江湖气,浊世偏无侠义风。
围夜不亡三穗烛,破城惟获五车书。

拔地山生泥土气,经秋水带桂花香。

友谢志彬求泉州谢家宗祠联 六联

卓尔乎今迎后俊,翼然于此仰前贤。(尊贤亭)

立柱人高惟以德,爱莲心净自来亭。(耀德亭)

惟有德馨斯地也,岂无贤达本祠乎。(合用联)

亭飞鹤影才过野,日耀龙鳞已在天。(通用联)

堂前燕入亭边树,雪后诗传阵外棋。(通用联)

吾道东,衣冠子弟;此亭外,世代声名。(通用联)

亢悔楼联话 三四则

◎有诗友网名"言午木杉",乃离合其本名"许彬"为之。某戏作一联相赠,联曰:"言谏午门留姓许,木潜杉径诈名彬。"内嵌其本名网名,双巧也。

◎沐燚轩主者,诗词写手也,曾游于天下精舍。某作析字联曰:"拆燚无非留下火,堆金乃可凑成鑫。"以"燚"对"鑫"、"火"对"金",交股为之。

◎群友聊天,谈及用呼啦圈减肥。某闻之作联云:"雪陷呼啦圈渐尽,春随踢踏舞迟来。"以"踢踏舞"对"呼啦圈",可遇不可求也。

◎弟子甘玲(小水晶),其口头禅爱用"嘚瑟"一词。某戏成一联曰:"杂树生风频嘚瑟,密檐倾雨忽哗啦。"

◎己亥读书日,购书数十部。小水晶嘲之曰:"买书太热心。"某大笑之下,得联一副:"书比美人还耐读,酒如损友不相交。"又弟子田飚《寄书卿》诗云"书如美色横床卧,不动岂能称丈夫",令人莞尔。

◎弟子田飚者,商洛人,禀赋秦丁勇武,积习关中豪迈,故好牛饮鲸吞于樽俎之间、击壶酬讴于宾游之丛。某日腹饥,宰割横山羊肉一斤,手撕绥德油旋馍两个,顷刻席卷而空。其意犹未尽,遂撰联云:"一斤给力横山肉,两个欧耶绥德馍。""给力""欧耶"皆用网络流行语,令人发噱。某闻之,附赘一联:"哇塞备胎都给力,欧耶凡学各拼爹。"(凡学:网络语,全称"凡尔赛"。意指用最低调的话,炫最高调的耀。)

◎弟子田飚,才华横溢,析其名撰联:"十口分田,或要将勤补拙;三人助力,犹须砥志研思。"

◎某日午,弟子田毸求联,用于凤爪小吃店。凤爪者,鸡爪也。"凤"字已避"鸡"字,美其名也,故成联可以不避。某略沉吟,遂成一联曰:"探出不循龙去路,验来惟认凤行踪。"

◎某女诗友戏言:"帅哥就像我钱包里的票子,近几年都不嫌多。"田毸闻之,遂制一联曰:"祸乃雄文应撰少,钱如靓仔愿勾多。"以钱譬仔,道人所未道,趣甚。某见而大笑,亦凑一联袭其趣曰:"谣言是藓黏身在,艳遇如钱过手无。"

◎在朋友圈偶读刘燕(幽兰静雅)新诗《迎春》,第三节云:"远山萌动/我想遇见发芽的/春雨/声碎下。"春雨初来,其势微、其形小,譬之嫩芽乍抽,簇簇而生,令人耳目一新。因之,某取其譬而为一联曰:"初春是玉天呵软,嫩雨如芽地迸香。"上句触觉,高处着眼;下句味觉,低处入手。

◎丙申春暮,某携弟子邹小泓、无为游周庄,见巷桥架河、野树掩院,遂即景为联:"巷爱幽,河窄接通桥,燕来彼岸;春嫌闷,树高翻进院,花落谁家。"

◎庚子岁末,与弟子邹小泓聚茂名路丰盛里锡伯新疆餐厅,品尝羊肉美食。食毕以"冬·羊肉串"为题,分咏之。联曰:"加衣身负重,炙手炭除膻。"

◎时值盛夏,某见弟子们以"酷暑男女衣着"为题与人属对,一时技痒,立成三联:"无可减衣惟剩裤,不妨消火竟填冰"、"尚能除髮疑装酷,岂可裁裙畏走光"、"兜胸恨重因添汗,抹脚追凉不费油"。众皆抚掌大笑。

◎妮子别无名于西郊华亭。某日风雨,心有所感,信口成联:"进院风来,问故人何在;过江雨去,随知己不妨。"

◎皖南古村落多在群山环抱、云烟袅绕中。丁亥春五月,无名偕妮子游,即景得联云:"山夹两边留路窄,烟堆一角闭村深。"

◎南国律师伍玲玲,职场女强人也。某日横议家暴,剑指渣男。无名闻之,心有不愤。因当今家暴,屡有累及弱男趋势,遂作一联合咏"女家暴"。联曰:"解气无非抓或咬,偷生不敢滚和离。"

◎庚子夏夜,文森女弟子伍玲玲示其与水影赓诗《小龙虾》:"异国虾儿侵入中,溪河田陌妄称雄。欺鱼霸道凭坚甲,就釜沉汤恃巨弓。身殒味香藏肉雪,名驰色绝出颜红。笑君短腿牵须少,无甚来头也冠龙。"某赞其"无甚来头也冠龙"破题得法,力压水影一头,致水影受罚扫地。某不忍,作一联勉之。联曰:"踏破尘间惟有我,扫平天下决非僧。"

◎诗友迢迢问:"能以一联写无人比我帅之意否?"某应声曰:"看杀一人终

属我,投来百果尚盈车。"用两大帅哥卫玠、潘安之典轻松搞定。此以典句着手也。

◎诗友如之轩有联"贴艾未消腰尾痛,饮冰又惹脚心寒",颇觉诙谐。翻其意得一联云:"春除脚气无关艾,雨解心声有赖花。"上点"阳春有脚",下点"解语花"。

◎有诗友名"春暖花开",以此为联,易俗而难雅。临屏略思,得"春暖害花开任性,林深劝雀睡留神"一联,自觉差强人意。

◎诗友"日正中天"嘱余撰联,乃就其名,以"赌茶""画饼"两典为之。联曰:"风味不输茶,吹来内宅难豪赌;日形无愧饼,画到中天可慢煎。"

◎东方隐士曾在朋友圈介绍其家乡古建"绳金塔"。该塔位于南昌,始建于唐天祐年间。相传建塔前异僧唯一掘地得铁函一只,内有金绳四匝等。某见而喜之,作无情对:"绳金塔,帖木儿。"

◎庚寅冬,宴吹雪、荒漠诸子于沪上陕西宾馆。某素不擅酒,撰联自嘲:"杯窄少倾张恨水,菜鲜多赖柳屯田。"

◎某尝作人名联:"传书北海都由孔,问月东坡独让苏。"上联用孔北海(融)"传书讨贼"事,下联用苏东坡"把酒问月"事。论者皆谓使事的切。

◎诗友"银色月光"曾出上联曰"冰冻兵船,兵打冰,冰开兵去"。考诸于某,某对曰"火烧货栈,货过火,火灭货亡"。

◎某年中秋夜,无名携同学游静安寺。一女生云:"能以眼前景咏中秋月乎?"无名不假思索,脱口而出:"何用坐莲才认佛,岂因奔月竟成仙。"众皆以为合作。

◎网传七岁儿童姜二嫚写诗云"灯把黑夜/烫了一个洞",虽短小,却足可羞死几多诗界大咖。某日,弟子田鳃持之示某,约以对仗敷衍其意。田先成一联曰"高挂重帷遮白日,乍生一洞赖青灯"。未几,某亦成,曰:"夜幕难由人揭露,星灯故烫洞窥求。"

◎好友沉浮宦海多年,频遭排挤打压,故郁郁不得志。某日,与之把茶,赠联以警:"崖防推背客,笠压出头人。""崖""笠"谐音"衙""吏",吾友为之倾倒。又劝之曰:"地宽移树活,天险避云深。"

◎某蛰居沪上,与又寅、花赪诸友善。寅为兄,原舰队指挥官,领海军大校衔。赪为弟,今商界高管。某虽不才,叨陪末座,然啸聚之宾,皆为一时之选。

庚子末，闲顾前尘，感慨丛生，故合老友大名成联，一笑可也。联曰："建寅虎伏兵机险，点卯花团阵气赪。"

◎陆咏歌兄生于沪而寓居豫，以社会名达兼事机枢。初以学者名世，桃李满中州。后试剑法苑，创金博大律所，推为行业会长，门下精英辈出，声业卓著。忆昔当年邂逅，相见恨晚，纵无歃血之盟，然有莫逆之心。后蒙青眼，天涯一方而友情长赓。今闻兄于横沙别舍之外又营墅开封，欣奉一联以博一粲。联曰："帐设双城，稷下名曾传沪上；法裁三尺，河南道已入江东。"

◎庚子末游开封山陕甘会馆，见影壁横题"忠义仁勇"四字奉祀关公。某忽然心动，遂制一联合咏之："尚犹所憾天兼地，夫复何求义与忠。"虚字妆头为联，本不易为，而工有出处则更难。此联上句出《中庸》："天地之大也，人犹有所憾。"下句出《晋书·宗室列传》："承叹曰：吾其死矣！地荒人鲜，势孤援绝。赴君难，忠也；死王事，义也。惟忠与义，夫复何求！"字有来历而括尽其人生平，自谓差强人意也。

◎某日作"日烧心井须留炭，汗溺眉山可放舟"一联。"炭"射"谈"，"舟"射"走"。

◎某日无名去港式餐厅，点"石锅牛腩"饭，附赠甜酱一份。然肉少酱多，食毕即云："煮牛偏烂嫌锅小，拌饭微甜恐酱多。"后又去某美容店精油开背，自嘲云："捶背为骑鲸出海，压肩难放虎归山。"

◎旧传理髮店有联："磨砺以须，问天下头颅几许；及锋而试，看老夫手段如何。"写得霸气十足。某日，无名途经社区棋牌社，亦得联一副分咏棋牌，豪气不遑多让。联曰："留老底一些，方可东山再起；化危机几度，不妨南面而图。"